海关高等教育教材
HAIGUAN GAODENG JIAOYU JIAOCAI

海关税收制度（第四版）

HAIGUAN SHUISHOU ZHIDU (DI-SI BAN)

钟昌元◎主编　李九领　毛道根◎副主编

中国海关出版社有限公司
·北京·

图书在版编目（CIP）数据

海关税收制度/钟昌元主编．—4版．—北京：中国海关出版社有限公司，2023.3
（海关高等教育教材）
ISBN 978-7-5175-0622-5

Ⅰ.①海… Ⅱ.①钟… Ⅲ.①关税制度—中国—高等学校—教材 Ⅳ.①F752.53

中国版本图书馆CIP数据核字（2022）第244354号

海关税收制度（第四版）

HAIGUAN SHUISHOU ZHIDU（DI-SI BAN）

作　　者：钟昌元　李九领　毛道根
责任编辑：邹　蒙
出版发行：中国海关出版社有限公司
社　　址：北京市朝阳区东四环南路甲1号　　邮政编码：100023
编 辑 部：01065194242-7530（电话）
发 行 部：01065194221/4238/4246/5127（电话）
社办书店：01065195616（电话）
https://weidian.com/?userid=319526934（网址）
印　　刷：中煤（北京）印务有限公司　　经　　销：新华书店
开　　本：787mm×1092mm　1/16
印　　张：25.5　　字　　数：620千字
版　　次：2023年3月第4版
印　　次：2024年10月第3次印刷
书　　号：ISBN 978-7-5175-0622-5
定　　价：60.00元

勇担时代使命，谱写海关高等教育高质量人才培养新篇章

——“海关高等教育教材”丛书总序

科技是第一生产力，人才是第一资源，创新是第一动力。培养和造就大批德才兼备的高素质人才，是国家和民族长远发展的根本大计，也是全面实现中国式现代化的基础性、战略性保证。教材是教育内容的基本载体，也是价值观教育的重要承载。因此，习近平总书记在党的二十大报告中明确提出要“加强教材建设和管理”，进一步表明了教材建设国家事权的重要属性，凸显了教材工作在党和国家事业发展全局中的重要地位，体现了以习近平同志为核心的党中央对教材工作的高度重视和对“尺寸课本、国之大者”的殷切期望。

海关作为国家的进出关境监督管理机关，在国家发展过程中发挥着重要作用。但从发展角度来看，海关虽然有着漫长的过去，但海关高等教育却只有较短的历史。根据学者的研究，我国古代海关的起源，一般认为是在西周，至今已有三千多年的历史。其名称几经变迁，经历过关、塞、关楼、津、市、市舶司、月港督饷馆、钞关、户关、工关、榷关、常关等，直到清代康熙二十三年（1684 年），中国历史上才第一次出现了正式的、以海关命名的进出境关口。1840 年鸦片战争以后，中国逐渐沦为半殖民地半封建社会，丧失了关税自主权和海关行政管理权。为培养我国自己的税务、海关人才，清政府于 1908 年在北京创办了税务学堂，成为世界上最早从事海关专业教育的学校之一。1913 年，北洋政府教育部批准将税务学堂改名为税务专门学校，为中国培养了一批现代海关专业人才。

中华人民共和国成立后，上海海关学校于 1953 年成立，中华人民共和国的海关专业教育正式开启。1980 年 5 月，经国务院批准，升格为上海海关专科学校；1996 年 4 月，原国家教委批准更名为上海海关高等专科学校；2007 年 3 月，经教育部批准，设立上海海关学院（以下简称“学校”），成为新设置的全日制普通高等学校。2018 年 5 月，学校获批成为硕士学位授予单位，同时获批公共管理、税务 2 个硕士专业学位授权点，办学层次实现历史性跨越。同年，海关管理专业成为世界海关组织 PICARD 标准认证专业。2019 年，学校获批 1 个国家级一流本科专业建设点和 1 个省级一流本科专业建设点。2021 年，

学校设立上海海关学院临港国际校区，同时获批国际商务、翻译硕士2个专业学位授权点，顺利纳入上海市博士授予单位培育建设名单及上海市博士后流动站建设筹备单位名单。同年，学校的“十四五”规划里进一步明确了学校未来发展的目标：学校将按大学规格建设发展，高质量精准服务海关，全面实施以高质量为核心的内涵式发展战略，进一步强化政治引领，完善学校治理体系建设，提高治理能力，师资队伍结构显著改善，海关特色专业群、学科布局初步完成，形成若干个特色鲜明的学科方向，校园布局更加优化、办学条件明显改善，学校综合实力显著提升，办学质量进一步得到广泛认可。到2025年，建成海关特色鲜明、服务国家战略、具有国际影响力的一流高等学府。在此基础上再奋斗十年，到2035年，学校学科专业优势明显，服务海关能力显著增强，海关特色更加鲜明，建成具有博士学位授予资格和重要国际影响力的中国一流海关大学。

目前，学校设置了海关管理、海关检验检疫安全、海关稽查、行政管理、物流管理、审计学、国际商务、税收学、经济统计学、法学、英语11个本科专业和公共管理硕士、税务硕士、国际商务硕士、翻译硕士4个专业学位点，涵盖管理学、经济学、法学、文学等学科门类。

作为海关总署唯一直属的全日制本科高等学校，学校在近70年的发展过程中，为我国海关的建设培养了一大批高素质的专业人才。此外，学校还承担着海关总署党校和世界海关组织亚太培训中心的相关职责，在创新和传播海关专业知识、进行海关学术研究、决策咨询、智库建设和开展海关国际交流与合作方面发挥了积极作用。为满足改革开放后海关事业迅速发展的实际需要，不断提高学校海关人才培养质量，自2009年以来，学校连续几轮组织专业教师编写了系列“海关高等教育教材”。教材涵盖海关法律、海关税收、商品归类、海关估价、海关稽查、海关统计、风险管理、原产地规则、检验检疫、海关专业英语等诸多内容，体现了涉及领域广、专业性强、注重原理、强调理论和实践相结合等特点，有效满足了海关高等教育培养人才的需要，也对丰富和发展海关类学科专业发挥了重要作用。

随着海关发展与改革的不断深化，对专业人才的要求也不断提高。为进一步适应现代化海关建设与改革需求，在海关总署党委和海关总署领导的关心与大力支持下，自2016年起，学校在遵循高等教育规律、强化海关特色建设的基础上，不断改革人才培养体系、优化学科专业结构、深化教育教学内涵、丰富教育教学内容，不断提高教育教学质量。学校在坚持社会主义办学方向，全面贯彻党的教育方针，落实立德树人的根本任务，扎根中国大地、对标海关行业需求基础上，围绕人才强校、关校合作、国际化三大发展战略，坚持立地顶天，依特做特、以特促强，走特色办学的内涵发展之路，培养符合海关事业和经济社会发展需要的应用型、复合型、涉外型高素质海关管理专业人才以及服务口岸物流和国际商务的外经贸专业人才，积极开展海关理论研究和国际交流，使得学校办学层次和水平都实现了历史性跨越。

进入新时代以后，社会主义现代化海关建设对高素质人才培养提出了更高质量的新需求，也对学校已有的教材体系和教材内容提出了新的改革要求。因此，结合深入贯彻落实党中央、国务院关于加强和改进新形势下大中小学教材建设的意见，落实全国教材工作会议精神，进一步落实《海关总署教材编审委员会章程》有关要求，按照海关总署党委和海关总署领导的指示批示精神，学校在系统总结以往教材使用和教材编写经验基础上，通过对海关业务工作大量调研，根据社会主义现代化海关建设的目标和对人才素质的实际需求，全面开展了本科专业海关特色化建设工作，先后成功申办海关检验检疫安全、海关稽查等新专业，并按照政治性、时代性、权威性、行业性要求，启动了新一轮教材建设工作。

在本轮教材建设工作中，学校将在坚持用习近平新时代中国特色社会主义思想凝心铸魂的基础上，以高质量精准服务海关为核心，以一流海关大学建设为方向，以培养造就忠诚干净担当的高素质专业化海关队伍为核心，按照海关总署“十二必”的要求，践行“求实、扎实、朴实”的文化精神，努力打造一流的海关教材。为此，在海关总署教材编审委员会的指导下，学校专门组建了由专业教师和海关业务专家组成的教材编写团队，紧张有序地开展海关系列教材编写相关工作。这次教材编写，除了对已有教材的全面修订之外，学校还根据海关新业务、海关类新专业的建设要求，编写一系列全新的教材，如《海关AEO制度与认证》《海关稽查导论》《海关稽查大数据分析》《海关稽查职业道德》《现场稽查技术》《国际海关稽查制度》《海关检验检疫风险分析与评估》《海关检验检疫统计》《海关检验检疫标准与技术法规》等。在海关总署教材编审委员会的指导下，经过学校的努力，希望能够逐步建设形成符合社会主义现代化海关人才培养需要的海关特色教材系列，在把爱国忠诚的理想信念融入学子血脉之中的同时，能够在推动学生德智体美劳全面发展基础上，进一步强化学科专业建设和人才培养的海关特色，不断提高人才培养质量，为社会主义现代化海关培养更多忠诚干净担当的高素质国门卫士，为中华民族伟大复兴作出更多贡献！

上海海关学院校长
博士、教授、博士生导师 丛玉豪

2023 年 3 月
于上海海关学院

前　言

从党的十八大开始，中国特色社会主义进入新时代。习近平指出，我们坚持把马克思主义基本原理同中国具体实际相结合、同中华优秀传统文化相结合，形成了新时代中国特色社会主义思想，实现了马克思主义中国化新的飞跃。全党要把握好新时代中国特色社会主义思想的世界观和方法论，坚持好、运用好贯穿其中的立场观点方法，在新时代伟大实践中不断开辟马克思主义中国化时代化新境界。① 习近平新时代中国特色社会主义思想是马克思主义中国化的最新成果，是全党全国人民为实现中华民族伟大复兴而奋斗的行动指南，为党和国家各项事业提供了根本遵循，必须长期坚持并不断发展。

我国已进入新发展阶段。在庆祝中国共产党成立100周年大会上，习近平代表党和人民庄严宣告，我们实现了第一个百年奋斗目标，正在意气风发向着全面建成社会主义现代化强国的第二个百年奋斗目标迈进。当前我们必须立足新发展阶段，贯彻新发展理念，构建新发展格局，推动高质量发展，全面建设社会主义现代化国家。改革开放以来，我国社会主义建设取得伟大成就。习近平指出：改革开放是决定当代中国前途命运的关键一招。新的征程上，我们必须全面深化改革开放，高举和平、发展、合作、共赢旗帜。② 海关处于我国对外开放的最前沿，是对外开放的重要窗口和联系世界的重要纽带，在对外开放、建设贸易大国和贸易强国进程中发挥着重要作用。

海关是我国进出境监督管理机关，把好国门是海关的天职，必须始终坚持和贯彻习近平新时代中国特色社会主义思想，全面履行海关监管、征税、缉私、出入境检验检疫等职责，维护国家主权和安全，积极服从服务国家对外开放大局，推动形成全面开放新格局，为"一带一路"建设、贸易强国建设、构建新发展格局、高水平的贸易和投资自由化便利化作出积极贡献。

作为国家进出境监督管理机关的海关，其重要职责之一就是征收关税等税费。目前，海关征收的税费包括进出口关税、进口环节代征税和船舶吨税。其中，关税可以细分为进出口货物关税、进境物品税，以及反倾销税、反补贴税

---

① 习近平2022年7月26日在省部级主要领导干部专题研讨班上的讲话。

② 习近平2021年7月1日在庆祝中国共产党成立100周年大会上的讲话。

等附加关税。进口环节代征税包括进口环节增值税和进口环节消费税。海关税收是中央财政收入的重要来源，是国家宏观调控的工具，也是保护和促进国内产业健康发展的重要保障。作为中央税种的海关税收，多年来在中央财政收入中占有十分特殊的地位。据统计，1980—2021 年海关税收累计达 26.7 万亿元，占同期中央一般公共预算收入的 25%。其中 2021 年海关税收收入达 20126.3 亿元，同比增长 17.7%，创历史新高，为中央财政增长作出了重要贡献。

正是由于海关税收的特殊性，我国加入世界贸易组织后，越来越多的人开始关注海关税收领域的知识。近年来，许多高校开设了关税制度方面的相关课程，也出版了一些相关教材，但是这些教材主要面对高职高专学生，很少有针对全日制本科学生的教材。上海海关学院为了推动海关学科、专业和课程建设，编制了海关高等教育教材出版规划。同时，上海海关学院关税制度课程获 2010 年上海市精品课程荣誉称号，2020 年海关税收制度课程被教育部确定为首批国家级一流本科课程。在教育部税务特色专业建设点、上海海关学院特色教材出版计划，以及上海市精品课程的经费资助下，我们组织编写了内容更加系统、完整且观点新颖的《海关税收制度》本科教材，并于 2011 年公开出版了第一版。随着我国海关税收征管制度的改革和完善，教材内容必须与时俱进，适时更新，本教材分别于 2015 年和 2018 年进行了两次较大规模的修订，先后出版发行了第二版和第三版。2015 年，《海关税收制度》教材获得“上海普通高校优秀教材奖”。2021 年，《海关税收制度（第三版）》被上海市推荐入围首届全国教材建设奖全国优秀教材（高等教育类）评选候选名单。此次是第三次全面修订，吸收了近年海关税收征管理论与实践内容。

为了使本教材的框架更为简洁明了，我们把全书 12 章内容划分为 4 篇。第一篇是海关税收基础理论，介绍了海关税收的概念、特征、分类、职能，以及海关税收的制度要素构成。第二篇阐述了进出口关税制度的主要内容，包括征收关税的三大技术——完税价格确定、原产地确定及商品归类技术，各种关税的具体计算方法，以及进境物品进口税的具体内容。第三篇介绍了海关征收的进口环节增值税、消费税及特殊的船舶吨税制度。第四篇介绍了海关税收的征管制度，包括税收减免、税费缴纳程序、海关事务担保、纳税争议、偷逃税收的处罚等内容。为了方便教学，各章之前列有内容概要和学习目标，各章之后配有内容小结、练习与思考题。此外，各章还列有参考文献，特别是列出了主要涉及的法律文件索引，以方便读者查找相关文献。需要指出的是，编写本教材各章内容所参考的法律文件，均为 2022 年 10 月之前发布的。

上海海关学院是隶属于海关总署的唯一从事海关专业高等学历教育的本科

院校。本教材由上海海关学院税收学专业教师共同编写，是作者长期从事海关税收教学工作经验和研究成果的集中体现。本教材由钟昌元副教授担任主编，并负责撰写第三、四、五、六、七、十、十一、十二章；李九领教授担任副主编，并撰写第一、二章；毛道根副教授担任副主编，并撰写第八、九章。

本教材适用于财政学、税收学本科专业的教学，也适用于海关管理、海关稽查、国际经济与贸易、国际商务、物流管理等专业的教学。对于从事外贸业务和海关工作的人士了解我国海关税收制度也有重要的参考价值。

本教材教学课时建议为 54 学时，对于学时紧张的院校或专业也可缩减至 36 学时。

本教材的编写得到了上海海关学院领导、海关与公共经济学院领导，以及海关行业专家的指导。感谢上海关区杨浦海关陶蔚莲关长、上海财经大学公共经济与管理学院刘小兵教授和朱为群教授、复旦大学经济学院杜莉教授、上海海关学院邵铁民教授、环球律师事务所合伙人周和敏律师等专家对教材提出评审意见。在教材第四版出版过程中，海关总署教材编审委员会组织专家进行了数次认真评审，特别是江西财经大学王乔教授、上海师范大学夏人青教授、海关总署关税征管司于文仲副司长、海关总署机关党委办公室李彬处长、杭州海关关税处陈美荣处长、南京海关关税处李黎副处长、深圳海关关税处二级高级主管林倩余等专家，在充分肯定教材质量的同时，提出了具有指导意义的修改建议和具体的修改意见，对进一步提高本教材的质量发挥了重要作用。本教材还得到中国海关出版社领导及编辑的大力支持。在此对给予帮助的所有领导、专家和工作人员表示衷心感谢。

受作者水平所限，书中缺点和错误在所难免，恳请读者批评指正。

编者

2022 年 11 月

目 录

第一篇 海关税收基础理论

第二篇 进出口关税制度

第三篇　海关征收的其他税收制度

第四篇　海关税收的征管

第一篇 海关税收基础理论

经济全球化是不可逆转的时代潮流。改革开放以来，我国始终坚持对外开放基本国策，对外贸易取得举世瞩目的成就。建设贸易强国，是全面建设社会主义现代化国家的一个重要目标。习近平指出，要加快从贸易大国走向贸易强国，巩固外贸传统优势，培育竞争新优势，拓展外贸发展空间，积极扩大进口。[①] 这一重要论述，为推动贸易高质量发展指明了方向。

在经济全球化的今天，海关通关日益成为国际贸易自由化和便利化的主要环节，海关税收也成为影响国际贸易、国际投资和世界经济一体化进程的重要杠杆之一。

要了解和掌握中国的海关税收制度，必须具备一定的理论基础，如中国海关、中国税制、中国税法、中国海关税收法律等方面的基本理论和原理。本书首篇分为两章，主要介绍海关税收的基础理论。其中，第一章海关税收理论综论，主要介绍海关税收的概念、特点、分类、职能、起源与发展等内容；第二章海关税收制度原理综论，主要介绍海关税收法律的基本原理、海关税收法律体系的构成，以及海关税收制度的基本构成要素等内容。

① 习近平在 2014 年 12 月 5 日中共中央政治局就加快自由贸易区建设进行第十九次集体学习时的讲话。

第一章　海关税收理论综论

本章概要

习近平提出构建以国内大循环为主体、国内国际双循环相互促进的新发展格局。① 这一双循环新发展格局已写入我国“十四五”规划和2035年远景目标纲要。税收是政府与市场的重要连接点，在畅通国内、国际经济循环，构建我国新发展格局中发挥着重要作用。

税收是一个国家（地区）财政收入最基本和最主要的来源。作为一个国家（地区）进出境监督管理机关的海关，重要任务之一是征收关税和其他税费。目前，我国海关负责征收的税种包括进出口关税、进口环节增值税和消费税，以及船舶吨税，对此本书统称为海关税收。本章第一节介绍了海关与海关税收的关系、关税与海关税收其他税种的定义，以及海关税收的特征；第二节在介绍税收分类的基础上，重点介绍了关税的分类方法；第三节阐述了税收的职能及海关税收的职能；第四节介绍了关税的起源及发展过程。

学习目标

当完成本章的学习后，要求：

1. 理解海关与海关税收的关系、关税与其他海关税收的差别。
2. 掌握海关税收的特征。
3. 熟悉税收的主要分类方法，掌握关税的主要分类方法。
4. 理解税收的职能及海关税收的职能。
5. 了解关税的起源及发展过程。

---

① 习近平2020年4月10日在中央财经委员会第七次会议上的讲话。

第一节　海关税收概述

一、海关与海关税收

税收历来是一个十分重要而又敏感的话题，国内外理论界和实践界对税收概念的表述各异。我国对税收概念通常表述为：税收是国家为满足公共需要，凭借政治权力，按照法律规定的标准和程序，强制地、无偿地和定量地从私人部门向公共部门转移的资源，它是国家参与社会产品分配和再分配的重要手段，是国家取得财政收入的基本形式。

税收的概念反映了税收的基本属性：第一，税收是国家取得财政收入的基本形式；第二，税收的征收主体是国家；第三，国家征税的目的是满足公共需要；第四，国家凭借政治权力对纳税人无偿征税；第五，国家征税必须通过法律形式强制征收。

海关税收具有税收的基本属性，同时还有其特殊性。

（一）海关与关税的概念

海关是一个国家（地区）的进出关境监督管理机关。根据《中华人民共和国海关法》（以下简称《海关法》）第二条规定，中华人民共和国海关是国家的进出关境监督管理机关。我国海关依照《海关法》和其他有关法律、行政法规，征收关税和其他税、费，即依法征收关税和其他税、费是海关的重要职能之一。

关税是由海关代表国家，按照国家制定的关税政策、公布实施的税法和进出口税则，仅对进出关境自由流通和支配的货物和物品征收的一种流转税。①

关税的本质可以归纳为如下几点：

1. 关税的基本属性是一种流转税，是国家取得财政收入的基本形式

国家取得财政收入主要有税收、行政收费、国债及国有资本收益等多种形式，其中税收是国家最基本和最主要的财政收入形式。税收按其课税对象性质的不同进行分类，包括流转税、所得税、财产税及行为税等。

所谓流转税，就是以商品流转额和非商品交易的营业额为课征对象的税种的统称。流转税一般具有以下几个特征：

一是税收收入的稳定性。流转税征收范围广，税源比较充足，而且不受经营成本、费用、利润高低的影响，能够及时、稳定、可靠地取得财政收入。

二是税收征收管理的便利性。只需依率计征税款，纳税人也容易接受，征管成本较低。

三是税收的间接性。流转税极易发生税负转嫁，尤其是在从价征税中，税收与价格密切相关，因而通过征税可以体现国家的产业政策和消费政策。

---

① 岑维廉、钟昌元、王华：《关税理论与中国关税制度》（第 2 版），格致出版社，上海人民出版社，2010 年，第 4~5 页。

目前，流转税是国际通行的重要税种，尤其在发展中国家占据主导地位。流转税也是当前我国的主体税种，主要包括增值税、消费税和关税。关税具有流转税的特征，在我国财政收入尤其是中央财政收入中占有重要的地位。

2. 关税是由海关代表国家征收的一种税

对此，主要从3个方面进行理解。

（1）征税权力是国家主权

征税权是国家主权的内容之一，税的征用应当属于主权者。税收是基于单方、强制、高权的命令，它象征着主权，目的是确保多数统治及代议意思的形成。[①] 马克思说："赋税是政府机器的经济基础，而不是其他任何东西。"[②] 在各种主权思想影响下，征税权力一直被视为具有国家主权的至高性。

（2）政治权力是国家征税的依托

在现代社会里，社会财富的分配一般依据两种权力：财产所有权和政治权力。财产所有权是指所有人依法对自己的财产享有占有、使用、收益和处分的权利。政治权力的本质是特定的力量制约关系，形式是特定的公共权力。政治权力一般具有强制性、公共性、排他性等特征，以合法强制方式，分配和实现共同利益，规定着社会成员的利益边界和实现规则，能推动或阻碍甚至于破坏生产力的发展，并影响社会思想文化领域及社会生活等方面，在政治、经济和社会生活中具有重要地位和作用。但是，政治权力的正常履行必须具备一定的基础，其中财富是所有政治权力运行的物质基础。政治权力的性质和大小都是由经济财富决定的。

在现代社会中，国家可以凭借拥有的财产所有权直接参与生产经营成果的分配，但是收入是十分有限的，无法满足国家提供公共物品的需要。所以，国家必须以凌驾于财产所有权之上的政治权力为依据征税，才能够在最大范围内取得无偿、稳定的财政收入。正如恩格斯所讲："征税原则本质上是纯共产主义的原则，因为一切国家的征税权力都是从所谓国家所有制来的。的确，或者是私有制神圣不可侵犯，这样就没有什么国家所有制，而国家也就无权征税；或者是国家有这种权力，这样私有制就不是神圣不可侵犯的，国家所有制就高于私有制，而国家也就成了真正的主人。"[③] 可见，在税收分配上，国家政治权力是高于财产所有权的。

（3）海关是依法代表国家征收关税的国家机关

在政治学中，国家与政府是两个既密切联系又有区别的概念。卢梭认为，国家与政府是性质不同的两个政治共同体，国家是整体，是"公意"的代表，是主权者；而政府是局部，是根据主权者的意志，以行使国家行政权力为主要职能的政治主体，它执行主权者的意志，处于从属地位，只是行使主权者"委托"给他们权力的公仆，是受托的国家公共权力的执行者，是公共力量的化身。

在此，征税权力的唯一主体是国家，政府仅是国家的代理人，只能代表国家行使有限

① 刘剑文、熊伟：《税法基础理论》，北京大学出版社，2004年，第31页。
② 马克思、恩格斯：《马克思恩格斯选集》第3卷，人民出版社，1972年，第22页。
③ 马克思、恩格斯：《马克思恩格斯选集》第3卷，人民出版社，1972年，第615页。

的税收行政权力。因此，海关必须得到国家授权，才能依法履行征收进出口关税的权力。

《海关法》第二条规定："海关依照本法和其他有关法律、行政法规……征收关税和其他税、费……"《中华人民共和国进出口关税条例》（以下简称《关税条例》）第二条规定："中华人民共和国准许进出口的货物、进境物品，除法律、行政法规另有规定外，海关依照本条例规定征收进出口关税。"《中华人民共和国增值税暂行条例》（以下简称《增值税暂行条例》）第二十条规定："增值税由税务机关征收，进口货物的增值税由海关代征。个人携带或者邮寄进境自用物品的增值税，连同关税一并计征……"《中华人民共和国消费税暂行条例》（以下简称《消费税暂行条例》）第十二条规定："消费税由税务机关征收，进口的应税消费品的消费税由海关代征。个人携带或者邮寄进境的应税消费品的消费税，连同关税一并计征……"《中华人民共和国船舶吨税法》（以下简称《船舶吨税法》）第六条规定："吨税由海关负责征收。……"综合各项法律授权，目前我国海关依法负责征收的有关税、船舶吨税、进口环节增值税、进口环节消费税等几种税收。

3. 关税的征税对象是进出关境的货物和物品

《海关法》第五十三条与《关税条例》第二条都规定了关税征收对象是进出关境的货物和物品。

在海关税收制度中，货物与物品不能等同，它们在海关管理上是一个并列的概念。这里所说的物品，是指以自用合理数量为限的个人携带进出境的行李物品、邮寄进出境的物品和其他物品（例如托带物品、运输工具服务人员自用物品等）。自用是指进出境旅客本人自用、馈赠亲友而非为出售或出租，合理数量指的是海关根据进出境旅客旅行目的和居留时间所规定的正常数量。进出境物品的重要特征是它具有非贸易的性质，一般有严格的数量限制，报关手续简单。而除进出境物品之外的其他进出境商品即为进出境货物，它通常带有贸易性质，是用于境内外市场销售的商品，一般没有数量限制，报关手续较复杂。

目前我国征收关税的进出境货物和物品通常是指有形的商品，或者无形商品的价值体现在某种有形的进出境货物和物品中。关税仅对进出境的货物和物品征收，凡是征收对象符合关税定义的，无论其名称是否叫"税"，实质上都属于关税，如曾经开征的"进出口调节税"。此外，我国征收的进境物品进口税①、反倾销税、反补贴税等也属于关税范畴。

4. 关税应税经济活动的地域是一国或地区的关境

关税征收对象是进出关境的货物和物品，这说明关税征收必须伴随货物和物品进出关境的行为，而且仅对货物和物品在进出关境时才征收关税。可见，货物和物品是否有进出关境的行为就成为是否缴纳关税的标志。所以，关境是正确理解关税概念的一个十分重要的术语。

关境是现代国际通行的海关术语，亦称税境、海关领土或关税领土，是指由海关管辖的边境，是海关征收关税和执行海关法令规章的区域范围。虽然对关境的概念有不同表述，但是对关境内涵的认识差异不大，是指一个国家（地区）的海关法适用的区域。而对

① 《关税条例》第五十六条明确规定：进境物品的关税以及进口环节海关代征税合并为进口税，由海关依法征收。因此，严格来讲，进境物品进口税的范畴大于进境物品关税的范畴。但在实践中，进境物品进口税由海关统一合并征收，统计时其收入全部归入关税收入中，因此本书将其归入关税范围。

关境外延的认识却有很大差异，尤其是对关境与国境的关系认识方面。

国境是一个国家行政主权管辖的区域，国家主权的行使范围一般要遵从属地原则与属人原则。从属地原则看，一个国家的领土包括领陆、领水和领空，是立体的空间；从属人原则看，一个国家的领土包括本国的公民或居民。税收管辖权是国家主权的一种体现，关税的征收范围也要遵从属地原则与属人原则。从属地原则看，海关法适用的范围通常应与国家领土相一致，也是立体的空间。一般情况下，关境和国境是一致的，即关境等于国境。

但是错综复杂的国际贸易关系和一些特殊原因，有时会使关境与国境不一致。如欧盟，由若干国家组成共同的关境，实施统一的海关法规和关税制度，其成员国的货物在彼此之间的国境进出不征收关税，只有成员国以外的货物进入欧盟范围内才被征收关税。此时关境大于欧盟成员国各自的国境。

同样，在某些国家也存在关境小于国境的情形。例如，《关税及贸易总协定》（GATT）中规定单独关境（Separate Customs Territory）地区可以成为其成员，这里的单独关境是指虽不是一个独立主权国家，但有自己单独的税则和单独的贸易管理规章的区域（如我国的香港、澳门和台湾）。单独关境拥有对该区域行使管理权的行政管理当局，在单独关境内各自实行单独的海关制度。如果一国存在单独关境地区，则该国单个的关境就小于国境。我国的香港、澳门在回归祖国以前就属于《关税及贸易总协定》中的单独关境地区①。台湾地区在中国大陆加入世界贸易组织（WTO）后，也以“台澎金马关税区”的名义加入世界贸易组织。单独关税区不享有主权，但是在世界贸易组织内，根据多边贸易协定享有与其他成员同样的权利，承担同样的义务。因此，我国现行的关境是指适用《海关法》的行政管辖区域，不包括中国香港、中国澳门和台澎金马 3 个单独关税地区。

因此，关税应税经济活动的地域是以一国或地区的关境为界，而不是以国境为界。

（二）关税与海关税收的关系

关税是由一国海关代表国家，按照税法、税则的规定，仅对进出境的货物和物品征收的一种国家税收。这是狭义的关税，仅指海关负责征收的各种进出口关税。

目前，我国海关负责征收的税收除了各种进出口关税外，还有进口环节增值税、进口环节消费税及船舶吨税。所以，关税不能全面反映海关的征税职能。从广义的角度看，关税应综合考察包括海关征收的各种进出口关税、进口环节增值税、进口环节消费税及船舶吨税在内的各项海关税收。因此，海关税收不是一个新的税种，而是指包括目前我国海关负责征收的所有税种的一个总称，是与狭义的关税相对应的。本教材所使用的海关税收与关税的内涵及其关系就是如此。

在此对目前我国海关负责征收的关税之外的其他税收的基本情况做一下简单介绍，更详细的内容参见本书第八、九、十章。

增值税是对货物、劳务或服务的生产、流通环节新增价值征收的一种国家税收，其征税环节涉及生产、流通及进口各环节。在我国，增值税占我国税收的比率最高。目前，国

---

① 我国称之为单独关税地区（Separate Customs Area）。

内生产、流通环节的增值税由税务机关负责征收，进口货物的增值税经国家授权由海关在进口环节代为征收。

消费税是对特殊消费品征收的一种国家税收，属于流转税的范畴。目前，我国仅对某些资源类消费品、污染环境的消费品、奢侈类消费品等少数商品征收消费税。国内的消费税由税务机关负责征收，进口消费品应缴纳的消费税经国家授权由海关在进口环节代为征收。

船舶吨税是对自境外港口进入境内港口的船舶征收的一种税收，其征收目的是用于航道设施及海上干线公用航标的建设和维护，性质类似于车船税，属于使用行为税。在我国，1986年10月至2000年期间，船舶吨税由交通部负责管理，专款专用，并由海关依法代征；自2001年1月1日起，国务院将船舶吨税纳入中央预算管理，由海关依法负责征收。

二、海关税收的特征

税收作为一种分配关系，在不同的社会制度下具有一些共同点，即税收的基本特征是无偿性、强制性和稳定性。海关税收作为国家税收的一部分，同样具有税收的基本特征，但同时又具有其独特特征。

（一）税收的基本特征

1. 税收的无偿性

税收的无偿性是指国家征税以后，税款就成为国家所有，不直接归还纳税人，也不向纳税人支付任何报酬。税收的无偿性主要体现在：

（1）对具体的纳税人而言，从直观的和静止的角度看，税收是无偿的缴纳

纳税过程不同于一般商品交换，是纳税人将价值单方面、无条件地让渡给国家，而不能取得任何等价物，即国家不对具体纳税人直接偿还税款，是无偿获得税收收入。其根本原因是消费者对公共产品的偏好不同，以及公共产品本身的特征，使国家无法具体定价。国家只能采用税收形式来弥补公共产品的成本。所以，税收必须是无偿的。税收的无偿性是税收基本特征的核心，使税收成为国家取得财政收入的最基本形式。

（2）对纳税人整体而言，从内在的和动态的角度看，税收具有间接偿还性

从税款的缴纳和使用全过程观察，税收具有间接偿还性，即国家把税款使用于各种各样的公共产品，纳税人可以无偿享用。虽然具体纳税人缴纳税款与其享用公共产品的时间、规模等不是对等关系，不同于一般的商品交换，但是整体而言，从动态的角度看，税收对纳税人具有间接偿还性。

2. 税收的强制性

税收的强制性是指国家依靠其政治权力，通过法律形式，确定征纳双方的权利与义务关系，并颁布法令强制征收税款，并非是纳税人自愿缴纳。其强制性主要体现在两个方面：

（1）税收是国家凭借政治权力依法进行的强制性征收

国家凭借政治权力参与社会产品的初次分配和再分配。也就是说，国家可以不受财产

所有权和所有制形式的制约而进行强制征税。因此，强制性是国家取得财政收入的基本前提，使税收成为国家取得财政收入的最普遍形式。

(2) 法律是税收征纳关系的保障

权利与义务是一致的，但是由于公共产品领域容易出现“免费搭车”现象，必须采取强制征税的方式才能补偿公共产品的成本，必须通过法律形式，确定征纳双方的权利与义务关系，并颁布法令强制执行。无论征纳双方谁违反了法律规定，都要受到相应的法律制裁。所以，税收的强制性又表现为法律的制约性，用法律规范来约束税收征纳关系的分配行为，从而确保税收分配关系的顺利实现。

3. 税收的稳定性

税收的稳定性是指国家在征税之前，就通过法律形式预先规定了征税对象和征收数额之间的数量比例等税收要素，征纳双方必须共同遵守，不经批准不能随意改变，即国家以法律形式对国家和纳税人双方的征纳行为进行规范，使国家与纳税人的分配关系具有稳定性。

税收的稳定性是税收无偿性和强制性派生出的一种特性，同时也是对其必要的补充。可见，税收的强制性、无偿性与稳定性相互联系，形成一个有机整体。

（二）海关税收的独特特征

海关税收的独特特征可以概括为如下 4 点。

1. 海关税收具有涉外性特征

海关征收的各种税收与进出境货物、物品有关，甚至与进出境运输工具有关，所以具有明显的涉外性特征。关税的定义就意味着征收关税必须伴随进出关境的行为，其课税对象为进出关境的货物和物品，只有在进出关境的时候才能征收关税，很明显具有涉外性特征。海关税收既影响了与外贸有相关联系的国内社会集团的利益，也影响了与本国经济有相关联系的国外社会集团的利益。因此，海关税收的征收既体现了国家主权，又能成为调节国际经济关系的工具，成为国际贸易谈判的一项重要内容。

2. 海关税收具有对外统一性特征

海关征税的目的之一是建立、保护统一的国内市场，通过资源在统一的国内市场中自由流动，形成资源的合理配置。进口货品在缴纳海关税收之后即应享受进口国本国产品所享有的同样待遇，即“国民待遇”，在境内自由流通。因此，海关税收必须在关境内统一征收。

3. 海关税收的征收机关具有特殊性

与其他税收不同的是，其他种类的税收通常由国家税务部门征收，而海关税收是由海关代表国家征收。虽然各国海关在行政管理体制上的隶属关系不同，大多数国家的海关隶属于财政部，但关税都是由海关负责征收管理。

4. 海关税收具有特殊的功能

海关税收通常具有保护功能。通常而言，进口国通过征收进口关税，提高进口货品在境内的销售价格，可以抑制外国货品的进口，增强本国产品的竞争能力，达到保护本国经济的目的。但是，关税的保护功能要在适度、合理的保护范围内，否则，关税的过度保护或不合理保护会对本国经济和世界经济造成不良影响，甚至引发国际贸易摩擦。

第二节　海关税收的分类

各国海关征收的税种并不完全相同，但有一点是相同的，即各国海关均负责征收关税。本节首先介绍税收的分类，然后再分析关税的分类。

一、税收的分类

一个国家的税收体系通常是由许多不同税种构成的。每个税种都具有自身的特点和功能，但有些税种具有共同的特点和功能，从而区别于其他税收形成一"类"。税收有许多不同的分类方法，在此介绍几种基本的税收分类方法。

（一）按课税对象的性质分类

按课税对象的性质，税收可以分为流转税、所得税、财产税和行为税等。流转税是以流转额为征税对象的税种，如消费税、增值税等；所得税是以所得额为征税对象的税种，如企业所得税、个人所得税等；财产税是以财产为征税对象的税种，如房产税、遗产税和赠与税等；行为税是以特定行为为征税对象的税种，如车船税、船舶吨税等。

虽然各国税制千差万别，但是按课税对象的性质进行分类，始终是各国税收主要的分类方法，也是最能够反映现代税制结构的分类方法。我国税收一般划分为流转税、所得税、资源税、财产税和行为税五大类。

从课税对象的性质看，海关税收中的关税、进口环节增值税和消费税都属于流转税，船舶吨税属于行为税。

（二）按照计税依据分类

按照计税依据分类，税收可以分为最基本的从价税和从量税两种。从价税就是以征税对象的价值量为依据课征的税收，从量税就是以征税对象的实物量为依据课征的税收。在此基础上，还有衍生出来的一些其他计税依据。

关税中既有从价税，也有从量税，还有复合税和滑准税等其他计税依据。进口环节增值税属于从价税；进口环节消费税既有从价税，也有从量税，还有一些复合税；船舶吨税则属于从量税。

（三）按照税收与价格的关系分类

按照税收与价格的关系分类，税收可分为价内税和价外税两种。价内税就是税金包含在计税价格之中，作为计税价格构成部分的税种；价外税是指税金不包含在计税价格之中，价税分列的税种。

从税收与计税价格的关系看，海关税收有的属于价内税，有的属于价外税。关税以进出境货物的成交价格为完税价格的基础，不包括关税税额，属于价外税。进境环节的增值税计税价格不包括应纳的增值税税额，因此增值税也属于价外税。进口环节消费税计税价格包括应纳消费税税额，属于价内税。船舶吨税与价格无关。

（四）按照税收的隶属关系分类

按照税收的隶属关系分类，税收可以分为中央税、地方税和中央地方共享税3种。

中央税是指由中央政府负责征收管理，收入归中央政府支配使用的税种；地方税是指由地方政府负责征收管理，收入归地方政府支配使用的税种；中央地方共享税是指由中央和地方政府共同负责管理，收入由中央政府和地方政府按一定比例分享的税种。

从税收的隶属关系看，海关税收包括的关税、进口环节增值税、消费税及船舶吨税，都属于中央税。

（五）按照税负是否易于转嫁分类

按照税收负担是否易于转嫁分类，税收可以分为直接税和间接税两种。直接税是指税收负担不容易转嫁，纳税人与负税人一致的税种，如所得税等；间接税是指税收负担可以通过一定方式转嫁出去，纳税人与负税人不一致的税种，如流转税等。

从税收是否易于转嫁看，海关税收中的关税、进口环节增值税和消费税都属于间接税，而船舶吨税属于直接税。

二、关税的分类

根据不同的研究目的，可以按照不同的标准或从不同的角度对关税进行分类。①

（一）按照关税征收的依据进行分类

按照关税征收的依据分类，关税可以分为正税和附加税。

1. 正税

正税是指按照一国进出口税则公布的法定税率而正常征收的关税，包括进口关税、出口关税和过境关税。进出口税则是通过立法程序制定的，因此正税具有稳定性和强制性，而且不同的正税之间不能交叉重复征收。

2. 附加税

附加税是指国家出于某种特定目的，在对货物征收正税之外再加征的一种关税。附加税通常是一种临时措施，根据需要随时加征或取消。需要注意的是，附加税本身不是一个独立的税种，它本身没有独立的税则，是从属于正税的。关税附加税可以细分为反倾销税、反补贴税、保障措施关税和报复性关税等多种，其具体内容将在下文关于进口关税的分类中进行分析。

（二）按照应税进出口货品在关境上的流向进行分类

按照应税进出口货品在关境上的流向进行分类，可以将关税划分为进口关税、出口关

① 李九领：《关税理论与政策》，中国海关出版社，2010年，第7~25页。

税和过境关税 3 种。这是最常见和使用最广泛的一种关税分类方法。

1. 进口关税

进口关税是对输入一国关境且最终目的地也为该关境的货物和物品征收的关税，是关税中最主要的一种。由于世界各国所征收的关税大多采用这种税，所以国际上通常所称的关税，包括国际关税协定、国际关税谈判所指的关税，除特别说明外，一般均指进口关税。征收进口关税，可以增加进口货品成本，削弱其在进口国市场的竞争能力，保护进口国同类商品的生产和经济发展。因而，在国际贸易竞争中，进口关税一直是一种重要的和公认的保护手段。

中国征收的关税主要也是进口关税。在进口关税税则中，每个税目都列有相应的多种税率。由于征收进口税的目的不同，除了在税则中规定正税外，有时还征收进口附加税。进口附加税是进口国家在对进口商品征收正常进口税后，出于某种目的，再加征的一部分进口税。进口附加税不体现在海关税则中，它是为特殊目的而设置的，其税率的高低往往视征收的具体目的而定。进口国通常把征收进口附加税作为限制外国商品输入的一种临时性措施，因此进口附加税又称为特别关税。

为了促进国际贸易自由化、防止关税壁垒，《关税及贸易总协定》对缔约方的关税正税加以约束，除在规定的例外情况之外，不允许征收超过正税的附加税。但为了抵制倾销、补贴，《关税及贸易总协定》允许缔约方对构成倾销或补贴的进口商品征收反倾销税或反补贴税。目前各国为了实现其特定的保护目的，征收进口附加税成为非常重要的合法有效的手段。进口附加税主要包括以下几种形式：反倾销税、反补贴税、报复性关税和保障措施关税。

（1）反倾销税

反倾销税是进口国对在该国实行倾销的外国商品所征收的一种进口附加税，目的是抵制外国商品倾销给该国生产和市场带来的严重危害。反倾销税税额一般按倾销幅度征收，以抵消倾销商品价格与正常价格之间的差额。

世界贸易组织（WTO）《反倾销协定》对实施反倾销措施作了明确规定。但是，由于各成员对于倾销的认定、反倾销的实施方式等问题的认识有分歧，加上国际贸易保护主义的泛滥，反倾销扩大化的趋势明显加强，并已成为当代新型非关税壁垒的重要措施之一。

（2）反补贴税

反补贴税是指进口国对在生产、加工、运输和销售过程中，直接或间接地接受任何公共财政补贴的外国商品所征收的一种进口附加税。其目的在于通过征收反补贴税，增加进口商品的成本，以抵消出口国给予某些企业或行业财政或政策上的特殊扶持而使其出口产品在降低成本方面所获得的额外好处，削弱其在进口国的价格竞争优势，从而保护进口国国内的生产和市场。反补贴税额一般与进口商品所得到的补贴额相等。反补贴税是工业发达国家争夺国际市场的一个重要工具。

世界贸易组织《补贴与反补贴措施协定》对国际货物贸易的补贴及各成员运用补贴与反补贴措施作了明确规定，防止成员滥用反补贴措施，阻碍公平贸易。

(3) 报复性关税

报复性关税是进口国为报复他国对本国商品、船舶、企业、投资或知识产权的不公正待遇而对从他国进口的商品所课征的一种进口附加税。这些不公平待遇通常包括：一是对本国商品征收歧视性差别关税或采取贸易保护措施；二是给予第三国比给本国更优惠的待遇；三是在与本国的贸易中，“自由贸易”方面做得不够；四是对本国产品的知识产权没有提供足够的保护；五是在与本国的原贸易协定期满时，对新协定提出不合理要求等。

报复性关税可以根据需要随时设立，也可以在关税法律中设立专门的报复性关税条款，当他国取消上述不公正待遇时，报复性关税也应取消。报复性关税往往容易引起关税战。

(4) 保障措施关税

保障措施关税又称紧急关税，是指当某种外国商品在短期内大量涌入进口国国内市场，对进口国国内同类产品生产造成了重大损害或产生重大损害威胁时，进口国为保护国内生产和市场而对该商品征收的一种进口附加税。

根据《关税及贸易总协定》第十九条和世界贸易组织《保障措施协定》的规定，紧急关税是保障措施的主要救济手段之一，是一种临时性关税。因此，当紧急情况缓解后，紧急关税必须撤除，否则容易受到别国的关税报复。

2. 出口关税

出口关税是对输出一国关境的货物和物品征收的关税。

在16~18世纪，出口关税曾经是欧洲许多国家财政收入的重要来源之一。当时的经济学家普遍认为出口关税是一种方便和合理的取得国家财政收入的方式。到了19世纪，欧美资本主义迅速发展，国际市场竞争日益激烈，各国开始认识到关税调节经济的作用。征收出口关税会增加本国出口商品的成本，降低其在国际市场上的竞争力，所以发达国家纷纷削减或废除出口关税。

在发展中国家，出口关税是政府取得财政收入和保护本国经济的重要手段。许多国家普遍对本国原料和初级产品出口征收关税。但是，世界经济全球化趋势促使发展中国家也开始降低出口关税和压缩出口关税的征收范围。

3. 过境关税

过境关税亦称“通过税”，是指对通过一国关境的货物和物品征收的关税。过境货品是指货品的起运地和目的地都在过境国之外的货品。

过境关税是关税较早期的一种形式，在中世纪时，它是欧洲各国最盛行的税种之一。当时征收过境关税主要是为了取得财政收入。如果一个国家的地理位置处于交通枢纽或交通要道，过境关税就会成为该国最方便而又充裕的税源。各国对过境关税普遍实行低税率政策。

19世纪以后，随着世界各国交通运输业和通信技术的迅猛发展，以及物流渠道的多样化，以往靠优越的国家地理位置征收过境关税的优势逐渐丧失。随着国际贸易竞争日渐激烈，各国普遍认识到，征收过境关税不仅阻碍了国际贸易的发展，还会使本国转口贸易转移到其他国家。转口贸易产生的收益比征收过境关税的财政收益要大得多，而且有利于国际贸易的发展，征收低税率过境关税的经济意义不大。因此，到19世纪后半叶，欧美发达国家相继废除了过境关税。《关税及贸易总协定》第五条规定了自由过境的原则，因而目前很少有国家征收过境关税。我国对过境货物和物品也不征收过境关税。

（三）按照关税的计税依据进行分类

计税依据是指根据征税对象计算应纳税额的数量依据，主要有两种基本形态：一是价值形态，如所得额、增值额等，凡是以价值形态为计税依据的税，统称为从价税；二是实物形态，如课税对象的数量、重量等，凡是以实物形态为计税依据的税，统称为从量税。从价税和从量税是两种最基本的征税依据，互相补充。同时，由于征税依据的混合采用，还产生了复合税、选择税、滑准税、季节税和差价关税等计税依据。

1. 从价关税

从价关税是以课税对象的价格为依据计算征收的一种关税，即关税是按照课税对象价格的一定比率计征的。从价计税是关税计征的主要方法。其计算公式为：应纳关税税额=完税价格×税率。

从价关税是从量关税的对称。与从量关税相比较，从价关税主要有如下优点：

一是税负比较合理，同一种进口商品，质优价高税额就高，质次价廉税额就低；二是计算征收简便，物价涨跌均不影响关税的财政作用和保护作用；三是适用范围广，国际贸易都是以计价为主，从价关税不仅能够体现立法者的意愿，也能适用于各种商品；四是便于进行关税比较研究和国际谈判，从价税率以百分数表示，有利于对关税税负、保护程度等的计算与衡量，有利于对各国关税进行比较研究和国际关税谈判。

其缺点主要有两点：

一是海关估价工作比较复杂，需要一定的专业技术，《WTO海关估价协定》规定完税价格以货物的成交价格为基础，这是国际海关的通行做法；二是对质次价廉的低档商品或倾销商品的进口抑制作用不大。

2. 从量关税

从量关税是以课税对象的实物量为计征依据而计算征收的一种关税。通常以商业惯例中使用的重量、数量、体积、长度等计量单位为课税标准，税率表现为每计量单位的应税税额。其计算公式为：应纳关税税额=货物数量×单位税额。

与从价关税相比，从量关税的优点是：一是征税手续简便，容易计算，只核对货物的名称和数量即可计算出税款；二是对质次价廉的低档商品与质优价高的商品征收同样的税款，因此，对抑制质次价廉的低档商品进口的作用较大；三是可有效防止低价伪报进口的偷逃税行为；四是可缓解国际市场价格波动对国内经济的影响。

其缺点主要是：一是税负不太合理，对同一种商品不论其价高价低、质优质次，均按同一税率征税；二是保护作用和财政作用较弱，因为其税额是固定的，与物价无关；三是制定税则时需对种类庞杂的各种商品分别确定其每单位的应税金额，费时费力，适用范围有限。

由此可见，从价税和从量税的优缺点是相对的，此长彼短。从量关税征收简便，由于商品品种有限、规格单一、价格差别不大，各国早期曾大量使用从量关税。近代以来，各国物价上涨已经成为趋势，从量关税的缺点日益明显，而从价关税的优点日渐显现，所以绝大多数国家（包括中国）都改用从价关税，或以从价关税为主、从量关税为辅。由于国际经济和贸易形势纷繁复杂，各国根据本国经济发展的需要，仍在不断探索计税依据的合理性。

3. 复合关税

复合关税又称混合关税，是指在关税税则中，对同一税号的货物同时列出从价和从量两种标准，以两种标准计算的税额之和作为应税额而征收的一种关税。课征时，或以从价税为主，加征从量税；或以从量税为主，加征从价税。计征手续较为烦琐，但在物价波动时，可以减少对财政收入的影响。有些国家对一些敏感商品或需要保护的商品使用复合关税。复合关税的计算公式为：应纳关税税额=应税货物数量×关税单位税额+应税货物完税价格×适用比例税率。

4. 选择关税

选择关税是指在关税税则中，对同一种商品同时列出从价和从量两种标准，根据一定的政策目标（从高计征或从低计征）选择其中一种标准而征收的关税。例如，当政策目标是从高计征时，实际上是以从量税的定额税率为界限，当按从价标准计算的税额大于定额税率，则按从价标准计征关税；当按从价标准计算的税额小于定额税率，则按从量标准计征关税。如果政策目标是从低计征，则情况相反。

5. 滑准关税

滑准关税亦称滑动关税，是在关税税则中对同一税号的商品，根据进出口商品价格或数量分档并依次制定不同的税率，依照该进出口商品的价格或数量而适用不同档次税率计征的一种关税。滑准关税一般分为滑准进口税和滑准出口税。

滑准进口税是对某些输入商品，根据输入国同类商品国际市场价格与标准价格的差异确定其关税税率的高低。国际市场价格低于标准价格时，提高其进口税率；国际市场价格高于标准价格时，降低其进口税率。从而使该商品的国内市场价格保持稳定，保护国内同类商品的生产，防止国内该种商品脱销、短缺或外国货物倾销。

滑准出口税是根据某些输出商品的国际市场价格与标准价格的差异决定其税率的高低。当某种商品国际市场价格上涨高于标准价格时，即提高其出口关税税率，转嫁该产品的成本和国内税负；当国际市场价格下降低于标准价格时，则减轻其出口税率，增加该产品的国际市场竞争能力。

可见，滑准关税的优点在于它能平衡物价，保护国内产业发展；缺点是使交易流于投机。因此，各国在采用滑准关税时多十分谨慎。

6. 季节税

季节税是指对同一税号的商品，根据其季节性生产或消费周期的变化，制定不同税率而征收的一种关税。通常是针对季节性特征明显的商品，如海鲜、蔬菜、水果，以及与此相关的生产资料，如化肥、农药等。一般情况下，该产品国内生产旺季（或需求淡季）时，对进口征收高关税，对出口征收低关税；相反，该产品国内生产淡季（或需求旺季）

时，对进口征收低关税，对出口征收高关税。从而有利于国内市场供求平衡和物价稳定。许多国家普遍征收季节税，我国也曾经对一部分出口货物征收季节税。

7. 差价关税

差价关税简称差价税，又称差额税，是指当外国进口商品的价格低于国内生产的同种（或同类）产品的国内价格时，海关按两者之间的价格差额对进口商品所征收的一种关税。

征收差价关税的目的是拉平进口商品与国内商品的价格，使该种进口商品的税后价格保持在一个预定的价格标准上，以稳定进口国国内该种商品的市场价格，保护国内生产。由于国内外同种商品的价格时常变动，它们之间的价格差额也会因之产生波动，因此差价税是一种滑动关税。差价关税没有固定税率，根据进口货物的差价进行计征，是一种“不定额税”。

世界上许多国家征收差价关税，各国具体办法不尽相同，其中最有代表性的是欧盟的差价税。征收差价税是欧盟实施共同农业政策的一项主要措施，其主要目的是保护和促进欧盟内部的农业生产。

（四）按照应税货物的原产地不同进行分类

按照应税货物的原产地不同进行分类，关税可以分为普通关税与优惠关税。

1. 普通关税

普通关税也称一般关税，是指对与本国没有签署贸易协定或经济互惠协定等友好协定的国家原产的货物，按照进出口税则中普通税率征收的一种非优惠性关税。这种关税税率一般由本国自主决定，只要国内外情况不发生变化，则长期使用，税率通常较高。

2. 优惠关税

优惠关税，是指对来自特定受惠国的进口货物征收的低于普通税率的优惠税率关税。一般是通过国家间签署贸易协定或经济互惠协定等友好协定来实施的，其目的是增进与受惠国之间的友好贸易往来。

优惠关税又可分为特定优惠关税、普遍优惠关税、最惠国待遇关税 3 种。

（1）特定优惠关税

特定优惠关税，包括协定关税和特惠关税，是指某一国家对来自特定国家的进口商品给予排他性的特定优惠关税待遇，其他国家不得根据最惠国待遇原则要求享受这种优惠关税待遇的一种关税。

特定优惠关税起源于殖民主义统治时代，在宗主国与殖民地之间使用，历史上最有名的是 1932 年英联邦成员国之间相互提供贸易优惠的关税制度，称为“帝国特惠制”。直到 1973 年英国加入欧洲共同市场后，该特惠制才逐步取消，但仍有一些特惠关税保留下来。

《洛美协定》[①] 的特惠关税是目前世界上免税程度最大的一种特别优惠的关税，欧盟成员国在免税、不限量的条件下，接受受惠国的全部工业品和 96%的农产品，而不要求受惠国给予反向优惠，并放宽原产地限制及其他部分非关税壁垒。

---

① 1975 年 2 月，西欧共同体 9 国与它们以前的殖民地国家在多哥首都洛美签订了为期 5 年的《洛美协定》，其受惠国有 90 多个，是南北合作的范例。

目前，我国也实行特定优惠关税。例如，对东盟10国、巴基斯坦、新加坡、新西兰、智利、秘鲁等国输华产品分别实施的协定税率，对非洲、亚洲、大洋洲等一些最不发达国家的部分输华产品给予的特惠税率待遇，都属于特定优惠关税范畴。

特定优惠关税对原产地有详细明确的规定，以确保特定受惠国家或地区的产品利用特定优惠关税扩大出口，防止非受惠国的产品利用特定优惠关税的优惠，扰乱贸易秩序。

（2）普遍优惠关税

普遍优惠制简称普惠制，是指发达国家对进口原产于发展中国家或地区的工业制成品、半制成品和某些初级产品给予降低或取消进口关税待遇的一种优惠安排，普遍给予优惠的关税待遇。

1970年10月，联合国贸易与发展理事会作出决议，同意由各发达国家自行制订本国的普惠制方案。1971年6月25日，《关税及贸易总协定》的各缔约方通过决议，允许各缔约方在实施普惠制期间内，暂不受《关税及贸易总协定》最惠国待遇原则的约束，非普遍优惠制的缔约方不得以最惠国待遇为由，要求给惠国给予普惠制优惠。

普惠制作为一种优惠性关税，是在最惠国关税基础上实行的关税再减让。其优惠程度取决于减税幅度，即最惠国税率和普惠制税率之间的差额。1978年以来，先后有40个国家给予中国普惠制关税待遇，包括欧盟成员国、新西兰、澳大利亚、日本等。[①] 随着中国经济实力的增强和出口产品竞争力的提升，中国陆续从各发达经济体的普惠制待遇中“毕业”。自2012年起，乌克兰、加拿大、瑞士、欧盟、日本等陆续宣布取消对中国出口货物的普惠制待遇。但是，至2021年12月仍有挪威、新西兰、澳大利亚3个国家给予中国普惠制待遇。

普惠制有普遍性、非歧视性和非互惠性3项基本原则，其目的是促进发展中国家向发达国家出口制成品和半制成品，提高出口效益、增加外汇收入和财政收入，进而加速发展中国家的工业化进程和经济发展。但是由于允许由各发达国家自行制订本国的普惠制方案，发达国家为了维护本国经济利益，在提供普惠制优惠措施的同时，规定了一系列限制条件，从而制约了实施普惠制的积极作用的充分发挥。

（3）最惠国待遇关税

最惠国待遇关税是指签约双方相互给予不低于第三方的互惠关税，即对适用最惠国待遇的进口货物，按最惠国税率征收的一种关税，其税率通常比普通税率低。它是最早出现的也是最常见的一种关税，一般是通过国家间签署贸易协定或经济互惠协定等国际协定来实施的，其目的是增进缔约方之间的友好贸易往来，加强经济合作，但协定不涉及第三国的权利义务。

最惠国待遇可分为无条件和有条件两种。无条件最惠国待遇是指缔约一方现在或将来

---

① 自1978年起，中国累计获得过40个国家的普惠制待遇，包括欧盟27国（法国、德国、意大利、荷兰、卢森堡、比利时、丹麦、爱尔兰、希腊、葡萄牙、西班牙、瑞典、芬兰、奥地利、波兰、捷克、斯洛伐克、匈牙利、马耳他、斯洛文尼亚、立陶宛、拉脱维亚、爱沙尼亚、塞浦路斯、保加利亚、罗马尼亚、克罗地亚）、英国、欧亚经济联盟3国（俄罗斯、白俄罗斯、哈萨克斯坦）、土耳其、乌克兰、加拿大、瑞士、列支敦士登、日本、挪威、新西兰、澳大利亚。

给予任何第三国的一切优惠待遇，应同样无偿、自动地适用于缔约的另一方。有条件最惠国待遇是指缔约一方现在或将来给予任何第三国的一切优惠待遇，有条件地给予缔约的另一方，缔约的另一方必须提供同样的条件才能享受这些优惠待遇。

目前，世界各国普遍采用无条件最惠国待遇。《关税及贸易总协定》在第一条第一款中规定，缔约方之间使用无条件最惠国待遇原则，相互提供无条件最惠国税率。①

需要注意的是，最惠国待遇在平等互利原则基础上相互给予对等的优惠待遇，这是国际贸易正常开展和消除贸易歧视的一种手段。最惠国待遇关税税率往往低于普通关税税率，而高于特定优惠关税税率。

从国家主权的角度看，普通关税是非优惠关税，最惠国待遇关税、特定优惠关税（例如协定关税、特惠关税）、普惠制关税是优惠关税。从世界贸易组织成员的角度看，普通关税是加重关税，最惠国待遇关税是非优惠关税，特定优惠关税、普惠制关税是优惠关税。但是，它们都是根据进口货物的不同原产地来确定所适用的关税税率。

在我国，最惠国税率适用的是非优惠原产地规则，协定税率和特惠税率适用的是优惠原产地规则。

（五）按照关税的发展历史分类

按关税的发展历史分类，关税分为国内关税、国境关税和关境关税。

1. 国内关税

国内关税又称为内部关税或内地关税，是对经过一国国境内所设关卡的商品征收的关税，是早期关税的形态。古时生产力水平低，商品主要在国内流通，通过对过往客商征收过路费和使用费，以增加财政收入。这是内部关税阶段。我国在周朝时就有“关市之征”，对过往各地关卡和集市的货物征税。

2. 国境关税

国境关税又称外部关税，是对进出一国国境的进出口货物和物品征收的关税，是国内关税的对称。历史上，国内关税与国境关税长期并存。随着生产力的发展，资产阶级政权的建立，国内关税阻碍了本国经济发展与国际贸易，所以国境关税逐步取代国内关税，成为近代关税的形态。国境关税在筹集财政收入的同时，减轻了国际贸易货物的税负，简化了通关环节，有利于促进国际贸易的发展，也能更好地服务于国家经济贸易政策。

3. 关境关税

关境关税是对进出一国或地区关境的货物和物品征收的关税，它是20世纪中叶以后在国境关税的基础上产生的。20世纪中叶以后，国际贸易加速发展，关税同盟、经济共同体等经济一体化组织不断涌现，关境与国境的范围差异越来越大，各国开始以法令的方式明确其关税征收的范围，即关境范围，从而使关境关税取代国境关税，成为现代关税的形态。此时，关境关税主要服务于一个国家（地区）在国际社会经济方面的政策，筹集财政收入的作用就很微弱了。

---

① 《关税及贸易总协定》在第一条第一款规定：缔约方对来自或运往其他国家或地区的产品所给予的利益、优待、特权或豁免，应无条件地给予来自或运往所有其他缔约方的相同产品。

（六）按照征收关税的主要目的进行分类

按照征收关税的主要目的进行分类，关税可以分为财政关税和保护关税两种。

1. 财政关税

财政关税是指以筹集国家财政收入为目的征收的关税。关税在产生后的一个很长历史时期内，主要目的是增加国家的财政收入。财政关税曾经是发达国家财政收入的一个重要来源。17 世纪末，欧洲各国的关税收入多占其财政收入的 80%以上。财政关税作为专门的关税术语或概念，成为保护关税的对称，主要来源于英国的财政关税政策。19 世纪中叶，英国曾对烟、酒、茶叶等进口货物只征收财政关税，其征税原则不是保护本国生产，而是以增加财政收入为目的。目前，发达国家很少使用财政关税，但一些发展中国家由于国内经济不发达，直接税源有限，关税在国家财政收入中所占比重较大。

财政关税有着自身的局限性。其进口税率过高，会形成关税壁垒，影响国家间的贸易关系；征收出口税，不利于提高本国产品的出口竞争能力。所以进入 20 世纪后，一些主要工业国家都先后放弃了财政关税政策。

2. 保护关税

保护关税是以抑制境外产品进口、保护本国经济发展为目的而征收的关税。保护关税是财政关税的对称，是实现一国保护贸易政策的有效工具。

随着资本主义生产方式的发展，资产阶级为了保护本国的工业生产，开始对进口商品征收高额关税，利用市场价格机制削弱其与国内产品的竞争能力，从而达到保护本国产品生产的目的。保护关税一般是对本国的幼稚工业和在竞争中的敏感商品进行保护。

系统的保护关税理论产生于美国和德国。18 世纪末，美国第一任财政部长 A · 汉密尔顿根据美国摆脱殖民经济统治、发展本国经济的需要，强调要用关税来保护本国幼稚工业的发展。1789 年，美国联邦政府首先颁布了保护关税税则。1841 年，德国历史学派先驱 G · F · 李斯特出版了《政治经济学的国民体系》一书，系统地论述了国家采取保护贸易政策和保护关税政策以发展本国工业的理论。

为促进贸易自由化，《关税及贸易总协定》要求各成员取消或削减各种贸易壁垒，尽管仍然允许关税为唯一保护手段，但许多国家的关税水平已大大降低。目前许多国家的关税税率都已很低，但仍然属于保护关税，而且许多国家还使用诸如报复性关税、惩罚关税、反倾销税、反补贴税等保护手段来保护国内经济发展。

海关除征收关税外，还征收进口环节增值税和消费税，以及船舶吨税。增值税和消费税的具体分类，可参见本书第八章和第九章相关内容。船舶吨税是一种从量征收的行为税，通常不对其进一步分类。

第三节 海关税收的职能

海关税收的职能是指这种分配范畴本身所固有的功能，它是指由其本质所决定，内在于海关税收分配过程中的功能。为了全面了解海关税收的职能，首先要了解税收的职能。

一、税收职能

（一）税收职能概述

税收职能由税收本质所决定，具有三大特征：内在性，它是税收本质所固有的内在属性；客观性，它是由税收职能的内在性所决定的，不以人的意志为转移；稳定性，它是税收本质的一种固有属性，无论在内涵还是在外延方面都是稳定的。税收职能可以概括为财政收入职能和调节经济职能。

（二）税收职能的内容

1. 财政收入职能

财政收入职能，即税收是国家强制地、无偿地取得财政收入的一种形式，是国家财政收入的保证。这是税收最原始、最基本的职能。税收的强制性、无偿性、稳定性的本质特征，使税收在保证财政收入的稳定、及时、均衡、可靠等方面远远超越其他财政收入形式，使其成为国家取得财政收入最基本、最直接、最有效、最可靠的形式。

自改革开放以来，随着我国税制的改革和完善，我国税收收入占财政收入的比重呈现先上升后下降，再到目前日渐平稳的趋势，所占比重在 1980 年为 49. 29%，1990 年上升到 96. 08%，2000 年下降为 93. 93%，2010 年比重进一步下降到 88. 1%，2021 年全国税收收入占一般公共预算收入比重为 85. 28%。[①] 同时，世界其他国家的财政收入中，税收收入也占据首要位置。

但是，税收财政收入职能的发挥，需要处理好以下几个方面的问题：

（1）确立税收在财政收入中的基础地位

税收组织财政收入职能的发挥程度，主要取决于税收在财政收入中的地位。如果税收比重过低，就意味着其他收入形式承担了较多的财政收入任务，税收筹集资金的功能没有得到充分发挥。把税收作为最主要的财政收入形式，意味着税收受到重视，其组织财政收入的职能才能得以发挥。

（2）确立税收收入的合理规模

税收是最主要的财政收入形式，税收收入规模基本代表了财政收入规模。其规模的确定，应坚持既要满足国家履行职能的需要，又不能超过社会经济负担能力的原则。

（3）优化税收收入的结构

税收要通过具体税种的征管发挥其财政收入的职能，这就牵涉税种形式结构的问题，包括税种数量和各税种在税收总额中所占的地位等问题。科学合理的税种结构有利于发挥税收组织财政收入的职能。

---

① 数据来源：根据《中国统计年鉴 2021》有关数据计算得出，中国统计出版社，2021 年。2021 年数据根据财政部网站《2021 年全国一般公共预算收入决算表》有关数据计算得出。

2. 调节经济职能

税收调节经济的职能，是指税收反作用于经济的职能，指税收在参与分配、组织财政收入过程中，调节经济运行、协调经济结构、刺激经济效益、服务于特定经济目标的能力。税收调节经济的范围相当广泛，能覆盖社会再生产的各个环节及社会经济生活的各个角落，因而其在国家调控经济的体系中，居于重要地位，是掌握在国家手中的最重要的经济杠杆。

税收调节经济职能发挥的直接依据是国家确定的一定时期的经济发展规划目标和经济政策，如产业政策、分配政策、投资政策等。当然，决定调节功能发挥作用的最终依据是各种经济规律，国家确定的各项政策和计划目标符合客观经济规律，就为税收调节经济职能的发挥提供了前提和基础。

二、海关税收的职能

海关税收是税收的一部分，同样具有上述税收的基本职能，但具体表现有所不同。

（一）海关税收的财政收入职能

海关税收的财政收入职能是指海关税收具有组织财政收入的功能，是其最原始、最基本的职能。关税是最早的税收之一，产生之初的目的就是取得财政收入。在 15~19 世纪，关税曾经在各国财政收入中占据最重要的位置，但是现代关税在发达国家中财政收入职能的重要地位已经被调节经济职能所取代。比如，1995 年英国关税收入占总收入的 0.8%，美国关税收入占联邦收入的 1.4%。但在发展中国家，关税财政收入职能仍然很重要，关税依然是中央财政收入的重要来源之一。以中国为例，海关税收仍然占到中央一般公共预算收入的 20%以上，是中央一般公共预算收入的重要来源（详见表 1-1）。再如乌干达，1985 年进出口关税收入占全国财政收入的比重为 67.6%。

表 1-1　1994—2021 年中国关税、海关税收占中央一般公共预算收入比重一览表

年份	中央一般公共预算收入（亿元）	关税收入（亿元）	海关税收收入（亿元）	关税占中央一般公共预算收入比重（%）	海关税收占中央一般公共预算收入比重（%）
1994	2906.50	272.68	622.60	9.38	21.42
1995	3256.62	291.83	698.70	8.96	21.45
1996	3661.07	301.84	850.66	8.24	23.24
1997	4226.92	319.49	940.05	7.56	22.24
1998	4892.00	313.04	879.15	6.40	17.97
1999	5849.21	562.23	1589.60	9.61	27.18
2000	6989.17	750.48	2242.00	10.74	32.08
2001	8582.74	840.52	2492.32	9.79	29.04

续表1-1

年份	中央一般公共预算收入（亿元）	关税收入（亿元）	海关税收收入（亿元）	关税占中央一般公共预算收入比重（%）	海关税收占中央一般公共预算收入比重（%）
2002	10388. 64	704. 27	2590. 57	6. 78	24. 94
2003	11865. 27	923. 13	3711. 57	7. 78	31. 28
2004	14503. 10	1043. 77	4744. 05	7. 20	32. 71
2005	16548. 53	1066. 17	5278. 36	6. 44	31. 90
2006	20456. 62	1141. 78	6104. 23	5. 58	29. 84
2007	27749. 16	1432. 57	7584. 63	5. 16	27. 33
2008	32680. 56	1769. 95	9161. 17	5. 42	28. 03
2009	35915. 71	1483. 81	9213. 57	4. 13	25. 65
2010	42488. 47	2027. 83	12518. 51	4. 77	29. 46
2011	51327. 32	2559. 12	16142. 09	4. 99	31. 45
2012	56175. 23	2783. 93	17703. 97	4. 96	31. 52
2013	60198. 48	2630. 61	16641. 50	4. 37	27. 64
2014	64493. 45	2843. 41	17268. 71	4. 41	26. 78
2015	69267. 19	2560. 84	15094. 19	3. 70	21. 79
2016	72365. 62	2603. 75	15388. 34	3. 60	21. 26
2017	81123. 36	2997. 85	18968. 52	3. 70	23. 38
2018	85456. 46	2847. 78	19726. 75	3. 33	23. 08
2019	89309. 47	2889. 13	18701. 47	3. 23	20. 94
2020	82770. 72	2564. 25	17099. 75	3. 10	20. 66
2021	91470. 41	2806. 14	20126. 30	3. 07	22. 00

数据来源：1994—2020年数据来自《中国统计年鉴2021》，中国统计出版社，2021年。2021年数据来自财政部官方网站。其中海关税收收入数据来自中国海关统计，具体包括关税收入、进口货物增值税收入和进口货物消费税收入，但不含船舶吨税收入。

从各国经济发展的近代历史过程来看，国民经济发展水平越低，经济体制及财政收入体制越不完善，经济发展的宏观环境越恶化，国家就越依赖于海关税收收入。

此外，海关税收财政收入职能还影响国家之间的利益分配格局。海关税收的涉外性决定了一国的关税政策必然会影响贸易伙伴的生产、消费和分配。由于世界经济发展的不平衡，经济发展相对落后的发展中国家在国际贸易中处于依附地位，为此，其通常通过海关税收政策限制资源类商品的出口，引导一些附加值较高的商品出口。①

（二）海关税收调节经济的职能

关税与其他税收一样，是国家参与社会分配的手段，体现一定时期国家的政治、经济、对外贸易和产业等政策导向。关税税率高低及减免税等规定可以调节国内不同部门、行业、地区之间的利益分配，引导微观经济主体按照政府调控的意图调整经济行为，实现社会经济资源优化配置。具体说来，其调节职能包括以下 4 个方面：

1. 调节国内市场供求关系

市场经济中供求关系要靠价值规律发挥作用，而价格是最好的标尺。关税是进出口商品价格的重要组成，因此可通过关税影响商品价格，从而调节供求总量平衡。同时，还可以通过差别税率的制定，调整商品的相对价格体系，从而调节商品供求结构的平衡。

2. 引导产业结构和贸易结构的升级

由于我国在国际贸易中长期以来以低附加值产品换回高附加值产品，而低附加值产品和高附加值产品价格差距很大，因此在国际贸易中处于劣势。这种贸易格局是由国内产业结构、产品结构等决定的，可以通过制定差异性关税制度引导和改善国内经济结构，进而优化贸易结构。

3. 调节分配和消费

各国为了引导消费结构，普遍对高档消费品征收高关税，即“寓禁于征”。同时，关税还能发挥国际收入再分配功能。

4. 优化资源配置

没有哪个国家能闭关自守，所以通过关税调节国内社会经济资源配置，也就改变了社会经济资源在世界范围内的流通和配置。因此，在经济一体化和全球化的浪潮中，关税的职能被放大到国际政治、经济、贸易等领域，成为处理国际事务的一种重要工具。

现代社会中，人们更多选择理性手段解决国际争端，如签订《关税及贸易总协定》等，为世界政治经济的和平发展创造良好的外部环境，其中关税在协调和解决国际关系中发挥着不可替代的作用。关税既是本国经济和市场的安全阀，又成为协调国际政治、经济、贸易关系的重要手段。所以，关税必将被赋予新的职能，对关税的灵活性、适应性等提出更高的要求。

需要指出的是，关税调节经济的职能是多方面的，并不仅仅限于在一国范围内调节国内生产要素的流动方向，它还可以调节生产要素在国际范围内的配置。国际贸易促进了生产要素和资源在国际范围内有效流动，关税在调节一国进出口商品总量和结构时，也同时调节世界经济整体内的商品的流动，调节对外经济贸易方向，甚至可起到辅助调节外汇收支的作用。在国际经济中海关税收的职能被放大了，成为宏观调控经济的重要手段之一。

（三）海关税收保护本国经济发展的职能

海关税收是对进出口商品征收的流转税。它构成进出口商品的成本，通过价格机制将

---

① 毛道根：《海关税收的含义、特点和职能剖析》，《当代经济》2009 年第 3 期。

其转化为商品的销售价格，从而影响消费和生产，调节国内生产要素和资源流动方向，达到保护国内产业、促进本国产业发展，以及调节国内产业结构的目的。

海关税收是国家主权的象征，是守护国家政治经济的重要手段。在国际交往和贸易往来中，海关税收可以有效抵御国外的经济入侵和贸易歧视，维护国家主权和保护国内经济的正常发展。由于不同的产业结构表现为不同的商品结构，而海关税收可对不同的商品制定不同的税率，因此，在经济全球化背景下运用关税手段来调节产业结构是比较符合关税自身特点的选择。

在市场经济体制下，经济主体以追求自身利益最大为目标，企业组织总是对利润高的产业进行投资。而海关税收构成进口企业的成本，提高进口商品的国内价格，从而提高对国内生产同类产品的企业的利润，影响国内生产要素的流动，改变国内商品结构和产业结构。

假定对某种进口商品征收从价关税 t，进口商品的国际市场价格为 P_W，E 为直接标价法的外汇汇率，P_D 为进口国国内市场价格。根据国际经济学原理，可以用以下公式表示商品国际市场价格与进口国国内市场价格之间的关系：

$$P_D=P_W\cdot E\cdot (1+t)$$

假定在某一时期内，国际市场价格 P_W 和汇率 E 稳定不变，那么对进口商品征收 t 关税后，该商品的国内市场价格会相应提高，这意味着国内生产该商品的企业可以获得更大利润，在关税保护下，更大利润会诱使企业增加对该产品的投资，吸引其他生产要素向该产业流动。在不同关税税率结构的影响下，产业内不同商品的利润会发生变化，导致投资增量和资产存量在产业间、产业内发生变化，产业结构向关税保护程度高的产业调整。利用关税可以改变国内企业生产产品的利润，从而改变国内的投资结构和生产要素的流动方向，来实现一国保护国内生产、调整产业结构的目的。

一国通常是通过征收进口保护性关税，提高进口商品的价格，削弱其竞争能力，从而限制国外商品的进入，保护和支持本国新兴产业、支柱产业和朝阳产业等的生存和发展。提高进口商品价格的同时，也提高和维护了国内同类商品的价格水平，从而调动本国生产的积极性。而通过征收出口保护性关税，提高出口商品的价格，削弱其在国际市场上的竞争能力，阻碍本国商品的出口，限制本国紧缺的能源、原材料等大量外流，从而保护本国国内生产和消费的正常需要，同时增加财政收入。如何使本国在国际分工和贸易中占据更有利地位是各国关注的焦点。即便是发达国家，它们虽然积极倡导国际贸易自由化和关税削减，但至今没有一个国家真正放弃关税这一合法保护经济的手段。对发展中国家来说，关税保护经济的职能常常比发达国家更重要，也更艰巨。在当今世界经济政治发展不平衡但相互关系又日益密切的形势下，要想既融入国际分工又保护本国经济的平衡发展，不但不能放弃海关税收的保护职能，而且要深入研究国际惯例和准则，制定符合本国利益的海关税收政策和制度，充分发挥其保护职能。①

20 世纪中叶以来，国际经济一体化组织大量出现，关税减让通常成为这些组织或区域贸易协定中的主要内容，而且海关税收经常作为调整国家之间政治经济关系的重要手

① 毛道根：《海关税收的含义、特点和职能剖析》，《当代经济》2009 年第 3 期。

段，同时国际的政治经济关系也是影响海关税收职能的重要因素。

此外，全面了解海关税收职能，还需要注意以下几点：

1. 海关税收职能的实现是有条件的

职能是海关税收本身固有的功能，只要征收税，其职能就会自动发挥。但是这不意味着其职能都能够得到充分合理的发挥。在许多情况下，海关税收各项职能可能会产生冲突，甚至会产生一些副作用。

海关税收职能的有效实现取决于多方面条件，主要包括：市场经济机制完备程度，关税制度的完善程度，对本国经济与别国经济的联系加以限制的程度，国家各项经济政策之间的协调程度等。

2. 海关税收职能有局限性

就一个国家而言，海关税收只是国家宏观调控政策工具的一部分，其职能范围是有限的。海关税收既不是唯一的财政收入来源，也不是唯一的保护国内生产和调节经济的手段，甚至不是主要的调控手段。所以，在运用海关税收职能时，要注意其适用性和可行性，否则将难以达到预期效果。

3. 海关税收调节职能有逆向性

海关税收是在进出口商品的成本价格上额外增加的费用，它提高了国内的销售价格，可降低一国的福利水平。由于征收海关税收在一定程度上减少了进出口商品数量，被看成是一种贸易壁垒，不利于国际贸易的自由开展。如果对一种商品使用不适当的关税保护，不仅不利于国内企业的成长，而且会阻碍国内生产的发展；如果征收海关税收使得国内外商品的价格差距过大，会引发走私等违法行为。

总之，海关税收在一定时期内一定的条件下，可以对一个国家的经济活动进行有效调节，但同时要注意避免其消极影响。

第四节　关税的起源与发展

前已述及海关税收概念有广义和狭义之分，这一节主要介绍狭义海关税收，即关税的产生与发展历史。

关税是最古老的一个税种，在古希腊和我国西周时期，就有了相关的历史记载。绵延发展几千年，关税至今仍在世界各国社会、政治、经济等方面发挥着重要作用。对关税起源与发展历程的研究，有利于人们从根本上理解和把握关税的基本理论。

根据关税在不同历史阶段的不同特征，可以把关税的起源与发展划分为 3 个不同的历史时期：古代关税、近代关税和现代关税。由于中西方国家的发展史有许多差异，因此，下面将分别沿着中西方两条不同线索来分析关税的发展演变过程。

一、关税的起源

关税是一个经济范畴，也是一个历史范畴，它是一定历史条件下的产物。关税的起源与发展，与财政税收、国家机关及海关机构的起源与发展有高度相关性和一致性。关税与财政税收一样，都是生产力与生产关系矛盾运动的结果，其具体包括两个基本条件：一是生产力发展到剩余产品的出现，二是私有制的产生和国家机器的出现。

（一）西方国家关税的起源

关税的起源因年代久远和史料记载的有限，很难进行精确推断，但是可以断定关税的起源比税收更为复杂，因为关税的产生还与海关有关。

早在古希腊的荷马时代就开始征收关税。雅典是古希腊最重要的港口城市和贸易中心，港口有商用码头，商用码头里有“商业中心”，“商业中心”有2米多高的围墙，进出都要经过海关办公室。进口商要向海关，即向负责征税的收费站申报1/50的关税，在货物出售前或运离“商业中心”前缴纳关税，否则将被处以应纳关税10倍的罚款。出口货物则由出口商负责申报和缴纳出口关税。①

公元前509年，古罗马共和国就对通过境内各交通要道的货物征收2.5%的过境税。罗马帝国最辉煌的时期人口超过100万，是当时世界上最大的市场。发达的海上和陆地商业贸易活动促进了罗马经济的繁荣，在强劲的贸易活动背景下，罗马的海关税和海关管理日趋完善。

罗马的海关税“portorium”比现在关税的内容更广泛，包括：在省/州边界征收的关税，货物进出一个城市/城市领地时征收的入市税，以及通过税。“portorium”初期也是实行包税制，由合股公司在竞争投标基础上征收。到公元前1世纪末，包税制被一种由总承包人负责的制度取代，而总承包人最后被罗马帝国的官吏所取代。这种征收体制的变化最终导致海关设置关卡和关区直接征收“portorium”，当时有很多海关官员，从事收税的雇员可能达到2万人。罗马的海关及关税在世界海关和关税的产生和发展方面也具有重要意义。②

虽然关于海关和关税的起源无从考证，但是根据有限的历史资料，可以看出古代欧洲海关和关税的大致轮廓：一是最初的关税内容广泛，包括国内与国境贸易税，也包括使用费、过境费和税；二是负责征收关税的机关——海关的产生要晚于关税的产生，当时欧洲各国盛行包税制，不是由政府官员负责征收；三是欧洲的海关本身是一个古老的财政机制，也许征收关税是最古老的收钱方式。虽然海关最早的情况还不为人知，但海关的活动可以追溯到遥远的古代。在这些地方一般具备3个必要条件：商业活动的存在，公共政权或者统治者或头领的存在，以及地理条件。③ 所以，海关诞生于最早人类文明的发源地美索不达米亚、埃及、印度次大陆和中国等是比较合理的。④

---

① ［日］朝仓弘教：《世界海关与关税史》，吕博、安丽、张韧译，中国海关出版社，2006年，第20~21页。

② ［日］朝仓弘教：《世界海关与关税史》，吕博、安丽、张韧译，中国海关出版社，2006年，第30~54页。

③ ［日］朝仓弘教：《世界海关与关税史》，吕博、安丽、张韧译，中国海关出版社，2006年，第1页。

④ ［日］朝仓弘教：《世界海关与关税史》，吕博、安丽、张韧译，中国海关出版社，2006年，第7~8页。

（二）中国关税的起源

中国有5000年的文明史，黄河流域是中华文明最早的发祥地。源远流长的历史文化，复杂多变的朝代疆域，使我国赋税史和关税史研究越显重要而又困难。

关于中国关税的起源，《周礼·地官》记载，西周有“关市之征”和“山泽之征”。周代负责赋税征管工作的主要是地官司徒，下设“司关”，掌关门货贿出入之征，即征收关税；下设“廛人”，主宰各种货物之征收，即征收商税。因此，很多人认为中国西周时期就在边境设立了关卡，征收关税。“关市之征”是我国关税的雏形，我国“关税”的名称也是由此演进而来的。

我国早期的关税与欧洲早期的关税一样，都是国内关税，包括进出口关税、使用费、国境费等，也是我国最早对工商业的征税。它们之间的主要区别在于欧洲早期的关税均以增加财政收入为主要目的，且实行包税制，而我国早期的关税主要目的是保护国内经济，而且注重关税对经济贸易的调节作用，配合重农抑商的赋税政策。例如，《管子·问篇》记载：“关者，诸侯之陬隧也，而外财之门户也。”“征于关者，勿征于市；征于市者，勿征于关。虚车勿索，徒负勿入，以来远人。”《逸周书·大聚篇》记载：“关市平，商贾归之。”“急关税之货则货不达。”

二、关税的发展

关税是随着社会经济的发展而发展的。不同历史时期有不同的社会经济特征，这就决定了关税在不同历史时期的不同特征。据此，一般把关税的发展过程划分为3个阶段：古代关税、近代关税和现代关税。

（一）古代关税

古代关税是指早期关税的形态，即国内关税阶段。国内关税又称为内部关税或内地关税，是对经过一国国境内所设关卡的商品征收的关税。古时生产力水平低，加之地方割据，执政者对过往客商征收过路费和使用费，以增加财政收入。所以，此时的关税包含更多的是国内商品流通税、过境费、使用费等，不是典型意义上的关税。

正如威廉·配第在《赋税论》中指出：“关税是对输入或输出君主领土的货物所课征的一种捐税。……关税最初是为了保护进出口货物免遭海盗抢劫而给君主的报酬。”

马克思在《德意志意识形态》中指出：“关税起源于封建主对其领地上的过往客商所征收的捐税，客商缴了这种税款就可免遭抢劫。后来各城市也征收了这种捐税，在现代国家出现之后，这种捐税便是国库进款的最方便手段。”

中国清朝前期的关税也包括国境关税和国内关税。1685年，设江海关、浙海关、闽海关、粤海关，管理对外贸易，征收海关税，包括货物税、船钞和渔税。所谓货物税，是指对进出口货物征收的进口税或出口税；船钞是指由海关按照商船梁头大小征收的船税；渔税是指海关对国内渔船出海征收的税。①

综合上述分析，古代关税最主要的特征就是国内关税与国境关税并存，而且国内关税更普遍。这主要是因为当时生产力发展水平较低，交通运输能力有限，国际贸易往来不是十分便利，单纯靠国境关税筹集财政收入的能力有限。而当时地方割据，战争频繁，更多要依靠在国内设立关卡，对所有通过货物征收过境税费，以增加财政收入。

（二）近代关税

近代关税即国境关税阶段。关于国境关税，详见前面有关关税的分类。

英国是最早实行统一的国境关税制的国家。英国资产阶级革命取得胜利后，率先建立了国境关税制，即取消本国境内关卡，进出口商品只在进出国境关卡时一次性缴纳关税，在国内流通时不再缴纳国内关税。法国、德国等国也纷纷取消一切国内关税，创建统一的关境税制。② 之后，世界各国逐步实行统一的国境关税。

在鸦片战争以前，中国享有完全的关税自主权，国内关税与国境关税并存。鸦片战争之后，西方列强通过一系列不平等条约，剥夺了中国关税自主权和海关管理权。中国关税出现了畸形状态，使中国海关失去了保护本国生产的作用，而有利于西方资本主义国家倾销其工业品，掠夺中国的资源和原材料，将中国纳入资本主义世界市场。

1912 年中华民国成立后，基本沿袭了清朝后期的税制，包括海关税和常关税，其中海关税主要有输入税（进口税）、输出税（出口税）、子口税、复进口税、船钞和洋药厘金。1931 年南京国民政府取消了厘金、常关税等国内关税，开始单纯实施国境关税制度。

近代关税的特点是专对进出国境的货物在进出国境时征税，进口后不再重复征收，而且近代国家一般不再把财政收入作为征收关税的主要目的，而是把关税作为执行国家经济政策的一个重要手段。

（三）现代关税

现代关税的发展变化情况比较复杂，下面以第一次世界大战后国际组织的发展变迁为线索，分析现代关税制度的形成、发展和面临的挑战。

1. 国际联盟

国际联盟（简称国联）是第一次世界大战后形成的国际组织，其宗旨是减少武器数量、平息国际纠纷及维持民众的生活水平。1920 年 1 月 10 日《凡尔赛和约》正式生效，国际联盟宣告正式成立。中国于 1920 年 6 月 29 日加入国际联盟。

国际联盟在世界历史上占有突出的地位，在世界历史发展进程中发挥了重要作用。国际联盟倡导以民主协商的方式解决国际争端，顺应了世界发展的民主化和一体化趋势，并在客观上推动了这一趋势的发展，尤其是在处理国际范围内经济问题方面，成效显著。

---

① 岑维廉、钟昌元、王华：《关税理论与中国关税制度》（第 2 版），格致出版社、上海人民出版社，2010 年，第 24 页。

② ［日］朝仓弘教：《世界海关与关税史》，吕博、安丽、张韧译，中国海关出版社，2006 年，第 176~180 页。

国际联盟于 1923 年 11 月 3 日签署了第一部海关国际公约——《关于简化海关手续的国际公约》。尽管在 1973 年其被海关合作理事会的《关于简化和协调海关业务制度的公约》（以下简称《京都公约》）所取代，但它仍是唯一一部独立的管理海关手续的国际公约，是《京都公约》的前身。国际联盟于 1927 年 5 月 4 日在日内瓦召开世界经济会议，对关税问题进行了认真深入的讨论，汇编成第一个国际海关税则目录，即《日内瓦目录》。《日内瓦目录》具有独创性，不仅为国际海关税则目录提供了基础，也为国际贸易统计所需的商品目录提供了依据，对全球性统一关税分类和国际贸易商品分类作出了巨大贡献。

2. 联合国

1942 年 1 月 1 日，中国、美国、英国、苏联等 26 国代表在华盛顿发表了《联合国家宣言》。1945 年 10 月 24 日，中国、法国、苏联、美国和其他多数签字国批准了《联合国宪章》并递交了批准书后，宪章开始生效，联合国正式成立。

联合国设立开发计划署、环境规划署、贸易和发展会议、欧洲经济委员会、世界粮食计划署、亚洲及太平洋经济社会委员会等多个经济附属机构，为世界经济和贸易的发展发挥重要的推动作用。

3.《关税及贸易总协定》和世界贸易组织

关税减让是第二次世界大战后国际自由贸易发展的基石和推进器。①

（1）《关税及贸易总协定》（GATT）产生的直接原因是关税大战，而关税减让是《关税及贸易总协定》形成的基础和核心内容，为国际贸易自由化作出了重要贡献

19 世纪末 20 世纪初，迫于国内垄断资本的压力，各主要资本主义国家纷纷实施贸易保护政策，高关税壁垒严重阻碍了国际贸易的发展。1929—1933 年的世界资本主义经济危机加剧了贸易保护主义的浪潮。美国 1930 年实施《斯姆特—霍利关税法案》，将进口税平均税率提高到美国近百年关税史上的顶点，由此引起了一场世界性关税大战，动摇了自由贸易体制。

深刻的教训使各国政府认识到广泛开展国际协调与合作的必要性。1944 年，包括西方大国在内的 44 个国家在美国北部的布雷顿森林集会，建立了国际货币基金组织和国际复兴开发银行，而国际贸易组织惨遭夭折。各国只得采用变通的办法，以《哈瓦那宪章》中有关关税与贸易政策为主要内容，与各国已达成的 123 项关税减让的协定合并起草一项单独协定，命名为《关税及贸易总协定》，其宗旨是建立一个透明、稳定的国际贸易环境和统一、自由的世界贸易市场。贸易自由化的理念得到广泛接受，形成了第一个世界多边贸易体制。

《关税及贸易总协定》是一个由多国协商的临时协定，制定了国际贸易活动的行为准则，为国际自由贸易奠定了坚实的基础。其中，大幅度削减关税和限制非关税壁垒是其规范国际贸易行为最主要和最有效的手段。主要表现在：

第一，关税减让表是《关税及贸易总协定》文本在法律上不可分割的组成部分。它将各国关税谈判达成的减让项目都列入关税减让表，以法律形式约束缔约方承担和履行关税减让的法律义务。“肯尼迪回合”将非关税壁垒措施也列入减让谈判的范围，并将非关税

① 李九领：《调整与优化贸易税制，推动国际贸易发展》，《商业时代》2011 年第 3 期。

措施的减让相应地列入减让表中。其中，第三条国内税范围中的国民待遇规定了缔约方在国内税方面给进口产品“国民待遇”的原则；第六条是有关反倾销税和反补贴税的规定，征收这些附加税可以使进口商品价格提高，实现维护公平竞争和保护国内市场的目的。

第二，关税减让一直是《关税及贸易总协定》谈判的核心内容，也是最有成效的谈判结果。关税减让是实现最惠国待遇及贸易自由化最有力的执行载体。大幅度削减关税弱化了关税和非关税措施的壁垒作用，直接推动了自由贸易的发展，使国际贸易进入了“后关税时代”，确保缔约方之间建立平等、互惠和无歧视的自由贸易关系。正因如此，对于所有申请加入《关税及贸易总协定》的经济体，关税减让是市场准入谈判的最重要内容之一，是承担开放国内市场义务的一种“入门费”。

（2）关税减让原则是《关税及贸易总协定》的基本原则之一，关税减让议题始终置于谈判议题的首位

关税减让是《关税及贸易总协定》实现其宗旨的主要手段，也是多轮多边贸易谈判的唯一议题（详见表 1-2）。关税减让协定税率对缔约方具有约束力，缔约方不得任意撤回或修改，并承担关税减让的法律义务，不得加征其他国内税、进口费，改变关税估价办法和对税目重新分类及给予补贴等。它形成对全体缔约方适用的约束关税，降低关税的总体水平，使国际贸易在稳定和可预见的环境中发展，从而推动贸易自由化。

关税减让以缔约方互惠互利原则为基础，具有极强的凝聚力和有效性。《关税及贸易总协定》通过降低缔约方关税总水平，尤其是消除进口高关税壁垒，来促进国际贸易的自由化发展。[①] 因此，关税减让原则是《关税及贸易总协定》实现国际贸易自由化的基本原则。

表 1-2 GATT/WTO 谈判历程

谈判次序	谈判名称	时间	主要谈判内容
第一轮	日内瓦回合	1947 年	关税减让
第二轮	安纳西回合	1949 年	关税减让
第三轮	拖奎回合	1951 年	关税减让
第四轮	日内瓦回合	1956 年	关税减让
第五轮	狄龙回合	1960—1961 年	关税减让
第六轮	肯尼迪回合	1964—1967 年	关税与反倾销
第七轮	东京回合	1973—1979 年	削减非关税措施
第八轮	乌拉圭回合	1986—1995 年	服务贸易自由化/关税减让
第九轮	多哈回合	2002 年—	综合性贸易问题/关税减让

《关税及贸易总协定》通过削减关税和其他贸易壁垒，努力消除国际贸易中的差别待遇，促进了国际贸易自由化，充分利用了世界资源，扩大了商品的生产与流通。但是先天

① 1994 年《关税及贸易总协定》中关税减让原则和约束机制主要涉及协定的序言、第一条（最惠国待遇原则）、第二条（减让表）、第二十八条（关税减让的程序）等有关条款。

不足限制了其职能的发挥，所以，1995 年 1 月 1 日成立的世界贸易组织取代了《关税及贸易总协定》。两者相比，主要区别如下：

①《关税及贸易总协定》是一个多边协定，没有自己的组织基础，而世界贸易组织是一个独立于联合国的永久性国际性机构，拥有自己完整的组织机构。

②《关税及贸易总协定》是建立在“临时性基础”上的永久性承诺，而世界贸易组织承诺则是完整和永久性的。

③《关税及贸易总协定》的规则范围局限于货物贸易方面，而世界贸易组织不仅涉及货物贸易，还涉及知识产权、服务贸易和环境等内容。

④《关税及贸易总协定》是一个多边贸易体制，缔约方可以选择加入，而世界贸易组织的协定几乎都是多边的，它涉及所有成员的承诺。

⑤与《关税及贸易总协定》争端解决机制相比，世界贸易组织的争端解决机制更主动快捷，争端解决裁决的实施更容易得到保证。

世界贸易组织可以更有力地促进经济和贸易发展，以提高人们的生活水平，保证充分就业，保障实际收入和有效需求的增长；根据可持续发展的目标合理利用世界资源、扩大商品生产和服务；达成互惠互利的协定，大幅度削减和取消关税及其他贸易壁垒，并消除国际贸易中的歧视待遇。

4. 世界海关组织

（1）世界海关组织的由来

1947 年 9 月 12 日，在遭受了第二次世界大战战火毁坏的欧洲，有 13 个国家在巴黎签署了一项联合声明，同意为实现促进海关制度标准化和协调化及便利国际贸易发展的目标，研究在布鲁塞尔建立一个负责研究协调海关制度的专门机构的可能性。此后，欧洲关税联盟成立了一个专门小组，主要负责 3 个方面的工作：一是对一些国家的海关技术问题进行比较研究，使这些国家的海关制度协调化和标准化；二是制定一个统一的商品分类目录和采用一个统一的海关估价的价格定义；三是研究其他方面的海关法规。1950 年 12 月 15 日在布鲁塞尔签订了《关于建立海关合作理事会的公约》《关于海关货物估价的公约》《关于海关税则商品归类目录的公约》3 个公约。1952 年在布鲁塞尔成立了海关合作理事会，至 2022 年 8 月共有 184 个成员。海关合作理事会是世界性的为统一关税、简化海关手续而建立的政府间协调组织。中国于 1983 年成为该组织的正式成员，中国香港和中国澳门分别于 1987 年和 1993 年作为单独关境区（非主权国家的身份）加入海关合作理事会。

在此，需要明确一个问题，“海关合作理事会”是组织的正式名称，而“世界海关组织”是该组织的工作名称。为了明确表明其世界性地位，海关合作理事会在 1994 年年会上通过了一项有关为该组织命名一个工作名称的议案。海关合作理事会因此获得了一个工作名称，即“世界海关组织”（WCO），从而与“世界贸易组织”相对应。

（2）世界海关组织的宗旨和意义

世界海关组织研究有关关税合作问题，审议征税技术及其经济因素以统一关税、简化海关手续，确保对其他两个公约的统一解释和应用；监督各成员的执行情况，负责调解纠纷，并向成员提供有关关税、条例和手续方面的情报和咨询；在海关征税、国际贸易安全与便利化、反恐、知识产权保护、环保、打击走私犯罪、打击避税等诸多领域的国际合作与协调方面发挥着非常重要的作用。

经过半个多世纪的发展，世界海关组织已经从一个最初以欧洲为中心的海关研究小组发展为一个制度化运行的全球性海关组织，对世界贸易及国际合作产生了深刻的影响。主要表现如下：

首先，促进了国际贸易的发展。第二次世界大战以后，随着世界科技的迅猛发展，社会生产力不断提高，经济、市场、技术等都越来越具有全球化的特征。经济全球化的首要表现为贸易的全球化。2022 年世界海关组织有 184 个成员，掌握着全球 98%以上的贸易。世界海关组织通过制定公约、建议书，促进各成员便利贸易，约束关税，加快各成员间货物、服务等各种生产要素资源的国际流动，使各成员在全球化的浪潮中能发挥自身的优势，以实现世界性的经济增长和效益的增加。

其次，协调和统一海关制度的标准。世界海关组织在协调和统一海关业务标准方面作出了巨大的贡献，在目前各成员的海关制度中，在技术领域方面更多地采用了国际统一标准。例如对商品的归类，大多数国家和地区采用了世界海关组织的《商品名称与编码协调制度》（The Harmonized Commodity Description and Coding System，以下简称《协调制度》），在全世界范围内对商品分类执行统一尺度。在对货物的估价中，世界海关组织制定了《海关估价公约》，以规范海关对进出口货物的估价行为。在海关监管方面，对暂准进口采用世界海关组织的《伊斯坦布尔公约》，统一暂准进口货物的手续和单证。这些做法减少了各成员海关手续标准不一而给人员和货物流动带来的不便，加快了通关速度，降低了货物通关成本。

最后，促进了各成员海关的执法合作。在经济全球化的过程中，各成员的对外经济管理出现个性逐渐淡化、共性突出的特点。在共同打击商业瞒骗和走私的领域中，各成员海关行使着同样的职能，具有广泛的合作空间；在维护国际贸易链安全方面，各成员海关也有着合作前景。世界海关组织为各成员海关组织构建了相互交流和合作的平台，各成员海关可以在此平台中共享资源、共享信息，增强了各成员海关执法合作的效率和水平。①

在世界进入现代关税时代的同时，随着中华人民共和国成立和国内国际形势的发展，我国关税制度也逐步进入了现代关税时代。

1949 年中华人民共和国成立后，我国废除了一切不平等条约，真正实现了关税自主，建立了完全独立自主的保护关税制度。1951 年 5 月 1 日我国实施了历史上第一部海关基本法——《中华人民共和国暂行海关法》。之后，颁布了《中华人民共和国海关进出口税则》和《中华人民共和国海关进出口税则暂行实施条例》，确定了中华人民共和国关税制度的初步框架。

1987 年 7 月，我国《海关法》实施，该法中定义的关税是对进出中国关境的货物征收的税，即明确了我国关境关税的概念。尤其是 2001 年 12 月 11 日我国正式加入世界贸易组织之后，为了履行加入世界贸易组织承诺，我国逐年降低关税税率，至 2021 年我国

---

① 李九领：《关税理论与政策》，中国海关出版社，2010 年版，第 158 页。

平均关税税率已降至7.4%，低于发展中国家的平均水平。我国现代关税制度和海关管理制度日益与国际接轨。

但是，汹涌的经济全球化浪潮的冲击，考验着现代关税制度。经济全球化是当代世界经济的重要特征之一，也是世界经济发展的重要趋势，而经济全球化对每个国家来说都是一柄双刃剑，尤其是对发展中国家，带来的是更加严峻的风险和挑战。所以，亟须建立公平合理的新的经济秩序，以保证竞争的公平性和有效性。世界贸易组织的成员都以统一的国际准则来规范自己的行为。同时，各成员纷纷采取"抱团取暖"的方式，即加强区域经济一体化，以缓解经济全球化带来的风险。目前，区域经济组织遍及全世界，如欧洲联盟、北美自由贸易区、东盟自由贸易区等。许多区域集团内部，都实现了商品、资本、人员和劳务的自由流通，这使得区域内能够合理配置资源，优化资源组合，实现规模经济，提高经济效益。区域经济一体化按照其经济体内部相互给予的贸易优惠、成员之间的自由贸易、共同的对外关税、生产要素的自由流动、经济政策的协调统一的程度不同，由低到高可以划分为：特惠关税区、自由贸易区、关税同盟、共同市场、经济同盟与完全经济一体化，其中最基本也是最主要的一项内容就是统一的优惠关税政策。所以，经济一体化必将导致各国关境与国境的差异越来越大。

因此，各国海关必须以法令的方式明确其关税征收的范围是关境范围，即关境关税。所谓关境关税，就是对进出一国或地区关境的货物和物品征收的关税，它是20世纪中叶以后在国境关税的基础上产生的。它逐步取代国境关税，成为现代关税的形态。同时，由于关税同盟、经济共同体等经济一体化组织的出现，关境关税体现了一国在国际政治经济发展中的利益和政策的职能逐步强化。

本章小结

税收是国家为满足公共需要，凭借政治权力，按照法律规定的标准和程序，强制地、无偿地和定量地从私人部门向公共部门转移的资源。它是国家参与社会产品分配和再分配的重要手段，是国家取得财政收入的基本形式。

海关是一国的进出关境监督管理机关。我国海关的主要职能是海关监管、海关征税、进出口商品检验、进出境动植物检疫、出入境卫生检疫、进出口食品安全管理、查缉走私、海关统计和办理其他海关业务。目前，我国海关负责征收的税收除了各种进出口关税外，还包括进口环节增值税和消费税及船舶吨税。本书中所称的海关税收并非一个新的税种，而是既包括各种关税，也包括海关征收的进口环节增值税、消费税及船舶吨税的一个总称。

关税是由海关代表国家，按照国家制定的关税政策和公布实施的税法和进出口税则，仅对进出关境自由流通的货物和物品征收的一种流转税。关税除了具有税收的3个共同特征——强制性、无偿性和稳定性之外，还具有独特的特性。

税收有多种分类方法，按课税对象的性质分类，税收可以分为流转税、所得税、财产税和行为税等；按照计税依据分类，可以分为从价税和从量税等；按照税收与价格的关系分类，可分为价内税和价外税；按照税收的隶属关系分类，可以分为中央税、地方税和中央地方共享税；按照税收负担是否能够转嫁分类，可以分为直接税和间接税。

关税也有多种分类方法。按照关税征收的依据分类，可以分为正税和附加税，进口附加税包括反倾销税、反补贴税、报复性关税和保障措施关税等几种；按应税进出口货物在关境上的流向进行分类，可以分为进口关税、出口关税和过境关税；依据关税的计税依据进行分类，可以分为从价税、从量税、复合税、选择税、滑准税、季节税和差价税等；按照应税货物的原产地不同进行分类，可以分为普通关税与优惠关税，优惠关税又可以细分为特定优惠关税、普遍优惠关税和最惠国待遇关税；按关税的发展历史分类，可以分为国内关税、国境关税和关境关税；按照征收关税的主要目的进行分类，可以分为财政关税和保护关税。

海关税收具有三大职能，分别是财政收入职能、调节经济职能和保护本国经济的职能。其中财政收入职能是关税最原始、最基本的职能，但是随着经济的发展，关税的财政收入职能将逐渐弱化。

根据关税在不同历史阶段的不同特征，可以把关税的起源与发展划分为古代关税、近代关税和现代关税三个不同的历史时期。古代关税是指早期关税的形态，又称为内部关税或内地关税。历史上，国内关税与国境关税曾长期并存。随着生产力的发展，资产阶级政权的建立，国境关税逐步取代国内关税，成为近代关税的形态。20 世纪以来，世界经济一体化与国际贸易自由化迅猛发展，错综复杂的国际贸易关系往往使关境与国境不一致。关境关税就是对进出一国或地区关境的货物和物品征收的关税，它逐步取代国境关税，成为现代关税的形态。

练习与思考

1. 比较税收与关税的概念。
2. 分析关税与海关税收的内涵及两者之间的关系。
3. 分析海关税收特征与一般税收特征的异同。
4. 谈谈对海关税收涉外性特征的理解。
5. 根据不同税收分类方法，分析海关税收的类属特征。
6. 分析按照关税征收依据进行分类的方法、分类标准、具体内容及其意义。
7. 分析进口附加税的主要形式及作用。
8. 分析海关税收与一般税收职能的异同，并说明原因。
9. 结合关税发展历史，总结分析影响关税发展的主要因素。

参考文献

1. ［英］亚当·斯密．国民财富的性质和原因的研究．北京：商务印书馆，1974.

2.《中国海关百科全书》编委会．中国海关百科全书．北京：中国大百科全书出版社，2004.

3. 马克思恩格斯选集，第3卷．北京：人民出版社，1972.

4. 岑维廉，钟昌元，王华．关税理论与中国关税制度，第2版．上海：格致出版社，上海人民出版社，2010.

5. 李九领．关税理论与政策．北京：中国海关出版社，2010.

6. 黄天华．中国关税制度．上海：上海财经大学出版社，2006.

7. 刘孝诚．中国财税史．北京：中国财政经济出版社，2007.

8. 刘剑文，熊伟．税法基础理论．北京：北京大学出版社，2004.

9. 沈肇章．关税理论与实务．广州：暨南大学出版社，2000.

10. 何晓兵．中国关税实务，第4版．北京：中国商务出版社，2015.

11. 杨圣明．中国关税制度改革．北京：中国社会科学出版社，1997.

12. 陈同仇，张锡嘏．国际贸易，第2版．北京：对外经济贸易大学出版社，2005.

13. 王普光，何晓兵，刘忠平．关税理论政策与实务．北京：对外贸易教育出版社，1993.

14. 俞晓松．走向21世纪的中国关税．北京：中国经济出版社，1998.

15. 林江，温海滢．税收学．大连：东北财经大学出版社，2009.

16. 李鹏南，刘石桥．海关税收管理．北京：中国海关出版社，2002.

17. ［日］朝仓弘教. 世界海关与关税史．北京：中国海关出版社，2006.

18. Paul Krugman. International Economics：Theory and Policy，Fifth Edition. Addison Wesley Longman，2000.

19. Donald A Ball，Wendell H McCulloch Jr. International Business，Third Edition. Richard D. Irwin，Inc.，1989.

20. Richard M. Bird. Tax Policy & Economics Development. The Johns Hopkins University Press，1992.

21. General Agreement on Tariffs and Trade 1994.

本章内容主要涉及的法律文件索引

1.《中华人民共和国海关法》（1987年1月22日第六届全国人民代表大会常务委员会第十九次会议通过，自1987年7月1日起施行。全国人民代表大会常务委员会先后于2000年7月8日、2013年6月29日、2013年12月28日、2016年11月7日、2017年11月4日、2021年4月29日修正）

2.《中华人民共和国进出口关税条例》（2003年11月23日国务院令第392号公布，自2004年1月1日起施行。国务院先后于2011年1月8日、2013年12月7日、2016年2月6日、2017年3月1日修订）

3.《中华人民共和国增值税暂行条例》（1993年12月13日国务院令第134号公布，

国务院先后于2008年11月5日、2016年2月6日、2017年11月19日修订）

4.《中华人民共和国消费税暂行条例》（1993年12月13日国务院令第135号发布。2008年11月5日国务院第34次常务会议修订通过，国务院令第539号发布，自2009年1月1日起施行）

5.《中华人民共和国船舶吨税法》（2017年12月27日第十二届全国人民代表大会常务委员会第三十一次会议通过，自2018年7月1日起施行。2018年10月26日第十三届全国人民代表大会常务委员会第六次会议修正）

第二章　海关税收制度原理综论

本章概要

党的十八大以来，以习近平同志为核心的党中央明确提出全面依法治国，加快建设社会主义法治国家。习近平指出：法治是国家治理体系和治理能力的重要依托。只有全面依法治国才能有效保障国家治理体系的系统性、规范性、协调性，才能最大限度凝聚社会共识。① 依法治税是全面推进依法治国的重要组成部分，而完善的税收法律法规体系是依法治税的基础和重要前提，直接反映国家税收治理水平。

税收制度是指国家通过立法程序规定的各种税收法令和征收管理办法的总称，税收法律是税收制度的法律体现形式。我国海关税收制度实行三级立法，税收法律的构成要素即税收制度要素，包括纳税义务人、课税对象、税目、税率等内容。本章重点介绍海关税收制度的基本原理：第一节介绍我国税收法律的基本情况；第二节重点介绍我国海关税收法律的立法情况等基础知识；第三节阐述海关税收制度的构成要素，包括税收主体、客体、税率等内容。

学习目标

当完成本章的学习后，要求：

1. 理解税制与税法的基本概念及其相互关系。
2. 理解税法的调整对象、基本特征和税法体系。
3. 理解税收法律关系的性质、特征及构成。
4. 掌握我国海关税收法律体系的具体内容。
5. 掌握我国海关税收制度构成要素的基本内容。

---

① 习近平2020年11月16日在中央全面依法治国工作会议上的讲话。

第一节　中国税收法律制度概述

税收是国家财政收入的主要形式，是一个经济范畴。税收法律主要是对税收分配关系和行为进行规范和调整的法律制度，是税收制度的核心内容。因此，在学习海关税收制度之前，有必要了解税收法律的基本原理。

一、税收制度的基本原理

（一）税收、税制、税法的基本概念及关系

税收是国家为满足公共需要，凭借政治权力，按照法律规定的标准和程序，强制地、无偿地和定量地从私人部门向公共部门转移的资源。它是国家参与社会产品分配和再分配的重要手段，是国家取得财政收入的基本形式。

税收是人类社会发展到一定历史阶段的产物，它随着国家的产生而产生，在中国古代称其为“捐”“赋”“贡”等，即国家收入。春秋时期，鲁国实行“初税亩”之后，我国正式使用“税收”这一名称。税收是一个经济范畴，它是国家为了实现公共需要而强制、无偿地集中部分社会产品所形成的分配关系。一般而言，在市场经济条件下，税收具有财政收入职能和调节经济职能。所以，税收是政府宏观调控的重要手段之一，通过税收政策的制定、实施与调整，推进社会经济健康、稳定和可持续发展目标的实现。

税收作为一种分配关系，需要一系列制度、法规等进行规范和协调，才能保证其职能的实现。

所谓的税收制度（简称税制），一般是指国家通过立法程序规定的各种税收法令和征收管理办法的总称。它有广义和狭义之分，狭义的税制是指各种税的基本法律制度，体现税收的征纳关系；广义的税制指包括各种税收法律法规、条例、实施细则、征收管理办法及国家机关之间因税收管理发生的各种关系。所谓的税收法律（简称税法），是税收制度的法律体现形式，是国家制定的有关调整税收分配过程中形成的权利和义务关系的法律规范的总和。税法也有广义和狭义之分，狭义的税法仅指调整税务机关与纳税人等税务管理相对人之间权利义务关系的法律规范的总称，即冠以“税法”等规范名称的法律；广义的税法是指调整一切涉及税收关系的法律规范的总称。本书中所提及的税法除特别指明外，一般是指广义的税法。可见，税制决定税法，是税法的基础；税法服务于税制，是税制的核心内容和保障形式。但要深入了解二者的关系，必须从税收属性说起。

税收是财政收入的主要形式，有两大基本属性：一是政治属性，即税收必须凭借国家权力才能获得，无偿性是其外部形式特征；二是法律属性，即税收必须运用法律手段才能获得，强制性、固定性是其外部形式特征。税收属性的两重性决定了税收形式的两重性①：一是行政性，即在税收征收过程中必须凭借国家的行政权力才能得以实现，其外在表现为

① 税收形式是指税收的实现形式，即税收实现过程的外在表现。

各种相关的税收行政制度；二是法定性，即在税收征收过程中必须依照和运用法律才能得以实现，其外在表现为各种税收法律、法规和规章。

税收制度和税法是税收属性的两种不同体现形式，前者属经济范畴，后者属法律范畴，从不同方面协调税收关系，维护税收的职能。当然，在不同的经济管理体制下，税收两种形式的地位和表现方式也不同。在传统的计划经济体制下，税收的实现形式以行政性为主，法定性为辅。税收的实现过程突出税收的行政计划、征税主体的能动作用和税收征收的强制性、无偿性。目前，在我国税收理论界和实践界，一般仍习惯使用税制这个说法。这是我国计划经济体制留下的深刻烙印。而在市场经济体制下，税收的实现形式以法定性为主，行政性为辅。税收的实现过程突出税收的法定原则，维护纳税主体的权益，规范征税主体的行政许可行为，体现税收征收的固定性和公平性。中国特色社会主义已经进入新时代，两种税收形式并存且在税收实现过程中突出税收的法律属性，落实税收法定原则是现代文明社会发展的必然趋势。“税法”这一说法将会被广泛使用。

（二）税法的调整对象

税法作为一个独立的部门法律，其调整对象是税收关系，具有不同于其他社会关系的特殊性。这也是税法区分于其他不同部门法律的根本标志。

所谓的税收关系，是指税收利益在各个相关主体之间进行分配时所产生的各种关系的总称。其核心内容就是税收利益的分配，即国家与税务管理相对人之间利益分配的一种体现（国际税收除外）。而实际上，由于现代国家机器的设置和管理需要，税收关系中又多了一层主体——税务机关（这里将承担征税职责的税务、财政、海关等国家机关统称为税务机关，以下同）。概括地说，税收关系就是国家、税务机关、税务管理相对人之间在税收利益分配中所产生的各种关系。

1. 国家与税务机关之间的授权关系

税收是伴随着国家的产生而产生的，是国家凭借政治权力对社会产品进行分配的形式。只有国家才拥有税收利益的所有权。但在现实生活中，真正代表国家行使各种权力的是由国家授权的国家机关，其中履行征税职能的就是税务机关。这种授权关系主要包括国家与税务机关之间在税种开征与停征决定权、税率调整与税目增减决定权、减免税决定权和税收监督权等方面的权限分工与责权关系等。但是，国家不是把全部税收权力都授予税务机关，对于某些与征税有关的立法权、制裁权及税收的使用权等，国家或自己保留，或授予其他国家机关。另外，税务机关的征税权来自国家授予的一种权力而非权利。因此，未经国家许可，税务机关无权自由处置征税权。这种授权可以通过很多种方式进行，目前社会中大多是通过法律形式进行的。所以，国家与税务机关的授权关系成为税法首要的调整对象。

2. 税务机关与纳税人之间的征纳关系

税务机关与纳税人之间的税收征纳关系是税收关系中最直观的一面，也是税法最主要的调整对象，其核心内容就是税务机关如何从纳税人手中获得税收利益。税收征纳关系是指税务机关与负有纳税义务的自然人、法人或其他组织相互之间，因为征税、纳税而发生的各种关系。在未经法律调整之前，税收征纳关系的一个重要特性就是税务机关始终处于主动地位，这与税收的无偿性和强制性密切相关。正因如此，税法在调整税收征纳关系时一般会更注重强调纳税人的义务和税务机关的权力，其目的就是强制规定税收征纳关系中的某些环节由纳税人自行启动，从而使经过法律调整后的税收征纳关系的运行趋于平稳。

3. 其他税收关系

除了上述两种主要的税收关系外，税收关系还包括中央政府与地方政府之间的税权归属关系，税务机关与委托代征人的行政委托关系，其他行政机关或机构与税务机关的行政协助关系，代扣代缴义务人与纳税人之间的代扣代缴关系等。严格地讲，这些关系都是上述两种主要税收关系的衍生关系，但与其性质不同，不具有鲜明的强制特征。因此，税法对这些关系调整时，也通常不能规定过于苛刻的条件和罚则。

（三）税法的基本特征

税法与其他法律一样具有一般法律规范的共同特征。但是，由于税法特殊的调整对象，其又具有有别于其他法律的特征。

税法在法律体系中的特殊地位是理解税法特征的基础。税法究竟是属于行政法还是经济法，始终是法学理论界争论的重要课题。从税法调整范围看，税法属于经济法的范围，即国家协调经济运行过程中所发生的经济关系；而从税法的形式看，其则更多地体现了行政法的特征，如主体一方必是行政主体（税务机关），法律与国家行使权力直接相关（征税权），当事人不能将权利和义务自由处分等。因此，不能简单地将税法归于经济法或行政法。应该说，税法是介于经济法与行政法之间，主要运用行政方法调整税收关系的一个独立的部门法。

税法的基本特征与经济法的特征一致，具有以下五大特征：

1. 经济性

税法的经济性主要表现为：其调整的对象是特定的经济关系——税收关系，有利于弥补市场缺陷；税法的制定和实施是以经济学、税收学理论为基础的，反映了经济规律，有利于实现公平与效率；税法是税收政策的法制化，通过其杠杆作用，有利于引导经济主体趋利避害。

2. 规制性

税法的规制性是指税法能够把促进和限制、奖励与惩罚结合并用，以实现预期的社会经济目标和立法目的。税法的促进性与限制性特点是其奖励性与惩罚性特点的基础与前提，后者是前者的派生与体现。两者有机结合，高度统一，构成了税法规制性的特点。

3. 政策性

税法的政策性是指税法的制定、实施和目标，必须与基于一定历史时期的社会、政治、经济等形势发展作出的政治决策和对策相一致。税法根植于经济生活，利用经济规律自觉规制、调控税收征纳各方的行为，从而有利于实现国家政治稳定、民生改善、经济良性发展与社会和谐、生态文明等目标。税法的政策性是税收属性的外在表现，具有灵活性和阶段性。

4. 综合性

税法调整范围的复杂性决定了税法的综合性。税法是运用综合性调整手段的综合部门法，税法在调整税收关系时主要依靠行政手段，但也采用某些民事和刑事的手段来保证税收关系的正常运行，因此税法的调整手段是综合性的。同时，税法的表现形式具有多样性：一是税法有法律、条例、规定、办法、实施细则等多种表现形式；二是税收关系不仅为单行税法所调整，而且被其他法律所调整，如宪法、刑法、经济法、行政法等。

5. 系统性

税收的固定性决定了税法规范结构的严谨性和统一性，即税法的系统性。其主要表现在：一是税种与各单行税种法的相对应性；二是税法要素的固定性，虽然各个税种法的具体内容千差万别，但其基本要素却是比较固定的，都必须规定税率、纳税人、征税对象等；三是实体性与程序性的统一，税法不仅有相对独立的程序法和实体法，而且在大量的实体法中，很多程序性规范也融入其中，因此，税法是实体性与程序性法律规范有机结合的统一体系。

（四）税法的分类及税法体系

为了更为准确地理解税法，还需要进一步探讨税法的分类。税法的分类方法有多种，在此介绍两种主要的分类方法。

1. 按照税法法律位阶分类

所谓法律位阶，是指每一部规范性法律文本在法律体系中的纵向等级。下位阶的法律必须服从上位阶的法律，所有的法律必须服从最高位阶的法律。据此，税法分类如下：

（1）税收法律

税收法律即狭义的税法。在税法体系中，处于一级法的地位，在其适用范围内具有最高的法律效力。目前，《中华人民共和国企业所得税法》和《中华人民共和国税收征收管理法》等税收法律即属于这一层次。

（2）税收行政法规

它是由国务院制定的税收法律规范的总称，即国务院因实施税收法律的需要，基于税收法律的授权而制定的具体的行政措施。它不能与相应的税收法律相抵触，从法律级次上看，它处于二级法的地位。目前，我国大多数单行税种法都是采用税收行政法规的形式颁布实施的。

（3）税收行政规章和行政解释

税收行政规章是国务院税收主管部门因实施税法的需要，基于税收行政法规的授权而制定出的具体实施办法、规程等。税收行政解释是由国务院税收主管部门为解释税法条文的疑义，补充税法规定的不足所作出的具体解释，包括财政部、国家税务总局、海关总署等税收主管部门发布的各种关于税收的实施办法、规程、解释等。

（4）地方性税收法规和税收规章

地方性税收法规是指地方各级人民代表大会及其常委会，根据法律，结合本地实际情况制定的法规。地方性法规不得与全国统一税法相抵触，只在本地区发生法律效力。地方性税收规章是省、自治区、直辖市、计划单列市人民政府和省会或自治区首府所在城市人民政府，以及国务院批准的较大的市人民政府，结合本地区实际情况制定的行政规章。地方性规章不能同税收法律、行政法规和地方性法规相抵触，只在本地区有法律效力。

2. 按照税法内容和功效分类

（1）税收基本法

税收基本法，是税收领域的根本性大法，是以宪法为依据，根据税收工作的客观规律，规定税收的基本原则、治税思想、税务机关，以及纳税人的权利义务、税收立法、执法和司法的有关问题等，按照严格的立法程序制定的税收法律。它对其他单行税收法律法规具有统领、指导和制约的作用。目前，我国尚未出台税收基本法。

（2）税收实体法

税收实体法，是指规定税收法律关系主体所享有的权利和义务的法律规范。如《中华人民共和国个人所得税法》中有关纳税人、征税对象、税率等规定。一般来说，各单行税种法都属于实体税法。单行税法，是指为具体税种或者为解决某一方面的税收问题所制定的税法，在税法体系中处于主体地位。

（3）税收程序法

税收程序法，是使税收实体法赋予税收法律关系主体的权利和义务得以主张和履行的法律。《中华人民共和国税收征收管理法》就是税收程序法。此外，还有一些并不是专门规定税收问题，但税务活动仍然要遵守的程序法，如行政复议法、行政处罚法、行政诉讼法、国家赔偿法等。一般来说，税收程序法在税法体系中居于保障地位。

3. 税法体系

税法体系是指由若干个单行税法，以及各单行税法中不同位阶的税收法规组成的协调统一的有机整体。

从一定角度看，税法体系的完善程度决定了税法是否健全。衡量税法体系完善程度的标志主要有 3 个：组成税法体系的各个单行税法之间在内容上存在着相互依存、相互联系的关系，在税法种类和外在形式上是不可或缺的，组成税法体系的各个单行税法的功能必须健全。

照此标准，我国现行税法体系还是不够完善的，理由主要有 3 点：一是缺乏基础性、综合性的税法，没有税收领域统帅性的法律——税收基本法或税法总则；二是某些现行税法在内容上还欠科学，有些规定不够具体，还停留在原则层面；三是一些税收规章、措施不规范，与国际上的通行做法差距较大。因此，我国要实现全面依法治税还任重而道远。

二、税收法律关系的基本原理

（一）税收法律关系的含义和性质

税收法律关系简称税法关系，是指国家与纳税人在税收活动中所发生的，并由税法确认和调整的，国家赋予强制力保证实施的，以征纳关系为内容的权利和义务关系。税收法律关系既反映一种特殊的社会分配关系——税收关系，也反映了国家意志。

税收法律关系的性质是税法理论的一个根本性问题，它决定着税收法律的基本原则、指导思想，以及税收法律制度的构建和实施。目前，对税收法律关系性质有不同认识，主要有“税收权力关系说”和“税收债务关系说”。

1. “税收权力关系说”简介

“税收权力关系说”是由德国行政法学的创始人奥托·梅耶首先提出的。该学说从传统行政法学的观念出发，认为税收法律关系属于权力关系。在税收法律关系中，国家地位优于国民，行政权起主导作用，而纳税人对于行政命令只有服从的义务。纳税义务需要通过征税机关的“查定处分”这一行政行为才能创设。

该学说把国家的课税权和一般的行政权如警察权同样看待，从而得出税收法律关系是以由征税机关的“查定处分”这一行政行为为中心所构成的权力服从关系，进而认为税法与其他行政法在性质上没有差异，所以税法属于特别行政法。该学说体现了黑格尔的国家观——“国家决定社会”，即国家权力至上，此时的“法治国家”主要是“形式法治”。①

2. “税收债务关系说”简介

“税收债务关系说”是由德国法学家阿尔伯特·亨泽尔提出的。该学说认为，税收法律关系属于公法上的债权债务关系，国家与国民的地位对等，行政机关不享有优越地位。纳税义务只要满足税法规定的课税要素即可产生。征税机关的行政行为仅具有确定具体的纳税义务内容的效力。

该学说主张国家应以保障个人自由和平等为中心，权力因素已退居次要地位，将行政权的行使排除出纳税义务的构成要件，强调以约束国家权力尤其是行政权为内容的自由主义实质法治观。当时德国流行的“税收权力关系说”已在1919年《帝国税收通则》中得以体现。亨泽尔在实质法治国家观的基础上提出了税收法律关系性质为公法上的债权债务关系的崭新理论，全面否定了传统“权力关系说”中由征税机关“查定处分”这一行政行为创设纳税义务的观点。

目前，国外越来越多的国家和税法学家采纳“税收债务关系说”。我国税收理论的传统主流观点是“税收权力关系说”。但在税收实践中，“税收债务关系说”早已被立法部门和税务机关部分采纳且施行。我国的纳税义务是以满足法律构成要素为成立条件，而非以行政行为的作出为前提。《中华人民共和国宪法》（以下简称《宪法》）第五十六条规定：“中华人民共和国公民有依照法律纳税的义务。”《中华人民共和国民法典》（以下简称《民法典》）是市场主体的基本法，是对民事主体、民事行为、民事权利义务的基础性规定，民事行为及其法律效果是税法的课税基础，民法典是税法的前行法，民事法律关系与税法规范的税收征纳关系息息相关。《民法典》针对民事法律关系中涉及的税收问题共有五项税收条款，分别是位于总则编的第四十三条，继承编的第一千一百五十九条、一千一百六十一条、一千一百六十二条、一千一百六十三条，这些规定既是税收实体法和税

① 郭道晖：《法治国家与法治社会、公民社会》，《政法论丛》2007年第5期。

收程序法的基本依据，也是税收法治要遵守的基础规范。税法可以借鉴《民法典》债务关系中的公平原则，构建法律地位平等的税收征纳关系。税法在运用优先权、代位权、撤销权等制度保护国家债权的同时，进一步健全完善纳税人权益救济机制，让纳税人也平等享有法律救济的权利，以此有力助推我国“税收债务关系说”理论与实践的发展进程。

（二）税收法律关系的特征

税收关系作为一种特殊的社会关系，除了具有一般法律关系所共有的特征外，还具有自身的特性。

1. 税收法律关系是以国家实现财政收入并调节国民经济活动为目的的一种法律关系

税收法律关系产生于以国家为主体的税收分配活动中。也就是说，在国家税收活动之外，不存在税收法律关系。所以，法律关系的一方主体只能是国家或国家授权的税务机关，而另一方可以是任何负有纳税义务的社会组织和公民个人。

2. 税收法律关系是一种不对等法律关系

税收法律关系的主体双方各自享有的权利和义务是不对等的，主要体现的是国家意志，而不是双方意思表示一致。在税收授权关系中，国家是权利主体，税务机关是义务主体；在税收征纳关系中，税务机关是权利主体，纳税人是义务主体。其实质是一种纵向法律关系，是一种极为特殊的国家、征税方、纳税方之间的三方法律关系。

税收法律关系中主体双方的权利和义务不对等，并不是说主体的权利或义务是单方面的。从整体来看，税收法律关系三方的权利和义务是对等的。只要纳税人发生了税法规定的行为或事实，税收法律关系就相应产生了，征税主体就必须依法履行征税的职能，纳税主体同时也必须依法履行纳税义务。

3. 税收法律关系是一种财产所有权无偿的、单向转移的关系

税收法律关系具有明显的强制性和无偿性。这是由税收的无偿性决定的，也是与其他法律关系相区别的重要标志。在税收法律关系中，国家通过税法预先规定征什么税、对谁征税等，只要当事人发生了税法规定的应税行为，就产生了税收法律关系，即当事人就自然成为税收法律关系的一方主体——纳税人，就必须依法履行纳税义务。

（三）税收法律关系的构成

税收法律关系同其他法律关系一样，包括税法关系的主体、税法关系的客体、税法关系的内容。

1. 税收法律关系的主体

税收法律关系的主体（简称税收主体），是指在税法关系中依照税法规定，享受权利和承担义务的当事人。它们的主体资格由国家法律规定。税收法律关系的主体包括依法参加税收活动的国家权力机关、国务院及地方各级人民政府、财政机关、税务机关、海关、国家金库、企事业单位、社会组织，以及公民个人等。可主要归纳为三类，即国家、税务机关、纳税人。在此忽略那些不构成税收法律关系中主线的其他主体。按照税收法律关系

主体行为的性质不同，又可以分为两类：征税主体和纳税主体。

（1）征税主体

征税主体即享有税收权力的一方当事人，它只能是国家。代表国家行使征税权力的机关有国家权力机关、行政管理机关和税务职能机关。其中，全国人民代表大会及其常务委员会是我国的最高权力机关，制定税收法典和全国性的税收法律，是国家行使征税权的最主要的主体。地方人民代表大会及其常务委员会也可以根据宪法规定因地制宜地制定颁布地方性税收法规，在本地区范围内实施。国务院是国家最高行政管理机关，负责领导和管理全面税收工作，并由它所属的财政部、国家税务总局、海关总署组织实施各项税法，实现税收职能。地方行政机关根据政治经济发展的需要，在国务院的统一领导下，参与税收管理权限的划分。国家税务机关是专门的税收机构，以国家税收代表的身份直接参加税收管理活动，既是税收征收机关，又是税收管理的职能机关。其中，海关是代表国家征收关税的机关。

（2）纳税主体

纳税主体有广义和狭义之分。通常所讲的纳税人就是狭义的纳税人，即法律、行政法规规定的负有纳税义务的单位和个人，这是最重要和最普遍的纳税主体。广义的纳税人还包括扣缴义务人，即法律、行政法规规定负有代扣代缴和代收代缴税款义务的单位和个人。纳税主体有不同的划分方法，其中最基本的是按照纳税主体在民法中身份的不同，分为自然人、法人、非法人单位。不同种类的纳税主体，在税收法律关系中享受的权利和承担的义务也不尽相同。因此，正确认识纳税主体的性质，有利于保障税收法律关系的正常运行。

2. 税收法律关系的客体

税收法律关系的客体是税收法律关系主体的权利和义务共同指向的对象，它是征税主体和纳税主体的权利和义务得以存在的客观基础。一般认为，税收法律关系的客体包括物、货币和行为。实质上，税收法律关系的客体就是税收利益，税收利益始终贯穿并流动于整个税收法律关系中。

税收利益是税收法律关系中各种权利和义务共同指向的核心内容，并由它联结了整个税收法律关系的运行，它成为税收法律关系中唯一的客体，是指征纳主体之间、国家机关之间共同实现的目标和指向的对象。在税收征纳过程中，税收利益一方面表现为纳税主体部分财产的单向无偿转移，另一方面表现为征税主体税收收入的无偿取得。实际结果则是纳税主体因缴纳税收而获得了要求并享有国家提供公共产品的权利，同时国家也因获得税收而负有为社会提供公共产品的义务。因此，形成了一种完整的由三方主体组成的税收法律关系。

3. 税收法律关系的内容

税收法律关系的内容，是指税收法律关系征纳主体，在征纳活动中依法所享有的权利和应承担的义务，是税收法律关系中最实质的规定。权利与义务相对，是法律关系中最基本的原理，但对于由三方主体组成的税收法律关系而言，则比较复杂，即单从其中任何两方看，权利与义务不但不一一对应，而且也不对等。

在法理中，“权利”与“权力”是两个极易混淆但又截然不同的概念。权力属于政治范畴，一般体现公共利益，其主体必须是国家机关或依法得到授权的组织和相关工作人员，必须依法行使权力，且不得放弃和转让；而权利是一个法律概念，一般体现私人利益，是相对于义务而言的，其主体对自己的权利可以享用，也可以放弃或转让。但是，两者存在密切的联系：权力是以法律上的权利为基础，以实现法律权利为目的的；而权利作为一种法律上的资格，制约着权力的形式、程序等方面。另外，某些法律上权利的实现需要依赖一定权力的行使。

（1）征税主体的权利和义务

征税主体是国家，而具体代表国家进行税收活动的是各级税务机关，其享有的权利和应承担的义务是一体的。税务机关的权利与义务应当理解为职权与职责。税务机关是行使国家授予的行政权力，而非法律赋予并保护的权利。在行政法上，税务机关享有国家授权的同时就必须行使相应的职责。按照我国现行税法的有关规定，可以将税务机关的职权与职责分别归纳如下：

①税务机关的职权，具体包括：

税务管理权。包括有权办理税务登记，有权审核纳税申报，有权管理有关发票事宜等。

税收征收权。包括有权依法征收税款和在法定权限范围内依法自行确定税收征管的方式、时间、地点等。

税务检查权。包括有权对纳税人的财务会计核算、发票使用和其他纳税情况，以及对纳税人的应税商品、货物或其他财产进行查验登记等。

税务违法处理权。包括有权对违反税法的纳税人采取行政强制措施，以及对情节严重、触犯刑律的，移送司法机关依法追究其刑事责任等。

税收行政立法权。被授权的税务机关有权在授权范围内，依照一定程序制定税收行政规章及其他规范性文件，作出行政解释等。

②税务机关的职责，具体包括：税务机关不得违反法律和行政法规的规定开征、停征、多征或少征税款，或擅自决定税收优惠；税务机关应当将征收的税款按时足额入库，不得截留和挪用；税务机关应当依照法定程序征税，依法确定有关税收征收管理的事项；税务机关应当依法办理减税、免税等税收优惠，对纳税人的咨询、请求和申诉作出答复处理或报请上级机关处理；税务机关对纳税人的经营状况负有保密义务；税务机关应当按照规定付给扣缴义务人代扣、代收税款的手续费，且不得强行要求非扣缴义务人代扣、代收税款；税务机关应当严格按照法定程序实施和解除税收保全措施，如因税务机关的原因，致使纳税人的合法权益遭受损失的，税务机关应当依法承担赔偿责任。

（2）纳税人的权利与义务

纳税人的权利与义务是税收法律关系中极其重要的内容，是税法重点明确和保护的权益。我国税法目前还不够完善，对此方面的有关规定甚至是模糊或忽视的。但是，随着我国民主法治建设的不断推进，税法关于纳税人的权利与义务的规定日益明晰。2009 年 11 月 6 日，国家税务总局发布《国家税务总局关于纳税人权利与义务的公告》。该公告是我国第一次以税收规范性文件的形式，将《中华人民共和国税收征收管理法》及其实施细则和相关税收法律、行政法规中有关纳税人权利与义务的规定进行了系统的归纳和整理，集中列明了纳税人享有的权利和应该履行的义务。

①纳税人的权利。《国家税务总局关于纳税人权利与义务的公告》明确，纳税人在履行纳税义务的过程中，依法享有 14 项权利，具体包括：知情权、保密权、税收监督权、纳税申报方式选择权、申请延期申报权、申请延期缴纳税款权、申请退还多缴税款权、依法享受税收优惠权、委托税务代理权、陈述与申辩权、对未出示税务检查证和税务检查通知书的拒绝检查权、税收法律救济权、依法要求听证的权利、索取有关税收凭证的权利。

②纳税人的义务。按照权利与义务对等的原则，《国家税务总局关于纳税人权利与义务的公告》同时明确，纳税人在纳税过程中，应依法切实履行 10 项义务，具体包括：依法进行税务登记的义务；依法设置账簿、保管账簿和有关资料，以及依法开具、使用、取得和保管发票的义务；履行财务会计制度和会计核算软件备案的义务；按照规定安装、使用税控装置的义务；按时、如实申报的义务；按时缴纳税款的义务；代扣、代收税款的义务；接受依法检查的义务；及时提供信息的义务；报告其他涉税信息的义务。

第二节　中国海关税收法律制度概述

在了解税收制度、税收法律、税收法律关系及其构成和特征等基本知识的基础上，本节主要介绍我国海关税收制度及管理体制的发展变化，海关税收法律关系的特征、构成要素及其主要内容。

一、海关税收法律的含义

正如前面所讲的，税收制度是国家各种税收法令法规和征收办法的总称，其核心是税法。税收制度与税收法律这两个概念在许多地方可以互换。所以，海关税收制度与海关税收法律的关系也是如此，只是我们更习惯用海关税收制度这个概念而已。所谓海关税收制度（海关税收法律），是指国家关于海关税收法令和征管办法的总称，它包括海关税收法规、条例、施行细则、征管办法等。它既是海关向纳税人征税的法律依据和工作规程，也是纳税人履行纳税义务的法定准则。海关税收制度是我国税收制度的重要组成部分，是调整海关税收征纳过程中有关各方关系，特别是海关与纳税义务人之间的权利和义务关系的法律规范。

同时，海关税收制度是海关税收政策的具体体现和实施保障。海关税收制度通常要围绕关税政策目标进行设定和规范，通过调整关税征纳各方的权利义务关系，以实现国家关税政策的目标。也就是说，海关税收制度将征纳各方的权利和义务法制化、制度化和规范化，使一切征纳活动均实现“依法治税”，即做到有法可依、有法必依、执法必严、违法必究。这种法制化、制度化、规范化的关税法律规范就是关税制度，它一方面保证国家和纳税人的合法权益不受侵犯，另一方面促进关税政策目标的实现。

此外，海关税收制度也是我国海关管理制度的核心内容之一。关税制度、进出口许可制度、进出口商品检验检疫制度等共同构成国家进出境货物和物品管理制度。

二、中国海关管理体制与海关税收法律的发展变迁

海关税收的形成和发展与税收制度有关，还与海关制度密切相关。在此，简单总结回顾中华人民共和国成立以来我国海关税收法律制度的发展变迁，了解我国现行海关税收制度的发展渊源。其可概括为以下 3 个阶段。

（一）集中统一领导时期——海关法律和关税法律的初创时期（1949-1952 年）

1949 年中华人民共和国成立后，我国彻底废除了一切不平等条约，建立了完全独立自主的保护关税制度和海关管理制度，实现了关税自主。1949 年 10 月 25 日，海关总署在北京正式成立，负责统一领导全国各地海关及其改革工作。1950 年 3 月，政务院颁布《关于海关总署直接领导全国各地海关的通知》，明确了海关系统实行集中统一领导的垂直管理体制。1951 年 5 月 1 日，我国历史上第一部海关基本法——《中华人民共和国暂行海关法》实施。它充分体现了独立自主、保护国内生产和对外贸易管制的精神，并明确实施国境关税。之后，先后颁布了《中华人民共和国海关进出口税则》和《中华人民共和国海关进出口税则暂行实施条例》，确定了中华人民共和国海关法律体系和关税制度法律体系的初步框架。

（二）地方领导为主时期——海关法律和关税法律的简化时期（1953-1979 年）

1952 年，海关简化纳税手续，采取集中纳税、集中划拨的方式，便利货运，保证税款及时清缴。1963 年 12 月颁布《关于进口商品实行统一作价办法的暂行规定》，1964 年 1 月起按国内产品的价格作价由海关征税，进口关税由外贸公司向海关缴纳。1967 年 7 月起，对于外贸系统各进出口公司进口商品按统一作价办法作价的，海关停止征收进口关税，其税款由外贸公司并入外贸利润统一交库；对于不按统一作价办法作价的进口商品，仍按照进出口税则的规定征收关税。1979 年 8 月，国务院批准了《关于改进征收关税办法和改革海关体制的报告》，决定恢复关税的单独计征。

（三）恢复集中统一领导时期——海关法律和关税法律的发展时期（1980 年至今）

1980 年 2 月，国务院颁布了《关于改革海关管理体制的决定》，海关管理体制和关税制度开始有了重大变化。海关总署重新统一领导海关机构和业务。

1987 年 7 月，《海关法》实施。该海关法把关税定义为对进出中国关境的货物征收的税，即开始实施关境关税。

1992 年以后，为适应恢复我国在《关税及贸易总协定》中缔约方地位和申请加入世界贸易组织及我国自身发展的需要，我国连续 7 次自主大规模降低关税税率，平均关税税率从 1992 年前的 43.2%下降至 2001 年的 15.3%。

2000 年 7 月，全国人民代表大会常务委员会通过《关于修改〈中华人民共和国海关法〉的决定》。

2001 年 12 月 11 日，我国正式加入世界贸易组织。为了履行加入世界贸易组织的承诺，根据关税减让表，我国逐年降低关税税率，至 2007 年我国平均关税税率已降至

9.8%，提前兑现我国加入世界贸易组织的承诺。2021年我国平均关税税率为7.4%，已经低于发展中国家的平均水平。

三、中国海关税收法律体系的构成

海关税收制度的核心是关税立法。根据我国《宪法》和《中华人民共和国立法法》（以下简称《立法法》）的规定，我国海关税收制度实行三级立法。与此相应，我国海关税收制度体系也分为以下3级。

（一）海关税收法律体系中的一级法

例如，《海关法》属于我国海关税收法律体系中的一级法。我国最高权力机关是全国人民代表大会，其常设机构是全国人民代表大会常务委员会。《海关法》就是由全国人民代表大会常务委员会制定并颁布实施的，它是规定我国海关管理制度的基本法律，居于我国海关税收法律体系的一级法地位。《海关法》于1987年1月22日由第六届全国人民代表大会常务委员会第十九次会议通过，并自1987年7月1日起施行。为适应新形势的发展，2000年7月8日第九届全国人民代表大会常务委员会第十六次会议通过了《关于修改〈中华人民共和国海关法〉的决定》，对《海关法》进行了修改，修改后的内容自2001年1月1日起施行。此后，根据2013年6月29日第十二届全国人民代表大会常务委员会第三次会议《关于修改〈中华人民共和国文物保护法〉等十二部法律的决定》，2013年12月28日第十二届全国人民代表大会常务委员会第六次会议《关于修改〈海关环境保护法〉等七部法律的决定》，2016年11月7日第十二届全国人民代表大会常务委员会第二十四次会议《关于修改〈中华人民共和国对外贸易法〉等十二部法律的决定》，2017年11月4日第十二届全国人民代表大会常务委员会第三十次会议《关于修改〈中华人民共和国会计法〉等十一部法律的决定》，2021年4月29日第十三届全国人民代表大会常务委员会第二十八次会议《关于修改〈中华人民共和国道路交通安全法〉等八部法律的决定》，均对《海关法》分别作了修正。目前《海关法》共计9章102条。其中，第五章“关税”共13条，包括课税对象、征收机关、征收依据，纳税义务人，完税价格定义、海关估价，法定减免范围，特定减免范围及限制，临时减免审批，保税和暂时进出口免税，纳税期限和强制缴纳措施，关税保全，补税和追税，退税，纳税争议复议程序，进口环节国内税征收适用程序等内容。它确立了我国关税制度的基本结构，在海关税收法律体系中具有最高的法律效力，其他一切有关海关税收的行政法规和规章都不得与之相抵触，否则无效。此外《船舶吨税法》也是由全国人民代表大会常务委员会制定实施的一级法。

（二）海关税收法律体系中的二级法

例如，《关税条例》、《中华人民共和国进出口货物原产地条例》（以下简称《原产地条例》）等行政法规属于我国海关税收法律体系中的二级法。我国最高行政机关是国务院，国务院可以根据最高权力机关的授权，在法律规定的范围内制定行政法规。行政法规的法律效力低于全国人民代表大会及其常务委员会制定的法律，行政法规的内容不得与法律相抵触，否则无效。《关税条例》就是由国务院根据《宪法》、相关法律制定的行政法规，它是我国关税制度的基本行政法规，处于二级法的地位。目前我国适用的《关税条例》是2003年10月29日由国务院第26次常务会议通过，自2004年1月1日起施行的，此后在2011年1月、2013年12月、2016年2月及2017年3月分别作了部分修订。该条例共计6章、67条。《关税条例》规定，《中华人民共和国进出口税则》[①]（以下简称《进出口税则》）、“中华人民共和国进境物品进口税税率表”（以下简称“进境物品进口税税率表”），是《关税条例》的组成部分，具有行政法规的同等效力。

为了研究、制定和调整关税政策、法规和关税税率，国务院于1985年成立了关税税则委员会。其成员由国务院有关部委和直属机构组成，其常设机构为关税税则委员会办公室，目前设在财政部。国务院规定关税税则委员会的职责是：审议关税工作重大规划，拟定关税改革发展方案，并组织实施；负责《进出口税则》和“进境物品进口税税率表”的税目、税则号列和税率的调整和解释，报国务院批准后执行；负责编纂、发布《进出口税则》；决定实行暂定税率的货物、税率和期限；决定关税配额税率；决定征收反倾销税、反补贴税、保障措施关税、报复性关税，以及决定实施其他关税措施；审议上报国务院的重大关税政策和对外关税谈判方案；决定特殊情况下税率的适用，以及履行国务院规定的其他职责。简单地说，关税税则委员会是调整关税政策、决定关税税率等关税措施的专门机构。

2004年8月18日国务院第61次常务会议通过，自2005年1月1日起施行的《原产地条例》也是关税征收过程中的重要行政法规，因为确定进出口货物的原产地是正确地适用税率的前提之一，是计算关税的一个基本要素。

（三）海关税收法律体系中的三级法

例如，《中华人民共和国海关审定进出口货物完税价格办法》（以下简称《进出口货物审价办法》）、《中华人民共和国海关进出口货物征税管理办法》（以下简称《海关征税管理办法》）、《中华人民共和国海关进出口货物减免税管理办法》（以下简称《减免税管理办法》）等行政规章和行政解释属于海关税收法律体系中的三级法。《立法法》第七十一条授权国务院各部及委员会、中国人民银行、审计署和具有行政管理职能的直属机构，可以根据法律和国务院的行政法规、决定、命令，在本部门的权限范围内制定行政规章。与海关税收有关的行政规章数量众多，主要包括海关总署制定的《进出口货物审价办法》《海关征税管理办法》《减免税管理办法》等。此外，海关总署对外发布的规范性文件也具有法律效力。

可见，我国海关税收制度内容丰富，法律体系较为完善。一级法（《海关法》）、二级法（《关税条例》《原产地条例》等行政法规）和三级法（《进出口货物审价办法》《海关征税管理办法》等行政规章，以及其他有关的规范性文件）共同构建起较为完整的中国海关税收法律体系。

但是，2015年修改的《立法法》规定税种的设立、税率的确定和税收管理等税收基

---

① 我国进出口税则在2003年及之前全称为《中华人民共和国海关进出口税则》，自2004年起全称为《中华人民共和国进出口税则》。

本制度只能制定法律，即肯定了税收法定原则，要求所有税种都必须以单行税种法律为主要依据，将现行国务院制定的作为税收开征依据的税收行政法规上升为法律。2015 年 6 月 1 日，第十二届全国人民代表大会常务委员会公布立法规划，将关税法纳入第一类立法项目，这是对我国关税立法工作提出的新要求。在经济全球化背景下，我国将立足于本国社会、经济、政治和历史文化，结合国际关税规则和趋势，完成关税立法工作。

第三节　中国海关税收制度的构成要素

税收制度要素是税收学科的一个基本概念，包括纳税义务人、课税对象、税目、税率、纳税环节、纳税期限、减税免税和罚则申诉等。税收制度明确规定其各个具体要素，为决定向谁征税、依据什么征税、征多少税和如何征税等一系列问题提供法律依据。从法律形式上看，税收制度要素就是税收法律的构成要素，也称课税要素，是指各种单行税法具有的共同的基本要素的总称。

税收制度要素一般包括总则、纳税义务人、征税对象、税目、税率、纳税环节、纳税期限、纳税地点、减税免税、罚则、附则等项目。总则主要包括立法依据、立法目的、适用原则等。纳税义务人，即纳税主体，主要是指一切履行纳税义务的法人、自然人及其他组织。征税对象，即纳税客体，主要是指税收法律关系中征纳双方权利义务所指向的物或行为，这是区分不同税种的主要标志。税目，是各个税种所规定的具体征税项目，它是征税对象的具体化。税率，是法定的应征或应纳税额与计税依据之间的比率，税率是计算税额的尺度，也是衡量税负轻重与否的重要标志。纳税环节，主要指税法规定的征税对象在从生产到消费的流转过程中应当缴纳税款的环节。纳税期限，是指纳税人按照税法规定缴纳税款的期限。纳税地点，主要是指根据各个税种纳税对象的纳税环节和有利于对税款的源泉控制而规定的纳税人（包括代征、代扣、代缴义务人）的具体纳税地点。减税免税，主要是指对某些纳税人和征税对象采取减少征税或者免予征税的特殊规定。罚则，主要是指对纳税人违反税法的行为采取的处罚措施。附则，一般都规定与该法紧密相关的内容，比如该法的解释权、生效时间等。

以上介绍的是各种单行税法共同具有的基本要素，下面具体分析海关税收制度要素的重要内容。

一、海关税收的主体

海关税收的主体是指海关税收制度关系中的权利享有者和义务承担者，即海关税收征纳事务中的当事人。其具体包括征税主体和纳税主体两个方面。

（一）海关税收的征税主体

如前面税收制度关系的主体中所分析的，海关税收制度关系的征税主体可以归纳为两个：国家和海关。国家具有海关税收课征权力，是海关税收真正的征税主体。但是，从具体组织税款征收和管理的角度看，海关是经国务院授权，依法代表国家具体负责海关税收征收和管理的国家行政机关，是国家的具体代表。

《海关法》第二条规定，海关依照《海关法》和其他有关法律、行政法规，监管进出境的运输工具、货物、行李物品、邮递物品和其他物品，征收关税和其他税、费，查缉走私，并编制海关统计和办理其他海关业务。《海关法》第五十三条规定，准许进出口的货物、进出境物品，由海关依法征收关税。由此可见，《海关法》明确规定将征收关税的权力授予海关，征收关税是海关的一项主要任务，未经法律授权，其他单位和个人均不得行使征收关税的权力。

海关享有国家授权的同时必须履行相应的职责。按照我国现行法律的有关规定，可以将海关在关税方面的职权与职责归纳如下：

1. 海关在关税方面的主要职权

海关在关税方面的主要职权包括：征收关税（《海关法》第二条、第五十三条）；征收滞纳金（《海关法》第六十条）；强制缴税（《海关法》第六十条）；要求提供担保，否则有权采取税收保全措施（《海关法》第六十一条）；检查进出口货物和物品，查阅、复制有关合同、发票、单证、账册等有关资料、材料（《海关法》第六条）；查处偷逃关税的违法行为。

2. 海关在关税方面的主要职责

（1）海关依法履行关税征管职责

《海关法》第二条、《关税条例》第六条都明确规定海关依法履行关税征管职责。《海关征税管理办法》第二条规定，海关征税工作，应该遵循准确归类、正确估价、依率计征、依法减免、严肃退补、及时入库的原则。

（2）海关对管理相对人的职责

《关税条例》第六条规定，海关要保护纳税人合法权益，依法接受监督；第七条规定，海关应当依法为纳税人保密。此外，海关的职责还包括应该及时公布有关规章和文件，并依法行政；依法办理手续，出具证明；依法退还多征的税款；受理纳税争议复议申请，纠正行政错误；遇有关行政诉讼，出庭应诉等。

（二）海关税收的纳税主体

海关税收的纳税主体，简称纳税人，是指法律规定的直接负有海关税收纳税义务的人。在我国法律意义上的纳税人包括法人和自然人。当法人或自然人发生应税行为时，就产生了纳税义务，成为纳税义务人。纳税人如果不履行纳税义务，就应承担相应的法律责任。

1. 纳税义务人的主要权利

纳税义务人的主要权利包括：依法进出关境、依法经营权，要求海关书面说明审价方法的权利，依法申请保税、减免、缓纳和退税权，申诉权，索赔权，监督权。

2. 纳税义务人的主要义务

纳税义务人的主要义务包括：向海关如实申报的义务（《关税条例》第三十条）；归类及提供归类资料的义务（《关税条例》第三十一条、第三十二条）；协助查验、配合调查等义务；按时纳税的义务，逾期要缴纳滞纳金（《关税条例》第三十七条）；发生纳税争议时，复议期间必须照章纳税（《海关法》第六十四条）；举证的义务；学习并遵守关税法律、法规。

根据《海关法》《关税条例》等法律法规的规定，目前需要承担纳税责任的单位和个人包括以下几种：

（1）进出口货物的收发货人和进出境物品的所有人

《海关法》第五十四条明确规定，关税的纳税义务人是进口货物的收货人、出口货物的发货人和进出境物品的所有人。《关税条例》第五条规定，关税的纳税义务人是进口货物的收货人、出口货物的发货人和进境物品的所有人。《关税条例》与《海关法》对关税纳税义务人的表述略有不同，但并不矛盾。这是由于我国目前除对进出口货物征收进出口关税以外，仅对进境物品征收进口税，而对出境物品不征收关税。但是，在此需要指出的是，进口货物收货人和出口货物发货人应理解为依法取得对外贸易经营权，与境外签订合同的我国境内法人、自然人或其他社会团体。进出境物品的所有人则应当理解为包括该物品的所有人和推定为所有人的人，这与《民法典》中规定的所有人含义不同。《民法典》中规定的所有人是对物品拥有所有权的人，而在通关过程中，海关不可能也没有必要确定进出境物品的实际所有人。实际做法是，对于携带进出境的物品，不论该物品是否为携带人真正所有，均以携带者作为物品的所有人；对于分离运输的旅客行李物品，则以进出境旅客为物品的所有人；对于邮递进境的物品，则以境内收件人为所有人；对于邮递或其他运输方式出境的物品，则以物品的寄件人或托运人为所有人。《关税条例》第五十八条明确规定，进境物品进口税（一种简化的关税）的纳税义务人是指携带物品进境的入境人员、进境邮递物品的收件人以及以其他方式进口物品的收件人。

（2）海关监管货物的保管人

《海关法》第一百条规定，海关监管货物包括自进境起到办结海关手续止的进口货物，自向海关申报起至出境止的出口货物，过境、转运、通运货物，特定减免税货物，以及暂时进出口货物、保税货物和其他尚未办结海关手续的进出境货物。对于海关监管货物，任何人都不能擅自使货物脱离海关的监管，对于实际控制海关监管货物的人有义务采取措施，防止海关监管货物脱离海关的监管。只要应税货物非法脱离了海关监管，就产生了关税的纳税义务，就应当承担相应的纳税责任。例如经营海关监管货物仓储业务的企业，对海关监管货物负有保管义务，尽管不属于法律明确规定的关税纳税义务人，但是在其保管海关监管货物期间，如果不是因不可抗力，而是因自己未尽职责，造成海关监管货物损毁或者灭失的，也应承担相应的纳税义务和法律责任。

对海关监管货物负有保管义务的人，是指海关监管货物实际控制人，包括实际控制海关监管货物的收发货人、承运人、保管人。如果货物在收发货人的控制之下，收发货人应当承担相应的法律责任；如果收发货人将货物交给承运人运输或者海关监管货物仓储业务经营人保管，这时货物处于承运人或者保管人的实际控制之下，收发货人无法预见，也无法防止货物灭失的情形发生，承运人或者保管人应当对海关监管货物承担保管义务，并对非因不可抗力造成的损毁或者灭失对国家承担相应的纳税等责任。

（3）代理报关的报关企业

代理报关是指接受进出口货物收发货人的委托，代理其办理报关手续的行为。代理报关企业是指经海关批准，注册登记为具有代理进出口货物收发货人向海关办理报关纳税手续资格的境内法人。代理报关可以分为直接代理报关和间接代理报关。直接代理报关是指报关企业接受委托人的委托，以委托人的名义办理报关手续的行为；间接代理报关是指报关企业接受委托人的委托，不是以委托人的名义，而是以报关企业自己的名义办理报关手续的行为。目前我国除经营快件业务的国际货物运输代理企业经批准可以从事间接代理报关业务之外，其他报关企业只能从事直接代理报关业务。

①直接代理报关的报关企业。如果报关企业接受进出口货物收发货人的委托，以委托人（即收发货人）的名义办理报关手续的，属于直接代理报关。此时报关企业是在收发货人的委托授权范围内从事活动，委托人应承担其相应的法律后果。对于关税的纳税义务，应由委托人来履行，真正的关税纳税人是进出口货物的实际收发货人。即使收发货人委托报关企业代为缴纳税款，也仅是代收发货人履行纳税义务而已。如果报关企业接受委托代为履行了纳税义务，则进出口货物收发货人的纳税义务终止，但是如果报关企业未办理纳税手续，即使收发货人已经将税款交付给了报关企业，进出口货物收发货人的纳税义务也不能免除，收发货人仍应承担未履行纳税义务的法律后果。

当报关企业在以委托人名义代理报关时，如果报关企业违反法律法规的规定，造成海关少征或漏征税款的，一方面这部分税款本来就是进出口货物收发货人的纳税义务，收发货人不能因此免除自己的纳税责任；另一方面为了约束报关企业的行为，防止报关企业违反规定偷逃税款，《海关法》第十条第一款、《关税条例》第五十四条第一款明确规定，在收发货人承担纳税义务的同时，报关企业对违反规定造成海关少征或漏征税款的行为，也应承担纳税的连带责任。因此，尽管直接代理报关的报关企业一般情况下不必承担收发货人的纳税责任，但是对于因报关企业的过错导致海关税收短征的情形，报关企业也应承担与收发货人相同的责任。

②间接代理报关的报关企业。如果报关企业接受进出口货物收发货人的委托，不是以委托人的名义，而是以报关企业自己的名义办理报关手续的，属于间接代理报关。此时应视为报关企业自己向海关报关，报关企业应承担与收发货人完全相同的法律责任，报关企业可以看作形式上甚至事实上的关税纳税人。但是考虑到收发货人是进出口货物真正的货主，收发货人的纳税义务不能免除，仍应承担其相应的纳税责任。所以，《海关法》第十条第二款、《关税条例》第五十四条第二款规定，报关企业接受进出口货物收发货人的委托，以报关企业自己的名义办理报关手续的，不论报关企业是否有违反规定的行为，报关企业都应承担与收发货人相同的法律责任，包括与纳税义务人承担纳税的连带责任。

特定情况下纳税责任的处理：

在实际通关过程中，可能存在纳税人在欠税期间发生合并、分立的情形，或者未缴纳税款的海关监管货物在监管期间，纳税义务人出现合并、分立或资产重组的情形，或者未缴纳税款的企业出现撤销、解散、破产等终止经营的情形，这些情形发生后有关的税款应如何处理，必须在法律上作出规定。《关税条例》第五十五条对此作了明确规定。

《关税条例》第五十五条第一款规定，对于欠税的纳税义务人，在欠税期间有合并、分立情形的，原则上必须在合并、分立前向海关报告并依法缴清税款。如果未能在合并、分立前缴清税款，则由合并、分立后的法人或其他组织承担纳税的责任。也就是说，此时关税的纳税责任过渡给新的相关企业或个人。对于合并的情形，合并前未履行的纳税义务将转移给合并后的法人或其他组织继续履行。对于分立的情形，分立前未履行的纳税义务将转移给分立后的法人或其他组织继续履行。为了确保国家税收及时足额收缴，防止纳税人逃避纳税责任，我国法规规定，分立后的各个法人或其他组织应承担纳税的连带责任。

《关税条例》第五十五条第二款规定，对于减免税货物、保税货物等海关监管货物，在海关监管期间，纳税义务人出现合并、分立或资产重组的情形，应向海关报告。如果这些货物需要改变原来申报的用途，不能继续享受减免税或保税待遇，则应按规定缴纳相应税款。但是如果合并、分立或资产重组以后的法人或其他组织按规定可以继续享受减免税或保税待遇，那么其纳税责任将转移给新的法人或其他组织，但必须到海关办理变更纳税义务人的手续。

《关税条例》第五十五条第三款规定，如果纳税人在欠税期间，或者减免税货物、保税货物在海关监管期间，出现撤销、解散、破产或其他依法终止经营的情形，在清算之前也应向海关报告。由于这些情形出现后，将不再存在纳税主体，纳税责任无法转移给其他法人或组织，因此我国法规规定，海关应依法对纳税义务人应缴纳的税款予以清缴。

二、海关税收的客体

课税客体，又称为课税对象，是指征纳主体之间权利义务所共同指向的目标、对象。课税对象是税收制度各种要素中的基本要素。它是区别不同税种的主要标志，也是确定其他税制要素内容的基础。

关税客体，又称关税的课税对象，是关税征收的标的物。关税课税对象会随着社会经济的发展而发生变化。《海关法》第五十三条规定，关税的课税对象是准许进出口的货物和进出境的物品。所谓进口货物和进境物品，是指由境外输入我国关境且最终目的地也为我国的货物和物品；出口货物和出境物品则是指由境内输出我国关境运往其他国家或地区的货物和物品。我国对于过境、转口等货物和物品不征收关税。过境货物和物品是指由境外通过我国关境并在一定时期内将其输往其他国家或地区的货物和物品。

《中华人民共和国对外贸易法》中规定了某些禁止进出口的货物和物品，有关国家机关就此制定并公布了《禁止进口货物目录》和《禁止出口货物目录》，以及“禁止进出境物品表”，凡是禁止进出口的货物和进出境的物品，除法律另有规定的以外，一律不得进出我国关境，因此它们不属于我国关税的课税对象。我国关税的客体是准许进出口的货物和进出境的物品，这里的准许包括自由进出口、没有任何限制的货物和物品，也包括需要许可证件才能进出口的限制性货物和物品。对于限制性进出口的货物和进出境的物品，只有获得有关主管部门签发的许可证件，才能进出口。

在此，还有必要解释一个与课税对象密切相关的要素——课税标准，又称为计税方法，是将课税对象进行量化的标准。《关税条例》第三十六条规定，进出口货物关税，以从价计征、从量计征或者国家规定的其他方式征收。这表明我国关税课税标准最基本的是从价标准和从量标准两种，但这两种标准各有优缺点，为了扬长避短，适应政策的需要，又衍生出其他一些课税标准，如复合标准、滑准税标准等。具体差别参见第一章中关税按照计税依据进行分类的内容。

三、税则税率

进出口税则又称为海关税则，是一国通过一定的立法程序制定和公布实施的进出口货物的关税税率表。它是海关凭以征收关税的法律依据，也是一个国家关税政策的具体体现。海关税则一般由税目和税率两个部分组成。税目部分是税则的技术部分，主要包括税则号列和商品名称，有的还带有解释税号范围的注释和说明商品分类规律的归类规则。税目部分对各种货物进行系统分类和编排，是完整、系统、通用、准确的商品分类体系。税率部分是税则的政策部分，体现国家的关税政策，列出一栏或多栏税率，并对每一税目的商品逐一制定相应的关税税率。

目前，各国的进出口税则都十分复杂。有的国家只对进口货物征收进口关税，不对出口货物征税，因此税率栏目中只有进口关税税率，这样的税则称为进口税则。有的国家对出口货物也征收出口关税，而且单独列出出口关税税率，只有出口关税税率的税则称为出口税则。也有一些国家，将进口关税税率和出口关税税率同时列在税目之后，或者在进口税则之后再列出出口税则，这样的税则统一称为进出口税则。

如果税则中每一税目对应的税率只有一种，不论货物的原产地，都适用这种税率，这样的税则称为单式税则。如果税则中每一税目对应两种或以上的税率，针对不同原产地的货物，其适用的税率也不同，这样的税则称为复式税则。目前许多国家都采用复式税则。

目前我国《进出口税则》中的税目部分，是以国际上通用的《协调制度》为基础并结合我国实际进出口情况编制的，税则号列由 8 位数构成，其中前 6 位数编码与《协调制度》完全相同，但第 7、8 位编码是根据我国实际需要增设的。2022 年我国《进出口税则》共有 8930 个 8 位数税目。

《进出口税则》中的税率部分，包括最惠国税率、普通税率、协定税率、特惠税率等多栏税率。其中，每一税目都至少对应有最惠国税率和普通税率，而协定税率和特惠税率仅适用相应优惠贸易协定规定的货物，对于不同的贸易协定，同样的税目其适用的协定税率和特惠税率也可能不相同。

因此，《进出口税则》是十分庞杂的税目税率表。每一税目，不论其征税标准、税率是否相同，都逐一规定其税率，包括零税率。对于同一税目的商品，为了执行不同的关税政策，甚至规定了相应的多种税率。税则作为税目和税率的结合体，充分体现了我国的关税政策和关税结构，是我国关税制度的核心要素，决定了关税征纳双方之间的税收分配格局。

四、纳税环节

纳税环节是指课税对象从生产到消费的流转过程中应当缴纳税款的环节。关税纳税环节的实质意义是，在进出境的某个时空点上，货物的相应权利人对国家产生了纳税义务。也就是说，关税纳税人在课税对象流通到某个环节时产生纳税义务。

一般而言，货物、物品实际进出境时的环节，就是关税的纳税环节。这里的进出境环节通常应包含以下条件：一是货物和物品实际进境或出境，二是货物和物品在境内或境外能够自由流通或使用。当货物和物品实际进出境办理结关手续后即可自由流通或使用时，进出境环节就是关税的纳税环节。但是，当货物和物品进出境尚未办理结关手续，还需要进行后续管理时，这些货物和物品还不能自由流通或使用，必须在海关监管下按批准的用途使用，那么此时不需要缴纳关税，此时的进出境环节就不是纳税环节。只有当这些监管货物和物品改变用途，在境内自由消费或转让时，才产生纳税义务，此时此处这些监管货物和物品改变原有用途时的环节就是关税的纳税环节。

五、纳税期限

纳税期限是指纳税人在发生应税行为之后，向税务机关缴纳税款的时限。纳税期限的确定，要考虑到多种因素，例如，考虑生产经营的特点、纳税人的规模大小、财政收入的均衡性等。所以，不同情况的纳税人其纳税期限也不相同。我国现行税制的纳税期限有 3 种形式：按期纳税，即根据纳税义务发生的时间，通过确定纳税间隔期，实行按日、月、季等纳税；按次纳税，即根据应税行为的发生次数确定纳税期限；按年计征，分期预缴，即按规定期限预缴税款，年度结束后汇算清缴，多退少补。

《关税条例》第二十九条规定，进口货物的纳税义务人应当自运输工具申报进境之日起 14 日内，出口货物的纳税义务人除海关特准的外，应当在货物运抵海关监管区后、装货的 24 小时以前，向海关申报。《关税条例》第三十七条规定，纳税义务人应当自海关填发税款缴款书之日起 15 日内缴纳税款。纳税义务人未按期缴纳税款的，从滞纳税款之日起，按日加收滞纳税款万分之五的滞纳金。

因此，按照有关规定，关税应当在按照进出口货物通关规定向海关申报之后、办结海关手续之前缴纳。进出口货物的收发货人或者他们的代理人，应当在海关填发税款缴款书之日起 15 日之内向国库缴纳税款，然后由海关办理结关手续。逾期缴纳的，海关除了追缴应纳税款之外，按规定还需征收滞纳金。

全国通关一体化改革以后，海关推出税收征管方式改革。除传统的缴税方式外，纳税义务人可以选择“自报自缴”“汇总征税”等模式缴纳税款，进出口货物税款缴纳不再需要海关填发税款缴款书。为此，海关进一步明确了进出口货物税款缴纳期限的具体规定。即纳税义务人应当自海关税款缴纳通知制发之日起 15 日内依法缴纳税款；采用汇总征税模式的，纳税义务人应当自海关税款缴纳通知制发之日起 15 日内或次月第 5 个工作日结束前依法缴纳税款。目前，海关制发税款缴纳通知并通过“单一窗口”和“互联网+海关”平台推送至纳税义务人。纳税义务人自行打印的版式化“海关专用缴款书”，其“填发日期”为海关税款缴纳通知制发之日。

六、纳税地点

纳税地点是指根据各个税种纳税对象的纳税环节和有利于对税款的源泉控制而规定的纳税人（包括代征、代扣、代缴义务人）的具体纳税地点。海关税收都属于中央税收，全国通关一体化改革之前，进出口货物的纳税义务人通常应当在规定的时间内向货物的进出境地海关申报办理纳税等手续，特殊情况下可以向企业所在地海关申报纳税。但是全国通关一体化改革之后，对海关税收纳税地点没有限制，即纳税人可以在全国各地海关申报纳税。

七、税收减免

各国为保护境内经济并取得财政收入，通常对进出口货物和物品征收关税，但有时出于政治、经济等各方面原因的考虑，或者根据国际条约、惯例，需要免除某些纳税人或某些进出口货物、物品的纳税义务。作为执行关税政策的一种灵活措施，关税减免已构成各国关税制度中的一项重要内容。

关税减免是在税则税率以外，为了特殊的政策目标而作出的减免规定。全部免除纳税义务，称为税收的免征；部分免除纳税义务，则称为税收的减征。关税减免就其本质而言是国家对享受关税减免的纳税人的一种税式支出。它是国家行政机关依法作出在特定条件下对特定的纳税人豁免其纳税义务的一种行政行为，并以此来体现国家的政策目标。

八、罚则和申诉

海关税收制度的构成要素，还包括对违法行为的处罚规定和纳税争议的申诉制度。对于纳税人不履行其纳税义务及违反其他有关规定，海关税收制度应规定相应的处罚条件和处罚措施，以及纳税人的申诉权利和程序。如果纳税人对于海关作出的纳税决定有异议，即出现纳税争议时，也有申诉的权利。在海关制度中，罚则和申诉主要体现在海关行政处罚制度和海关行政复议制度中。

我国行政复议制度规定，当相对当事人与行政机关发生行政争议时，一般可以有两种选择：一种是先适用行政复议程序，对复议决定不服再向人民法院提起行政诉讼；另一种是不经过行政复议程序，直接向人民法院起诉。但是我国海关税收纳税争议有特殊的规定，它遵循的是复议前置原则。《海关法》第六十四条规定，纳税义务人同海关发生纳税争议时，应当缴纳税款，并可以依法申请行政复议，对复议决定仍不服的，可以依法向人民法院提起诉讼。《关税条例》第六十四条规定，对于纳税争议，必须先向海关申请行政复议，对复议决定不服的，才可以向人民法院起诉。在这里，所谓纳税争议是指纳税义务人对海关征税的行政行为有异议，具体包括对海关确定纳税义务人、确定完税价格、商品归类、确定原产地、适用税率或者汇率、减征或免征税款、补税、退税、征收滞纳金、确定计征方式，以及确定纳税地点等行为的异议。

对于违反法律法规规定，构成违反海关监管规定行为或者走私行为的，应按《海关法》、《中华人民共和国海关行政处罚实施条例》（以下简称《海关行政处罚实施条例》）等法律法规的规定进行处罚。如果构成犯罪的，则由司法机关依法追究刑事责任。

本章小结

税收作为一种分配关系，需要一系列制度、法规等进行规范和协调，才能保证其职能的实现。税收制度（简称税制）一般是指国家通过立法程序规定的各种税收法令和征收管理办法的总称。而税收法律（简称税法）是税收制度的法律体现形式，是国家制定的有关调整税收分配过程中形成的权利和义务关系的法律规范的总和。税法的调整对象是税收关系，税收关系就是国家、税务机关、税务管理相对人之间在税收利益分配中所产生的各种关系。税法具有经济性、规制性、政策性、综合性和系统性五大特征。

按照税法法律位阶分类，税法包括税收法律（即狭义的税法）、税收行政法规、税收行政规章和行政解释，以及地方性税收法规和税收规章。按照税法内容和功效分类，包括税收基本法、税收实体法、税收程序法。

税收法律关系，即税法关系，是指国家与纳税人在税收活动中所发生的，并由税法确认和调整的，国家赋予强制力保证实施的，以征纳关系为内容的权利和义务关系。它决定着税收法律的基本原则、指导思想，以及税收法律制度的构建和实施。目前，对税收法律关系性质的认识主要是“税收权力关系说”和“税收债务关系说”。

税收法律关系的构成有税收主体、客体和内容。税收法律关系的主体包括征税主体和纳税主体，是指在税法关系中享受权利和承担义务的当事人。税收法律关系的客体，是指税收法律关系主体的权利和义务共同指向的对象。税收法律关系的内容，是指税收法律关系主体双方在征纳活动中依法所享有的权利和应承担的义务。

海关税收制度是国家关于海关税收法令和征管办法的总称，它包括海关税收法规、条例、施行细则、征管办法等。它既是海关向纳税人征税的法律依据和工作规程，也是纳税人履行纳税义务的法定准则。

中华人民共和国成立以来我国海关管理体制与海关税收法律制度的发展变迁，大致可概括为三大阶段：集中统一领导时期——海关法律和关税法律的初创时期，地方领导为主时期——海关法律和关税法律的简化时期，恢复集中统一领导时期——海关法律和关税法律的发展时期。

我国海关税收制度法律体系可分为三级：一级法——《海关法》，二级法——《关税条例》《原产地条例》等行政法规，三级法——《进出口货物审价办法》《海关征税管理办法》《减免税管理办法》等行政规章和行政解释。

海关税收法律的构成要素包括主体、客体、税则税率、纳税环节、纳税期限、纳税地点、税收减免、罚则和申诉等内容。海关税收真正的征税主体是国家，但是从具体组织税款征收和管理的角度看，具体负责海关税收征收和管理的国家行政机关是经国务院授权、依法代表国家的海关。海关税收的纳税主体，简称纳税人，是指法律规定的直接负有向海关纳税义务的人，包括法人和自然人。目前需要承担向海关纳税责任的单位和个人包括进出口货物的收发货人和进出境物品的所有人、海关监管货物的保管人、代理报关的报关企业等多种。

我国关税的客体即课税对象，是准许进出口的货物和进出境的物品。进出口税则又称为海关税则，是一国通过一定的立法程序制定和公布实施的进出口货物的关税税率表。它一般由税目和税率两个部分组成。税目部分是税则的技术部分，税率部分是税则的政策部分，体现国家的关税政策。

练习与思考

1. 名词解释：税收制度、税收法律、税收法律关系、海关税收制度、海关税收法律、海关税收法律关系、纳税主体、征税主体、税法体系、“税收权力关系说”、“税收债务关系说”。

2. 税收制度与税收法律存在怎样的关系？

3. 分析税收法律关系的构成与特征。

4. 分析征税主体与纳税主体的权利和义务关系。

5. 简述海关税收法律关系的构成内容。

6. 我国关税的纳税义务人是谁？其他当事人在什么情形下也要承担纳税责任？

7. 代理报关的报关企业需要承担什么样的纳税责任？

8. 分析海关在海关税收方面的权利与义务。

9. 分析关税纳税人的权利与义务。

10. 简单归纳分析我国海关税收法律的现状及改革方向。

参考文献

1. 岑维廉，钟昌元，王华．关税理论与中国关税制度，第2版．上海：格致出版社，上海人民出版社，2010.

2. 张守文．财税法学．北京：中国人民大学出版社，2007.

3. 刘隆亨．中国税法概论，第四版．北京：法律出版社，2003.

4. 高融昆. 海关税收征管. 北京：中国海关出版社，2010.

5. 何晓兵．中国关税实务，第4版．北京：中国商务出版社，2015.

6.《中国海关百科全书》编委会．中国海关百科全书．北京：中国大百科全书出版社，2004.

7. World Tariff Profiles 2022. https：//www. wto. org.

本章内容主要涉及的法律文件索引

1.《中华人民共和国民法典》（2020年5月28日第十三届全国人民代表大会第三次会议通过，自2021年1月1日起施行）

2.《中华人民共和国税收征收管理法》（1992年9月4日第七届全国人民代表大会常务委员会第二十七次会议通过，自1993年1月1日起施行。全国人民代表大会常务委员会先后于 1995 年 2 月 28 日、2001 年 4 月 28 日、2013 年 6 月 29 日、2015 年 4 月 24 日修正或修订）

3.《中华人民共和国海关法》（1987 年 1 月 22 日第六届全国人民代表大会常务委员会第十九次会议通过，自 1987 年 7 月 1 日起施行。全国人民代表大会常务委员会先后于 2000 年 7 月 8 日、2013 年 6 月 29 日、2013 年 12 月 28 日、2016 年 11 月 7 日、2017 年 11 月 4 日、2021 年 4 月 29 日修正）

4.《中华人民共和国立法法》（2000 年 3 月 15 日第九届全国人民代表大会第三次会议通过，自 2000 年 7 月 1 日起施行。2015 年 3 月 15 日第十二届全国人民代表大会第三次会议修正）

5.《中华人民共和国对外贸易法》（1994 年 5 月 12 日第八届全国人民代表大会常务委员会第七次会议通过，自 1994 年 7 月 1 日起施行。全国人民代表大会常务委员会先后于 2004 年 4 月 6 日修订、2016 年 11 月 7 日修正）

6.《中华人民共和国行政复议法》（1999 年 4 月 29 日第九届全国人民代表大会常务委员会第九次会议通过，自 1999 年 10 月 1 日起施行。全国人民代表大会常务委员会先后于 2009 年 8 月 27 日、2017 年 9 月 1 日修正）

7.《中华人民共和国进出口关税条例》（2003 年 11 月 23 日国务院令第 392 号公布，自 2004 年 1 月 1 日起施行。国务院先后于 2011 年 1 月 8 日、2013 年 12 月 7 日、2016 年 2 月 6 日、2017 年 3 月 1 日修订）

8.《中华人民共和国进出口货物原产地条例》（2004 年 9 月 3 日国务院令第 416 号公布，自 2005 年 1 月 1 日起施行。国务院于 2019 年 3 月 2 日修订）

9.《中华人民共和国进出口税则（2022）》（2021 年 12 月 30 日税委会公告〔2021〕10 号公布，自 2022 年 1 月 1 日起施行）

10.《中华人民共和国税收征收管理法实施细则》（2002 年 9 月 7 日国务院令第 362 号公布，自 2002 年 10 月 15 日起施行。国务院先后于 2012 年 11 月 9 日、2013 年 7 月 18 日、2016 年 2 月 6 日修正）

11.《中华人民共和国海关进出口货物征税管理办法》（2005 年 1 月 4 日海关总署令第 124 号公布，自 2005 年 3 月 1 日起施行。根据海关总署令第 198 号、218 号、235 号、240 号修改）

12.《国家税务总局关于纳税人权利与义务的公告》（2009 年 11 月 6 日国家税务总局公告 2009 年第 1 号发布。国家税务总局公告 2018 年第 31 号修改）

13.《关于明确进出口货物税款缴纳期限的公告》（2022 年 7 月 15 日海关总署公告 2022 年第 61 号发布，自印发之日起施行）

第二篇　进出口关税制度

关税是直接影响进出口贸易的重要税收。通过多边谈判，世界贸易组织各成员有减让关税的义务。加入世界贸易组织二十多年以来，我国关税总水平由 2001 年的 15.3% 降至 2021 年的 7.4%，远低于加入世界贸易组织承诺的 10%。习近平强调，以世界贸易组织为核心的多边贸易体制是贸易自由化便利化的基础，是任何区域贸易安排都无法替代的。一个开放、公正、透明的多边贸易体制，符合世界各国共同利益。[①] 计征关税的完税价格和税率确定需要遵循世界贸易组织协定和其他国际贸易规则，特别是《WTO 海关估价协定》《原产地规则协定》，以及世界海关组织《商品名称及编码协调制度的国际公约》对关税征收有重要影响。这些国际贸易规则已经以法律、法规和规章等形式转化为我国关税制度的重要内容。

关税制度是关于关税征纳方面法律规范的总称，它包括关税法律、行政法规、行政规章和规范性文件，它调整关税征纳过程中有关各方的利益和关系，关税制度各要素的具体内容都体现在这些法律文件中。

关税制度是我国税收制度中重要的组成部分，也是海关管理制度中的核心内容。本篇主要介绍关税征收的三大核心技术以及关税的计算方法。通常所说的海关征税三大技术分别是指海关估价、原产地规则和商品归类。本篇第三章介绍关税完税价格的确定方法，第四章介绍原产地规则的主要内容，第五章则阐述我国商品归类的基本知识。在价格和税率确定的基础上，第六章介绍了我国各种关税的计算方法。由于进境物品进口税是一种特殊简化的税，在统计上列入关税范围，而跨境电商零售进口商品尽管按货物优惠征税，但目前仍按个人自用物品监管，因此第七章介绍进境物品进口税及跨境电商零售进口税收的有关规定。

① 2013 年 9 月 5 日习近平会见时任世贸组织总干事阿泽维多时的讲话。

第三章 进出口货物完税价格

本章概要

以世界贸易组织为核心、以规则为基础的多边贸易体制是经济全球化和贸易自由化的基石。习近平指出：要维护世界贸易组织规则，支持开放、透明、包容、非歧视性的多边贸易体制，构建开放型世界经济。[①]《WTO 海关估价协定》是世界贸易组织一揽子协定的重要组成部分，我国关税完税价格的确定方法与世界贸易组织规则高度接轨，直接影响进出口关税的计征。

完税价格是计征关税时使用的价格。由于绝大多数进出口货物的关税都是从价计税的，因此确定进出口货物的完税价格对海关税收工作至关重要，是海关征税的三大技术之一。我国进出口货物完税价格的费用构成并不完全相同。即使是进口货物，在不同的贸易方式下，确定完税价格的方法也不尽相同，海关估价必须根据贸易事实做出相应的认定。海关在确定货物完税价格的过程中，还必须遵守严格的程序规定。本章第一节首先介绍海关估价的价格准则、国际贸易价格术语的费用组成、完税价格的含义及完税价格的费用构成等基本知识，第二节重点介绍一般进口货物完税价格的确定方法，第三节介绍特殊方式进口货物完税价格的确定方法，第四节介绍出口货物完税价格的确定方法，最后一节介绍海关审价的程序性规定。

学习目标

当完成本章的学习后，要求：

1. 理解进出口货物完税价格的含义与费用构成。
2. 掌握一般进口货物完税价格的确定方法。
3. 掌握特殊进口货物完税价格的确定方法。
4. 掌握出口货物完税价格的确定方法。
5. 认识海关审价的程序规定，理解审价过程中的价格质疑和价格磋商程序。
6. 理解纳税人在审价过程中的权利和义务。

---

① 习近平 2017 年 1 月 18 日在联合国日内瓦总部的演讲《共同构建人类命运共同体》。

第一节 进出口货物完税价格概述

目前世界各国主要采用以课税对象的价格为课税标准计算关税，因此准确确定进出口货物的完税价格十分重要。经过海关审查确定的计税价格被称为关税完税价格（Duty Paying Value），又称为海关价格（Customs Value），而海关确定进出口货物完税价格的作业过程，被称为海关估价（Customs Valuation）。海关估价是各国关税制度中必不可少的组成部分，是海关管理过程中一项技术性很强的工作。

一、海关估价制度的价格准则

一国为了征收关税，通常根据本国法律规定，按照一定的价格准则，确定进出口货物的完税价格。由于各国从维护自身利益出发制定的价格准则往往会阻碍贸易自由化，成为贸易保护的一种非关税壁垒，所以第二次世界大战以后各国开始寻求建立统一的海关估价制度，以约束各国海关估价行为。这方面的努力大体上经历了以下几个阶段。

（一）《关税及贸易总协定》第七条

《关税及贸易总协定》第七条规定了海关估价的价格准则，指出“海关对进口商品的估价，应以进口商品或类似商品的实际价格（Actual Value），而不得以国产商品的价格或以武断或虚构的价格作为完税价格的依据”。这里所谓的实际价格，是指在进口国立法确定的某一时间和地点，在正常贸易过程中充分竞争条件下，某一商品或类似商品的销售价格，即在贸易合同中规定并实际发生的价格。《关税及贸易总协定》在历史上首次就进口货物完税价格的确定明确了基本的价格准则，为缔约方海关估价提供了发展方向，也为后来的《海关商品估价公约》《WTO 海关估价协定》打下了基础。但是由于《关税及贸易总协定》第七条规定的内容过于笼统和抽象，给各方留下了许多可供选择的空间，缺乏统一性，因此实际价格的准则在实际上很难得到完全的落实。

（二）《海关商品估价公约》

欧洲关税同盟研究小组于1950年在布鲁塞尔拟定的《海关商品估价公约》，是对《关税及贸易总协定》第七条估价原则的具体化和标准化，该公约于1953年7月28日正式生效。该公约规定，海关估价的依据应是进口货物的正常价格（Normal Price），即“在公开市场上，相互独立的买卖之间进行交易的货物的销售价格”。这里所谓的正常价格，并不是每一具体的买卖双方之间实际发生的价格。相同货物在多个不同的交易方之间可以以不同的价格成交，但其中至多只有一个属于正常价格。正常价格事实上是一个十分抽象的价格概念，其定义又被称为“布鲁塞尔价格定义”。由于该价格定义能够较好地防止不法商人以假合同、假发票伪报价格偷逃税款，又有利于简化海关估价管理，因此受到许多国家的欢迎。但是在实际运用过程中，正常价格准则往往会被各国滥用，导致估价的武断性或虚构性显现。

（三）《关于实施〈关税及贸易总协定〉第七条的协定》（即《东京回合海关估价守则》）

《关税及贸易总协定》东京回合谈判过程中，许多缔约方希望制定一套广为接受的海关估价制度，以逐步取消海关估价对国际贸易的壁垒作用，并于1979年签订了《关于实施〈关税及贸易总协定〉第七条的协定》（简称《东京回合海关估价守则》），该协定于1981年1月1日正式生效。该协定确定了以进口货物的成交价格（Transaction Value）为完税价格的基础。在成交价格不能确定时，才可采用其他方法确定进口货物的完税价格。这里所谓的成交价格，是指货物销售到进口国时实际已付或应付的价格，即买方为进口货物向卖方，或为卖方利益已经支付或将要支付的价款总额。因此，成交价格不再是抽象的价格概念，而属于具体的价格概念。它解决了《关税及贸易总协定》第七条和《海关商品估价公约》对于“价格定义”过于笼统、抽象和不够规范的弊端，但是该协定只是一个诸边协定，并不强制《关税及贸易总协定》各缔约方必须参加，其约束力有限。

（四）《WTO海关估价协定》

《关税及贸易总协定》乌拉圭回合谈判过程中，缔约各方同意对东京回合谈判中于1979年达成的《关于实施〈关税及贸易总协定〉第七条的协定》的个别文字作出修改以后，将其作为世界贸易组织的一揽子多边协定的组成部分。由于乌拉圭回合协定通过的年份是1994年，所以该协定称为《关于实施1994年〈关税及贸易总协定〉第七条的协定》，又称为《WTO海关估价协定》。该协定的内容与1979年协定的内容基本一致，但其效力范围不同。《WTO海关估价协定》作为世界贸易组织多边贸易协定之一，是强制性的，其约束范围扩大到世界贸易组织所有成员，各成员必须执行，因此，该协定规定的以成交价格作为海关估价依据的价格准则适用范围十分广泛，已成为真正意义上统一的国际海关估价准则。我国作为世界贸易组织成员之一，目前海关估价采用的也是《WTO海关估价协定》中规定的成交价格准则。

二、《WTO海关估价协定》的适用范围与基本结构

《WTO海关估价协定》的基本宗旨是：促进1994年《关税及贸易总协定》目标的实现，并使发展中国家的国际贸易获得更多的利益；使各方海关估价制度具有更大的统一性和确定性；建立公平、统一、中性的海关估价制度，防止任意或虚构的价格；最大限度内以被估货物的成交价格为海关估价的依据；海关估价应依据商业惯例的简单、公正的标准，且估价程序应不区分供货来源而普遍适用。该协定主要适用于商业上正常进口的货物，而不适用于倾销进口货物，也不适用于出口货物。

《WTO海关估价协定》除“一般介绍性说明”之外，共分4个部分24条，另有3个附件作为该协定的组成部分。“一般介绍性说明”部分对成交价格法、相同货物成交价格法、类似货物成交价格法、倒扣价格法、计算价格法和合理方法6种方法的适用作了整体描述，并阐述了制定该协定的宗旨。协定第一部分“海关估价规则”包括第一条至第十七条内容，规定了海关估价的6种方法、汇率的适用、海关及进口商的权利与义务等内容，

并规定附件 1~3 也是该协定的组成部分。协定第二部分“管理、磋商及争端解决”包括第十八条和第十九条内容，对管理机构的设置、磋商和争端解决办法作了规定。协定第二十条是第三部分“特殊和差别待遇”的内容，规定某些发展中国家可以推迟实施该协定或推迟实施该协定中某些条款，并规定发达国家有义务向发展中国家提供技术援助。协定第四部分是“最后条款”，包括第二十一条至二十四条内容，分别就保留、国家立法、审议和秘书处作了规定。协定附件 1 是“解释性说明”，对正文各条款内容作了解释性说明，与协定各条款内容具有同等效力。附件 2“海关估价技术委员会”，规定了该委员会的职责、代表组成、会议议程、议事规则等内容。附件 3 则对发展中国家对协定内容的保留、海关价格调查时进口商的合作、实付或应付价格的含义等内容作了规定。

三、国际贸易的价格

尽管各国海关规定了确定完税价格的海关估价准则，但在国际贸易中，买卖双方通常根据国际惯例和实际需要，在贸易合同中规定货物成交的贸易价格。这种国际贸易价格与完税价格存在关联，但并不能等同于完税价格或成交价格。

国际贸易合同中，通常采用国际惯例中的贸易价格术语来说明买卖双方有关费用、风险和责任的划分，确定买卖双方在交货、接货方面的权利和义务。贸易术语具有两重性，一方面它是用来确定交货条件，即说明买卖双方在交接货物时各自承担的风险、责任和费用；另一方面又用来表示该商品的价格构成因素。因为国际贸易中确定一种商品的成交价格，不仅取决于其本身的价值，还要考虑到商品从产地运至最终目的地过程中有关的手续由谁办理、费用由谁负担，以及风险如何划分等一系列问题。如果由卖方承担的风险大、责任大、费用多，其价格自然要高一些；反之，如果由买方承担较多的风险、责任和费用，货价则要低一些买方才能接受。

目前国际贸易价格使用较多的国际惯例主要包括《1932 年华沙—牛津规则》、《1941 年美国对外贸易定义修订本》和《国际贸易术语解释通则》3 种。

国际商会（ICC）于 1936 年首次公布了一套《国际贸易术语解释通则》，名为《Incoterms 1936》，其宗旨是为国际贸易中最普遍使用的贸易术语提供一套国际标准解释，以避免因各国不同解释而出现的不确定性，或至少在相当程度上减少这种不确定性。此后又在 1953 年、1976 年、1980 年、1990 年、2000 年、2010 年和 2020 年版本中作出补充和修订，以使这些规则适应国际贸易实践的发展。以下介绍的是《2020 年国际贸易术语解释通则》中的价格术语。

（一）价格术语的分组

《2020 年国际贸易术语解释通则》中共有 11 个价格术语。这些术语根据适用运输方式的不同分为两种类型：一类是适用于任一或多种运输方式的术语，包括 EXW、FCA、CPT、CIP、DPU、DAP 和 DDP 7 个术语；另一类是仅适用于海运或内河运输的术语，包括 FAS、FOB、CFR 和 CIF 4 个术语。

（二）常用的价格术语

1. FOB，即 Free On Board（…named port of shipment）［船上交货（……指定装运港）］，习惯上又称为“离岸价格”，是指当卖方在指定的装运港将货物运至买方指定的船上或取得已按此交货的证明，即完成交货。当货物已运至船上时，货物灭失或损坏的风险发生转移，买方自那时起承担一切费用。该术语仅适用于海运或内河运输。

FOB 术语包括了将货物在指定装运港装上船为止的一切费用，如出口通关税费、装船费用等。但是货物装上船以后所发生的费用，如理舱费和平舱费、运费、保险费、进口税费等，均由买方负担。但是在实际业务中，买卖双方可以出于不同的考虑，对于装船费用由谁负担问题，通过 FOB 术语的变形来明确。

例如，FOB Liner Terms（FOB 班轮条件），是指装船费用按班轮做法处理，即由船方或买方承担，而卖方不负责装船的有关费用。FOB Under Tackle（FOB 吊钩下交货），是指卖方仅负责把货物交到买方指定船只的吊钩所及之处，从货物起吊开始所发生的装船费用由买方负担。FOB Stowed（FOBS，FOB 含理舱费），是指卖方负责将货物装入船舱，并且支付包括理舱费在内的装船费用。FOB Trimmed（FOBT，FOB 含平舱费），指卖方负责将货物装入船舱，并且支付包括平舱费在内的装船费用。FOB Stowed and Trimmed（FOBST，FOB 含理舱费和平舱费），是指卖方负责将货物装入船舱，并支付包括理舱费和平舱费在内的装船费用。

2. CFR，即 Cost and Freight（…named port of destination）［成本加运费（……指定目的港）］，又称“离岸加运费价格”，是指当卖方将货物运至船上或取得已按此交货的证明，即完成交货。当货物已运至船上时，货物灭失或损坏的风险发生转移。但卖方必须订立货物运至指定目的港的运输合同并支付运费。该术语仅适用于海运或内河运输。使用该术语时应在合同中明确载明具体的装货港和指定的目的港，因为装货港是风险转移的分界点，指定目的港是运输费用转移的分界点。

CFR 术语不仅包括货物在装运港装上船之前的各项费用，例如出口通关税费、装船费用等，还应包括沿通常航线并以习惯方式将货物运至指定目的港的正常费用。但是货物装上船以后的风险和除运费之外的其他费用，包括保险费、卸货费、进口税费等，应由买方承担。然而在实际业务中，买卖双方可以出于不同的考虑，对于目的港卸货费用由谁负担问题，通过 CFR 术语的变形来明确。

例如，CFR Liner Terms（CFR 班轮条件），是指目的港的卸货费用按班轮条件办理，即由支付运费的一方（卖方）负担。CFR Ex Ship's Hold（CFR 舱底交货），是指货物运抵目的港以后，货物从船舱的底部起吊一直卸到码头的卸货费用都由买方负担。CFR Landed（CFR 卸至岸上），是指卖方必须负担在目的港的卸货费用，如果船只不能直接靠岸，还要承担驳船费和码头费。CFR Ex Tackle（CFR 吊钩下交货），是指由卖方负担将货物从船舱底部起吊卸到船边卸离吊钩为止的费用。

3. CIF，即 Cost，Insurance and Freight（…named port of destination）［成本、保险费加运费（……指定目的港）］，习惯上又称为“到岸价格”，是指卖方将货物运至船上或取得已按此交货的证明，即完成交货。当货物已运至船上时，货物灭失或损坏的风险发生转移。但卖方必须订立货物运至指定目的港的运输合同并支付运费，而且必须办理买方货物在运输途中灭失或损坏风险的最低限度的保险。除另有约定外，其最低投保金额应为合同金额加成10%。该术语仅适用于海运和内河运输。使用该术语时应在合同中明确载明具体的装货港和指定的目的港。

CIF术语包括货物在装运港装上船之前的各项费用，例如出口通关税费、装船费用等，还包括从装运港至目的港的正常运费和保险费。但是货物在装运港装上船以后所发生的除运费、保险费以外的一切费用，以及在目的港发生的卸货费用、码头费用、进口税费等，应由买方承担。然而在实际业务中，买卖双方可以出于不同的考虑，对于目的港卸货费用由谁负担问题，通过CIF术语的变形来明确。

例如，CIF Liner Terms（CIF班轮条件），是指目的港的卸货费用按班轮条件办理，即由支付运费的一方（卖方）负担。CIF Landed（CIF卸至岸上），是指卖方必须负担目的港的卸货费用，如果船只不能直接靠岸，还要承担驳船费和码头费。CIF Ex Ship's Hold（CIF舱底交货），是指货物运抵目的港以后，货物从船舱的底部起吊一直卸到码头的卸货费用都由买方负担。CIF Ex Tackle（CIF吊钩下交货），是指由卖方负担将货物从船舱底部吊起卸到船边卸离吊钩为止的费用。

（三）其他价格术语

1. EXW，即Ex Works（…named place of delivery））［工厂交货（……指定交货地点）］，通常称之为起运术语，该术语代表了在商品的产地或所在地交货的条件，通常适用于国内贸易。卖方只需要在指定地点将货物置于买方的支配下，就完成交付货物的义务。卖方既不负责办理出口清关手续，也不负责将货物装载到运输工具上。由于卖方承担的风险、责任最小，因此该术语的价格通常最低，它不包括指定地点的装运费、货物出口通关费，以及货物运至最终目的地的各项费用（如运费、保险费、出口税费、进口税费、卸货费等）。

2. FCA，即Free Carrier（…named place of delivery）［货交承运人（……指定交货地点）］，是指卖方只要将货物在指定的地点交给由买方指定的承运人，并办理了出口清关手续，即完成交货。如果卖方在其所在地交货，则卖方应负责装货，支付装货费用。如果卖方在其他地点交货，则卖方不负责卸货，卸货费用应由买方承担。该术语适用于包括多式联运在内的任何运输方式。该术语包括了出口通关费用（如出口税费）、装货费，但不包括交货以后发生的运费、保险费、进口税费、卸货费等各项费用。

3. CPT，即Carriage Paid To（…named place of destination）［运费付至（……指定目的地）］，是指卖方在规定时间内，把货物交付给其指定的承运人即完成交货，但卖方必须订立运输合同，支付将货物运至目的地的运费，并且办理了出口清关手续，支付了出口税费等费用。交货之后发生的一切风险和除运费以外的其他费用（如保险费、进口税费、卸货费等），均由买方承担。该术语可适用于包括多式联运在内的各种运输方式。使用该术语时应在合同中明确载明具体的交货地点和指定的目的地，因为交货地点是风险转移的分界点，指定目的地是运输费用转移的分界点。

4. CIP，即Carriage and Insurance Paid To（…named place of destination）［运费及保险

费付至（……指定目的地）］，是指卖方将货物交付给其指定的承运人即完成交货，但卖方必须订立运输合同，支付将货物运至目的地的运费，还必须办理买方货物在运输途中灭失或损坏风险的保险手续，支付最低限度保险险别的保险费，并且办理了出口清关手续，支付了出口税费等费用。但是在交货之后发生的一切风险和除运费、保险费之外的其他费用（如进口税费、卸货费等），应由买方承担。该术语适用于包括多式联运在内的各种运输方式。使用该术语时应在合同中明确载明具体的交货地点和指定的目的地，因为交货地点是风险转移的分界点，指定目的地是运输费用转移的分界点。

5. DAP，即 Delivered at Place（…named place of destination）［目的地交货（……指定目的地）］，是指在指定的目的地，将仍处于交货的运输工具上尚未卸下的货物交给买方处置即完成交货。卖方必须订立运输合同，支付至指定目的地的运费。卖方必须承担货物运至指定目的地的一切风险。因此如果需要保险，也应由卖方订立保险合同，承担相应的保险费用。卖方必须承担货物到达指定地点之前的各项费用，包括出口税费、运费、保险费等。货物运达指定地点之后的各项费用，包括卸货费、进口税费等，由买方承担。该术语适用于包括多式联运在内的各种运输方式。

6. DPU，即 Delivered at Place Unloaded（…named place of destination）［目的地卸货后交货（……指定目的地）］，是指卖方在指定目的地卸货后将货物交给买方处置即完成交货。卖方应承担将货物运至指定目的地并卸下的一切风险和费用，包括出口税费、运费、保险费、装货费、卸货费等。但是卸货以后的风险和费用由买方承担，包括进口税费等。该术语适用于包括多式联运在内的各种运输方式。这里的目的地可以是任何地方，包括码头、仓库、集装箱堆场，或者公路、铁路或空运货站等地。实践中，使用该术语时，卖方应确保其打算交付货物的地点是能够卸货的地点。

7. DDP，即 Delivered Duty Paid（…named place of destination）［完税后交货（……指定目的地）］，是指卖方在指定的目的地，办理完进口清关手续，将在交货运输工具上尚未卸下的货物交与买方，即完成交货。卖方必须承担将货物运至目的地的一切风险和费用，包括在需要办理海关手续时在目的地应缴纳的任何进口“税费”和风险，如出口税费、运费、保险费、进口税费、装货费等，但不包括到达目的地的卸货费。该术语适用于包括多式联运在内的各种运输方式。

8. FAS，即 Free Alongside Ship（…named port of shipment）［船边交货（……指定装运港）］，是指卖方在指定的装运港将货物交到船边（如码头或驳船），即完成交货，买方必须承担自那时起货物灭失或损坏的一切风险。该术语下，卖方必须承担把货物运到指定装运港买方所指定的船边的一切费用。该术语包括出口通关费用、货物装船之前的码头费、搬运费等费用，但不包括装船费用、交货以后发生的运费、保险费、卸货费、进口税费等各项费用。该术语仅适用于海运或内河运输。

四、完税价格的含义

完税价格是指经海关审查确定用于从价计征关税的价格。货物完税价格的高低直接或间接影响课征关税税额的多少。对于关税纳税人而言，它关系到进出口货物成本的高低，影响其利润的多少；对于国家而言，则关系到国家财政收入和关税职能作用的发挥。因此，准确确定进出口货物的完税价格十分重要。

作为世界贸易组织成员，我国海关在确定进口货物完税价格时必须遵循《WTO 海关估价协定》，必须以进口货物成交价格作为完税价格的基础。由于《WTO 海关估价协定》只对进口货物的价格准则作出了规定，而对一国（地区）出口货物的价格准则没有明确，因此我国出口货物完税价格的准则是参考协定精神，结合我国实际情况制定的。

在我国，《海关法》明确规定，无论是进口货物，还是出口货物，其完税价格都是由海关以该货物的成交价格为基础审查确定，成交价格不能确定时，完税价格则由海关依法估定（《海关法》第五十五条）。由此可见，完税价格的基础是成交价格，但成交价格不能等同于完税价格。成交价格必须满足规定的条件，必须按本国法律经过适当的调整，需要由海关审查接受，才能作为完税价格计算关税。如果成交价格不存在，或者不符合规定的条件和要求，则必须采用其他方法来确定货物的完税价格。

纳税人向海关申报的价格，也不同于完税价格。申报的价格可能符合成交价格的条件、要求，也可能不符合，必须经过海关审核才能确定是否能够接受纳税人申报的价格。对于不真实或不准确的申报价格，海关不予接受，因此申报价格就不能成为完税价格。

完税价格的基础是成交价格。这里的成交价格也不同于国际贸易合同中所指的成交价格。国际贸易合同中规定的价格是买卖双方议定的价格，通常表现为发票价格，而海关估价中使用的成交价格，必须符合法律法规的规定，它有严格的条件和要求，其费用构成是统一的、确定的，必须经过海关的审查，才能作为完税价格的基础。例如合同规定以 FOB 价格成交的进口货物，此时的 FOB 价格就不属于海关估价制度中所称的成交价格，不能直接以该价格作为完税价格计算关税。

五、完税价格的构成

国际贸易中，由于买卖双方谈判能力不同或者影响交易过程的因素不同，通常使用不同的国际贸易价格术语，而不同的价格术语，其费用构成也大不相同。例如，以 CIF 价格术语成交的进口货物，其价格必然高于以 FOB 价格术语成交的相同货物，因为 CIF 价格包含了从出口国至进口国的运费和保险费。如果不考虑不同价格术语的价格差异，而直接以交易双方的实际价格作为完税价格，必然破坏公平、公正、统一的征税原则。因此，各国和地区必须在法律上明确规定进出口货物完税价格的费用构成，以方便无论进出口商以怎样的价格术语成交的货物，在征收关税时的完税价格都具有相同的费用构成。

《WTO 海关估价协定》规定，进口货物完税价格应为成交价格，即符合条件且经过调整后的实付、应付价格。其中调整项费用，可以分为两类。一类是未包括在货物实付应付价格中但应计入的费用，另一类是供世界贸易组织成员自由选择的费用。这些可供选择的费用包括进口货物运输至进口港或者进口地运输费、与运输有关的装卸费和手续费，以及保险费。各成员在制定法律法规时，应将这些费用全部或部分地包括或不包括在完税价格之中（《WTO 海关估价协定》第一条、第八条）。

所以，目前各国（地区）的进口货物完税价格，存在两种价格体系。一种是完税价格只包含货物自身的价格，不包括国际运输费、保险费等费用，即相当于贸易术语中的 FOB 价格体系。例如，美国、加拿大、澳大利亚等国家采用的就是这种出口离岸价格形式。这种方法确定的完税价格与运费、保险费等费用的多少没有关系，完全与货物自身的价格相关，因此符合税收中性的原则。但是，这种方式确定的完税价格使得进口国在既定关税税率的情况下，关税税额较少，因此关税的财政、保护作用会受到一定程度的影响。另一种形式的完税价格则不仅包括货物自身的价格，也包括国际运输费、保险费等费用，即相当于贸易术语中的 CIF 价格体系。目前包括我国在内的多数国家都采用这种进口到岸价格形式。这种形式的完税价格，使关税的财政、保护作用更强，因为关税税额的大小不仅与货物自身的价格有关，而且与货物运输距离的长短、运输方式的不同、保险费的高低有关。

我国法律明确规定，进口货物的完税价格包括货物的货价、货物运抵我国境内输入地点起卸前的运输及其相关费用、保险费；而出口货物的完税价格则包括货物的货价、货物运至我国境内输出地点装载前的运输及其相关费用、保险费，但是其中包含的出口关税税额，应当予以扣除（《海关法》第五十五条第二款）。

第二节 一般进口货物的完税价格

我国既对进口货物征收进口关税，也对部分出口货物征收出口关税，因此在法律法规中应分别明确规定进口货物和出口货物完税价格的确定方法和费用构成。即使对于进口货物，也要根据具体情况选择适当的方法来确定其完税价格，例如一般进口货物与特殊进口货物的完税价格，具体规定并不完全一致。本节先介绍一般进口货物完税价格的确定方法。

一、进口货物完税价格的确定方法

我国法律法规明确规定了我国进口货物完税价格的确定方法。进口货物的完税价格应由海关以符合规定条件的成交价格，以及该货物运抵我国境内输入地点起卸前的运输及其相关费用、保险费为基础审查确定（《关税条例》第十八条）。这表明，我国进口货物完税价格不仅包括货物本身的成交价格，而且包括进口货物运抵境内的运保费，如果发生了与进口货物运输有关的费用，例如装卸费、港口或机场使用费、理舱平舱费等，也应计入。这种以成交价格为基础审查确定完税价格的方法，称为成交价格估价法。

如果成交价格不符合有关规定条件，或者成交价格无法确定，那么就由海关依法采用其他的估价方法来估定进口货物的完税价格。我国规定，当成交价格估价法不能适用时，海关经了解有关情况，并与纳税人进行价格磋商以后，应依次采用以下方法估定进口货物的完税价格：相同货物成交价格估价法，类似货物成交价格估价法，倒扣价格估价法，计算价格估价法及合理方法。其中在纳税人向海关提供资料提出申请的情况下，可以颠倒倒扣价格估价法与计算价格估价法的适用次序（《关税条例》第二十一条）。

因此，在确定进口货物完税价格的过程中，首先应判断是否存在符合规定条件的成交价格，如果存在这种价格，则必须采用第一种方法，即成交价格估价法；如果不存在符合规定条件的成交价格，或者根本不存在成交价格，则应依次采用其他的估价方法。除特殊情况外，当上一种方法不能使用时，才能选择下一种估价方法来确定完税价格。

二、成交价格估价法

海关估价首要的也是最重要的方法是成交价格估价法。所谓成交价格估价法，是指海关以货物成交价格为基础，在符合成交价格规定的条件，并按有关规定进行费用调整以后，得出货物完税价格的方法。这是海关估价实践中使用率最高的一种估价方法。

（一）成交价格定义

我国规定，进口货物的成交价格是指卖方向我国境内销售该货物时买方为进口该货物向卖方实付、应付的，并按照有关规定调整以后的价款总额，包括直接支付的价款和间接支付的价款（《关税条例》第十八条第二款）。

从以上进口货物成交价格的定义可以看出，成交价格与实际贸易合同中的价格或发票价格并不完全一致。贸易合同中的价格或发票价格取决于买卖双方的约定，这有可能是实付、应付的价格，也可能是不完整的实付、应付价格；有可能包括运保费，也可能没有包括运保费；除合同或发票价格外，可能还会发生其他一些与运输相关的费用。成交价格有特定的含义，实际上它包含了3方面的内容：必须是实付、应付的价格，必须是向我国境内销售的价格，必须根据有关规定经过调整的价格。

1. 实付、应付的价格

实付或应付价格，是指买方为购买进口货物而直接或间接支付的价款总额，即作为卖方销售进口货物的条件，由买方向卖方或为履行卖方义务向第三方已经支付或将要支付的全部款项（《进出口货物审价办法》第五十一条）。这里的价格既包括进口商为进口货物实际已经支付的价格，也包括尚未支付但将要支付的价格。这里的“支付”，可以是直接支付，也可以是间接支付。直接支付是指买方以任何形式直接支付给卖方的付款方式；间接支付是指买方根据卖方的要求，将货款全部或者部分支付给第三方，或者冲抵买卖双方之间的其他资金往来的付款方式。例如，卖方欠第三方债务，买方向第三方代为清偿卖方所欠的债务，而在买方直接支付给卖方的货款中没有包括这笔费用，那么代为清偿的这笔费用就是一种间接支付，应计入进口货物的完税价格中。

但是，如果买方不是直接为了进口该货物而进行的有关活动的费用，例如市场调研、广告、参展等经营管理费用，由于买方不是根据卖方要求开展相关活动，相关费用不直接构成进口货物的成本，因此不能作为间接支付的费用计入货物的完税价格中。

2. 向我国境内销售的价格

从卖方的角度看，成交价格是向我国境内销售货物得到的销售价格；而从买方的角度看，是为了购买进口货物而支付的购买价格。这里的销售或购买，是指将进口货物实际运入我国境内，货物的所有权和风险由卖方转移给买方，买方为此向卖方支付价款的行为。也就是说，作为销售或购买，必须同时符合以下条件：一是货物实际运入我国境内，二是货物所有权和风险转移，三是有支付货款的行为。不能满足这些条件，就不是成交价格或不存在成交价格。例如，租赁进口货物、寄售代销进口货物、捐赠进口货物、免费提供进口的货样广告品、暂时进境货物、出料加工或出境修理复进境货物等，要么货物所有权在进口环节没有转移，要么支付的不是货物本身的价款，所以不构成向我国境内销售，或者说不构成进口商的购买，因此不是成交价格或不存在成交价格。这些货物的进口，就不能采用成交价格估价法，而只能按法律法规的规定采用其他方法确定其完税价格。

3. 按有关规定经过调整的价格

我国海关估价制度基本采用了《WTO 海关估价协定》的规定。《WTO 海关估价协定》指出，进口货物的完税价格应为成交价格，即为该货物出口销售至进口国时按规定进行调整以后的实付、应付的价格（《WTO 海关估价协定》第一条）。我国海关估价制度同样规定进口货物的成交价格必须是按有关规定经过调整的价格，并对调整的项目作了明确的规定。这些调整项目包括应计入完税价格的费用和不应计入完税价格的费用。

（1）应计入完税价格的费用

我国规定，如果由买方支付但未包括在进口货物实付、应付价格中的下列费用或价格，应当将其计入进口货物的完税价格中。

①由买方负担的除购货佣金以外的佣金和经纪费

佣金，是指买方或卖方向代表其参与某项商业活动的代理人所支付的劳务费用，通常可分为销售佣金和购货佣金。销售佣金（Selling Commissions），是指卖方的代理人在为卖方销售货物过程中提供劳务而获得的报酬，由于通常由卖方支付，所以又称为卖方佣金。卖方支付的销售佣金，作为货物的销售成本，通常会计入货物的销售价格中，因此不必重复将其计入进口货物的完税价格。但是如果买卖双方约定或在贸易合同中规定，销售佣金由买方直接向卖方的代理人支付，而没有体现在货物的销售价格中时，就应将买方另外负担的这部分佣金计入货物的完税价格中。

购货佣金（Buying Commissions），指买方为购买进口货物向自己的采购代理人支付的劳务费用，由于通常由买方支付，所以又称为买方佣金。由于购货佣金通常与进口货物的销售价格无关，一般情况下进口商不会把购货佣金计入在支付给卖方的价格中，这部分佣金相当于企业内部的经营管理费用，因此即使是由买方负担的，也不能将其计入在进口货物的完税价格中。

经纪费（Brokerage），是指经纪人为买卖双方提供交易服务而获得的劳务报酬。这里的经纪人是买卖双方的中间人，并不代表交易双方中的任何一方，它只是为双方提供中介服务。如果经纪费由卖方支付，则通常会作为成本计入在货物的销售价格中，此时就不应重复将卖方支付的经纪费计入进口货物的完税价格。但是对于买方为购买进口货物而向经纪人支付的经纪费，则应将其计入进口货物的完税价格中。

②由买方负担的与进口货物视为一体的容器费用

国际贸易中的货物，除某些特殊货物以外，一般需要包装容器加以包装，才能方便运输。通常情况下，容器等包装费用已经包括在货物的销售价格中，因此不必重复计算在进口货物的完税价格中。但是如果双方约定或合同规定容器费用在货物的销售价格之外另行支付，或者容器由买方自行解决，也就是说，货物的销售价格中并没有包含该货物的容器费用，此时应考虑将这些容器费用计入在进口货物的完税价格中。但需要指出的是，这里的容器费用是指和进口货物归入同一税号的、与进口货物视为一个整体的容器费用，比如说香水瓶与所装的香水一并归类，与香水构成了一个不可分割的整体，如果香水瓶的费用没有包括在香水的实付、应付价格中，而是由买方另外负担的，就应该将香水瓶的费用计入在香水的完税价格中。当然，如果容器不能与所包装的进口货物归入同一税号，那么容器费用就不能计入在所包装的进口货物完税价格中，而应将容器与所包装的进口货物分别对待，分别单独确定容器与所包装的进口货物的完税价格。

③由买方负担的包装材料费用和包装劳务费用

进口货物在包装过程中发生的一些成本和费用，通常已经包括在货物的销售价格中，此时不应重复将其计算在进口货物完税价格中。但是如果买方另外负担了进口货物的包装费用，包括包装材料费用和包装劳务费用，也就是说，这些费用没有包括在货物的销售价格中时，应将其计入在进口货物的完税价格中。

④协助（Assist）的费用

协助的费用，是指买方向卖方提供的，供卖方在生产、出口销售货物过程中使用的有关货物或服务的价值。国际贸易中，有时买方会以免费或以低于成本的方式向卖方提供一些货物或者服务，卖方利用这些货物或服务生产产品，并将生产的产品出口销售给买方。这样卖方在销售货物给买方时，通常会考虑这些协助的费用，不会把这些协助的费用包括在货物的销售价格中。但是，就买方而言，为了进口该货物不仅向卖方支付了价格，而且承担了协助的费用，这种协助的费用应计入在该进口货物的完税价格中。

这里的协助类似于出料加工贸易方式中的出口料件，但它与出料加工又有本质的区别。出料加工对外仅是支付加工费，它在料件加工成品以后的再进口不是销售行为，所以出料加工进口货物的成交价格是不存在的。而使用协助的货物或服务加工成成品以后的再进口是一种销售行为，它是有成交价格的。

我国规定，协助的费用包括以下由买方向卖方免费或低于成本提供的货物或服务的价值：

一是进口货物包含的材料、部件、零件和类似货物；

二是在生产该进口货物过程中使用的工具、模具和类似货物；

三是在生产该进口货物过程中消耗的材料；

四是在境外进行的为生产该进口货物所需的工程设计、技术研发、工艺及制图等相关服务。

其中上述前三项协助的费用无论是进口国生产还是其他国家生产的，只要是买方提供的，就应考虑计入在进口货物完税价格中。但是第四项协助的费用，不包括进口国国内所进行的工程设计、技术研发、工艺及制图等相关服务的费用，只有在境外进行的相关服务的费用，才能计入货物的完税价格。

如果应计入完税价格的协助费用是由买方免费提供给卖方的，则应将协助的全部价值都计入进口货物的完税价格。如果买方是以低于成本的方式销售给卖方的，则只能将协助的货物或服务的价值与买方实际提供给卖方的低于成本的价格差额部分计入进口货物的完税价格。如果协助的货物或服务不仅用于生产进口货物，还用于生产其他货物，还必须将这些协助的费用按适当比例分摊在进口货物的完税价格中。

在计入协助的费用时，如果由买方从与其无特殊关系的第三方购买，应当以其购入价格计入完税价格；如果由买方自行生产或者从有特殊关系的第三方获得，应当以其生产成本计入完税价格；如果由买方租赁获得，应当以买方承担的租赁成本计入完税价格；对于生产进口货物过程中使用的工具、模具和类似货物的价值，还应当包括其工程设计、技术研发、工艺及制图等费用；如果货物在被提供给卖方以前已经被买方使用过，则应以根据国内公认的会计原则对其进行折旧后的价值计入完税价格。

需要指出的是，协助的费用计入进口货物的完税价格中必须满足以下条件：一是由买方免费或低于成本的方式提供给卖方；二是协助的货物或服务与进口货物的生产或出口销售直接相关；三是协助的费用未包括在进口货物实付、应付的价格中；四是协助的费用有客观量化的数据资料，可按适当比例进行分摊。

⑤作为进口货物的销售条件，买方必须支付的与进口货物有关的特许权使用费

特许权使用费的问题涉及知识产权和分销权，是海关估价工作中技术性、专业性最强的问题。目前国际上知识产权的贸易一般通过许可贸易方式来实现，即知识产权所有人通过许可协定授权他人使用专利、商标、版权、专有技术等，而被授权人需要向所有人支付一定的报酬，这就是特许权使用费。我国规定，特许权使用费（Royalties and License Fees），是指进口货物的买方为取得知识产权权利人及权利人有效授权人关于专利权、商标权、专有技术、著作权、分销权或者销售权的许可或者转让而支付的费用（《进出口货物审价办法》第五十一条）。

特许权使用费计入进口货物完税价格，必须同时符合以下条件：

第一，特许权使用费未包括在货物的实付、应付价格中。

如果买方购买进口货物除了支付一定的价款之外，作为货物销售的条件，还要另行支付与之相关的特许权使用费，那么这笔费用应计入货物的完税价格。但是如果特许权使用费已经包含在货物的实付、应付价格中，则不必重复将其计入完税价格。

第二，特许权使用费的支付与进口货物有关。

特许权使用费的支付必须与进口货物有关，才能计入货物的完税价格。与进口货物有关是指与海关正在确定其完税价格的进口货物有关，特许权使用费已构成该进口货物价值的一部分。如果支付的特许权使用费与该进口货物无关，就不应将其计入完税价格。

为了便于操作，我国《进出口货物审价办法》第十三条对特许使用费是否与进口货物有关的情形作了如下具体规定：

对于用于支付专利权或者专有技术使用权的特许权使用费，如果进口货物含有专利或专有技术，或者用专利方法、专有技术生产，或者为实施专利或专有技术而专门设计或制造的，应当视为与进口货物有关。这里所称的专有技术，是指以图纸、模型、技术资料和规范等形式体现的尚未公开的工艺流程、配方、产品设计、质量控制、检测以及营销管理等方面的知识、经验、方法和诀窍等。

对于用于支付商标权的特许权使用费，如果进口货物附有商标，或者进口后附上商标直接可以销售，或者进口时已含有商标权，只需经过轻度加工后附上商标即可以销售，应视为与进口货物有关。这里所称的轻度加工，是指稀释、混合、分类、简单装配、再包装或者其他类似加工。

对于用于支付著作权的特许权使用费，如果进口货物以磁带、磁盘、光盘或其他类似

介质的形式含有软件、文字、乐曲、图片、图像或者其他类似的内容，或者含有其他享有著作权的内容，应视为与进口货物有关。这里所称的软件，是指我国《计算机软件保护条例》规定的用于数据处理设备的程序和文档。所称的介质，是指磁带、磁盘、光盘。

对于用于支付分销权、销售权或者其他类似权利的特许权使用费，如果进口货物进口以后可以直接销售，或者经过轻度加工即可以销售的，也应视为与进口货物有关。

第三，特许权使用费的支付是进口货物向我国境内销售的一项必要条件。

特许权使用费计入货物完税价格的前提之一，是特许权使用费的支付必须构成卖方将货物销售给买方的条件。如果不支付特许权使用费，有关货物就无法出售，或不能按合同议定的价格交付。我国《进出口货物审价办法》第十四条规定，如果买方不支付特许权使用费就不能购得进口货物，或者买方不支付特许权使用费该货物就不能以合同议定的条件成交，应当视为特许权使用费的支付构成进口货物向我国境内销售的条件。

⑥卖方从买方对该货物进口以后转售、处置或使用所得中获得的收益

国际贸易合同中，有时卖方不仅要求买方购买货物时支付一定价款，而且可能要求买方在货物进口以后根据该货物转售、处置或使用等具体情况，从这些转售等所得中按比例再向卖方支付一部分款项。这部分款项可以称之为转售收益。由于转售收益构成了货物销售的条件之一，应计入进口货物的完税价格中。

转售收益可能存在以下几种不同情况，如果货物进口时，有客观量化的数据资料，可以准确确定转售收益的多少，则应将这些转售收益计入完税价格，采用成交价格估价法确定进口货物的完税价格。但是，如果货物进口时，合同存在转售收益的规定，却没有客观量化的数据资料来准确确定转售收益的多少，也就是说，存在转售收益但还不能合理地被确定，此时，由于不能满足成交价格的适用条件，按规定就不能采用成交价格估价法，而只能采用其他估价方法来确定该进口货物的完税价格（《关税条例》第十八条第三款第三项）。当然，如果合同有转售收益的约定，申报进口时又无法确定转售收益的具体金额时，也可以依法提供担保先放行货物，待转售收益能够确定时，再申报纳税。

（2）不应计入完税价格的费用

由于我国进口货物的完税价格所包括的费用应计算至进口货物到达我国关境起卸前，所以进口货物到达我国关境起卸以后所发生的一切费用，原则上不应计入完税价格。我国对不计入进口货物完税价格的费用也作了明确的规定。

对于下列费用，即使买方实际已经支付，只要有客观量化的数据资料可以与进口货物的价款相区分，就不应计入进口货物的完税价格中。

①厂房、机械、设备等货物进口以后发生的建设、安装、装配、维修或技术援助的费用（保修费用除外）

某些进口货物，特别是机器设备类货物，进口以后通常由卖方负责安装、维修或技术援助，这些服务的报酬通常已经包括在进口货物的价格中。但是由于这些服务是在货物进口以后发生的，其价值并没有体现在进口时的货物中，这些费用并不是货物价格的组成部分，实际上它是对劳务的一种支付，而不是对进口货物本身的一种支付，因此不应将这部分费用计入在进口货物的完税价格中。如果进口货物的价款中已经包括这些费用，而且单独列明，有客观量化的数据资料来确定，则应将这些费用从价款中扣除。

但是，如果是作为货物销售条件之一的保修费用，由于商业惯例通常将其作为货物价格的组成部分，所以应计入货物的完税价格中，即使单独列明，也不能予以扣除。

②进口货物运抵我国境内输入地点起卸以后发生的运输及其相关费用、保险费

进口货物的完税价格应包括货物运抵我国境内输入地点起卸以前所发生的运输及相关费用和保险费，这部分运输费用和保险费与国际运输有关，但是货物运抵我国境内输入地点起卸以后发生的运输费用、保险费已经与货物的进口无关，因此在进口货物总的运输费用、保险费中，如果能够区分运抵我国境内输入地点起卸之前与起卸之后的费用，则不应将起卸之后发生的运输费用、保险费计入完税价格。这里所称的运输相关费用，是指除运费之外的与运输有关的费用，例如装卸费、起卸以后的仓储费、运输中介费、集装箱租借费等。例如，货物到达终点时支付的 THC 费用（即码头装卸费，Terminal Handling Charge），是进口货物到达目的港后从船舷到集装箱堆场之间发生的费用，属于进口货物运抵境内输入地点起卸以后发生的运输相关费用，因此 THC 费用不应计入我国进口货物的完税价格中。

③进口关税、进口环节海关代征税及其他国内税

由于进口关税、代征税及其他国内税收是货物进口以后所发生的费用，通常它与进口货物的销售价格无关，不应将其计入货物的完税价格中。对于以 DDP 等价格术语成交的进口货物，由于该价格已包含进口关税、代征税等税收，因此应将这些税收费用从价款中扣除。

④为在境内复制进口货物而支付的费用

有时货物进口以后，合同约定买方在境内复制进口货物时，需要向卖方支付相应费用。由于这笔费用也是货物进口以后在境内发生的，它与进口货物本身的价格无关，因此也不计入完税价格。

⑤境内外技术培训及境外考察费用

技术培训费用，是指基于卖方或者与卖方有关的第三方对买方派出的技术人员进行与进口货物有关的技术指导，进口货物的买方支付的培训师资及人员的教学、食宿、交通、医疗保险等费用，包括境内与境外的技术培训费用。境外考察费用是指买方在采购进口货物的过程中派员到境外进行考察的费用。由于这些费用事实上是买方的人力资本支出或经营管理费用，与进口货物自身的价格无关，因此也不应计入进口货物的完税价格中。

⑥符合规定条件的利息费用

对于同时符合下列条件的利息费用，不计入进口货物的完税价格：利息费用是买方为购买进口货物而融资所产生的；有书面的融资协议的；利息费用单独列明的；纳税义务人可以证明有关利率不高于在融资当时当地此类交易通常应当具有的利率水平，且没有融资安排的相同或者类似进口货物的价格与进口货物的实付、应付价格非常接近的。由于买方为进口货物进行融资而安排的利息，通常与进口货物本身的价格无关，因此不应计入货物的完税价格。但是，如果融资的利率高于通常的利率水平，则有可能是买方以较高的利息来充抵进口货物的部分价款，因此对于高于通常利率水平的利息，应视为进口货物价格的一部分，而将其计入完税价格。

需要指出的是，上述费用的发生可能存在两种情况：一种是实际发生了这些费用，而

且已经包含在货物的价格之中，这时应按客观量化的数据资料从价格中予以扣除；另一种是实际发生了这些费用，但没有包含在货物的价格之中，这时既不要将这些费用计入货物的完税价格中，也无须从货物的价格中予以扣除。

（二）成交价格的条件

前面已将进口货物成交价格的定义及其所包括的 3 个方面含义作了详细阐述。但是成交价格估价法除了必须满足上述要求之外，还必须同时符合以下 4 项条件，否则就不能采用成交价格估价法来确定进口货物的完税价格。

1. 对买方处置或使用进口货物没有限制，有特殊规定的除外

如果买方对进口货物的处置权或者使用权受到某些限制，那么建立在这种限制基础上的交易就是不公平的，它可能会影响进口商对货物所有权、使用权或处分权的完整性，相应的货物价格也会受到实质性影响。例如，贸易合同规定，买方以一定价格购买进口货物以后，只能用于展示而不能作其他用途，这意味着买方处置该货物受到了实质性限制，买方支付给卖方的价格不符合成交价格的条件，因此不能采用成交价格估价法来确定该进口货物的完税价格。

我国规定，有下列情形之一的，应当视为对买方处置或者使用进口货物进行了限制，海关不予接受其价格而应另行估价：进口货物只能用于展示或者免费赠送的；进口货物只能销售给指定第三方的；进口货物加工为成品以后只能销售给卖方或者指定的第三方的；其他经海关审查，认定买方对进口货物的处置或者使用受到限制的（《进出口货物审价办法》第九条）。

但是也有某些限制属于法律上的限制，或者是对货物价格不会产生实质性影响的限制，由于它们对货物价格没有产生影响，因此不能成为拒绝接受成交价格的理由。这些限制包括：

（1）法律、行政法规规定实施的限制。这一限制属于法律范畴，它们在公平的基础上对所有进口商一视同仁，所以不会对货物价格产生实质性影响，这些限制主要是关于公共安全、公共卫生或关于控制污染方面的限制。

（2）对货物销售地域的限制。例如，只允许进口商在进口国或在进口国某一区域内销售进口货物。

（3）对货物价格无实质性影响的其他限制。例如，买方向卖方进口一种新型汽车，合同规定，在某一特定日期之前买方不能转售或展出这种进口的新型汽车。由于货物的价格没有受到这种限制的影响，因此海关不能据此拒绝接受该货物的价格。

2. 货物的价格没有受到无法确定的条件或因素的影响

如果货物的价格受到某些无法确定的条件或因素的影响，说明货物的价格没有得到真实的反映，海关就不能接受该进口货物的价格，无法采用成交价格估价法来确定其完税价格。例如，卖方的销售价格如果取决于买方同时购买其特定数量的其他货物，表明其交易受到了搭配销售因素的影响，海关就不能接受买方的交易价格。

我国规定，有下列情形之一的，应当视为进口货物的价格受到了使该货物成交价格无

法确定的条件或者因素的影响，该货物的价格不符合成交价格的条件，海关可以拒绝采用成交价格估价法，而采用其他估价方法来确定货物的完税价格（《进出口货物审价办法》第十条）：

（1）进口货物的价格是以买方向卖方购买一定数量的其他货物为条件而确定的，即以搭配出售为条件。

（2）进口货物的价格是以买方向卖方销售其他货物为条件而确定的，即以双方相互出售为条件，也就是说卖方确定的销售价格，是建立在买方向卖方出售其他商品的基础上的。

（3）其他经海关审查，认定货物的价格受到使该货物成交价格无法确定的条件或因素影响的。

3. 卖方不得从买方获得货物进口以后转售、处置或使用所产生的收益，或者虽然有收益，但能够按照有关规定进行调整

如果买方除了支付货款以外，还要返还货物进口以后因转售、处置或使用所产生的收益的一部分，那么这部分收益被称为转售收益。它作为买方购买进口货物的条件，原则上应作为货物价格的组成部分计入其完税价格。但是存在转售收益的情况下，通常可能出现几种情形：一种是货物进口时，可以根据客观量化的数据资料，对转售收益进行合理的调整，此时该价格仍然符合成交价格的第三项条件，只要对成交价格加以调整后，就可以采用成交价格估价法来确定其完税价格；另一种情形是，存在转售收益但在货物进口时尚不能按有关规定进行合理的调整，此时货物的价格就不符合成交价格的第三项条件，因此不能采用成交价格估价法，而只能采用其他估价方法来确定进口货物的完税价格。当然，如果货物进口时无法确定转售收益，依法提供担保先放行货物的，待转售收益能够确定时，再对成交价格进行调整的，仍可以采用成交价格估价法来确定其完税价格。

4. 买卖双方之间没有特殊关系，或者虽然有特殊关系，但未对价格产生影响

如果买卖双方存在某种特殊关系，这种关系可能对货物的价格产生影响，也可能不会对货物的价格产生影响。如果特殊关系影响了货物的价格，这种价格就不是在公平竞争条件下形成的价格，因此不能采用这种价格作为完税价格的基础。

这里涉及的问题包括两个方面，首先买卖双方之间有没有特殊关系，其次这种特殊关系有没有对货物的价格产生影响。

我国对于特殊关系的范围，具体规定了以下几种情形（《进出口货物审价办法》第十六条）：

（1）买卖双方为同一家族成员。

（2）买卖双方互为商业上的高级职员或董事。这里强调买卖双方必须同时、相互在对方的企业中担任高级职员或董事。

（3）一方直接或间接地受另一方控制。这里的控制是指一方在法律上或经营上处于限制或指导另一方的地位。

（4）买卖双方都直接或间接地受第三方控制。

（5）买卖双方共同直接或间接地控制第三方。

（6）一方直接或间接地拥有、控制或持有对方5%或以上公开发行的有表决权的股票或股份。这意味着买卖双方之间存在一定的控股关系。在现代股份制企业中，由于股票分散，当股东持有一定比例的股份时，就可以影响企业的定价和经营。

（7）一方是另一方的雇员、高级职员或董事。这意味着买卖双方之间除了存在交易关系外，还存在一种雇佣的关系。

（8）买卖双方是同一合伙的成员。合伙是企业的一种组织形式，是指两个或两个以上的人共同经营、共负盈亏、对外承担无限连带责任的组织。

此外，当买卖双方在经营上相互有联系，一方是另一方的独家代理、独家经销或独家受让人时，如果同时还符合上述特殊关系情形之一的，也应当视为存在特殊关系。也就是说，仅凭独家代理、独家经销或独家受让关系，是不能直接确定买卖双方之间就一定存在特殊关系。

需要注意的是，如果确定买卖双方之间存在特殊关系，并不意味着海关必然拒绝其成交货物的价格。是否接受或拒绝其价格，取决于这种特殊关系是否对货物的价格产生影响。如果没有产生影响，海关仍然可以接受其价格。但是如果特殊关系对货物价格产生了影响，这表明货物的价格不符合成交价格的第四项条件，海关就不能接受该货物的价格，不能采用成交价格估价法，而只能依次采用其他估价方法来确定进口货物的完税价格。

特殊关系是否影响货物的价格，可以采用对比测试价格的方法或审核销售环境的方法加以判断。我国规定，如果买卖双方之间存在特殊关系，只要进口货物的纳税义务人能证明进口货物的成交价格与同时或大约同时发生的下列任一款价格相近，就应当视为特殊关系未对进口货物的成交价格产生影响，海关不能就此拒绝接受该货物的价格（《进出口货物审价办法》第十七条）：

（1）向境内无特殊关系的买方出售的相同或类似进口货物的成交价格。

（2）按照倒扣价格估价法所确定的相同或类似进口货物的完税价格。

（3）按照计算价格估价法所确定的相同或类似进口货物的完税价格。

上述价格作为测试价格，本身不能作为要估价进口货物的完税价格。其作用只是对比存在特殊关系的货物的价格是否与这些测试价格相近，如果相近，海关仍然可以采用成交价格估价法来确定进口货物的完税价格。

此外，如果海关通过对与货物销售有关的情况进行审查，认为符合一般商业惯例的，也可以确定特殊关系未对进口货物的成交价格产生影响。

从上述表述可以看出，买卖双方有特殊关系这个事实本身并不能构成海关拒绝成交价格的理由，只有当进口商不能提供有关的证据，或者提供的证据不足以说明双方的特殊关系没有影响成交价格，海关才可以拒绝采用成交价格估价方法而另行估价。

三、进口货物其他估价方法

对于绝大多数的进口货物，都可以采用上述成交价格估价法来确定其完税价格。但是如果进口货物没有成交价格，或者价格不符合成交价格的条件，或者成交价格无法按规定确定时，海关就不能采用成交价格估价法，而必须在经了解有关情况，并与纳税义务人进行价格磋商以后，依次采用以下方法确定进口货物的完税价格。只有在前一种估价方法不能使用时，才能选择后一种估价方法来确定完税价格，但倒扣价格估价法与计算价格估价法例外。

（一）相同货物成交价格估价法

相同货物成交价格估价方法，是指海关以与进口货物同时或者大约同时向我国境内销售的相同货物的成交价格为基础，审查确定进口货物完税价格的估价方法。它是海关无法按成交价格估价法确定进口货物完税价格时，所采用的一种估价方法。

这里所称的相同货物，是指与进口货物在同一国家或地区生产的，在物理性质、质量和信誉等所有方面都相同的货物，但表面的微小差异，例如颜色、尺寸等微小差异允许存在。选择的相同货物必须与要估价的进口货物在同时或大约同时进口。所称的大约同时，是指海关接受进口货物申报之日的大约同时，最长不应当超过前后45日（《进出口货物审价办法》第五十一条）。

在采用相同货物成交价格估价方法时，应当首先使用同一生产商生产的相同货物的成交价格。在没有同一生产商生产的相同货物的成交价格时，也可以使用同一生产国或者地区其他生产商生产的相同货物的成交价格。如果存在多个符合条件的相同货物的成交价格，应当选择以最低的成交价格为基础确定进口货物的完税价格（《进出口货物审价办法》第二十二条）。

在采用相同货物成交价格估价方法时，应当使用与被估货物具有相同商业水平且进口数量基本一致的相同货物的成交价格。同时，应当以客观量化的数据资料，对该货物与相同货物之间由于运输距离和运输方式不同而在成本和其他费用方面产生的差异进行调整。在没有符合规定的相同货物成交价格的情况下，可以使用不同商业水平或者不同进口数量的相同货物的成交价格。同时，应当以客观量化的数据资料，对因商业水平、进口数量、运输距离和运输方式不同，而在价格、成本和其他费用方面产生的差异作出调整（《进出口货物审价办法》第二十一条）。

（二）类似货物成交价格估价法

类似货物成交价格估价方法，是指海关以与进口货物同时或者大约同时向我国境内销售的类似货物的成交价格为基础，审查确定进口货物的完税价格的估价方法。它是在海关不能按成交价格估价法和相同货物成交价格估价法确定进口货物完税价格时，所采用的一种估价方法。

这里所称的类似货物，是指与进口货物在同一国家或地区生产的，虽然不是在所有方面都相同，却具有相似的特征，相似的组成材料，相同的功能，并且在商业中可以互换的货物。选择的类似货物必须与要估价的进口货物在同时或大约同时进口。所称的大约同时，同样是指海关接受进口货物申报之日的大约同时，最长不应超过前后45日（《进出口货物审价办法》第五十一条）。

与相同货物成交价格估价方法的规定类似，在采用类似货物成交价格估价方法时，同样应当首先使用同一生产商生产的类似货物的成交价格。在没有同一生产商生产的类似货物的成交价格时，也可以使用同一生产国或者地区其他生产商生产的类似货物的成交价格。如果存在多个符合条件的类似货物的成交价格，同样应当选择以最低的成交价格为基础确定进口货物的完税价格（《进出口货物审价办法》第二十二条）。

在采用类似货物成交价格估价方法时，应当使用与被估货物具有相同商业水平且进口数量基本一致的类似货物的成交价格。同时，应当以客观量化的数据资料，对该货物与类似货物之间由于运输距离和运输方式不同而在成本和其他费用方面产生的差异进行调整。在没有符合规定的类似货物成交价格的情况下，可以使用不同商业水平或者不同进口数量的类似货物的成交价格。同时，应当以客观量化的数据资料，对因商业水平、进口数量、运输距离和运输方式不同，而在价格、成本和其他费用方面产生的差异作出调整（《进出口货物审价办法》第二十一条）。

（三）倒扣价格估价法

倒扣价格估价方法，是指海关以进口货物、相同或者类似进口货物在境内的销售价格为基础，扣除境内发生的有关费用以后，审查确定进口货物完税价格的估价方法。它是在海关不能采用成交价格估价法、相同货物成交价格估价法，以及类似货物成交价格估价法时，所采用的一种估价方法。但是，当海关不能采用成交价格估价法、相同货物成交价格估价法，以及类似货物成交价格估价法时，如果纳税义务人提出申请，并向海关提供有关资料后，也可以先采用计算价格估价法来确定完税价格。如果计算价格估价法仍然无法确定进口货物的完税价格时，海关可以继续采用倒扣价格估价法来确定完税价格。

倒扣价格估价法的采用，涉及两个关键问题：一个是货物在境内的销售价格，另一个是需要从境内销售价格中扣除的费用。境内销售价格必须符合多项条件，而扣除的费用是货物进口以后所发生的包括在境内销售价格中的多项费用。

1. 境内销售价格应符合的条件

倒扣价格估价方法的基础是货物在境内的销售价格，境内销售价格必须同时满足下列条件：

（1）必须是在被估货物进口的同时或者大约同时，将货物在境内销售的价格

这里的在境内销售的货物，既可以是被估价的进口货物，也可以是其相同的进口货物，或类似的进口货物，因为这三类货物在境内的销售价格通常是非常接近的。这里的大约同时，原则上也是指海关接受进口货物申报之日的大约同时，最长不应超过前后45日，但是如果被估货物、相同或类似进口货物没有在海关接受进口货物申报之日前后45日内在境内销售，也可以将在境内销售的时间延长至接受货物申报之日前后90日内（《进出口货物审价办法》第五十一条）。

（2）必须是按照货物进口时的状态销售的价格

选择进口时状态的销售价格，是出于避免货物进口以后在境内销售时过于复杂价格构成的考虑。因为如果不是按进口时的状态销售，而是经过进一步加工再销售，那么境内的销售价格必然要包括加工增值等费用，因此其应扣除的费用就更多。当然，我国也同时规定，如果被估进口货物、相同或者类似进口货物没有按照进口时的状态在境内销售，在纳税义务人要求的情况下，可以在符合销售价格其他4项条件的情形下，使用经过进一步加

工后的货物的境内销售价格审查确定完税价格，但是在扣除其他应扣除的费用的同时，还应扣除在境内加工增值的价值（《进出口货物审价办法》第二十四条第二款）。

(3) 必须是在境内第一销售环节销售的价格

货物在境内的第一销售环节是指货物进口以后进口商在我国境内的第一层级的销售。如果货物进口以后经过多层级、多环节的销售，那么这些境内销售价格的费用构成会越来越复杂，使得要扣除的费用很难区分，因此第一销售环节以后的销售价格不能作为倒扣价格估价法的基础。

(4) 必须是向境内无特殊关系方销售的价格

如果货物向境内有特殊关系的一方销售，那么货物的价格就很可能受到这种特殊关系的影响，而使其变得无法确定，因此不能选择向境内有特殊关系方销售的价格作为倒扣价格估价法的基础。

(5) 必须是境内合计销售总量为最大的销售价格

所谓销售总量最大的价格，是指发生在货物进口以后第一层级销售环节的，售予境内无特殊关系方的最大销售总量的单位价格。在确定最大销售总量时，如果货物进口以后是整批出售的，则该销售价格即为销售总量为最大的价格；如果货物进口以后，是分批出售的，则应按以下方法确定销售总量为最大的价格：首先把以同一价格出售的货物数量加总，再比较加总以后的货物数量，数量最大的单位销售价格就是境内销售总量最大的价格。例如，货物进口以后，一定时期内依次分 5 批在境内销售了 250 单位，其中 100 元的价格销售了 50 单位，90 元的价格销售了 70 单位，95 元的价格销售了 40 单位，100 元的价格销售了 30 单位，95 元的价格销售了 60 单位。加总以后，100 元的价格总计销售了 80 单位，95 元的价格总计销售了 100 单位，90 元的价格总计销售了 70 单位，这样境内合计销售总量最大的是 100 单位，其价格即 95 元的单位价格就是倒扣价格法可以采用的境内销售价格。

2. 应当从境内销售价格中扣除的费用

由于货物的境内销售价格，不仅包括进口货物运抵我国境内输入地点起卸前的各项费用，通常也包括货物进口以后所发生的税收、运输费用、保险费用、进口商的营销成本以及利润等，但是货物进口以后所发生的一切费用都不应计入进口货物的完税价格，因此，这部分费用应从境内销售价格中予以扣除。

一般来说，按照倒扣价格估价法确定进口货物完税价格时，应扣除的费用包括：

(1) 进口商通常的利润和一般费用，或者通常支付给进口商的佣金

这里的利润及一般费用，是指进口商作为经销商直接从出口商购进货物，在进口国国内市场上出售，从中赚取的利润和花费的营销费用，包括销售货物的直接费用和间接费用。而通常支付的佣金，是指进口商作为货物的代理商，代表出口商的利益在进口国国内市场上销售进口货物，从中获得的报酬。因此通常的利润和一般费用，与通常支付的佣金是不同性质的两种费用。对于经销商而言，境内销售价格应当扣除的是同等级或者同种类货物在境内第一销售环节销售时通常的利润和一般费用；对于代理商而言，境内销售价格应当扣除的是同等级或同种类货物在境内第一销售环节销售时通常支付的佣金。

（2）货物进口以后发生的运输及其相关费用、保险费

进口货物运抵境内输入地点起卸以后发生的运输及其相关费用、保险费，与进口货物的价格无关，不应计入进口货物的完税价格，因此，货物进口以后在境内发生的运输费用、保险费用应从境内销售价格中扣除。

（3）进口关税、进口环节海关代征税及其他国内税

由于关税属于价外税，进口货物的完税价格不包括关税，而且关税、代征税及其他国内税是进口货物进口以后产生的费用，因此这部分费用不应计入货物的完税价格，而应从境内销售价格中予以扣除。

此外，如果货物没有按照进口时的状态在境内销售，在纳税义务人要求的情况下，如果符合境内销售价格的其他条件，也可以采用经进一步加工以后的货物的销售价格，但这时不仅要扣除上述费用，还要同时扣除货物的境内加工增值额。

（四）计算价格估价法

计算价格估价方法，是指以发生在生产国的生产成本为基础，审查确定进口货物完税价格的估价方法。它是在不能采用成交价格估价法、相同货物成交价格法、类似货物成交价格法、倒扣价格估价法时，所采用的一种估价方法。但是，如果纳税人提出申请，并向海关提供资料，也可以在采用倒扣价格估价法之前，先采用计算价格估价法。

计算价格估价法实际上是将货物运抵我国境内输入地点之前的各项费用之和作为进口货物完税价格的方法。一般而言，应包括以下几项费用：

1. 生产进口货物所使用的料件成本和加工费用

这里的费用是指进口货物在生产国生产时实际发生的生产和加工成本，它不是生产进口货物的相同货物或类似货物的成本。这些成本或费用一般由生产商提供资料加以确定，并应符合生产国公认的会计原则。

2. 向境内销售同等级或者同种类货物通常的利润和一般费用

这里所称通常的利润和一般费用，是指由生产商提供的向我国境内销售与进口货物同等级或同种类的货物中通常反映出来的利润和一般费用的总额，包括直接费用和间接费用。这些利润和费用应以生产商提供的资料为依据，并应符合生产国公认的会计原则。

3. 进口货物运抵我国境内输入地点起卸前的运输及相关费用、保险费

由于我国进口货物完税价格是以相当于货物的到岸价格来确定的，所以进口货物从生产地运抵我国境内输入地点起卸前的运输费用、保险费用也应计入货物的完税价格中。

海关在采用计算价格估价方法审查确定进口货物的完税价格时，在征得境外生产商同意并提前通知有关国家或者地区政府以后，可以在境外核实企业提供的有关资料。计算价格估价法必须以生产商提供货物的有关资料为依据，但是我国不能强迫生产商提供这些资料，只有在生产商愿意提供有关资料的前提下，才能采用这种估价方法。即使生产商愿意提供有关资料，实际工作中海关也很难对这些资料进行核实，因此计算价格估价法的适用有很大的局限。

（五）合理方法

合理方法，是指当海关不能根据成交价格估价法、相同货物成交价格估价法、类似货物成交价格估价法、倒扣价格估价法和计算价格估价法确定完税价格时，海关遵循“客观、公平、统一”的原则，以客观量化的数据资料为基础审查确定进口货物完税价格的估价方法。合理方法其实不是一种具体的估价方法，它只是指出在符合必要的估价原则的前提下，可以对前几种估价方法加以灵活运用。

采用合理方法时，应符合的条件是：

1. 必须遵循“客观、公平、统一”的估价原则。
2. 必须以客观量化的数据资料为基础。
3. 不能采用禁止使用的价格。

我国规定，海关在采用合理方法确定进口货物的完税价格时，不得使用以下几种价格（《进出口货物审价办法》第二十七条）：

（1）我国境内生产的货物在我国境内的销售价格

因为在国内生产并在国内销售的货物没有进出境，关税不对这些货物征收，因此不能选择国产货物的国内销售价格。

（2）可供选择的价格中较高的价格

对进口商而言，如果进口货物存在多个可选择的价格时，必定会选择其中最低的一个，因此海关在估价时不能选择较高的价格，只能选择最低的价格。

（3）货物在出口地市场的销售价格

由于出口国当地的市场情况与进口国的情况有很大差异，货物的销售价格会受到一国工资水平、消费能力、消费偏好等因素的影响，因此不能把出口地市场的销售价格等同于进口货物的价格。

（4）以计算价格估价法规定之外的价值或者费用计算的相同或者类似货物的价格

采用计算价格估价法规定以外的价值或费用计算的价格，容易扭曲进口货物真实的价格，因此不能使用。

（5）出口到第三国或者地区的货物的销售价格

由于各国和地区的具体情况不同，同样的货物出口到不同的国家，其价格也会有很大差别，因此不能采用出口到其他国家或地区的销售价格。

（6）最低限价或者武断、虚构的价格

最低限价是指一国海关在对进口货物估价过程中所使用的最低完税价格。武断、虚构的价格不符合商业惯例和商业实际的价格。由于这些价格不尊重贸易的实际，因此禁止采用。

四、进口货物运输费用、保险费的确定

我国规定，进口货物的完税价格不仅包括货物的货价，还应当包括货物运抵我国境内输入地点起卸前的运输及其相关费用、保险费（《海关法》第五十五条第二款）。这表明境外段的运输费用和保险费应计入进口货物的完税价格中，而货物进境以后发生的运输费

用和保险费则不计人货物的完税价格，这是一项基本原则。

对于进口货物的运费和保险费，有关行政规章对其作了较为具体的规定（《进出口货物审价办法》第四章）。

（一）进口货物的运费

进口货物的运输及相关费用，应当按照由买方实际支付或应当支付的费用计算。如果进口货物的运输及相关费用无法确定，海关应当按照该货物进口同期的正常运输成本审查确定。但是对于运输工具作为进口货物，利用自身动力进境的，海关在审查确定完税价格时，不再另行计人运输及相关费用。

（二）进口货物的保险费

进口货物的保险费，也应当按照实际支付的费用计算。如果进口货物的保险费无法确定或者未实际发生，海关应当按照“货价加运费”两者总额的3‰计算保险费，其计算公式为：保险费=（货价+运费）×3‰。

国际货物运输保险费的支付取决于保险金额与保险费率。保险金额是保险公司承担赔偿或者给付保险金责任的最高限额，一般情况下，买卖双方会在合同中约定保险金额。但是如果合同未作约定，根据《国际贸易术语解释通则》，最低保险金额必须为CIF或CIP价格的110%，即在合同价格的基础上增加10%的保险加成率。保险费率通常与货物的运输线路、运输工具、具体商品，以及投保险种有关，而与货物的运输距离无关。因此，如果对既包括境外也包括境内的运输投保，无论境内外的运输距离各有多少，均应作为国际运输的保险，除非投保人对货物在我国境内的运输另外投过保。

如果纳税人能够提供进口货物实际投保的保险费，应将这些实际支付的保险费计人货物完税价格。如果纳税人能够提供实际投保的险种、保险金额和保险费率，则应按保险公司收取保险费的计算方法计算出应支付的保险费，计人货物的完税价格。但是如果进口货物的保险费无法确定，或者未实际投保，则应按“货价加运费”（相当于CFR或CPT价格）两者总额的3‰计算保险费，计人货物的完税价格。这里把CFR或CPT价格作为保险金额来计算保险费，与国际惯例以CIF或CIP的价格（包括保险加成）作为保险金额来计算保险费不同。

（三）特殊情况下进口货物运费、保险费的计算

对于邮运进口的货物，应当以邮费作为运输及其相关费用、保险费。对于通过邮递渠道进口的货物，由于邮费实际体现的就是运保费，因此应将邮费作为进口货物的运保费计人货物的完税价格。

第三节　特殊进口货物的完税价格

本节主要介绍一些以特殊的贸易方式和交易形式进口货物完税价格的确定方法。国际

贸易中，有些特殊进口货物的价值不是一次全部进入我国境内，而是分多次或部分进入我国境内，或者是以其他特殊贸易方式和交易形式进口。这些货物有的存在成交价格，但其贸易方式特殊，如加工贸易内销货物；有的没有成交价格，如租赁进口货物；有的不符合成交价格条件，如易货贸易进口货物等。这些货物完税价格的确定方法本质上与上节所述进口货物完税价格确定方法一致，但由于其特殊的贸易方式和交易形式，有必要单独列出其完税价格的确定方法。

一、内销保税货物的完税价格

内销保税货物，包括因故转为内销需要征税的加工贸易货物、海关特殊监管区域内货物、保税监管场所内货物和因其他原因需要按照内销征税办理的保税货物。

目前，国内保税货物主要包括保税加工货物和保税物流货物。保税加工货物是指经海关批准未办理纳税手续进境，在境内加工装配以后复运出境的货物，通常被称为加工贸易保税货物。它通常有来料加工和进料加工两种形式的货物。保税物流货物是指经海关批准未办理纳税手续进境，在境内储存后复运出境的货物，又称为保税仓储货物。如果保税货物在境内销售，而不再复运出境时，按规定应征税，因此需确定其完税价格。

2013 年 12 月 25 日，海关总署公布了《中华人民共和国海关审定内销保税货物完税价格办法》（以下简称《内销保税货物审价办法》），该办法自 2014 年 2 月 1 日起施行，是专门针对内销保税货物制定的审价办法。

（一）基本原则

内销保税货物的完税价格，由海关以该货物的成交价格为基础审查确定。对于内销保税货物的完税价格不能依据该货物的成交价格为基础确定的，海关依次以下列价格估定该货物的完税价格：

1. 与该货物同时或者大约同时向我国境内销售的相同货物的成交价格。

2. 与该货物同时或者大约同时向我国境内销售的类似货物的成交价格。

3. 与该货物进口的同时或者大约同时，将该进口货物、相同或者类似进口货物在第一级销售环节销售给无特殊关系买方最大销售总量的单位价格，但应当扣除以下项目：

（1）同等级或者同种类货物在我国境内第一级销售环节销售时通常的利润和一般费用，以及通常支付的佣金；

（2）进口货物运抵境内输入地点起卸后的运输及其相关费用、保险费；

（3）进口关税及国内税收。

4. 按照下列各项总和计算的价格：生产该货物所使用的料件成本和加工费用，向我国境内销售同等级或者同种类货物通常的利润和一般费用，该货物运抵境内输入地点起卸前的运输及其相关费用、保险费。

5. 以合理方法估定的价格。

纳税义务人向海关提供有关资料后，可以提出申请，颠倒上述第 3 项和第 4 项的适用次序。

（二）非海关特殊监管区域内的加工贸易货物内销时的完税价格

1. 进料加工保税货物

进料加工进口料件或者其制成品（包括残次品）内销时，海关以料件原进口成交价格为基础审查确定完税价格。

属于料件分批进口，并且内销时不能确定料件原进口一一对应批次的，海关可按照同项号、同品名和同税号的原则，以其合同有效期内或电子账册核销周期内已进口料件的成交价格计算所得的加权平均价为基础审查确定完税价格。

合同有效期内或电子账册核销周期内已进口料件的成交价格加权平均价难以计算或者难以确定的，海关以客观可量化的当期进口料件成交价格的加权平均价为基础审查确定完税价格。

2. 来料加工保税货物

来料加工进口料件或者其制成品（包括残次品）内销时，海关以接受内销申报的同时或者大约同时进口的与料件相同或者类似的保税货物的进口成交价格为基础审查确定完税价格。

3. 边角料、副产品和受灾保税货物

加工企业内销的加工过程中产生的边角料或者副产品，以其内销价格为基础审查确定完税价格。副产品并非全部使用保税料件生产所得的，海关以保税料件在投入成本核算中所占比重计算结果为基础审查确定完税价格。

这里所称的边角料，是指加工贸易企业从事加工复出口业务，在海关规定的单位耗料量内（简称单耗）、加工过程中产生的无法再用于加工该合同项下出口制成品的数量合理的废、碎料及下脚料。所谓的副产品，是指加工贸易企业从事加工复出口业务，在加工生产出口合同规定的制成品（即主产品）过程中同时产生的，并且出口合同未规定应当复出口的一个或者一个以上的其他产品。

按照规定需要以残留价值征税的受灾保税货物，海关以其内销价格为基础审查确定完税价格。按照规定应折算成料件征税的，海关以各项保税料件占构成制成品（包括残次品）全部料件的价值比重计算结果为基础审查确定完税价格。

边角料、副产品和按照规定需要以残留价值征税的受灾保税货物经海关允许采用拍卖方式内销时，海关以其拍卖价格为基础审查确定完税价格。

所谓的内销价格，是指向国内企业销售保税货物时买卖双方订立的价格，是国内企业为购买保税货物而向卖方（保税企业）实际支付或者应当支付的全部价款，但不包括关税和进口环节海关代征税。

所谓的拍卖价格，是指国家注册的拍卖机构对海关核准参与交易的保税货物履行合法有效的拍卖程序，竞买人依拍卖规定获得拍卖标的物的价格。

4. 深加工结转货物

深加工结转货物内销时，海关以该结转货物的结转价格为基础审查确定完税价格。

这里的结转价格，是指深加工结转企业间买卖加工贸易货物时双方订立的价格，是深

加工结转转入企业为购买加工贸易货物而向深加工结转转出企业实际支付或者应当支付的全部价款。

（三）海关特殊监管区域内加工贸易企业内销保税货物的完税价格

1. 保税区内加工企业内销保税货物的完税价格

保税区内企业内销的保税加工进口料件或者其制成品，海关以其内销价格为基础审查确定完税价格。

保税区内企业内销的保税加工制成品中，如果含有从境内采购的料件，海关以制成品所含从境外购入料件的原进口成交价格为基础审查确定完税价格。

保税区内企业内销的保税加工进口料件或者其制成品的完税价格依据前述规定不能确定的，海关以接受内销申报的同时或者大约同时内销的相同或者类似的保税货物的内销价格为基础审查确定完税价格。

保税区内企业内销的保税加工过程中产生的边角料、废品、残次品和副产品，以其内销价格为基础审查确定完税价格。

保税区内企业经海关允许采用拍卖方式内销的边角料、废品、残次品和副产品，海关以其拍卖价格为基础审查确定完税价格。

2. 保税区以外其他海关特殊监管区域内企业内销保税加工货物的完税价格

除保税区以外的海关特殊监管区域包括出口加工区、保税物流园区、保税港区、综合保税区、跨境工业园区等特殊区域。

根据规定，除保税区以外的海关特殊监管区域内企业内销的保税加工料件或者其制成品，以其内销价格为基础审查确定完税价格。

除保税区以外的海关特殊监管区域内企业内销的保税加工料件或者其制成品的内销价格不能确定的，海关以接受内销申报的同时或者大约同时内销的相同或者类似的保税货物的内销价格为基础审查确定完税价格。

除保税区以外的海关特殊监管区域内企业内销的保税加工制成品、相同或者类似的保税货物的内销价格不能确定的，海关以生产该货物的成本、利润和一般费用计算所得的价格为基础审查确定完税价格。

海关特殊监管区域内企业内销的保税加工过程中产生的边角料、废品、残次品和副产品，以其内销价格为基础审查确定完税价格。

海关特殊监管区域内企业经海关允许采用拍卖方式内销的边角料、废品、残次品和副产品，海关以其拍卖价格为基础审查确定完税价格。

（四）保税物流货物内销时的完税价格

海关特殊监管区域、保税监管场所内企业内销的保税物流货物，海关以该货物运出海关特殊监管区域、保税监管场所时的内销价格为基础审查确定完税价格。该内销价格包含的能够单独列明的海关特殊监管区域、保税监管场所内发生的保险费、仓储费和运输及其相关费用，不计入完税价格。

（五）其他保税货物（研发、检测、展示货物）的完税价格

根据规定，海关特殊监管区域内企业内销的研发货物，海关依据上述保税区和其他海关特殊监管区域内销保税加工货物完税价格的确定方法确定完税价格。

海关特殊监管区域内企业内销的检测、展示货物，海关依据上述内销保税物流货物完税价格的确定方法来确定完税价格。

需要说明的是，上述所称内销的保税货物，不包括以下项目：

1. 海关特殊监管区域、保税监管场所内生产性的基础设施建设项目所需的机器、设备和建设所需的基建物资；

2. 海关特殊监管区域、保税监管场所内企业开展生产或综合物流服务所需的机器、设备、模具及其维修用零配件；

3. 海关特殊监管区域、保税监管场所内企业和行政管理机构自用的办公用品、生活消费用品和交通运输工具。

同时，涉嫌走私的内销保税货物计税价格的核定，也不适用上述规定。根据目前的规定，涉嫌走私的内销保税货物计税价格的核定，适用的是《中华人民共和国海关计核涉嫌走私的货物、物品偷逃税款暂行办法》（海关总署令第97号）的规定。但是，违反海关监管规定案件的内销保税货物的完税价格仍应按照上述的规定（即《内销保税货物审价办法》的规定）予以审定。

海关在审查确定内销保税货物完税价格时，其质疑、磋商和告知的程序，参照《进出口货物审价办法》的有关规定。

二、出境修理复进境货物的完税价格

出境修理复进境货物，是指运出境外进行维护修理以后复运进境的机械器具、运输工具或其他货物。这些货物通常是从境外进口的货物，在境内使用了一段时期之后，其功能受损，需要运出境外修理。出境修理可能包括两种情况，一种是在货物的保修期内并由境外免费维修的，另一种是在保修期外，或者在保修期内但需要收取维修费用的。对于前者，出境修理复进境的货物，不征进口税，但对于后者，则应按规定征收进口税，因此必须确定其完税价格。

我国规定，对于运往境外修理的机械器具、运输工具或者其他货物，出境时已向海关报明并在海关规定的期限内复运进境的，应当以境外修理费和料件费为基础审查确定完税价格（《关税条例》第二十五条）。这表明出境修理复运进境货物的完税价格并不是货物的全部价值，而是部分价值，即在境外修理过程中产生的境外费用，包括支付的境外修理费，以及因更换损坏零部件而在境外采购的料件费。

采用上述方式计算完税价格是有条件的，即出境时应向海关提交维修合同等有关单证，并在海关规定的期限（包括经批准延长的期限）内，将货物复运进境。货物出境后在境外修理的期限为出境之日起6个月，经海关批准可以延期，但延长的期限最长不超过6个月。如果超过海关规定期限复运进境，则由海关按一般进口货物（即按货物运抵我国境内输入地点起卸前的全部价值）确定其完税价格。

三、出料加工复进境货物的完税价格

出料加工复进境货物，是指我国境内企业运往境外进行技术加工以后复运进境的货物。

我国规定，运往境外加工的货物，出境时已向海关报明并在海关规定期限内复运进境的，应当以境外加工费和料件费以及该货物复运进境的运输及其相关费用和保险费为基础审查确定完税价格（《关税条例》第二十四条）。这表明出料加工复运进境货物的完税价格并不是货物的全部价值，而是在境外加工增值的部分价值，包括支付的境外加工费、在境外采购材料的料件费，以及将经过加工的货物复运进境时所发生的运输费用、保险费。

与出境修理复进境货物不同，出料加工复进境货物的完税价格还包括了复运进境时的运保费，而出境修理复进境货物的完税价格没有包括复运进境时的运保费。这是因为出境修理复进境货物与出境时货物的形态一致，归类时是相同的税号，而该货物在最初进口时已将境外的运输费用、保险费计入完税价格，因此出境修理复进境时不必再次计入境外的运输费用和保险费。但是出料加工复进境货物与出境时货物的形态不同，归类时因经过加工可能归入不同的税号，应视为两种不同的货物，因此出料加工复进境时应将加工货物复运进境的运输费用、保险费计入其完税价格中。

同样，出料加工复进境货物采用上述方式计算完税价格是有条件的，即出境时应向海关提交委托加工合同等有关单证，并在海关规定的期限（包括经批准延长的期限）内，将加工货物复运进境。出料加工货物复运进境的期限为出境之日起 6 个月，因正当理由无法在此期限内复运进境的，经海关批准可以延期，但延长的期限最长不超过 3 个月。如果超过海关规定期限复运进境，则由海关按一般进口货物（即按货物运抵我国境内输入地点起卸前的全部价值）确定其完税价格。

四、减免税进口货物补税时的完税价格

减免税进口货物，是指根据国家税收优惠政策规定，准予减征或免征关税、代征税的进口货物。通常区分为法定减免、特定减免和临时减免三类货物。其中法定减免税货物除特殊情形外通常不存在海关后续管理环节，而其他减免税货物在海关监管年限内未经批准，不得转让、移作他用或者进行其他处置。如果海关监管年限内的货物需要转让、移作他用且不能继续享受减税或免税待遇的，应按规定办理手续补征税款，因此应确定其完税价格。

（一）减免税货物转让等情形需要补征税款的

我国规定，减免税货物因转让、提前解除监管以及减免税申请人发生主体变更、依法终止情形或者其他原因需要补征税款的，补税的完税价格以货物原进口时的完税价格为基础，按照减免税货物已进口时间与监管年限的比例进行折旧（《减免税管理办法》第二十九条），其计算公式如下：

$$\text{补税的完税价格}=\text{减免税货物原进口时的完税价格}\times\left[1-\frac{\text{减免税货物已进口时间}}{\text{监管年限}\times 12}\right]$$

上式中减免税货物已进口时间应自货物放行之日起按月计算。不足 1 个月但超过 15 日的，按 1 个月计算；不超过 15 日的，不予计算。

除另有规定以外，在海关监管年限内，减免税进口货物应接受海关监管。对于减免税进口货物的监管年限，我国规定为：船舶、飞机：8 年；机动车辆：6 年；其他货物：3 年。监管年限自货物进口放行之日起计算。

（二）减免税货物移作他用需要补征税款的

根据我国规定，在海关监管年限内，减免税申请人需要将减免税货物移作他用的，应当事先向主管海关提出申请。经主管海关审核同意，减免税申请人可以按照海关批准的使用单位、用途、地区将减免税货物移作他用。这里所称的移作他用包括以下情形：

1. 将减免税货物交给减免税申请人以外的其他单位使用；
2. 未按照原定用途使用减免税货物；
3. 未按照原定地区使用减免税货物。

除海关总署另有规定外，按照上述规定将减免税货物移作他用的，减免税申请人应当事先按照移作他用的时间补缴相应税款；移作他用时间不能确定的，应当提供税款担保，税款担保金额不得超过减免税货物剩余监管年限可能需要补缴的最高税款总额。

减免税申请人将减免税货物移作他用，需要补缴税款的，补税的完税价格以货物原进口时的完税价格为基础，按照需要补缴税款的时间与监管年限的比例进行折旧（《减免税管理办法》第三十二条），其计算公式如下：

$$补税的完税价格=减免税货物原进口时的完税价格\times\frac{需要补缴税款的时间（日）}{监管年限\times 365}$$

上述计算公式中需要补缴税款的时间为减免税货物移作他用的实际时间，按日计算，每日实际使用不满 8 小时或者超过 8 小时的均按 1 日计算。

五、租赁进口货物的完税价格

租赁通常包括经营性租赁和融资性租赁两种方式。经营性租赁，是指出租人转移租赁货物使用权，由承租人支付租金，租赁期限届满时由承租人返还租赁物的租赁方式。融资性租赁，是指出租人根据承租人对租赁物的特定要求，出资购买租赁物，并租给承租人使用，由承租人按约定支付租金，租赁期满时，承租人可以按照约定的办法取得租赁货物所有权的租赁方式。

经营性租赁的特点是，租赁货物的一部分价值留在我国境内，但其剩余价值在租赁期满后将随货物一同复运出境。因此，理论上应将留在境内的那部分价值计入完税价格征收关税。承租人对外支付的租金可以看作留在境内这一部分价值的等价物。

融资性租赁的特点是，租赁货物的价值最终将全部留在我国境内，因此理论上应将租赁货物的全部价值计入完税价格。

我国对租赁进口货物的完税价格作了如下规定（《进出口货物审价办法》第三十一条）：

第一，以租金方式对外支付的租赁货物，在租赁期间以海关审查确定的租金作为完税价格，利息应当予以计入。

这是一条原则性的规定，无论是经营性租赁还是融资性租赁，都应以租金作为完税价格。由于利息构成了承租人租赁货物的成本，所以也应将其计入。

第二，留购的租赁货物以海关审查确定的留购价格作为完税价格。

租赁货物无论是在租赁期间，还是租赁期满，只要承租人购买该租赁货物，就意味着货物所有权转移至境内，变成了正式进口，因此应以货物留购价格作为完税价格计征税款。

第三，纳税义务人申请一次性缴纳税款的，可以选择申请按照一般进口货物中除成交价格方法以外的其他估价方法确定完税价格，或者按照海关审查确定的租金总额作为完税价格。

如果纳税人分期支付租金，又不希望分期缴纳税款时，可以申请一次性纳税，并可以选择采用成交价格法以外的其他估价法确定完税价格，或者采用租金总额作为完税价格。通常来说，对于融资性租赁而言，由于租金总额通常会高于货物价格，因此通常会选择按估价方法估定货物价格作为完税价格，而不可能选择按租金总额作为完税价格。但是对于经营性租赁，由于租金总额总是小于货物价格，因此通常会选择按租金总额作为完税价格，而不可能选择按估价方法估定货物价格作为完税价格。

六、暂时进境货物的完税价格

暂时进境货物，是指为了特定的目的，经海关批准暂时进境，按规定的期限原状复运出境的货物。

我国将暂时进境货物分为两大类（《关税条例》第四十二条)。一类是在展览会、交易会、会议及类似活动中展示或者使用的货物，文化、体育交流活动中使用的表演或比赛用品，进行新闻报道或者摄制电影、电视节目使用的仪器、设备及用品，开展科研、教学、医疗活动使用的仪器、设备及用品，在前述所列活动中使用的交通工具及特种车辆，货样，供安装、调试、检测设备时使用的仪器或工具，盛装货物的容器，其他用于非商业目的的货物。这类货物如果进境时提供担保，并在规定期限内复运出境，则不缴纳进出口税。但是如果在规定的期限内未复运出境，则应依法缴纳税款。另一类是上述货物范围之外的暂时进境货物，则应按货物的完税价格和其在境内滞留时间与折旧时间的比例计算征收税款。

我国规定，经海关批准的暂时进境货物，应当缴纳税款的，由海关按照一般进口货物的规定审查确定完税价格。暂时进境货物经批准留购的，由于事实上成为正式进口，所以应以审查确定的留购价格作为其完税价格。

七、进口特定介质的完税价格

对于进口载有专供数据处理设备用软件的介质，也应按规定征税。这里所称的介质是指磁带、磁盘、光盘等记录媒体。对于这些介质，如果符合下列情形之一，则应以介质本身的价值或者成本为基础确定完税价格（《进出口货物审价办法》第三十四条)：

第一，介质本身的价值或者成本与所载软件的价值是分列的。

第二，介质本身的价值或者成本与所载软件的价值虽未分列，但是纳税义务人能够提供介质本身的价值或者成本的证明文件，或者能提供所载软件价值的证明文件。

除载有专供数据处理设备用软件以外的其他介质，如含有美术、摄影、声音、图像、影视、游戏、电子出版物的介质，则不按上述规定确定完税价格，而应将其包括的信息、软件费用连同介质本身的价值计入完税价格。

八、公式定价进口货物的完税价格

公式定价，是指在向我国境内销售货物所签订的合同中，买卖双方未以具体明确的数值约定货物价格，而是以约定的定价公式确定货物结算价格的定价方式。这里所称的“结算价格”是指买方为购买该货物实付、应付的价款总额。

根据规定，对于同时符合下列条件的进口货物，海关以合同约定定价公式所确定的结算价格为基础确定完税价格（海关总署 2021 年第 44 号公告）：

第一，在货物运抵中华人民共和国境内前或保税货物内销前，买卖双方已书面约定定价公式；

第二，结算价格取决于买卖双方均无法控制的客观条件和因素；

第三，自货物申报进口之日起 6 个月内，能够根据合同约定的定价公式确定结算价格；

第四，结算价格符合《进出口货物审价办法》中成交价格的有关规定。

纳税义务人应当在公式定价合同项下首批货物进口或内销前，向首批货物申报地海关或企业备案地海关提交“公式定价合同海关备案表”（以下简称“备案表”），如实填写相关备案信息。海关自收齐“备案表”及相关材料之日起 3 个工作日内完成备案确认。对于货物申报进口时或在“两步申报”通关模式下完整申报时能够确定货物结算价格的，纳税义务人无需向海关提交“备案表”。

纳税义务人申请备案需提供的材料包括：进口货物合同、协议（包括长期合同、总合同等）；定价公式的作价基础、计价期、结算期、折扣、成分含量、数量等影响价格的要素，以及进境关别、申报海关、批次和数量安排等情况说明；相关说明及其他有关资料。

纳税义务人申报进口公式定价货物，因故未能事先向海关备案的，应当在合同项下首批货物申报进口时补办备案手续。经海关备案的公式定价合同发生变更的，纳税义务人应当在变更合同项下首批货物申报进口前，向原备案海关办理备案变更手续。

公式定价货物进口时结算价格不能确定，以暂定价格申报的，纳税义务人应当向海关办理税款担保。

纳税义务人申报进口货物时，应当根据实际情况填报报关单“公式定价确认”“暂定价格确认”栏目，在报关单备注栏准确填写公式定价备案号。

自货物申报进口之日起 6 个月内不能确定结算价格的，海关根据《进出口货物审价办法》《内销保税货物审价办法》的相关规定审查确定完税价格。经纳税义务人申请，申报地海关同意，可以延长结算期限至 9 个月。

纳税义务人应当在公式定价货物结算价格确定之日起 30 日内向海关提供确定结算价

格的相关材料，办理报关单修改手续，包括将“暂定价格确认”调整为“否”以及其他相关申报项目调整等内容。同时，办理税款缴纳及其他海关手续。结算价格确定之日为卖方根据定价公式出具最终结算发票的日期。

九、涉嫌走私进口货物、物品的计税价格

对于涉嫌走私进口的货物、物品，除禁止进出境的货物、物品之外，需要按规定计核货物、物品偷逃的应纳税款。根据规定，海关是负责涉嫌走私的货物、物品偷逃税款计核工作的法定主管机关，其授权计核税款的部门是负责计核工作的主管部门。海关出具的计核结论，经海关走私犯罪侦查机关、人民检察院和人民法院审查确认，可以作为办案的依据和定罪量刑的证据。

对于涉嫌走私的货物，如果能够确定其成交价格，其计税价格应当以该货物的成交价格为基础审核确定。对于成交价格经审核不能确定的货物，其计税价格应当依次以下列价格为基础确定（《中华人民共和国海关计核涉嫌走私的货物、物品偷逃税款暂行办法》第十六、十七条）：

（一）海关所掌握的相同进口货物的正常成交价格；

（二）海关所掌握的类似进口货物的正常成交价格；

（三）海关所掌握的相同或者类似进口货物在国际市场的正常成交价格；

（四）国内有资质的价格签证机构评估的涉嫌走私货物的国内市场批发价格减去进口关税和其他进口环节税以及进口后的利润和费用后的价格，其中进口后的各项费用和利润综合计算为计税价格的20%，其计算公式为：

$$\text{计税价格}=\frac{\text{国内市场批发价格}}{1+\dfrac{\text{进口关税税率}+\text{消费税税率}+\text{增值税税率}+\text{进口关税税率}\times\text{增值税税率}}{1-\text{消费税税率}}+20\%}$$

（五）涉嫌走私的货物或者相同、类似货物在国内依法拍卖的价格减去拍卖费用后的价格；

（六）按其他合理方法确定的价格。

对于已陈旧但尚有使用价值的涉嫌走私的货物，如果不能按照其成交价格来核定其计税价格，且海关难以认定其新旧程度的，则应当根据具备资质的机构出具的新旧程度的鉴定结论报告，按照上述规定核定其计税价格。

对于涉嫌走私进口的黄金、白银和其他贵重金属及其制品、珠宝制品以及其他有价值的收藏品，应当按国家定价或者国家有关鉴定部门确定的价值核定其计税价格。

对于无法确定成交价格的涉嫌走私的非淫秽音像制品，应当以固定的价格作为计税价格。具体价格由海关总署另行确定。

擅自内销保税货物涉嫌走私的，能够确定原申报进口货物成交价格的，其计税价格应当以原申报进口货物的成交价格为基础核定；原申报进口货物的成交价格不能确定的，应当按照上述规定核定的原申报进口货物的价格作为计税价格。

擅自内销特定减免税货物涉嫌走私的，其计税价格应当以该货物原进口时的成交价格

为基础核定，计算公式为：

$$计税价格=原进口时的海关完税价格\times\left[1-\frac{擅自内销时已进口时间（月）}{监管年限\times12}\right]$$

成交价格不能确定的，应当按照上述规定确定完税价格，并按上述公式计算计税价格。

涉嫌通过携带、托运和邮递方式走私的货物、物品，应当按其成交价格或上述其他规定核定其计税价格。

在核定涉嫌走私的货物计税价格时，应当包括货物运抵境内的运费、保险费。

在计核涉嫌走私的货物或者物品偷逃税款时，应当以走私行为案发时所适用的税则、税率、汇率和按照上述规定审定的计税价格计算。具体计算办法如下：

（一）有证据证明走私行为发生时间的，以走私行为发生之日计算。

（二）走私行为的发生呈连续状态的，以连续走私行为的最后终结之日计算。

（三）证据无法证明走私行为发生之日或者连续走私行为终结之日的，以走私案件的受案之日（包括刑事和行政受案之日）计算；同一案件因办案部门转换出现不同受案日期的，以最先受案的部门受案之日为准。

在计核涉嫌走私的货物偷逃税款时，如果嫌疑人在申报时已缴纳了部分税款，则应扣除海关按照走私犯罪嫌疑人的申报计算的应缴税款。

除了上述涉嫌走私的进口货物按上述方法确定其计税价格之外，对于涉嫌走私的国产品牌货物，应当以相同或者类似货物正常的出口价格核定其计税价格；出口价格不能确定的，其计税价格应当以相同或者类似货物在国内的正常的出厂价格（不含增值税）为基础核定。

需要特别指出的是，由于禁止进出境的货物、物品并不是关税的征税对象，因此走私毒品、武器、弹药、核材料、伪造的货币、国家禁止出口的文物，国家禁止进出口的珍贵动物及其制品、珍稀植物及其制品、淫秽物品，国家禁止进境的固体废物和危险性废物等不以偷逃税额作为定罪量刑及认定走私行为、作出行政处罚标准的货物、物品，不适用上述计税价格的确定方法。

对于违反海关监管规定的其他违法行为涉及税款计核的，如不能确定涉嫌违规的货物或者物品的接受申报进口之日的，可以比照上述办法办理。

十、违反海关监管规定案件货物、物品价值的计核

违反海关法及其他有关法律、行政法规和规章但不构成走私行为的，是违反海关监管规定的行为。根据我国法律法规规定，违反海关监管规定的行为，由海关处以货物、物品价值或漏缴税款一定比例的罚款、没收违法所得等行政处罚。

我国规定，海关应当在确定违反海关监管规定案件的货物、物品（以下简称“违法货物、物品”）及其完税价格，计核进出口关税、进口环节海关代征税或者进口税的基础上，根据该货物、物品的完税价格和相应税款计核货物、物品价值（《中华人民共和国海关计核违反海关监管规定案件货物、物品价值办法》第三条）。

海关计核违法货物、物品价值或者计核案件漏缴税款的，应当通过行政处罚告知书，将违法货物、物品价值或者漏缴税款数额告知当事人。

违法货物、物品的完税价格应当按照《关税条例》、《进出口货物审价办法》、“中华人民共和国进境物品完税价格表”（以下简称“进境物品完税价格表”）的规定予以审定。

计核违法货物、物品的税款，应当适用违法行为发生之日实施的税率和汇率。违法行为发生之日无法确定的，适用违法行为被发现之日实施的税率和汇率。

海关计核货物、物品税款时，应当制作“中华人民共和国海关办理违反海关监管规定案件货物、物品税款计核证明书”（以下简称“税款计核证明书”），加盖海关税款计核专用章，并随附“中华人民共和国海关办理违反海关监管规定案件货物、物品税款计核资料清单”（以下简称“税款计核资料清单”）。

“税款计核证明书”应当包括计核事项、计核依据、计核方法、计核结论、计核部门和计核人员签章等内容。

“税款计核资料清单”应当包括货物和物品的品名、规格、税则号列、数量、完税价格、原产地、税率、计征汇率、税款等内容。

违法货物价值依据违法货物的完税价格、进出口关税、进口环节海关代征税之和进行计核，违法物品价值依据违法物品的完税价格和进口税之和进行计核。

对于国务院关税税则委员会规定按货物征税的进境物品的，则按照上述有关货物价值的规定计核价值。

十一、其他无成交价格进口货物的完税价格

对于以易货贸易、寄售、捐赠、赠送等方法进口的货物，由于不存在成交价格，因此应在海关与纳税义务人进行价格磋商后，依次采用成交价格估价法之外的其他估价方法审查确定完税价格。

第四节　出口货物的完税价格

由于世界上大多数国家都不对出口货物征收出口关税，而且出口货物的海关估价一般对其他国家的出口利益不会造成影响，因此国际上没有统一的出口货物海关估价制度。但是我国仍然对一部分出口货物征收出口关税，我国参照进口货物估价的规定，自行制定了出口货物完税价格的准则和海关估价方法。相对于进口货物而言，我国出口货物海关估价的规定较为简单。

一、出口货物的完税价格与成交价格

我国法律规定，出口货物的完税价格由海关以该货物的成交价格为基础审查确定（《海关法》第五十五条第一款）。当成交价格不存在，或者成交价格不能确定时，由海关采用其他方法估定其完税价格。在采用其他估价方法时，海关经了解有关情况，与纳税义

务人进行价格磋商以后，应依次采用相同货物成交价格估价法、类似货物成交价格估价法、计算价格估价法、合理方法估定出口货物的完税价格（《关税条例》第二十七条）。由此可见，出口货物完税价格的确定原则与进口货物相同。

我国出口货物的成交价格，与国际通行的成交价格定义基本一致，它是指货物出口时卖方为出口该货物应当向买方直接收取和间接收取的价款总额。这表明货物所有权由境内的出口方转移至境外的进口方，对外收取的是货款，既包括直接收取也包括间接收取的款项。

二、出口货物完税价格的费用构成

我国法律规定，出口货物的完税价格，除了应包括以货物成交价格为基础的货价之外，还应包括货物运至我国境内输出地点装载前的运输及其相关费用、保险费（《海关法》第五十五条第二款）。但是如果价格中包含了出口关税税额，则应当予以扣除。由此可见，我国出口货物完税价格与进口货物完税价格存在差异。进口货物的完税价格是在货物到岸价格的基础上确定的，而出口货物的完税价格则是在货物离岸价格的基础上确定的。

根据我国规定，出口过程中发生的某些费用，由于与货物的出口价格没有关系，或者是货物出口以后发生的费用，因此不应将其计入出口货物的完税价格中。这些费用包括：

（一）出口关税税额

我国对出口货物征收出口关税是以货物本身的价格为基础，出口关税不应计入完税价格。但是根据《国际贸易术语解释通则》，除工厂交货价（EXW 价格）外，其他贸易术语均规定由卖方负责办理出口国的海关手续，包括缴纳出口时的出口税费。因此，如果出口货物需要征收出口关税，通常出口商会将出口关税税额包含在出口货物的交易价格中。此时，应将其中包含的出口关税税额予以扣除。例如，以 FOB 价格成交的出口货物，FOB 价格内含了出口关税，所以应在 FOB 价格基础上，扣除出口关税，将剩余的部分作为出口货物的完税价格。

（二）货物运至我国境内输出地点装载以后发生的运输及其相关费用、保险费

由于我国出口货物完税价格是以货物的离岸价格为基础计算的，在出境之前的国内运输费用和保险费，应计入出口货物的完税价格中。但是对于货物出境以后发生的运输费用、保险费，则不应计入出口货物的完税价格。所以我国规定，如果在出口货物价款中单独列明了货物运至我国境内输出地点装载以后的运输及其相关费用、保险费，应当予以扣除（《进出口货物审价办法》第四十条）。如货物出境后发生的运费、保险费、理仓费、平仓费等，不应将其计入出口货物完税价格。

从以上表述可见，我国出口货物的完税价格相当于贸易术语中的 FOB 价格扣除出口关税以后的价格，即出口货物完税价格＝FOB 价格－出口关税税额。

因为出口关税税额＝出口货物完税价格×出口关税税率，所以，出口货物完税价格＝FOB 价格－出口货物完税价格×出口关税税率。

整理后得出以下重要计算公式：

$$出口货物完税价格=\frac{FOB价格}{1+出口关税税率}$$

这是我们计算出口货物完税价格最常用的公式。如果是以FOB价格以外的术语（EXW价格除外）成交的出口货物，通常应将其调整为FOB价格，再利用上式才能计算出出口货物的完税价格。但是如果出口货物是以EXW价格成交的，由于出口方不负责办理出口清关手续，不支付出口税费，这种情况下出口货物的完税价格就是EXW价格加上从工厂到输出地点装载前的运输及其相关费用和保险费。

三、出口货物完税价格的确定方法

确定出口货物的完税价格，首先应采用的也是最重要的方法是成交价格估价法。如果存在出口货物的成交价格，就应采用这种方法，并按上述规定进行必要的费用调整，来确定其完税价格。

但是，如果出口货物不存在成交价格，或者成交价格无法确定，此时就不能采用成交价格估价方法，海关应在了解有关情况，并与纳税义务人进行价格磋商之后，依次采用下列方法确定出口货物的完税价格（《关税条例》第二十七条）。只有前一种估价方法不能使用时，才能够使用后一种估价方法。

（一）相同货物成交价格估价法

当成交价格估价方法不能采用时，应采用相同货物成交价格估价法，以与该出口货物同时或者大约同时向同一国家或者地区出口的相同货物的成交价格为基础确定完税价格。

（二）类似货物成交价格估价方法

如果成交价格估价方法和相同货物成交价格估价方法都无法采用时，应采用类似货物成交价格估价法，以与该出口货物同时或者大约同时向同一国家或者地区出口的类似货物的成交价格为基础确定完税价格。

（三）计算价格估价方法

在成交价格估价方法、相同货物成交价格估价方法和类似货物成交价格估价方法都不能采用时，应采用计算价格估价法，即以境内生产相同或者类似货物的料件成本、加工费用，通常的利润和一般费用（包括直接费用和间接费用），境内发生的运输及其相关费用、保险费加总计算所得的价格作为完税价格。

（四）按照合理方法估定价格

在前几种估价方法都不能采用时，应采用符合客观、公平、统一估价原则的其他合理方法来确定出口货物的完税价格。

从上述内容可见，出口货物的估价方法与进口货物的估价方法相似，但是进口货物估价方法中还有一种倒扣价格估价方法，而出口货物却没有这种估价方法。原因在于，使用倒扣价格估价方法需要获取出口货物境外的销售价格，不具有可操作性，因此出口货物不使用倒扣价格估价方法。

第五节 进出口货物完税价格的审查确定程序

一、海关审价的程序

我国规定，进出口货物的完税价格，由海关以该货物的成交价格为基础审查确定，成交价格不能确定时，完税价格由海关依法估定。这表明海关对纳税义务人的申报价格有审查的权力，完税价格必须经过海关的审查才能确定。

一般而言，纳税义务人向海关申报以后，海关按以下程序审查确定进出口货物的完税价格：

（一）审查是否存在成交价格

具体包括审查货物是否销售进口或出口，是否有交易价格，是否属于特殊的进口货物。如果存在交易价格，则进一步审查是否符合成交价格的定义和条件，是否存在需要调整的费用。如果买卖双方之间存在特殊关系，还要审查特殊关系是否影响了货物的交易价格。如果申报价格符合成交价格的定义和条件，则采用成交价格估价法确定其完税价格。对于符合成交价格定义和条件，又存在需要调整的费用，则在成交价格基础上，调整计入相关费用，确定完税价格。

（二）进行价格质疑

如果海关在审查过程中对纳税人申报价格的真实性或准确性产生怀疑，或者有理由认为买卖双方之间的特殊关系影响了货物的价格，除另有规定的以外，海关应制发价格质疑通知书，告知纳税人质疑的理由，纳税人应在规定的时间内提供相关资料、证据，证明其申报价格是真实、准确的，或者证明双方之间的特殊关系未影响成交价格。

（三）进行价格磋商

如果海关审查不能采用成交价格估价法，准备采用其他估价方法估定完税价格时，除另有规定的以外，海关应先了解情况，并与纳税人进行价格磋商，交换彼此掌握的用于确定完税价格的数据资料。

（四）依次选择相应的估价方法

当海关审查不能采用成交价格估价法确定货物完税价格时，在与纳税人进行价格磋商的基础上，应依次选择其他几种估价方法估定货物的完税价格。采用其他估价方法时，要严格审查是否符合相应估价方法的适用条件。

二、价格质疑与价格磋商

我国规定，在确定进出口货物完税价格的过程中，海关可以依法进行价格质疑和价格磋商。

（一）价格质疑

在海关确定进出口货物完税价格的过程中，如果海关对纳税人申报价格的真实性、准确性有疑问，或者认为买卖双方之间的特殊关系影响成交价格时，可以进行价格质疑（《进出口货物审价办法》第四十四条）。具体做法是，海关制发“中华人民共和国海关价格质疑通知书”，将质疑的理由告知纳税义务人或其代理人。纳税人或其代理人应自收到该通知书之日起的5个工作日内，提供相关资料或其他证据，证明其申报价格真实、准确或者双方之间的特殊关系未影响成交价格。对于确有正当理由无法在5个工作日内提供资料、证据的，纳税人或其代理人可以在规定期限届满前申请延期提供，一般情况下，延期不得超过10个工作日。

需要指出的是，价格质疑并不是海关审查确定完税价格过程中的必经程序。只有怀疑申报价格的真实性、准确性，或者怀疑买卖双方之间的特殊关系影响成交价格时，才能进行价格质疑。如果海关没有理由怀疑申报价格的真实性、准确性，或者没有理由怀疑买卖双方之间的特殊关系影响成交价格，或者进出口货物不存在成交价格，或者属于加工贸易内销货物，或者属于规定的其他不需要价格质疑的情形时，就不必进行价格质疑。

（二）价格磋商

价格磋商，是指海关在使用除成交价格估价法以外的其他估价方法时，在保守商业秘密的基础上，与纳税义务人交换彼此掌握的用于确定完税价格的数据资料的行为（《进出口货物审价办法》第五十一条）。有时海关掌握了纳税义务人所不知道的进出口货物的价格信息，有时纳税义务人掌握了海关所不知道的进出口货物的价格信息，如果通过双方交流交换彼此掌握的信息，将有利于得到海关估价的适当依据。因此一般情况下，在采用除成交价格估价法以外的其他估价方法时，必须经过价格磋商的程序。

我国规定，符合以下情形之一的，海关经过与纳税义务人进行价格磋商以后，可以依次采用规定的估价方法确定进出口货物的完税价格：

1. 海关提出价格质疑后，在海关规定的期限内，纳税义务人或其代理人未能提供进一步说明。

2. 海关提出价格质疑，纳税义务人或其代理人在规定的期限内提供了有关资料、证据，但海关审核以后仍然有理由怀疑申报价格的真实性、准确性，或者仍然有理由认为买卖双方之间的特殊关系影响了成交价格。

3. 经过审查认定进出口货物无成交价格。

海关进行价格磋商的具体做法是，海关制发“中华人民共和国海关价格磋商通知书”，税义务人应当自收到该通知书之日起5个工作日内与海关进行价格磋商。进行价格磋商时，海关应当制作“中华人民共和国海关价格磋商记录表”。

如果纳税义务人未在规定的期限内与海关进行磋商，则视为其放弃价格磋商的权利，海关可以直接采用规定的估价方法确定完税价格。

（三）价格质疑和价格磋商的例外

当海关怀疑纳税人申报价格的真实性、准确性，或者怀疑买卖双方之间的特殊关系影响成交价格时，原则上应进行价格质疑。当海关准备采用除成交价格估价法以外的其他估价方法时，原则上必须进行价格磋商。但是我国规定，也有某些例外情况，不必进行价格质质疑或价格磋商。

根据规定，对符合下列情形之一的，经纳税义务人书面申请，海关可以不进行价格质疑及价格磋商，直接按照有关的估价方法审查确定进出口货物的完税价格（《进出口货物审价办法》第四十八条）：

1. 同一合同项下分批进出口的货物，海关对其中一批货物已经实施估价。

2. 进出口货物的完税价格在人民币 10 万元以下或者关税及进口环节海关代征税总额在人民币 2 万元以下。

3. 进出口货物属于危险品、鲜活品、易腐品、易失效品、废品、旧品等。

需要指出的是，海关在审查确定内销保税货物完税价格时，其质疑、磋商和告知的程序，与上述规定基本一致。

三、审价过程中的权利和义务

我国关税制度规定，在审查确定进出口货物完税价格的过程中，当事各方（即纳税义务人与海关）都有各自享有的权利和应履行的义务。

（一）纳税义务人的权利和义务

1. 纳税人的权利

我国规定，纳税义务人在确定货物完税价格中，享有以下权利：

（1）倒扣价格估价法与计算价格估价法的选择权

当进口货物不能采用成交价格估价法、相同货物成交价格估价法和类似货物成交价格估价法确定完税价格时，纳税义务人向海关提供有关资料后，可以提出申请，颠倒倒扣价格估价法与计算价格估价法的适用次序。

（2）担保预先提货权

海关审查确定完税价格期间，纳税义务人可以在依法提供担保的前提下，先行提取货物。

（3）估价知情权

海关审查确定完税价格以后，纳税义务人可以提出申请，要求海关就如何确定其进出口货物的完税价格作出说明。

（4）估价异议的申诉权

纳税义务人对海关的估价决定有异议的，应当按照海关作出的相关行政决定依法缴纳税款，并可以依法向上一级海关申请复议，对复议决定仍不服的，还可以依法向人民法院提起行政诉讼。

2. 纳税人的义务

与此同时，我国还规定了纳税义务人应履行以下义务：

（1）如实申报、提供单证及相关资料的义务

纳税义务人向海关申报时，应如实提供货物的价格信息，提供发票、合同、提单等单证和其他客观量化的资料，以供海关审查确定完税价格。

（2）举证的义务

海关对申报价格的真实性、准确性有疑问，或者认为买卖双方之间的特殊关系影响成交价格，需要进行价格质疑时，纳税义务人应在规定的期限内，提供相关资料或其他证据，证明其申报价格真实、准确或者双方之间的特殊关系没有影响成交价格。

（二）海关的职权与义务

1. 海关职权

我国规定，海关在确定完税价格过程中，拥有的职权包括：

（1）审查价格的权利

进出口货物的完税价格，应由海关依法审查确定。

（2）价格核查的权利

海关为审查申报价格的真实性、准确性，以及买卖双方之间是否存在特殊关系影响成交价格，可以行使必要的职权进行价格核查。这些职权包括查阅复制权、调查权、查验送检权、检查权、查询权等。

（3）价格质疑的权利

当海关对申报价格的真实性、准确性有疑问时，或者认为买卖双方之间的特殊关系影响成交价格时，可以进行价格质疑。

2. 海关的义务

在拥有某些职权的同时，我国也规定了海关应承担以下义务：

（1）保密的义务

海关应妥善保管纳税义务人提供的涉及商业秘密的资料，除法律、行政法规另有规定外，不得对外提供。

（2）告知的义务

当海关进行价格质疑时，应将质疑的理由告知纳税义务人。当纳税义务人提出申请，要求海关就如何确定其进出口货物完税价格作出说明时，海关应出具“中华人民共和国海关估价告知书”。

（3）价格磋商的义务

当进出口货物的成交价格不能确定，无法采用成交价格估价法，准备依次采用其他估价法确定货物的完税价格时，除另有规定外，海关必须了解有关情况，与纳税义务人进行价格磋商。

本章小结

海关审价是海关征税的三大技术之一。《WTO 海关估价协定》中规定完税价格的基础是货物的实际成交价格。在我国，进口货物的完税价格包括货物本身的成交价格、货物运抵境内的国际运费和保险费，出口货物的完税价格包括货物的货价和货物在我国境内运输时的国内运费和保险费。在确定进出口货物完税价格的过程中，应先判断是否存在符合规定条件的成交价格。如果存在这种价格，则应采用成交价格估价法；如果不存在符合规定条件的成交价格，或者不存在成交价格，则应依次采用其他的估价方法来估定货物的完税价格。进口货物成交价格必须符合相关定义和严格的 4 项条件，必要时还需进行费用调整。对于一些特殊形式进口的货物，其完税价格的确定方法也有特殊的规定。海关在审定价格的过程中，可能需要进行价格质疑或价格磋商。纳税人和海关在审价过程中都有各自的权利和义务，而且往往是一一对应的关系。

练习与思考

1. 完税价格与成交价格有何联系与差别？
2. 我国进出口货物完税价格有何异同？
3. 一般进口货物完税价格的确定方法和顺序是什么？
4. 如何理解进口货物成交价格概念？
5. 进口货物成交价格需要满足哪些条件？
6. 进口货物成交价格包括哪些调整项目？
7. 进口货物完税价格中运费、保险费的具体规定是怎样的？
8. 比较不同区域内保税加工贸易货物内销时完税价格确定方法的异同。
9. 海关在审价过程中，一般的程序有哪些？
10. 价格质疑与价格磋商有何异同？
11. 海关审价过程中，纳税义务人有哪些权利和义务？
12. 海关审价过程中，海关有哪些职权和义务？
13. 中国湖北武汉 A 公司（进口方）与澳大利亚 B 公司（出口方）签订了一份进口贸易合同，以 CFR 上海 1000000 美元的价格成交。B 公司在规定期限内于悉尼港备妥货物，并订立运输合同，支付了从悉尼至上海的正常运费共 50000 美元。货物装船后通知 A 公司，A 公司及时办妥了货物的保险手续，支付了货物从悉尼至上海的海运一切险保险费共 15000 美元。货物按期运抵上海吴淞港码头后，由 A 公司支付了 8000 元人民币的卸货费，在正式报关前还支付了码头临时仓储费用 3000 元人民币。此外，根据合同规定，A 公司除支付货款给出口方 B 公司外，还另外支付了本应由 B 公司支付的销售代理方佣金 5000 美元。该货物适用的计征汇率假定为 1 美元=6.5 元人民币。请问该批进口货物以人民币计价的完税价格是多少？

14. 湖南某公司出口5000吨货物至泰国，以CIF曼谷400美元/吨的价格成交。该批货物从长沙陆运至广州黄埔港办理出口报关手续，国内出口企业支付了长沙至广州黄埔的运费、保险费合计50000元人民币，该企业还支付了广州黄埔至泰国曼谷的正常运费50000美元，以及保险费6000美元。已知该货物的出口关税税率为10%，假定它适用的计征汇率为1美元=6.5元人民币。请问该批出口货物以人民币计价的完税价格是多少？

15. 某年3月10日，浙江某保税区内某加工贸易企业以进料加工方式从境外进口一批原材料，进口成交价格为CIF宁波10万美元。该企业除采用这批进口料件以外，还在境内采购了8万元人民币的国产料件，共同加工为制成品后，因市场供求情况变化，决定在境内销售该批制成品。经海关批准，当年6月10日该制成品以150万元人民币的价格在境内销售。该货物适用的计征汇率假定为1美元=6.5元人民币。请问应如何确定该批货物的完税价格？

16. 2017年10月10日，上海某企业以出料加工方式出口一批料件（市场价格为FOB上海10万美元）。出境时向海关提供了委托加工合同并提供了担保。货物出境后运往加工地的运费、保费合计1万美元。2018年3月10日，加工后的制成品复运至上海，并向海关申报入境。制成品复运入境的运费、保费合计1.5万美元。此外该企业对外支付了加工费5万美元，在境外采购了部分原材料（价格为2万美元），用于辅助生产加工该制成品。该货物适用的计征汇率假定为1美元=6.5元人民币。请问这批出境加工复进境货物的完税价格是多少？

17. 2016年3月10日，上海浦东某企业以免税方式从境外进口一台特定减免税范围的设备，进口成交价格为CIF上海12万美元。2018年3月9日，经海关批准，该企业以50万元人民币的价格将该设备转让给另一家不能享受特定减免税待遇的企业，该货物适用的计征汇率假定为1美元=6.5元人民币。请问应如何确定该批进口货物的完税价格？

18. 某工厂从德国购得一批机械设备，以CIF广州550000美元的价格成交。其中货物从德国运至中国口岸的运保费合计为50000美元。此外，进口方还对外支付了卖方佣金25000美元，培训费2000美元，设备调试费20000美元。该货物适用的计征汇率假定为1美元=6.5元人民币。请问该批货物以人民币计价的完税价格是多少？

参考文献

1. 岑维廉，钟昌元，王华．关税理论与中国关税制度，第2版．上海：格致出版社，上海人民出版社，2010.

2. 高融昆．海关税收征管．北京：中国海关出版社，2010.

3. 何晓兵．中国关税实务，第4版．北京：中国商务出版社，2015.

4. 海关总署关税征管司．海关估价培训教材．北京：法律出版社，2002.

5. 干强，杨同明. 国际贸易术语解释通则（Incoterms 2020）深度解读与案例分析. 北京：团结出版社，2020.

6. 吴百福，徐小薇，聂清. 进出口贸易实务教程，第八版. 上海：格致出版社，上海人民出版社，2020.

7. 世界海关组织. 海关估价纲要 . 北京：中国海关出版社有限公司，2019.

8. General Agreement on Tariffs and Trade 1947.

9. Convention on the Valuation of Goods for Customs Purpose 1950.

10. Agreement on Implementation of Article VII of the General Agreement on Tariffs and Trade 1979.

11. Agreement on Implementation of Article VII of GATT 1994.

12. Incoterms® 2020. ICC Publication No. 723E.

本章内容涉及的法律文件索引

1.《中华人民共和国海关法》（1987 年 1 月 22 日第六届全国人民代表大会常务委员会第十九次会议通过，自 1987 年 7 月 1 日起施行。全国人民代表大会常务委员会先后于 2000 年 7 月 8 日、2013 年 6 月 29 日、2013 年 12 月 28 日、2016 年 11 月 7 日、2017 年 11 月 4 日、2021 年 4 月 29 日修正）

2.《中华人民共和国进出口关税条例》（2003 年 11 月 23 日国务院令第 392 号公布，自 2004 年 1 月 1 日起施行。国务院先后于 2011 年 1 月 8 日、2013 年 12 月 7 日、2016 年 2 月 6 日、2017 年 3 月 1 日修订）

3.《中华人民共和国海关审定进出口货物完税价格办法》（2013 年 12 月 25 日海关总署令第 213 号公布，自 2014 年 2 月 1 日起施行）

4.《中华人民共和国海关审定内销保税货物完税价格办法》（2013 年 12 月 25 日海关总署令第 211 号公布，自 2014 年 2 月 1 日起施行）

5.《中华人民共和国海关进出口货物征税管理办法》（2005 年 1 月 4 日海关总署令第 124 号公布，自 2005 年 3 月 1 日起施行。根据海关总署令第 198 号、218 号、235 号、240 号修改）

6.《中华人民共和国海关计核涉嫌走私的货物、物品偷逃税款暂行办法》（2002 年 10 月 8 日海关总署令第 97 号公布，自 2002 年 11 月 10 日起施行。根据海关总署令第 198 号、238 号修改）

7.《中华人民共和国海关计核违反海关监管规定案件货物、物品价值办法》（2009 年 1 月 22 日海关总署令第 182 号公布，自 2009 年 6 月 1 日起施行）

8.《中华人民共和国海关进出口货物减免税管理办法》（2020 年 12 月 11 日海关总署令第 245 号公布，自 2021 年 3 月 1 日起施行）

9.《中华人民共和国海关关于加工贸易边角料、剩余料件、残次品、副产品和受灾保税货物的管理办法》（2004 年 5 月 25 日海关总署令第 111 号公布，自 2004 年 7 月 1 日起施行。根据海关总署令第 198 号、第 218 号、第 235 号、第 238 号、第 243 号修改）

10.《海关总署关于内销保税货物审价问题的公告》（2014 年 2 月 7 日海关总署公告

2014 年第 14 号公布，自 2014 年 2 月 7 日起施行）

11.《海关总署关于公式定价进口货物完税价格确定有关问题的公告》（2021 年 6 月 18 日海关总署公告 2021 年第 44 号公布，自 2021 年 9 月 1 日起施行）

第四章　进出口货物原产地

本章概要

经济全球化时代，开放融通是不可阻挡的历史趋势。党的十九届五中全会提出，我国要坚持实施更大范围、更宽领域、更深层次的对外开放。习近平指出，我们将继续推动贸易和投资自由化便利化，同更多国家商签高标准自由贸易协定，积极参与多双边区域投资贸易合作机制，打造更高水平的开放型经济。① 中国一直积极践行合作共赢理念，参与区域贸易自由化进程。目前我国签署的自贸协定已达到 19 个，自贸伙伴达到 26 个。② 而自贸协定中的重要内容之一就是原产地规则。

国际贸易中，为了确保差别关税税率和反倾销、反补贴等非关税措施的有效实施，必须按一定规则确定货物的原产地。就关税而言，不同原产地的进口货物适用的进口关税税率也可能不同，因此，原产地规则也是海关征税的三大技术之一。本章第一节介绍原产地和原产地规则相关概念及分类，第二节介绍国际协调原产地规则的历程、世界贸易组织原产地规则的主要内容，第三节介绍我国正在实施的非优惠原产地规则的主要规定，第四节介绍我国正在实施的优惠原产地规则的共性规定及其他主要的差异性规定，最后一节介绍我国原产地的管理制度。

学习目标

当完成本章的学习后，要求：

1. 掌握原产地和原产地规则相关概念及分类。
2. 认识世界贸易组织《原产地规则协定》的基本内容。
3. 掌握我国非优惠原产地规则的主要内容。
4. 理解我国优惠原产地规则的共性规定和主要的差异性规定。
5. 掌握我国原产地管理制度的主要内容。

---

① 习近平 2020 年 11 月 19 日在亚太经合组织工商领导人对话会上的主旨演讲。

② 截至 2022 年 8 月，我国已与 26 个国家和地区签署了 19 个自由贸易协定，其中《中华人民共和国政府和马尔代夫共和国政府自由贸易协定》未生效。另外还参加了区域优惠贸易安排《亚太贸易协定》。二者合计，我国已与 30 个国家和地区签署了自由贸易协定或区域优惠贸易安排。

目前多数国家采用的是复式进出口税则，对原产地不同的同一税号货物实施不同的关税税率，因此确定货物的原产地，是征收关税的要素之一，也是关税制度的重要组成部分。确定原产地不仅是一国实施差别关税的需要，也是许多非关税措施得以实施的保证，在贸易统计、制定贸易政策等方面也起着十分重要的作用。

第一节 原产地概述

一、原产地的概念

国际贸易中，货物原产地（Origin）是指货物的来源地，即生产、采集、饲养、提取、加工和制造产品的国家或地区，亦即货物的“国籍”。由于在当代国际贸易关系中，有一些并非主权独立的特殊区域，如单独关税区或者区域性贸易集团，在对外贸易中具有很大的独立性，因此货物的原产地应该既包括主权独立的国家，也包括非主权独立的单独关税区或者区域性贸易集团。在我国《原产地条例》中规定，货物原产地（Origin），是指依照该条例确定的获得（指捕捉、捕捞、搜集、收获、采掘、加工或者生产等）某一货物的国家（地区）（《原产地条例》第二十六条）。这里的原产地既包括国家，也包括单独关税区和区域性贸易集团，更能恰当地表述其真实含义。

国际贸易中确定货物的原产地十分重要。首先，确定原产地是一国和地区实施差别关税待遇的前提。目前世界上大多数国家和地区都实行复式税则，对原产于不同国家（地区）的产品给予不同的关税税率，因此货物的原产地就成为决定该货物能够享受何种关税待遇的重要依据。其次，确定原产地也是一国（地区）非关税措施得以实施的保证。各国和地区出于政治或经济等各种原因的考虑，会采取反倾销、反补贴、保障措施、国别禁运、进出口国别配额等限制贸易的非关税措施，只有准确确定货物的原产地，才能使这些措施真正发挥其作用。最后，确定原产地也是一国（地区）进行贸易统计的需要。各国和地区都需要根据货物的原产地进行贸易统计，考察一定时期内某特定国家（地区）原产货物的进出口量，为政府提供制定、调整贸易政策的数据资料。此外，货物原产地也传递着商品的一些重要信息，例如具体产地、品牌声誉、特定质量等，是影响消费者消费的一个重要因素，为此某些货物需要通过加贴原产地标记，以使消费者清楚货物的真实来源地。

二、原产地规则的概念

确定货物的原产地需要一定的标准和方法，这些标准、方法通常由一国（地区）以法律法规或行政命令的方式制定并公布实施，具有法律效力。这些以立法形式出现的、为确定进出口货物原产地而制定的标准、方法，就是原产地规则（Rules of Origin）。世界贸易组织《原产地规则协定》第一条指出，原产地规则应定义为任何成员为确定货物的原产地而实施的普遍适用的法律、法规和行政裁决。

原产地规则的概念是一个广义的范畴，不仅包括一国（地区）所制定的以“原产地规则”命名的法律或法规，也包括与确定货物原产地有关的具有普遍约束力的规范性文件。原产地规则既包括判定进出口货物原产地的实体性标准和内容，也包括判定货物原产地的各种程序性管理规定。

原产地规则是国际贸易发展的产物，已成为国际贸易的一项重要规则。由于各国（地区）通常根据货物原产地的不同提供不同的关税和非关税待遇，因此原产地规则涉及各国（地区）的利益，一定程度上体现了各国（地区）的贸易政策，是各国（地区）确定货物原产地和签发原产地证明文件的法律依据。在区域经济一体化的发展过程中，原产地规则也成为任何形式的优惠性贸易安排中不可分割的组成部分。例如在我国参与的多边或双边的优惠贸易协定中，总是包含相应的优惠原产地规则。

原产地规则对国际贸易的影响具有双重性，一方面它成为各国（地区）制定外贸政策的基础，有助于各国（地区）灵活运用各种贸易手段和措施，积极影响国际贸易的发展；但是另一方面它也经常被一些国家（地区）作为贸易保护的工具得到充分的利用，成为阻碍贸易发展的一种非关税壁垒。

三、原产地规则的分类

原产地规则可以有多种角度的分类方法，常见的分类有以下几种。

（一）优惠原产地规则与非优惠原产地规则

根据原产地规则适用目的和范围的不同，可分为优惠原产地规则和非优惠原产地规则。

优惠原产地规则（Preferential Rules of Origin），是为了使出口货物获得进口国（地区）的优惠待遇，或关税同盟、自由贸易区等区域性贸易协定规定的成员之间为获得互惠性的优惠待遇而制定的原产地规则。它是出于实施某些国别优惠措施，通常以多边、双边协定的形式，或者由本国（地区）自主制定的一些特殊原产地确定规则，其实施可以不遵守《关税及贸易总协定》规定的最惠国待遇原则。由于优惠原产地规则是用以确定货物有无资格享受特别优惠待遇，因此，其判定标准比非优惠原产地规则严格，对享受优惠的商品种类有严格限制。具体又可分为两种情况，一种是通过多边或双边贸易协定规定互惠的，例如《亚太贸易协定》原产地规则、中国—巴基斯坦自由贸易协定原产地规则；另一种是由进口国（地区）单方向赋予给出口国（地区）、非互惠的，例如部分发达国家给发展中国家普惠制的原产地规则、中国给予部分最不发达国家特别优惠关税待遇的原产地规则。由于优惠原产地规则主要是通过多边或双边贸易协定的形式制定的，因此也称为协定原产地规则。

非优惠原产地规则（Non-Preferential Rules of Origin），是一国（地区）根据实施其海关税则和其他非优惠贸易措施的需要而制定的原产地规则。它适用于包括实施最惠国待遇、反倾销和反补贴、保障措施、原产地标记管理、国别数量限制、关税配额等非优惠性贸易措施，以及进行政府采购、贸易统计等活动，对进出口货物原产地的确定。非优惠原产地规则的实施必须遵守最惠国待遇原则，即必须普遍地无差别地适用于所有原产地为最惠国的货物。由于世界贸易组织协调非优惠原产地规则制定实施之前，非优惠原产地规则通常由各国（地区）立法自主制定，因此也称为自主原产地规则。

（二）进口原产地规则与出口原产地规则

根据原产地规则适用货物流向的不同，可分为进口原产地规则和出口原产地规则。进口原产地规则适用进口货物，出口原产地规则适用出口货物。一些国家（地区）分别制定了进口原产地规则和出口原产地规则，我国在2004年以前即是如此；许多国家把进出口原产地规则统一起来，同时适用进口和出口货物，我国在2005年以后即是如此。中国香港是自由港，没有制定进口原产地规则，而仅制定了出口原产地规则，其主要目的在于取得进口国的国别配额。

（三）单一国家（地区）原产地规则与区域性原产地规则

根据原产地规则适用区域的不同，可分为单一国家（地区）原产地规则和区域性原产地规则。适用于某一国家（地区）货物的原产地规则是单一国家（地区）原产地规则，例如，我国2004年以前的出口货物原产地规则；共同适用多个国家（地区）货物的原产地规则则是区域性原产地规则，例如，欧盟原产地规则、中国—东盟自贸区原产地规则、《亚太贸易协定》原产地规则等。由于多边或双边的自由贸易协定原产地规则通常共同适用于协定成员方的货物，因此属于区域性原产地规则。

（四）完全原产的原产地规则与部分原产的原产地规则

根据货物的组成是否含有进口成分，可划分为完全原产的原产地规则和部分原产的原产地规则。完全原产的原产地规则是用来判断完全在一国（地区）获得的产品的原产地规则，这种产品不含有任何进口成分，完全在某一国家（地区）生产、制造，其采用的原产地标准被称为完全获得标准。部分原产的原产地规则是用来判断含有进口成分产品的原产地规则，这种产品通常部分使用进口的原材料、零部件加工而成，进口成分通常应在加工国（地区）发生了实质性的改变。其采用的原产地标准被称为非完全获得标准或实质性改变标准，这种标准又具体细分为税则归类标准、增值百分比标准、加工或制造工序标准等。

此外，根据适用产品的范围来划分，可分为一般产品原产地规则和特定产品原产地规则。一般产品原产地规则通常规定一些基本的原产地标准，适用一般货物，不限制具体产品，而特定产品原产地规则是针对特定的一些产品制定的原产地标准，通常以列表形式单独列出。

四、原产地证明文件

原产地证明文件，是指向进口国（地区）原产地主管机构证实产品原产地资格真实性的书面或电子文件。常见的原产地证明文件有两种：

1. 原产地证书（Certificate of Origin）。这是指出口国（地区）根据原产地规则和有关要求，经授权的官方机构或其他机构签发的，明确指出该证中所列货物原产于某一特定国家（地区）的书面或电子文件。按是否适用优惠措施区分，可分为优惠原产地证书和非优惠原产地证书。按其特定用途划分，可分为一般原产地证书、普惠制原产地证书、互惠原产地证书、单向给惠原产地证书和专用原产地证书等。

2. 原产地声明（Declaration of Origin）。这是在货物进出口时，由制造商、供货人、进出口商或其他当事人在商业发票或其他单证上对该货物原产地所作出的正式声明。

五、原产地标记

原产地标记（Marking of Origin），是指在货物或者包装上用来表明该货物原产地的文字和图形，包括用于指示一项产品原产于某个国家（地区）的标识、标签、标示、文字、图案等。它是国际贸易原产地规则的重要组成部分，是原产地工作的重要内容，是对产品来源地作出明确标示的重要标志或符号。

第二节　世界贸易组织《原产地规则协定》

随着国际贸易的发展，原产地问题的重要性日益为各国（地区）所认识，为了防止原产地规则成为阻碍贸易发展的非关税壁垒，协调统一各国（地区）原产地规则逐渐成为国际社会关注的对象，《关税及贸易总协定》及海关合作理事会为此作了长期的努力，并最终签订了《原产地规则协定》。

一、国际协调原产地规则的努力

（一）1947 年《关税及贸易总协定》第九条的规定

原产地规则产生之初，人们普遍将其看作一种由海关技术人员实施的纯粹技术规则，认为其实施结果必然中立，不会造成国际贸易的限制或扭曲，因此在 1947 年的《关税及贸易总协定》中，并没有具体制定原产地规则。但是《关税及贸易总协定》中有许多条款涉及原产地问题，例如，涉及最惠国待遇的条款、反倾销和反补贴条款、保障条款等都与原产地有密切关系。

1947 年的《关税及贸易总协定》第九条是关于原产地标记的规定，其主要内容如下：缔约方在有关标记规定方面对其他缔约方领土产品所给予的待遇，应不低于对第三国同类产品所给予的待遇；在采用和执行与原产地标记有关的法律、法规时，应将此类措施对出口国的贸易和产业可能造成的困难和不便减少到最低限度，同时应适当注意防止欺骗性的或易引起误解的标记，以保护消费者的利益；只要管理上可行，缔约方应允许所要求的原产地标记在进口时加贴在商品上；缔约方与进口产品标记有关的法律、法规，应在执行时不致严重损害产品，或大大降低其价值，或不合理地增加其成本；除纠正标记受到不合理拖延，或加贴欺骗性标记，或故意不按要求加贴标记之外，任何缔约方不得对在进口之前未按规定办理标记的行为，征收特别关税或进行特别处罚；缔约方应通力合作，制止滥用商品名称假冒产品的真实原产地，以致损害另一缔约方领土内受当地立法保护的产品的独特地区或地理名称；任一缔约方对其他缔约方向其提出有关对产品名称适用上述所列的请求或陈述，应给予充分和积极的考虑。由此可见，《关税及贸易总协定》第九条内容的主要目的在于为缔约方的原产地标记法律设定纪律约束，即必须遵守最惠国待遇原则。

1953 年，《关税及贸易总协定》缔约方达成了《原产地标记推荐书》，对《关税及贸易总协定》第九条的原产地标记作了更详尽的规定。它强调了进口国对原产地标记的要求不应阻碍货物的进口，即不应成为一种进口壁垒；指出缔约方应在那些非让最终购货人了解原产地不可的情况下，才可以提出附加原产地标记的要求。原产地标记应清楚明显且要一直保留在物品上，直到最终购货人购买该货物。原产地标记的标示方法应为“Made In ××”，原产地名称可以使用众所周知的缩写字母，如 USA 等。如果物品本身已作了明确的原产地标记，在盛装该物品的包装上就可以不必再作标记。对于某些特殊货物，如液体、气体或其他无法作原产地标记的物品，只需在包装或运输包装上作原产地标记。还有一些特殊物品，如遗物，或者在海关监控之下的保税货物，可不作原产地标记。

从上述内容可见，《关税及贸易总协定》尽管涉及原产地的问题，特别是原产地标记的问题，但是对于如何确定货物的原产地还没有提出明确的标准。

（二）1953 年国际商会的方案

1953 年，国际商会曾提出一个原产地定义的方案，供缔约方全体会议讨论采纳。该方案指出：凡完全用一国原材料与劳动力生产的产品，其国籍应为在其土地上收获、出产、制造或用其他方式生产该产品的国家；涉及两个及两个以上国家原材料与劳动力生产的产品，其国籍应为该产品经历实质性改变的国家，并指出实质性改变是指经加工而赋予该产品新的个性。该方案建议缔约方可根据上述原则制定一个列表，列明被认为已赋予产品以新的个性或用其他方式实现实质性改变的加工过程。

国际商会提出的这个方案主要是根据美国的规则拟定的，在《关税及贸易总协定》缔约方讨论时，由于意见不统一，最终未能获得通过。但是它作为国际社会第一次对原产地规则全面协调的尝试，对于后来的历次努力具有一定的影响，构成了以后各种原产地规则协调方案的基础。

（三）《京都公约》关于原产地规则的规定

1973 年，海关合作理事会在日本京都制定了《关于简化和协调海关制度的国际公约》（即《京都公约》），旨在简化和协调包括原产地规则在内的海关业务制度以便利国际贸易。该公约于 1974 年生效，包括主约及附约，其中附约 D1、D2、D3 分别是“关于原产地规则的附约”、“关于原产地证件的附约”和“关于原产地证件监管规则的附约”。这是涉及原产地规则的重要国际公约。

1994 年荷兰提议修改《京都公约》，1999 年 6 月世界海关组织（海关合作理事会）通过了经修订的《京都公约》法律文本。修订以后的《京都公约》包括主约、总附约和专项附约。其中，总附约分为 10 章，是公约内容的核心部分；专项附约共有 10 个，第 10 个专项附约就是关于原产地规则的附约。公约的条款主要分为“标准条款”、“过渡性标准条款”和“建议条款”3 种，缔约方只能对“建议条款”提出保留。

1999 年的《京都公约》专项附约 10 对原产地规则的内容作出了规定。该附约共分为 3 章，第一章为“原产地规则”，第二章为“原产地证件”，第三章为“原产地证件的监管”。其中，第一章对货物原产地、原产地规则，以及实质性改变规则予以定义，对原产地的确定标准予以规定，并对“适用原产地的特例”“直接运输的规定”“关于原产地规则的资料”予以明确。公约关于货物原产地确定标准的规定，分别就“完全原产货物”和“部分原产货物”进行规定。但是，公约就原产地确定标准的规定，只有关于“完全原产货物”的规定是标准条款，对于“部分原产货物”的规定则属于建议条款，这意味着缔约方对“部分原产货物”的条款可以作出保留，即缔约方可以自主决定是否采纳该标准。

《京都公约》对有关原产地的许多概念、定义予以明确，并对原产地规则的制定、实施提出了许多建设性的标准做法和推荐做法。尽管该公约所包含的有关原产地确定的大部分实体规则都是建议条款，但是公约的规定仍然为各国（地区）提供了一个可以参照和继续协调的基础，特别是对于各国（地区）在世界贸易组织多边贸易体制内就原产地规则的协调和统一具有十分重要的参考和指导意义。

（四）《关税及贸易总协定》乌拉圭回合谈判的《原产地规则协定》

随着原产地规则在国际贸易政策实施中作用的不断显现，各国（地区）开始意识到在多边贸易体制中对原产地规则进行协调和统一的必要性。在此背景下，原产地问题被列入《关税及贸易总协定》乌拉圭回合谈判的议程，作为非关税措施谈判内容的一部分。通过谈判，于1993年年底签署了《原产地规则协定》，列入《乌拉圭回合多边贸易谈判结果最后文件》供缔约方一揽子接受。1995年世界贸易组织正式运行后，《原产地规则协定》成为《世界贸易组织协定》的一个组成部分，被称为世界贸易组织《原产地规则协定》，对世界贸易组织各成员具有法律约束力。

《原产地规则协定》是第一个把统一的原产地规则与《关税及贸易总协定》挂钩的多边协定，是迄今为止国际社会在原产地领域所达成的最具影响力的多边文件。它对于各国（地区）在原产地规则制定和实施方面具有重要的约束作用和指导作用，对于原产地规则的协调和统一具有重要的促进作用，对于国际贸易的自由化和便利化具有重要的推动作用。

二、世界贸易组织《原产地规则协定》的基本内容

世界贸易组织《原产地规则协定》由序言、正文和两个附件组成。

序言部分集中阐述了制定该协定的宗旨和原则。序言指出，成员各方注意到乌拉圭回合多边贸易谈判旨在“进一步放宽和扩大国际贸易”，“加强GATT的作用”，以及“增加GATT体制对不断演变的国际经济环境的反应能力”；期望促进1994年《关税及贸易总协定》目标的实现①；认识到明确和可预测的原产地规则及其实施可便利国际贸易的流动；

① 1994年《关税及贸易总协定》在序言部分明确其目标为：缔约方“认识到在处理它们的贸易和经济领域的关系时，应以提高生活水平、保证充分就业、保证实际收入和有效需求的大幅稳定增长、实现国际资源的充分利用以及扩大货物的生产和交换为目的”，“期望通过达成互惠互利安排，实质性削减关税和其他贸易壁垒，消除国际贸易中的歧视待遇，从而为实现这些目标作出贡献”。

期望保证原产地规则本身不使各成员在 1994 年《关税及贸易总协定》项下的权利丧失或减损；认识到应使与原产地规则有关的法律、法规和做法具有透明度；期望保证原产地规则以公正、透明、可预测、一致和中性的方式制定和实施；认识到可使用磋商机制和程序以迅速、有效和公正地解决该协定项下产生的争端；期望协调和澄清原产地规则。这部分内容既是对 GATT/WTO 多边贸易体制宗旨及原则在原产地规则领域的重申，也是协定中关于原产地规则制定和实施的基本目标和原则。

协定的正文分为 4 个部分，共 9 条。第一部分标题为“定义和范围”，对协定所称的原产地规则的定义和适用范围予以规定。在第一条中指出，协定中的原产地规则应定义为任何成员为确定货物原产地而实施的普遍适用的法律、法规和行政裁决，而与超出最惠国待遇原则的关税优惠原产地规则无关。它应包括适用于非优惠商业政策领域的所有原产地规则，例如适用最惠国待遇、反倾销和反补贴税、保障措施、原产地标记，以及任何歧视性数量限制或关税配额等，还应包括适用于政府采购和贸易统计的原产地规则。

正文第二部分标题为“实施原产地规则的纪律”，包括第二条与第三条内容，是协定实体性内容的主要部分。它分别对过渡期内和过渡期后①世界贸易组织成员在原产地规则的制定与实施方面确立了相应的纪律规范。

其中，第二条从 11 个方面规定了各成员在过渡期内制定各自原产地规则时应遵守的纪律要求，即在过渡期内：

第一，要求各成员发布普遍适用的行政裁决时应符合明确性要求，必须明确规定判定产品原产地时需要满足的有关条件；

第二，要求原产地规则不得用作直接或间接实现贸易目标的工具；

第三，要求原产地规则不得对国际贸易产生限制性、扭曲性或破坏性影响，以及不得提出过于严格的要求或要求满足与制造或加工无关的条件；

第四，要求原产地规则不得严于用于确定货物是否属国产货物的原产地规则，并且不得在其他成员之间造成歧视；

第五，要求原产地规则应以一致、统一、公平和合理的方式进行管理；

第六，要求原产地规则应以肯定性标准②为依据，而否定性标准只有在对肯定性标准进行部分澄清或不需要肯定性标准的个别情况下，才能使用；

第七，要求与原产地规则有关的普遍适用的法律、法规、司法判决和行政裁决应予以公布，即透明度原则；

第八，要求建立原产地的评定制度；

第九，要求原产地规则修改或采用新的原产地规则时，不得追溯适用新的原产地规则，也不得损害旧的原产地规则；

① 以协定中规定的关于原产地规则协调工作计划的完成为分界点，从《世界贸易组织协定》生效至原产地规则协调工作计划完成之前的期间称为“过渡期内”；在原产地规则协调工作计划完成以后的期间称为“过渡期后”。

② 肯定性标准，是指规定在何种情况下可以授予货物原产地身份；否定性标准，是指在何种情况下不授予货物原产地身份。

第十，要求建立对原产地行政行为的审查制度；

第十一，要求除司法程序外，应遵守相应的信息保密规则。

协定第三条则从 9 个方面规定了成员方在过渡期后，开始实施协调工作计划的结果时应遵守的纪律，这些纪律大部分与第二条的规定一致，即过渡期后：

第一，要求成员方为协定第一条所列适用的所有目的而平等实施原产地规则；

第二，要求确定货物原产地的标准为完全获得或实质性改变标准，即确定一特定货物原产地的国家（地区）应为货物完全获得的国家（地区），或如果该货物的生产涉及一个以上国家（地区），则为进行最后实质性改变的国家（地区）；

第三，要求原产地规则不得严于用于确定货物是否属国产货物的原产地规则，并且不得在其他成员之间造成歧视；

第四，要求原产地规则应以一致、统一、公平和合理的方式进行管理；

第五，要求与原产地规则有关的普遍适用的法律、法规、司法判决和行政裁决应予以公布，即透明度原则；

第六，要求建立原产地的评定制度；

第七，要求原产地规则修改或采用新的原产地规则时，不得追溯适用新的原产地规则，也不得损害旧的原产地规则；

第八，要求建立对原产地行政行为的审查制度；

第九，要求除司法程序外，应遵守相应的信息保密规则。

上述第三至九项要求，与协定第二条中第四、五、七至十一项的要求完全一致。

协定正文第三部分由第四条至第八条内容组成，标题为“通知、审议、磋商和争端解决的程序安排”，这是协定中程序性内容的主要部分。第四条对协定实施和管理的机构作了明确，概括性地规定了原产地规则委员会和原产地规则技术委员会的组成、工作方式和主要职责。第五条规定了成员方在《世界贸易组织协定》对其生效时向秘书处通知其原产地规则的义务，以及成员方在过渡期内修改或采用新的原产地规则时的通知义务。第六条分别从 3 个不同方面对委员会的审议职责进行了规定，即对协定实施和运作情况的审议、对协定条款的审议，以及对协调工作计划实施结果的审议。第七条规定了与《原产地规则协定》实施有关的争端的磋商解决方法。第八条则规定了与协定履行有关的争端解决规则和程序。

协定正文第四部分由第九条组成，其标题为“原产地规则的协调”，对原产地规则协调的目标和原则、工作计划、委员会的作用、协调工作计划的结果和后续工作作出规定。这是最能体现协定发展性和开放性的核心内容。第九条规定原产地规则协调的目标是“协调原产地规则，特别是为进行国际贸易提供更大的确定性”，协调的原则包括：平等适用所有目的；原产地确定的基本标准是完全获得或实质性改变标准，即一特定货物的原产地应为完全获得该货物的国家（地区），或如果该货物的生产涉及一个以上的国家（地区），则为进行最后实质性改变的国家（地区）；客观、可理解和可预测原则；禁止性原则，即原产地规则不得直接或间接用于实现贸易目标的工具，不得对国际贸易产生限制性、扭曲性或破坏性影响，不得提出过分严格的要求，或要求满足与制造或加工无关的条件；一致、统一、公平和合理的管理原则；原产地规则的一致性原则；肯定性标准原则，即原产地规则应依据肯定性标准，否定性标准可以用于澄清肯定性标准。第九条还对原产地规则协调工作计划的具体实施期限、机构、分工进行了规定，明确了原产地规则委员会在协调工作中的作用和职责。第九条还规定了协调工作计划的结果和后续工作，指出协调工作计划的结果应列入一个附件作为协定的组成部分，并制定该附件生效的时限。

协定附件 1“原产地规则技术委员会”就原产地规则技术委员会的职责、代表、会议、程序作了集中规定；附件 2“关于优惠原产地规则的共同宣言”，对优惠原产地规则的定义、应遵守的原则、具体制度及通告程序予以规定。需要指出的是，附件 2 仅是各成员方关于优惠原产地规则的共同声明，其规定并没有给成员方设定国际法上的强制性义务。

附件 2 指出，优惠原产地规则应定义为任何成员为确定货物是否有资格根据导致给予超出适用最惠国待遇的关税优惠的契约性或自主贸易制度而实施的普遍适用的法律、法规和行政裁决，简单说就是指在关税优惠特殊贸易安排下所采用的原产地规则。该附件对成员方制定和实施优惠原产地规则的原则和相关制度作了如下宣示的规定：

第一，保证各成员发布普遍适用的行政裁决时应符合明确性要求，必须明确规定判定产品原产地时需要满足的有关条件；

第二，要求原产地规则应以肯定性标准为依据，而否定性标准只有在对肯定性标准进行部分澄清或不需要肯定性标准的个别情况下，才能使用；

第三，保证与原产地规则有关的普遍适用的法律、法规、司法判决和行政裁决应予以公布，即透明度原则；

第四，保证建立原产地的评定制度；

第五，保证原产地规则修改或采用新的原产地规则时，不得追溯适用新的原产地规则，也不得损害旧的原产地规则；

第六，保证建立对原产地行政行为的审查制度；

第七，保证除司法程序外，应遵守相应的信息保密规则。

三、原产地规则协调工作计划的进展

《原产地规则协定》的签署及实施，对简化、协调、统一国际间的原产地规则起到积极的推动作用。1995 年成立的世界贸易组织在其货物贸易理事会中专门设置了原产地规则委员会（以下简称“委员会”），旨在加强原产地规则的国际协调和趋同。另外，还建立了一个受海关合作理事会指导的原产地规则技术委员会（以下简称“技术委员会”），承担原产地规则的技术工作。

根据《原产地规则协定》的规定，原产地规则协调工作计划于 1995 年 7 月 20 日正式启动，并计划在 3 年内完成。但委员会的努力并没有使这项工作如期在 1998 年 7 月以前完成。1998 年委员会决定将协调工作计划延期，争取在 1999 年 11 月以前完成该工作。这是协调工作的第一次延期。

1999 年 7 月，技术委员会向委员会提交了原产地规则协调的技术性审议结果，提出了 486 个未决问题需要由委员会进一步考虑。2000 年 12 月 15 日，世界贸易组织总理事会又作出决议，决定再次延期完成该协调工作计划。根据该决议，协调工作应于世界贸易组织

第四次部长级会议召开前完成，最迟也应在 2001 年年底完成。

尽管 2001 年是原产地规则协调工作进展较为迅速的一年[①]，但是委员会在该年并未最终完成原产地规则的协调工作。2002 年 7 月，委员会向总理事会提交了 94 个未决的核心政策问题。自此总理事会正式涉入原产地规则协调方面的讨论和决议工作。但是 2002 年 12 月，总理事会再次决定将解决 94 个核心政策问题的期限延长至 2003 年 7 月，并同意委员会可以在 2003 年年底之前完成余下的技术性工作。

2003 年 7 月，总理事会再将这 94 个核心问题解决的完成期限延长至 2004 年 7 月。这项协调工作仍未取得突破性进展，于是总理事会在 2004 年 7 月底至 8 月初的会议上，只能再次将这些问题的解决期限延长至 2005 年 7 月，同意在这些问题解决后，委员会可以在 2005 年年底前完成余下的技术性工作。

2007 年 4 月，委员会召开非正式会议专门讨论《协调制度》第 84~90 章机电产品的原产地确定标准。鉴于十多年来各方虽经多次协调仍无法就此达成一致，委员会主席为能取得突破，在会前散发了其为解决上述产品原产地确定标准提出的一揽子方案。方案对各项产品的原产地判定标准分别列出 C、D 两栏（税则归类改变和加工增值）标准，力图在各方承认双重标准的基础上，推进整体协调工作。C、D 两栏标准模式意味着各成员可依据自身情况选择适用 C 或 D 栏标准，并将选择结果通报世界贸易组织秘书处后适用，这将打破世界贸易组织此前规则制定的惯例。大多数成员认为协调工作计划在 2007 年有望达成，从而结束十多年艰苦而漫长的谈判工作。但是，以美国为首，加拿大、澳大利亚、新西兰等在内的成员方在 6 月召开的委员会正式会议上，借口实施影响问题未解决，以及不能接受《协调制度》第 84~90 章机电产品的原产地判定适用双重标准为由，表示应要求总理事会作出“政策指引”，在等待总理事会作出决定前，中止世界贸易组织非优惠原产地规则协调工作。这迫使协调工作重新陷入僵局，至今没有实现突破性进展。

由于协调工作本身技术上的复杂性和所牵扯的各方经济和政治利益微妙，总理事会已连续多次延长协调工作的完成期限，目前仍有 94 个核心政策性问题未解决[②]，至今协调工作还在继续。目前协调工作计划所取得的最重要进展就是形成了统一的磋商文体，制定了协调后原产地规则的整体框架。该文本经过几个回合的修改，除总规则外，还包括各主规则、各章规则等；而对于货物原产地的具体判定，则有附录 1、附录 2 和补充规则等。附录 1 主要是与完全在一国（地区）获得货物的协调规则有关，附录 2 则主要涉及各具体产品部门的原产地规则。

总之，目前世界贸易组织《原产地规则协定》仅为各成员制定原产地规则提供了指导

---

① 对于技术委员会向委员会提交的 486 个未决问题中，委员会在 1997 年 7 月至 2000 年 11 月期间仅完成 30 个问题的协调工作，但在 2000 年 12 月 15 日至 2001 年 11 月期间，委员会完成了 248 个问题的协调工作。

② 这 94 个问题，1 个是在 1999 年前后提出的协调非优惠原产地规则的适用对其他 WTO 协定的影响问题（即 Implication Issue）；其他 93 个是遗留下来的具体产品问题，包括：专属经济区海域捕捞的渔产品、渔产品的加工、活动物的屠宰、奶制品、咖啡、油的精炼、糖、可可、蔬菜水果的榨汁、酒类、香料的碾压、水泥、石油产品的混合、皮革的鞣制、纺织品的染色或印花、绣花、织物涂布、服装缝合加工、鞋类的组装加工、钢铁产品的涂层、机电产品的组装、电子产品的组装、汽车组装等。

性原则，还只是统一各成员原产地规则的第一步，而真正意义上的原产地规则协调工作计划还没有完成。未来如果协调工作计划能够完成，将意味着一个国际统一的实体性原产地规则的出现，它将改变各成员方在原产地规则方面各自为政的局面，促进原产地领域的贸易便利化，避免成员各方利用原产地规则作为非关税壁垒，减少由此产生的贸易争端和对抗。依据这个规则，一个货品的原产地被确定后，将同等适用于所有的非优惠性贸易政策措施。这样，贸易商只需使用单一的一套原产地规则，就可以清楚地了解或预知各种货品原产地的认定结果，从而使国际贸易活动的确定性大大增加。此外，由于世界贸易组织原产地规则的规定十分严谨，每一种货品依据它只能确定出一个原产地，它的实施也将有效防止世界贸易组织成员间对原产地作出不同的判定。尽管该规则生效后，海关和贸易商在实施中会面临大量工作，但从长远看，它将对便利国际贸易产生深远影响。

第三节　我国的非优惠原产地规则

一、我国非优惠原产地规则的立法状况

2004 年及以前，我国在原产地领域就进口货物和出口货物长期实行两套不同的原产地规则。进口货物使用的是海关总署 1986 年 12 月 6 日发布实施的《中华人民共和国海关关于进口货物原产地的暂行规定》。该进口原产地规则的制定借鉴了《京都公约》和其他国家（地区）的有关规定，确定了以“完全获得”和“实质性改变”作为进口货物原产地的认定标准。判定实质性改变的标准是：改变进出口税则中 4 位数税号一级的税则归类，或者加工增值部分所占新产品总值的比例已达到 30%及以上。出口货物使用的是国务院 1992 年 3 月 8 日颁布的《中华人民共和国出口货物原产地规则》（1992 年 5 月 1 日施行）及其实施办法，以及同时施行的《中华人民共和国含有进口成分出口货物原产地标准主要制造、加工工序清单》。该规则规定了我国部分出口货物原产地的认定标准和出口货物原产地证书的签发管理制度。其借鉴了中国香港的有关做法，确定了以加工工序为主，辅以增值百分比的标准（增值 25%及以上）作为制定出口货物原产地规则的基础。

进出口货物原产地规则的不统一，一直为我国原产地规则立法和管理上的一大缺陷，也不符合世界贸易组织《原产地规则协定》的有关原则，因此在我国加入世界贸易组织以后，统一和改进我国原产地规则方面的法律制度就显得十分迫切和必要。2004 年 9 月国务院颁布了《原产地条例》，规定自 2005 年 1 月 1 日起施行，同时废止了上述《中华人民共和国出口货物原产地规则》和《中华人民共和国海关关于进口货物原产地的暂行规定》，从而统一了我国进出口货物的非优惠原产地规则。该条例适用于实施最惠国待遇、反倾销和反补贴、保障措施等非优惠性贸易措施，以及进行政府采购、贸易统计等活动对进出口货物原产地的确定，借鉴世界贸易组织《原产地规则协定》的相关内容和过渡期内应遵守的纪律原则，对货物原产地的确定、原产地证书的申请、签发和管理作出了明确规定，成为我国目前在原产地领域最为重要的行政法规。

2004 年 12 月，海关总署发布了《关于非优惠原产地规则中实质性改变标准的规定》，

自 2005 年 1 月 1 日起与《原产地条例》同步实施。2009 年 6 月，原国家质量监督检验检疫总局发布了《中华人民共和国非优惠原产地证书签证管理办法》，自 2009 年 8 月 1 日开始实施。2018 年国务院机构改革，将国家质量监督检验检疫总局的出入境检验检疫管理职责和队伍划入海关总署，海关总署先后对上述规定和办法进行了修订。

目前，《原产地条例》《关于非优惠原产地规则中实质性改变标准的规定》《中华人民共和国非优惠原产地证书签证管理办法》等法规、规章和相关规定，构成了我国非优惠原产地规则的基本法律体系。

二、我国非优惠原产地规则的适用范围

《原产地条例》是我国非优惠原产地规则最重要的行政法规。该条例指出，货物原产地，是指依照《原产地条例》确定的获得某一货物的国家（地区）。而所称的获得，是指捕捉、捕捞、搜集、收获、采掘、加工或生产等。条例明确指出，我国非优惠原产地规则"适用于实施最惠国待遇、反倾销和反补贴、保障措施、原产地标记管理、国别数量限制、关税配额等非优惠性贸易措施以及进行政府采购、贸易统计等活动对进出口货物原产地的确定"（《原产地条例》第二条）。而实施优惠性贸易措施对进出口货物原产地的确定，则不适用该规则。

三、我国非优惠原产地规则的原产地确定标准

《原产地条例》有关条款及海关总署发布施行的《关于非优惠原产地规则中实质性改变标准的规定》对我国非优惠性贸易措施项下进出口货物原产地的确定标准作出了明确规定。确定货物原产地的基本原则是：完全在一个国家（地区）获得的货物，以该国（地区）为原产地；两个以上国家（地区）参与生产的货物，以最后完成实质性改变的国家（地区）为原产地（《原产地条例》第三条），即采用完全获得标准和实质性改变标准确定进出口货物的原产地。

（一）完全获得标准

如果货物完全在一个国家（地区）获得，则以该国（地区）作为货物的原产地。所谓"完全在一个国家（地区）获得的货物"，具体包括以下几种情形：

1. 在该国（地区）出生并饲养的活的动物。这里及下述 2、3 所称的"动物"是指包括哺乳动物、鸟、鱼、甲壳动物、软体动物、爬行动物、细菌及病毒等在内的所有的动物。

2. 在该国（地区）野外捕捉、捕捞、搜集的动物。这里所称的动物必须是在野外获得的，不论其是活的还是死的，不论其是否在该国（地区）出生和饲养的。

3. 从该国（地区）的活的动物获得的未经加工的物品。这里所称的物品是指从活动物获得的未经进一步加工的包括乳、蛋、天然蜂蜜、毛发、羊毛、精液及粪便等在内的动物产品。

4. 在该国（地区）收获的植物和植物产品。这里所称的植物，包括果实、花、蔬菜、树木、海藻、真菌及在该国（地区）生长的活植物。

5. 在该国（地区）采掘的矿物。这里所称的矿物包括岩盐或日光盐、自然生成的天然矿物硫黄、天然沙、黏土、石头、金属矿物、煤、原油、天然气、沥青矿物等物质。

6. 在该国（地区）获得的除上述第 1 项至第 5 项范围之外的其他天然生成的物品，包括普通天然水、天然矿泉水、天然雪和冰等天然生成的物质。

7. 在该国（地区）生产过程中产生的只能弃置或者回收用作材料的废碎料。这里所称的废碎料，包括在该国（地区）制造或加工或消耗中产生的废料。

8. 在该国（地区）收集的不能修复或者修理的物品，或者从该物品中回收的零件或者材料。这里所称的物品，包括废弃的机器、弃置的包装和家庭垃圾，以及所有不能再用于其原生产用途的产品。

9. 由合法悬挂该国旗帜的船舶从其领海以外海域获得的海洋捕捞物和其他物品。

10. 在合法悬挂该国旗帜的加工船上加工上述第 9 项所列物品获得的产品。

11. 从该国领海以外享有专有开采权的海床或者海床底土获得的物品。

12. 在该国（地区）完全从上述第 1 项至第 11 项所列物品中生产的产品。

《原产地条例》第五条还规定，在确定货物是否在一个国家（地区）完全获得时，不考虑一些微小加工或者处理。所谓微小加工或处理，是指对货物的基本特征影响轻微的加工或处理，具体包括：一是为运输、贮存期间保存货物而作的加工或者处理；二是为货物便于装卸而作的加工或者处理；三是为货物销售而作的包装等加工或者处理。也就是说，即使货物在其他国家（地区）经过了上述微小的加工或处理，其原产地仍为上述所称的该国（地区），而不把其他国家（地区）看作参与生产的另一个国家（地区）。

（二）实质性改变标准

如果货物涉及两个以上国家（地区）参与生产，则以最后完成实质性改变的国家（地区）作为该货物的原产地。

对于实质性改变的确定标准，应以税则归类改变为基本标准；对于税则归类改变不能反映实质性改变的，则以从价百分比、制造或者加工工序等为补充标准（《原产地条例》第六条）。

海关总署发布施行的《关于非优惠原产地规则中实质性改变标准的规定》指出：

“税则归类改变”标准，是指在某一国家（地区）对非该国（地区）原产材料进行制造、加工后，所得货物在《中华人民共和国进出口税则》中的四位数级税目归类发生了变化。

“制造、加工工序”标准，是指在某一国家（地区）进行的赋予制造、加工后所得货物基本特征的主要工序。

“从价百分比”标准，是指在某一国家（地区）对非该国（地区）原产材料进行制造、加工后的增值部分超过了所得货物价值的 30%。用公式表示如下：

$$\frac{\text{工厂交货价}-\text{非该国（地区）原产材料价值}}{\text{工厂交货价}}\times 100\% \geqslant 30\%$$

其中“工厂交货价”是指支付给制造厂生产的成品的价格。“非该国（地区）原产材料价值”是指直接用于制造或装配最终产品而进口原料、零部件的价值（含原产地不明的原料、零配件），以其进口“成本、保险费加运费”价格（CIF）计算。

在实际工作中，为方便管理和操作，海关总署会同有关部门还制定了《适用制造或者加工工序及从价百分比标准的货物清单》，并规定采用制造或者加工工序和从价百分比为标准判定实质性改变的货物在该清单中具体列明，并按列明的标准判定是否发生实质性改变。凡未列入《适用制造或者加工工序及从价百分比标准的货物清单》的货物，则应当适用税则归类改变标准来判定是否发生实质性改变。

需要指出的是，生产过程中使用的中性成分和间接材料，在确定货物原产地时不予考虑。即货物在生产过程中使用的能源、厂房、设备、机器和工具的原产地，以及未构成货物物质成分或者组成部件的材料的原产地，不影响该货物原产地的确定。此外，对货物所进行的任何加工或者处理，如果是为了规避我国关于反倾销、反补贴和保障措施等有关规定的，海关在确定该货物的原产地时可以不考虑这类加工和处理。

（三）包装容器、附件等特定货物原产地的确定方法

我国原产地规则对于随所装货物进出口的包装材料和容器，以及随货物进出口的附件、备件、工具和介绍说明性资料，也规定了确定原产地的方法。

1. 包装、包装材料和容器的原产地

我国规定，随所装货物一同进出口的包装、包装材料和容器，如果在《进出口税则》中与所装货物一并归类，那么所装货物的原产地不受这些包装、包装材料和容器原产地的影响。这些包装、包装材料和容器的原产地不再单独确定，所装货物的原产地就是这些包装、包装材料和容器的原产地（《原产地条例》第八条第一款）。这表明，这些包装、包装材料和容器与所装的货物已经被视为一体。

但是，如果这些包装、包装材料和容器根据商品归类的原则，在《进出口税则》中与所装货物不一并归类，此时应按规定分别确定这些包装、包装材料和容器，以及所装货物的原产地（《原产地条例》第八条第二款）。这意味着，这些包装、包装材料和容器与所装货物被看作两种不同的产品，所以应分别确定其原产地。

2. 附件、备件、工具和介绍说明性资料的原产地

对于随货物同时进出口的附件、备件、工具和介绍说明性资料，其原产地的确定要区分以下几种情况（《原产地条例》第九条）：

如果是按正常配备的种类和数量进出口，并且在《进出口税则》中与该货物一并归类，那么该货物的原产地不受这些附件、备件、工具和介绍说明性资料原产地的影响。这些附件、备件、工具和介绍说明性资料的原产地不再单独确定，该货物的原产地就是这些附件、备件、工具和介绍说明性资料的原产地。此时这些附件、备件、工具和介绍说明性资料已经与该货物视为一体，因此不需要分别确定原产地。

如果这些附件、备件、工具和介绍说明性资料在《进出口税则》中虽与该货物一并归类，但却超出正常配备的种类和数量，此时，这些附件、备件、工具和介绍说明性资料不能与该货物视为一体，而应看作两种商品分别确定其原产地。

如果这些附件、备件、工具和介绍说明性资料在《进出口税则》中与该货物不一并归类，则不论其是否按正常配备的种类和数量进出口，都应看作与该货物不同的产品，应按规定分别确定这些附件、备件、工具和介绍说明性资料与该货物的原产地。

第四节　我国的优惠原产地规则

一、我国优惠原产地规则的立法状况

优惠原产地规则是为了实施国别优惠政策而制定的法律、法规和行政裁决，通常是通过多边或双边贸易协定规定或由给惠国自主制定的，主要用以决定货物是否符合给予优惠性贸易措施待遇的条件。优惠原产地规则具有很强的排他性及歧视性，其目的旨在促进协定成员方之间的贸易发展，并增加成员方之间的投资及就业等。由于优惠原产地规则是用于认定进口商品有无资格享受特殊优惠待遇的，因此其认定标准比非优惠原产地规则更严格，享受优惠的商品种类也有严格限制。

在世界贸易组织体制下，作为最惠国待遇原则的例外，允许自由贸易区、普惠制等关税优惠体制存在。由于世界贸易组织多哈回合谈判止步不前，各国（地区）纷纷转向更小范围的多边或双边自由贸易协定，以促进自由贸易区成员之间的贸易发展。我国也开始加入一些自由贸易协定，因此相应出现了优惠的原产地规则。2001 年 5 月 23 日，我国正式加入的《亚太贸易协定》（前身为《曼谷协定》）是我国加入的第一个具有实质性优惠安排的区域贸易协定。截至 2022 年 8 月，我国已与 30 个国家和地区签署了 20 个自由贸易协定和区域优惠贸易安排。① 此外，我国还对部分最不发达国家给予单向的特别优惠关税待遇，以及对我国台湾地区部分农产品零关税待遇，这些自贸协定或优惠贸易安排都包含了相应的优惠原产地规则。随着我国与其他国家（地区）的区域性贸易合作的不断加强，更多的优惠原产地规则将陆续出台。

对于我国参与或缔结的公约、协定项下的优惠原产地规则，我国海关总署依据有关原产地规则制定了相应的优惠原产地管理办法，并以海关总署令或海关总署公告的形式对外发布，完成从国际法向国内法的转换。为了正确确定优惠贸易协定项下进出口货物的原产地，规范海关对优惠贸易协定项下进出口货物原产地管理，海关总署还制定了《中华人民共和国海关进出口货物优惠原产地管理规定》（以下简称《优惠原产地管理规定》），自 2009 年 3 月 1 日起施行（海关总署令第 181 号公布）。该规章从多个方面对管理相对人的权利和义务进行了规范，初步建立起与国际惯例相衔接、与国内法律法规相配套的统一规范的优惠原产地规章体系，确保了优惠原产地规则的有效实施。《优惠原产地管理规定》连同各项优惠原产地管理办法，形成了我国优惠原产地规则的基本法律框架。

截至 2022 年 8 月，我国优惠原产地规则的主要法律文件详见表 4-1。

---

① 其中，《亚太贸易协定》不是严格意义上的自由贸易协定，而是一个区域性的优惠贸易安排。2017 年 12 月 7 日签署的《中华人民共和国政府和马尔代夫共和国政府自由贸易协定》未生效。

表 4-1 我国优惠原产地规则主要法律文件一览表

序号	优惠原产地规则	协定或优惠贸易安排名称	适用国家或地区	国内主要法律文件
1	《亚太贸易协定》原产地规则	①《亚洲及太平洋经济和社会委员会发展中成员国关于贸易谈判的第一协定修正案》 ②《〈亚洲—太平洋贸易协定〉第二修正案》	中国、韩国、印度、孟加拉国、斯里兰卡、老挝、蒙古国等7个成员。其中孟加拉国、老挝为最不发达国家。	①《中华人民共和国海关〈亚太贸易协定〉项下进出口货物原产地管理办法》(海关总署令第177号公布，第198号修改) ②《〈亚洲—太平洋贸易协定〉原产地规则》(海关总署公告2018年第69号)
2	中国—东盟自贸区原产地规则	①《中华人民共和国政府与东南亚国家联盟成员国政府全面经济合作框架协议》 ②《中华人民共和国与东南亚国家联盟关于修订〈中国—东盟全面经济合作框架协议〉及项下部分协议的议定书》	中国、东盟(文莱、柬埔寨、印度尼西亚、老挝、马来西亚、缅甸、菲律宾、新加坡、泰国、越南)等1+10个成员国	①《中华人民共和国海关〈中华人民共和国与东南亚国家联盟全面经济合作框架协议〉项下进出口货物原产地管理办法》(海关总署令第199号公布) ②《中华人民共和国海关〈中华人民共和国与东南亚国家联盟全面经济合作框架协议〉项下经修订的进出口货物原产地管理办法》(海关总署公告2019年第136号)
3	中国—巴基斯坦自由贸易区协定原产地规则	①《中华人民共和国政府与巴基斯坦伊斯兰共和国政府自由贸易协定》 ②《中华人民共和国政府和巴基斯坦伊斯兰共和国政府关于修订〈自由贸易协定〉的议定书》	中国、巴基斯坦	①《中华人民共和国海关〈中华人民共和国政府与巴基斯坦伊斯兰共和国政府自由贸易协定〉项下进口货物原产地管理办法》(海关总署令第162号公布，第198号修改) ②关于《中巴自贸协定》原产地规则及签证操作程序的公告(海关总署公告2007年第34号)

续表4-1

序号	优惠原产地规则	协定或优惠贸易安排名称	适用国家或地区	国内主要法律文件
4	中国—智利自由贸易协定原产地规则	①《中华人民共和国政府和智利共和国政府自由贸易协定》 ②《中华人民共和国政府与智利共和国政府关于修订〈自由贸易协定〉及〈自由贸易协定关于服务贸易的补充协定〉的议定书》	中国、智利	《中华人民共和国海关〈中华人民共和国政府和智利共和国政府自由贸易协定〉项下进出口货物原产地管理办法》（海关总署公告2019年第39号）
5	中国—新西兰自由贸易协定原产地规则	①《中华人民共和国政府和新西兰政府自由贸易协定》 ②《中华人民共和国政府与新西兰政府关于升级〈中华人民共和国政府与新西兰政府自由贸易协定〉的议定书》	中国、新西兰	《中华人民共和国海关〈中华人民共和国政府和新西兰政府自由贸易协定〉项下经修订的进出口货物原产地管理办法》（海关总署公告2022年第32号）
6	中国—新加坡自由贸易协定原产地规则	①《中华人民共和国政府和新加坡共和国政府自由贸易协定》 ②《中华人民共和国政府与新加坡共和国政府关于升级〈自由贸易协定〉的议定书》	中国、新加坡	①《中华人民共和国海关〈中华人民共和国政府和新加坡共和国政府自由贸易协定〉项下进出口货物原产地管理办法》（海关总署令第178号公布，第198号、第203号修改） ②《中华人民共和国海关〈中华人民共和国政府和新加坡共和国政府自由贸易协定〉项下经修订的进出口货物原产地管理办法》（海关总署公告2019年第205号）
7	中国—秘鲁自由贸易协定原产地规则	《中华人民共和国政府和秘鲁共和国政府自由贸易协定》	中国、秘鲁	①《中华人民共和国海关〈中华人民共和国政府和秘鲁共和国政府自由贸易协定〉项下进口货物原产地管理办法》（海关总署令第186号公布） ②《〈中华人民共和国政府和秘鲁共和国政府自由贸易协定〉项下产品特定原产地规则》（海关总署公告2010年第13号）

续表4-1

序号	优惠原产地规则	协定或优惠贸易安排名称	适用国家或地区	国内主要法律文件
8	中国—哥斯达黎加自由贸易协定原产地规则	《中华人民共和国政府和哥斯达黎加共和国政府自由贸易协定》	中国、哥斯达黎加	①《中华人民共和国海关〈中华人民共和国政府和哥斯达黎加共和国政府自由贸易协定〉项下进出口货物原产地管理办法》（海关总署令第202号公布） ②《〈中华人民共和国政府和哥斯达黎加共和国政府自由贸易协定〉项下产品特定原产地规则》（海关总署公告2011年第49号）
9	中国—冰岛自由贸易协定原产地规则	《中华人民共和国政府和冰岛政府自由贸易协定》	中国、冰岛	①《中华人民共和国海关〈中华人民共和国政府和冰岛政府自由贸易协定〉项下进出口货物原产地管理办法》（海关总署令第222号公布） ②《〈中华人民共和国政府和冰岛政府自由贸易协定〉项下产品特定原产地规则》（海关总署公告2014年第49号）
10	中国—瑞士自由贸易协定原产地规则	《中华人民共和国和瑞士联邦自由贸易协定》	中国、瑞士	①《中华人民共和国海关〈中华人民共和国和瑞士联邦自由贸易协定〉项下进出口货物原产地管理办法》（海关总署令第223号公布） ②《〈中华人民共和国和瑞士联邦自由贸易协定〉项下产品特定原产地规则》（海关总署公告2014年第51号）
11	中国—澳大利亚自由贸易协定原产地规则	《中华人民共和国政府和澳大利亚政府自由贸易协定》	中国、澳大利亚	①《中华人民共和国海关〈中华人民共和国政府和澳大利亚政府自由贸易协定〉项下进出口货物原产地管理办法》（海关总署令第228号公布） ②《〈中华人民共和国政府和澳大利亚政府自由贸易协定〉项下产品特定原产地规则》（海关总署公告2015年第62号）
12	中国—韩国自由贸易协定原产地规则	《中华人民共和国政府和大韩民国政府自由贸易协定》	中国、韩国	①《中华人民共和国海关〈中华人民共和国政府和大韩民国政府自由贸易协定〉项下进出口货物原产地管理办法》（海关总署令第229号公布） ②《〈中华人民共和国政府和大韩民国政府自由贸易协定〉项下产品特定原产地规则》（海关总署公告2015年第64号）

续表4-1

序号	优惠原产地规则	协定或优惠贸易安排名称	适用国家或地区	国内主要法律文件
13	中国—格鲁吉亚自由贸易协定原产地规则	《中华人民共和国政府和格鲁吉亚政府自由贸易协定》	中国、格鲁吉亚	《中华人民共和国海关〈中华人民共和国政府和格鲁吉亚政府自由贸易协定〉项下进出口货物原产地管理办法》（海关总署公告2017年第61号）
14	中国—毛里求斯自由贸易协定原产地规则	《中华人民共和国政府和毛里求斯共和国政府自由贸易协定》	中国、毛里求斯	《中华人民共和国海关〈中华人民共和国政府和毛里求斯共和国政府自由贸易协定〉项下进出口货物原产地管理办法》（海关总署公告2020年第128号）
15	RCEP原产地规则	《区域全面经济伙伴关系协定》	中国、日本、韩国、澳大利亚、新西兰、东盟10国（文莱、柬埔寨、印度尼西亚、老挝、马来西亚、缅甸、菲律宾、新加坡、泰国、越南）等5+10个成员。①	①《中华人民共和国海关〈区域全面经济伙伴关系协定〉项下进出口货物原产地管理办法》（海关总署令第255号公布） ②《关于〈区域全面经济伙伴关系协定〉实施相关事项的公告》——产品特定原产地规则（海关总署公告2021年第106号）
16	中国—柬埔寨自由贸易协定原产地规则	《中华人民共和国政府和柬埔寨王国政府自由贸易协定》	中国、柬埔寨	《中华人民共和国海关〈中华人民共和国政府和柬埔寨王国政府自由贸易协定〉项下进出口货物原产地管理办法》（海关总署公告2021年第107号）
17	内地—香港CEPA原产地规则	①《内地与香港关于建立更紧密经贸关系的安排》 ②《〈内地与香港关于建立更紧密经贸关系的安排〉货物贸易协议》	中国内地、中国香港	《中华人民共和国海关〈《内地与香港关于建立更紧密经贸关系的安排》货物贸易协议〉项下进出口货物原产地管理办法》（海关总署公告2018年第214号）

① 2020年11月15日《区域全面经济伙伴关系协定》签署，2022年1月1日起首先在中国、日本、澳大利亚、新西兰、东盟6国（文莱、柬埔寨、老挝、新加坡、泰国、越南）开始正式实施。2022年2月1日起在韩国、2022年3月18日起在马来西亚生效实施。2022年5月1日起在中国与缅甸两国间实施。

续表4-1

序号	优惠原产地规则	协定或优惠贸易安排名称	适用国家或地区	国内主要法律文件
18	内地—澳门CEPA原产地规则	①《内地与澳门关于建立更紧密经贸关系的安排》 ②《〈内地与澳门关于建立更紧密经贸关系的安排〉货物贸易协议》	中国内地、中国澳门	《中华人民共和国海关〈《内地与澳门关于建立更紧密经贸关系的安排》货物贸易协议〉项下进出口货物原产地管理办法》（海关总署公告2018年第213号）
19	海峡两岸ECFA原产地规则	《海峡两岸经济合作框架协议》	中国大陆、中国台湾	①《中华人民共和国海关〈海峡两岸经济合作框架协议〉项下进出口货物原产地管理办法》（海关总署令第200号公布） ②ECFA货物贸易早期收获产品的产品特定原产地规则（海关总署公告2011年第83号）
20	对台农产品零关税措施原产地规则①	无	中国大陆对中国台湾，单向给惠	①《对原产于台湾地区的15种进口鲜水果实施零关税的公告》（海关总署公告2005年第37号） ②《对原产于台湾地区的19种进口农产品免征关税有关事宜的公告》（海关总署公告2007年第6号）
21	对最不发达国家特惠关税待遇原产地规则	与相关国家换文协议或承诺	中国对部分最不发达国家，单向给惠	《中华人民共和国海关关于最不发达国家特别优惠关税待遇进口货物原产地管理办法》（海关总署令第231号公布）
22	其他②			《中华人民共和国海关进出口货物优惠原产地管理规定》（海关总署令第181号公布）

二、我国优惠原产地规则的主要内容

（一）各优惠原产地规则的共性规定

由于优惠原产地规则是用于认定进出口商品有无资格享受优惠关税待遇，因此其认定标准比非优惠原产地规则更严格，享受优惠的商品种类也有严格限制，而且必须满足直接运输的要求。进口国（地区）为了防止此类优惠措施被滥用或规避，一般都要求出口国（地区）授权专门机构负责签发优惠原产地证书，并按优惠原产地规则的规定签发出口国

① 仅适用于15种水果、8种水产品和11种蔬菜。

② 海关总署就自由贸易协定和区域贸易安排项下普遍适用的共性原产地规则作出统领性规定。

（地区）的原产地证书，或者出具符合要求的原产地声明。

1. 货物原产地的认定标准

从优惠贸易协定成员国（地区）直接运输进口的货物，其原产地的确认标准可分为完全获得标准和非完全获得标准两种。货物完全在一成员国（地区）获得或生产，采用完全获得标准，如果货物非完全在一成员国（地区）获得或者生产，则采用非完全获得标准，或称实质性改变标准。

（1）完全获得标准

对于完全在一成员国（地区）获得或生产的货物，其原产地即为该成员国（地区）。这里所称的“完全在一成员国（地区）获得或生产的货物”是指以下几种情形之一的货物：

①在该成员国（地区）境内收获、采摘或者采集的植物产品；

②在该成员国（地区）境内出生并饲养的活动物；

③在该成员国（地区）领土或者领海开采、提取的矿产品；

④其他符合相应优惠贸易协定项下完全获得标准的货物。

按国际惯例，完全获得标准通常包含10至12项，包括动物产品、植物产品、矿产品、远洋捕捞产品、废碎料等。在我国已实施的各项优惠原产地规则中，由于谈判对象和谈判条件不同，所达成的各项条款互有差异，尽管各种优惠原产地规则中关于完全获得标准的规定大同小异，但在实际工作中仍应按照各优惠贸易协定项下的完全获得标准来执行。

（2）非完全获得标准

如果涉及两个及两个以上国家（地区）参与生产，即非完全在该成员国（地区）获得或生产的货物，通常以实质性改变标准来确定其原产地。这种确定货物原产地的方法又称为非完全获得标准。

对于非完全在一成员国（地区）获得或生产的货物，采用实质性改变标准确定其原产地的方法主要包括税则归类改变标准、区域价值成分标准、制造或者加工工序标准或其他标准。如果在一成员国（地区）经过了贸易协定规定的某一数级税则归类改变的生产，或者区域价值成分达到一定百分比，或者经过了赋予所得货物基本特征的主要工序的加工，以及规定的其他标准，则以该成员国（地区）为货物的原产地。

税则归类改变标准，是指原产于非成员国（地区）的材料，在出口成员国（地区）境内进行制造、加工后，所得货物在《协调制度》中税则归类发生了变化。通常包括前两位数变化的章改变标准、前四位数变化的品目改变标准和前六位数变化的子目改变标准。

区域价值成分标准，又称为从价百分比标准或增值百分比标准，是指按照最终产品与进口部分（或原材料）价值之间的比例关系来衡量货物的加工程度，以确定最终产品是否具备原产地资格的判定标准。区域价值成分的计算方法主要有扣减法（又称间接法）和累加法（又称直接法）两种。

扣减法是指出口货物船上交货价格（FOB）扣除该货物生产过程中该成员国（地区）非原产材料价格以后，所余价款在出口货物船上交货价格（FOB）中所占的百分比达到一定比例的计算方法。其计算公式为：

$$扣减法的区域价值成分=\frac{货物船上交货价格(FOB)-非原产材料价格}{货物船上交货价格（FOB）}\times 100\%$$

累加法是指出口国原产材料价格、生产成本及利润等费用在出口货物船上交货价格（FOB）中所占的百分比达到一定比例的计算方法。其计算公式为：

$$累加法的区域价值成分=\frac{原产材料价格+人工成本+利润+其他费用}{货物船上交货价格（FOB）}\times 100\%$$

有时也采用非原产材料价值百分比的方法来限制出口货物的进口成分比例，即允许使用的非原产材料价值占出口货物船上交货价格（FOB）的最大百分比。其计算公式为：

$$非原产材料价值百分比=\frac{非原产材料价值}{货物船上交货价格（FOB）}\times 100\%。$$

制造或者加工工序标准，是指赋予加工后所得货物基本特征的主要工序。

其他标准，是指除上述标准之外，成员国（地区）一致同意采用的确定货物原产地的其他标准，例如化学反应规则、提纯规则等。

此外，一些优惠原产地规则还采用混合标准和选择性标准。混合标准，是指将上述两种或两种以上增值结合起来制定货物的原产地标准。选择性标准，是指在两种组合的原产地标准中，可以选择任一种原产地标准来确定货物原产地。一般认为，选择性原产地标准比较宽松，有助于提高区域贸易安排优惠政策的利用率。

在目前已实施的各项优惠原产地规则中，由于不同贸易协定框架下，关于非完全获得标准的判定方法各有差异，即使采用相同的实质性改变标准，例如区域价值成分标准或税则归类改变标准，也可能因百分比不同，或改变的税则归类不是同一数级，而导致所确定的该货物原产地不同。因此，这些货物的原产地应根据具体的贸易协定所规定的非完全获得标准来确定。

（3）累积规则

如果原产于优惠贸易协定某一成员国（地区）的货物或者材料，在同一优惠贸易协定另一成员国（地区）境内用于生产另一货物，并构成另一货物组成部分时，则应将该货物或者材料视为原产于另一成员国（地区）境内。也就是说，在某一成员国（地区）原产的货物或材料的价值，可以累积在进一步加工生产的另一成员国（地区）的货物的价值上，只要其达到贸易协定规定的标准，即可以将另一成员国（地区）视为经过加工生产的货物的原产地。

在我国已实施的各项优惠原产地规则中，基本上都有累积规则的条款，包括双边累积和多边累积均得到应用，但是具体的累积规则仍有差异，在实际工作中应结合各优惠贸易协定具体的规定来确定货物的原产地。

（4）其他补充规则

在国际通行的原产地规则中，除了原产地确定标准外，还包括一些补充或辅助规则，以确保原产地规则的完整性。这些补充规则包括微小加工或处理、微小含量、包装及容器、附件备件及工具、中性成分、可互换材料、成套货物等。

我国《优惠原产地管理规定》明确规定，为便于装载、运输、储存、销售进行的加工、包装、展示等微小加工或者处理，不影响货物原产地确定；运输期间用于保护货物的包装材料及容器不影响货物原产地确定；在货物生产过程中使用，但本身并不构成货物物质成分，也不成为货物组成部件的材料或者物品，其原产地不影响货物原产地确定。

在我国已实施的各项优惠原产地规则中，对补充规则的规定有的非常具体详细，有的较为简单。在确定货物原产地时，也应注意这些补充规则。

2. 直接运输的规则

优惠原产地规则与非优惠原产地规则的一个重要区别在于，获得优惠贸易协定成员国（地区）原产资格的货物，还必须直接从出口国（地区）运往进口国（地区）境内，才能享受相应贸易协定所规定的优惠待遇。也就是说，是否符合直接运输规则，是判定货物能否适用优惠待遇的重要条件之一。总体上，直接运输包括两种情况，一是货物在缔约方之间直接运输；二是货物从缔约一方运往另一方途中经过第三方境内。所谓的直接运输，主要是指以下两种情况之一的运输：

（1）直接运抵、未经过中转运输的货物

如果优惠贸易协定项下的货物，从该协定出口成员国（地区）直接运输至另一进口成员国（地区），途中未经过该成员国（地区）以外的其他国家（地区），则属于直接运输。

（2）经过其他国家（地区）中转运输的货物

由于各种原因，导致货物无法直接从贸易协定出口成员国（地区）运输至另一进口成员国（地区）时，只要符合中转过境的条件，即使经过其他国家（地区）中转运输至进口国（地区），不论在运输途中是否转换运输工具或者作临时储存，也可以视为直接运输。这些必须同时符合的条件是：

①该货物在经过其他国家（地区）时，未作除使货物保持良好状态所必须处理以外的其他处理；

②该货物在其他国家（地区）停留的时间未超过相应优惠贸易协定规定的期限；

③该货物在其他国家（地区）作临时储存时，处于该国家（地区）海关监管之下。

当然，对于途中经过贸易协定成员国（地区）以外的其他国家（地区）境内运输至该协定进口成员国（地区）的货物，如果不符合上述运输条件，即使根据优惠贸易协定原产地认定标准确定其为该协定成员国（地区）原产，也不能享受相应的优惠待遇。

在我国已实施的各项优惠原产地规则中，对直接运输规则的规定尽管大同小异，但仍有一些优惠原产地规则对直接运输规则的要求不同，在实际工作中应注意这些具体的差异。

3. 原产地证明文件的要求

享受相应优惠贸易协定项下的协定税率或特惠税率的进口货物，在向海关申报时，通常应提交由出口受惠国（地区）政府授权的签证机构签发的有效原产地证书，或者提交符合要求的原产地声明文件。原产地证书一般都有规定的有效期限。

（二）各优惠原产地规则主要内容比较

1. 货物原产地判定标准比较

我国优惠原产地规则的主要内容包括原产地标准、补充规则、直接运输规则、原产地证明文件的签证操作程序等。原产地标准主要包括：（1）完全获得标准；（2）非完全获得标准（即实质性改变标准），其中又包括税则归类改变标准、从价百分比标准、制造或者加工工序标准及其他标准，此外还有累积规则等。

考虑到不同成员国（地区）的贸易利益，在优惠贸易协定中所涉及的原产地规则虽然其原则、方法、结构上有许多相似之处，但在具体内容和细节方面仍存在许多差异。例如在非完全获得标准的规定方面，有的优惠原产地规则，比如中国—智利自贸协定原产地规则，在规定适用普通货物的区域价值成分不少于40%的一般规则的同时，辅以部分产品特定原产地规则，该部分产品采用税则归类改变（章改变或品目改变）、区域价值成分不少于50%、制造或者加工工序等特定原产地标准。而有的优惠原产地规则，比如中国—新西兰自贸协定原产地规则，没有设置一般规则，而是单独设置涵盖全部《协调制度》目录的全税则产品特定原产地规则，列出各税号的税则归类改变（章改变、品目改变或子目改变）、区域价值成分（不少于30%至50%不等）、加工工序和其他原产地标准。表4-2对各优惠原产地规则中货物原产地判定标准的主要内容作了归纳，能够看出它们之间存在的重要差异。

表4-2　各优惠原产地规则比较——货物原产地判定标准

序号	优惠原产地规则名称	完全获得标准	非完全获得标准（实质性改变标准）	累积规则	补充规则
1	《亚太贸易协定》原产地规则	完全获得或生产的货物，具体列出11项。	1. 一般规则 $\frac{\text{进口非原产材料价值+不明原产地材料价值}}{\text{船上交货价格（FOB）}}$ ×100%≤55%，且最后生产工序在该出口参加国境内完成。 2. 部分产品特定规则 根据部门协议制定产品特定原产地规则：税则归类改变（品目改变），且最后生产工序在出口参加国境内完成。 3. 特殊比例标准 对最不发达参加国，上述比例为不超过65%。	多边累积，不少于最终产品船上交货价格的60%。特殊比例标准：对最不发达参加国，上述比例为不少于50%。	微小加工或处理；包装条款。

续表4-2

序号	优惠原产地规则名称	完全获得标准	非完全获得标准（实质性改变标准）	累积规则	补充规则
2	中国—东盟自贸区原产地规则	1. 完全获得或生产的货物，具体列出11项。 2. 完全使用原产材料生产的货物。	1. 部分产品特定原产地规则 属于产品特定原产地规则范围的货物，符合相应的税则归类改变（章改变、品目改变或子目改变）、区域价值成分（不少于40%）、制造加工工序、选择性标准或者其他规定。 2. 其他产品规则 （1）扣减法的区域价值成分≥40%；或 （2）特定章项下货物，税则归类改变标准（品目改变）。 上述货物，最后生产工序应在成员国境内完成。	多边累积	微小加工或处理；微小含量；包装材料及容器；附件、备件及工具；中性成分；可互换材料。
3	中国—巴基斯坦自由贸易协定原产地规则	完全获得或生产的产品，具体列出12项。	1. 一般规则 扣减法的区域价值成分不少于40%。 计算本地增值成分的方法： $\frac{\text{非原产材料的价格}}{\text{船上交货价格（FOB）}}\times 100\%<60\%$ 2. 部分产品特定原产地规则 符合相应的产品特定原产地标准。	双边累积成分不少于40%	微小加工及处理；包装材料及容器；附件、备件及工具；中性成分。
4	中国—智利自由贸易协定原产地规则	1. 完全获得或生产的货物，具体列出12项。 2. 全部使用原产材料生产的货物。	1. 一般规则 扣减法的区域价值成分不少于40%。 2. 部分产品特定原产地规则 属于产品特定原产地规则适用范围的货物，应符合相应的税则归类改变（章改变或品目改变）、区域价值成分（不少于50%）、加工工序标准。	双边累积	微小加工或处理；微小含量；包装材料及容器；附件、备件及工具；成套货品；中性成分；可互换材料。
5	中国—新西兰自由贸易协定原产地规则	1. 完全获得或生产的货物，具体列出10项。 2. 完全使用原产材料生产的货物。	全税则产品特定原产地规则： 包括税则归类改变（章改变、品目改变或子目改变）、扣减法的区域价值成分（不少于30%、40%、45%或50%）、加工工序标准、化学反应规则、提纯规则、选择性标准或其他规定。	双边累积	微小加工或处理；微小含量；包装材料及容器；附件、备件及工具；中性成分；可互换材料。

续表4-2

序号	优惠原产地规则名称	完全获得标准	非完全获得标准（实质性改变标准）	累积规则	补充规则
6	中国—新加坡自由贸易协定原产地规则	1. 完全获得或生产的货物，具体列出10项。 2. 完全使用原产材料生产的货物。	1. 一般规则 扣减法的区域价值成分不少于40%。 2. 部分产品特定原产地规则 部分产品采用唯一的标准：完全获得标准或税则归类改变标准（章改变）。 部分产品采用选择性标准：既可采用区域价值成分不少于40%的普通规则，也可选择使用税则归类改变（章改变或品目改变）、加工工序标准或化学反应标准。	双边累积	微小加工或处理；微小含量；包装处理；附件、备件及工具；中性成分；可互换材料。
7	中国—秘鲁自由贸易协定原产地规则	1. 完全获得或生产的货物，具体列出10项。 2. 全部使用原产材料生产的货物。	全税则产品特定原产地规则： 包括税则归类改变（章改变、品目改变或子目改变）、扣减法的区域价值成分（不少于40%、45%或50%）、选择性标准或化学反应规则等。	双边累积	微小加工或处理；微小含量；包装材料及容器；附件、备件及工具；成套货物；中性成分；可互换货物或材料。
8	中国—哥斯达黎加自由贸易协定原产地规则	1. 完全获得或生产的货物，具体列出11项。 2. 全部使用原产材料生产的货物。	全税则产品特定原产地规则： 包括税则归类改变（章改变、品目改变或子目改变）、扣减法的区域价值成分（不少于35%、40%、50%或60%）、加工工序规则、选择性标准、化学反应规则、提纯规则或其他规定。	双边累积	微小加工或处理；微小含量；包装材料及容器；附件、备件及工具；成套货品；中性成分；可互换货物或材料。
9	中国—冰岛自由贸易协定原产地规则	1. 完全获得或生产的货物，具体列出12项。 2. 全部使用原产材料生产的货物。	全税则产品特定原产地规则： 包括税则归类改变（章改变或品目改变）、扣减法的区域价值成分（不少于40%或50%）、加工工序规则、混合标准等。	双边累积	微小加工；微小含量；包装材料及容器；附件、备件及工具；中性成分。

续表4-2

序号	优惠原产地规则名称	完全获得标准	非完全获得标准（实质性改变标准）	累积规则	补充规则
10	中国—瑞士自由贸易协定原产地规则	1. 完全获得的产品，具体列出10项。 2. 全部使用原产材料生产的货物。	全税则产品特定原产地规则： 包括税则归类改变（章改变、品目改变或子目改变）、区域价值成分（非原产材料价值不超过产品出厂价的60%、55%、50%、40%或30%）、加工工序、选择性标准、化学反应规则、提纯规则等标准。	双边累积	微小加工或处理；微小含量；成套货物；包装材料及容器；附件、备件及工具；可互换材料；中性成分；属地原则。
11	中国—澳大利亚自由贸易协定原产地规则	1. 完全获得或生产的货物，具体列出10项。 2. 全部使用原产材料生产的货物。	全税则产品特定原产地规则： 包括税则归类改变（章改变、品目改变或子目改变）、扣减法的区域价值成分（不少于40%、45%、50%或60%）、加工工序、选择性标准、化学反应规则、提纯规则等标准。	双边累积	微小加工或处理；微小含量；包装及容器；附件、备件及工具；中性成分；可互换材料。
12	中国—韩国自由贸易协定原产地规则	1. 完全获得或生产的货物，具体列出10项。 2. 全部使用原产材料生产的货物。	1. 全税则产品特定原产地规则： 包括税则归类改变（章改变、品目改变或子目改变）、扣减法的区域价值成分（不少于40%、45%、50%、55%或60%）、选择性标准。 2. 特别货物处理 《中韩自贸协定》签署前在朝鲜半岛上已运行的工业区生产的《特别货物清单》项下货物，同时符合条件：①使用韩国出口材料在已运行工业区完成加工后再复出口至韩国用于向中国出口；②非韩国原产材料的价值不超过货物船上交货价格的40%；③货物生产中使用的韩国原产材料价值不少于全部材料价值的60%的，应视为韩国原产货物。	双边累积	微小加工或者处理；微小含量；包装材料及容器；附件、备件及工具；成套货品；中性成分；可互换材料。

续表4-2

序号	优惠原产地规则名称	完全获得标准	非完全获得标准（实质性改变标准）	累积规则	补充规则
13	中国—格鲁吉亚自由贸易协定原产地规则	1. 完全获得或生产的货物，具体列出11项。 2. 全部使用原产材料生产的货物。	1. 一般规则 扣减法的区域价值成分不少于40%。 2. 部分产品特定原产地规则 属于产品特定原产地规则范围的货物，符合相应的税则归类改变（章改变或品目改变）、扣减法的区域价值成分（不少于60%）、制造加工工序标准。	双边累积	微小加工或处理；微小含量；包装材料及容器；附件、备件及工具；成套货品；中性成分；可互换材料。
14	中国—毛里求斯自由贸易协定原产地规则	1. 完全获得或生产的货物，具体列出11项。 2. 全部使用原产材料生产的货物。	1. 一般规则 扣减法的区域价值成分不少于40%。 2. 部分产品特定原产地规则 属于产品特定原产地规则范围的货物，符合相应税则归类改变（章改变、品目改变或子目改变）、扣减法的区域价值成分（不少于40%）、制造加工工序、选择性标准等。	双边累积	微小加工或处理；微小含量；包装材料及容器；附件、备件及工具；成套货物；中性成分；可互换材料。
15	RCEP原产地规则	1. 完全获得或生产的货物，具体列出11项。 2. 完全使用原产材料生产的货物。	全税则产品特定原产地规则： 符合相应的税则归类改变（章改变、品目改变或子目改变）、扣减法或累加法的区域价值成分（不少于40%）、选择性标准、化学反应规则或其他规定。 其中： 扣减法的区域价值成分= $\frac{\text{货物离岸价格}-\text{非原产材料价格}}{\text{货物离岸价格}}\times 100\%$ 累加法的区域价值成分= $\frac{\text{原产材料价格}+\text{直接人工成本}+\text{直接经营费用成本}+\text{利润}+\text{其他成本}}{\text{货物离岸价格}}\times 100\%$	多边累积	微小加工或处理；微小含量；包装材料和容器；附件、备件及工具；间接材料；可互换货物或材料；生产用材料；标准单元；对特定货物的待遇。
16	中国—柬埔寨自由贸易协定原产地规则	1. 完全获得或生产的货物，具体列出11项。 2. 完全使用原产材料生产的货物。	1. 一般规则 ①扣减法的区域价值成分不少于40%，且最后生产工序在缔约方境内完成。 ②特定章的货物，发生了四位数级税则归类改变（品目改变）。 2. 部分产品特定原产地规则 属于产品特定规则范围的货物，符合相应的税则归类改变（章改变、品目改变或子目改变）、扣减法的区域价值成分（不少于40%）、制造加工工序标准、选择性标准等。	双边累积	微小加工或处理；微小含量；包装材料及容器；附件、备件及工具；中性成分；可互换材料。

续表4-2

序号	优惠原产地规则名称	完全获得标准	非完全获得标准（实质性改变标准）	累积规则	补充规则
17	内地—香港CEPA原产地规则	1. 完全获得或生产的货物，具体列出11项。 2. 全部使用原产材料生产的货物。	1. 一般规则 累加法的区域价值成分≥30%，或扣减法计算的区域价值成分≥40%。 2. 部分产品特定原产地规则 属于产品特定原产地规则适用范围的货物，符合相应的税则归类改变（章改变或品目改变）、区域价值成分（扣减法计算的不少于40%、50%或60%；或累加法计算的不少于30%、40%或50%）、制造加工工序、选择性标准、化学反应规则、提纯规则或其他规定。 其中： 累加法的区域价值成分= $\frac{\text{原产材料价值+劳工价值+产品开发支出价值}}{\text{离岸价格}}\times 100\%$ 扣减法的区域价值成分= $\frac{\text{离岸价格-非原产材料的价值}}{\text{离岸价格}}\times 100\%$	双边累积。对于适用区域价值成分标准的后一方货物，在不计入前一方原产货物或原产材料价值时的区域价值成分应当≥15%（累加法）或20%（扣减法）。	微小加工或处理；微小含量；包装材料及容器；附件、备件及工具；成套货品；中性成分；可互换材料。
18	内地—澳门CEPA原产地规则	1. 完全获得或生产的货物，具体列出11项。 2. 全部使用原产材料生产的货物。	1. 一般规则 累加法的区域价值成分≥30%，或扣减法计算的区域价值成分≥40%。 2. 部分产品特定原产地规则 属于产品特定原产地规则适用范围的货物，符合相应的税则归类改变（章改变、品目改变或子目改变）、区域价值成分（扣减法计算的不少于30%、40%或50%；或累加法计算的不少于30%或40%）、制造加工工序、选择性标准、化学反应规则、提纯规则或其他规定。 其中： 累加法的区域价值成分= $\frac{\text{原产材料价值+劳工价值+产品开发支出价值}}{\text{离岸价格}}\times 100\%$ 扣减法的区域价值成分= $\frac{\text{离岸价格-非原产材料的价值}}{\text{离岸价格}}\times 100\%$	双边累积。对于适用区域价值成分标准的后一方货物，在不计入前一方原产货物或原产材料价值时的区域价值成分应当≥15%（累加法）或20%（扣减法）。	微小加工或处理；微小含量；包装材料及容器；附件、备件及工具；成套货品；中性成分；可互换材料。

续表4-2

序号	优惠原产地规则名称	完全获得标准	非完全获得标准（实质性改变标准）	累积规则	补充规则
19	海峡两岸ECFA原产地规则	1. 完全获得或生产的货物，具体列出9项。 2. 仅由原产材料生产的货物。	全税则产品特定原产地规则： 包括税则归类改变（章改变、品目改变或子目改变）、扣减法的区域价值成分（不少于40%、45%或50%）、加工工序标准或其他标准。	双边累积	微小加工或处理；微小含量；包装材料及容器；配件、备用零件及工具；成套货品；中性成分；可互换材料。
20	对台农产品零关税措施原产地规则	水产品：在台湾地区养殖或由台湾籍渔船在远洋、近海捕捞；水果和蔬菜：在台湾地区收获、采摘或采集。	无	无	无
21	对最不发达国家特惠关税待遇原产地规则	1. 完全获得或生产的货物，具体列出10项。 2. 全部使用原产材料生产的货物。	1. 一般规则 实质性改变，包括税则归类改变（四位数级品目改变），扣减法的区域价值成分（不少于40%）。 2. 部分产品特定原产地规则 属于《与我国建交的最不发达国家产品特定原产地规则》适用范围的货物，符合相应的原产地标准。	双边累积或多边累积	微小加工或处理；微小含量；包装材料和容器；附件、备件、工具及介绍说明性材料；成套货物；中性成分。

2. 直接运输规则的比较

直接运输规则，是指在优惠贸易协定中关于原产货物应当从出口国（地区）直接运至进口国（地区）的有关规定。它是优惠原产地规则中除原产地判定标准之外的一项重要内容，是判定货物是否符合优惠原产地规则的主要条件之一，旨在促进缔约各方之间经济贸易发展的同时，确保缔约各方从区域贸易安排中真正得到实惠，防止第三方“搭便车”。按照直接运输规则，受惠成员国（地区）的出口货物必须直接运至给惠成员国（地区），不得在中途转卖或进行实质性加工。但是由于地理上的原因或转运贸易的需要，货物从出口方运往进口方途经第三方时，在符合规定的条件下，也可视为直接运输。目前我国实施的各优惠原产地规则中，关于直接运输规则的规定大同小异，具体内容详见表4-3。

表 4-3 各优惠原产地规则比较——直接运输规则内容

序号	优惠原产地规则名称	直接运输方式		在第三方境内停留时间的规定
		未经第三方境内运输	途经第三方境内运输	
1	《亚太贸易协定》原产地规则	货物未经非缔约方境内运输	1. 经过一个或多个缔约方（出口方和进口方除外）运输。 2. 货物经过一个或多个非缔约方运输，无论是否在这些国家（地区）转换运输工具或作临时储存，同时满足下列条件： (1) 过境运输是由于地理原因或仅出于运输需要的考虑； (2) 产品未在这些国家（地区）进入贸易或消费领域； (3) 除装卸或其他为了保持产品良好状态的处理外，货物在这些国家（地区）未经其他任何加工。	未提及
2	中国—东盟自贸区原产地规则	直接从出口方运输至进口方	1. 通过一个或多个缔约方（出口方和进口方除外）运输。 2. 通过非缔约方运输，同时符合下列条件： (1) 货物经过这些国家（地区）仅是由于地理原因或运输需要； (2) 未进入这些国家（地区）进行贸易或者消费领域； (3) 货物经过这些国家（地区）时，除装卸、重新装卸，或者其他为使货物保持良好状态所需的处理外，货物在其境内未经任何其他处理。	未提及
3	中国—巴基斯坦自由贸易协定原产地规则	货物未经过第三方境内运输	货物经过第三方境内运输，在第三方不论是否转运或作临时存储，同时符合下列条件的： (1) 仅由于地理原因或者运输需要； (2) 货物未在这些国家（地区）进入贸易或者消费领域； (3) 除装卸或者其他为使货物保持良好状态的处理外，货物在这些国家（地区）未经任何其他加工。	未提及

续表4-3

序号	优惠原产地规则名称	直接运输方式		在第三方境内停留时间的规定
		未经第三方境内运输	途经第三方境内运输	
4	中国—智利自由贸易协定原产地规则	货物未经过第三方境内运输	货物经过第三方境内运输，不论在第三方是否转换运输工具或者作临时储存，同时符合下列条件的： （1）货物经过这些国家（地区）时，未做除装卸、重新包装、为满足进口方要求重贴标签、物流拆分或者使货物保持良好状态所需的处理以外的其他处理； （2）处于这些国家（地区）海关的监管之下； （3）在这些国家（地区）境内进行临时储存的，货物停留时间不超过12个月。	在第三方境内停留时间不超过12个月。
5	中国—新西兰自由贸易协定原产地规则	货物未经过第三方境内运输	途经其他国家（地区），但除进口方要求的卸货、重新装载、重新包装、拆分、施加进口方所要求的标签或者标记，或者任何为保持货物状态完好而进行的操作外，货物在其境内未进行任何其他处理，并且处于这些国家（地区）海关的监管下，停留时间不得超过12个月。	在第三方境内停留时间不超过12个月。
6	中国—新加坡自由贸易协定原产地规则	货物未经过第三方境内运输	货物经过第三方境内运输，不论在运输中是否转换运输工具或作临时储存，同时符合下列条件的： （1）未进入这些国家（地区）进行贸易或者消费； （2）货物在经过这些国家（地区）时，未做除装卸或者其他为使货物保持良好状态所必需处理以外的其他处理； （3）货物经过这些国家（地区）仅是由于地理原因或者运输需要； （4）货物进入这些国家（地区）停留时间最长不得超过3个月。	在第三方境内停留时间不超过3个月。
7	中国—秘鲁自由贸易协定原产地规则	货物未经过第三方境内运输	货物经过第三方境内运输，不论在运输中是否转换运输工具或者作临时储存，同时符合下列条件的： （1）未进入这些国家（地区）进行贸易或者消费； （2）货物在经过这些国家（地区）时，未做除装卸、重新包装或者其他为使货物保持良好状态所必需处理以外的其他处理； （3）货物进入这些国家（地区）停留时间不超过3个月。	在第三方境内停留时间不超过3个月。

续表4-3

序号	优惠原产地规则名称	直接运输方式		在第三方境内停留时间的规定
		未经第三方境内运输	途经第三方境内运输	
8	中国—哥斯达黎加自由贸易协定原产地规则	货物未经过第三方境内运输	货物经过第三方境内运输，不论在运输途中是否转换运输工具或者作临时储存，同时符合下列条件的： （1）货物经过这些国家（地区）仅是由于地理原因或者运输需要； （2）未进入这些国家（地区）进行贸易或者消费； （3）货物经过这些国家（地区）时，未做除装卸、重新包装或者其他为使货物保持良好状态所必需处理以外的其他处理； （4）处于这些国家（地区）海关的监管之下； （5）货物进入这些国家（地区）停留时间不超过3个月。	在第三方境内停留时间不超过3个月。
9	中国—冰岛自由贸易协定原产地规则	货物未经过第三方境内运输	货物经过第三方境内运输，不论在第三方是否转换运输工具或临时储存，同时满足下列条件的： （1）货物经过这些国家（地区）仅是由于地理原因或者运输需要； （2）未进入这些国家（地区）进行贸易或者消费； （3）货物经过这些国家（地区）时，未做除装卸、物流分拆或者为使货物保持良好状态所必需处理以外的其他处理； （4）处于这些国家（地区）海关的监管之下。	未提及
10	中国—瑞士自由贸易协定原产地规则	货物未经过第三方境内运输	1. 通过管道经第三方境内运输。 2. 除通过管道运输的货物外，其他货物经过第三方境内运输，同时符合下列条件的： （1）未做除装卸、物流拆分或者为使货物保持良好状态所必需处理以外的操作； （2）处于这些国家（地区）海关的监管之下。	未提及
11	中国—澳大利亚自由贸易协定原产地规则	货物未经过第三方境内运输	货物经过第三方境内运输，不论在第三方是否转换运输工具或临时储存，同时满足下列条件的： （1）货物经过这些国家（地区）时，未做除装卸、物流拆分或者为使货物保持良好状态所必需处理以外的其他处理； （2）在这些国家（地区）进行临时存储的，停留时间不得超过12个月； （3）处于这些国家（地区）海关的监管之下。	在第三方境内临时储存停留时间不超过12个月。

续表4-3

序号	优惠原产地规则名称	直接运输方式		在第三方境内停留时间的规定
		未经第三方境内运输	途经第三方境内运输	
12	中国—韩国自由贸易协定原产地规则	货物未经过第三方境内运输	货物经过第三方境内运输，不论在第三方是否转换运输工具或临时储存，同时满足下列条件的： （1）货物经过这些国家（地区）仅仅是由于地理原因或者运输需要； （2）未进入这些国家（地区）进行贸易或者消费； （3）货物经过这些国家（地区）时，未做除装卸、因运输原因分装或者使货物保持良好状态所必需处理以外的其他处理； （4）在这些国家（地区）进行临时储存的，货物在储存期间必须处于这些国家（地区）海关监管之下。货物在这些国家（地区）停留时间应当少于3个月。在不可抗力情况下，其停留时间不得超过6个月。	在第三方境内停留时间不超过3个月。特殊情况不超过6个月。
13	中国—格鲁吉亚自由贸易协定原产地规则	货物未经过第三方境内运输	货物经过第三方境内运输，不论在第三方是否转换运输工具或临时储存，同时满足下列条件的： （1）货物经过这些国家（地区）仅由于地理原因或者运输需要； （2）货物经过这些国家（地区）时，未做除装卸或者使货物保持良好状态所必需处理以外的其他处理； （3）处于这些国家（地区）海关的监管之下； （4）在这些国家（地区）进行临时储存的，货物在这些国家（地区）停留时间应当少于3个月。	在第三方境内临时储存停留时间应少于3个月。
14	中国—毛里求斯自由贸易协定原产地规则	货物未经过第三方境内运输	货物经过第三方境内运输，无论在第三方是否转换运输工具或临时储存，同时满足下列条件的： （1）货物经过这些国家（地区）仅由于地理原因或者运输需要； （2）货物经过这些国家（地区）时，未做除装卸或者使货物保持良好状态所必需处理以外的其他处理； （3）处于这些国家（地区）海关的监管之下； （4）在这些国家（地区）进行临时储存的，货物在这些国家（地区）停留时间不超过6个月。	在第三方境内临时储存停留时间不超过6个月。

续表4-3

序号	优惠原产地规则名称	直接运输方式		在第三方境内停留时间的规定
		未经第三方境内运输	途经第三方境内运输	
15	RCEP 原产地规则	货物未途经其他国家（地区）境内运输	货物途经其他国家（地区），但除装卸、储存等物流活动、其他为运输货物或者保持货物良好状态的必要操作外，货物在其境内未经任何其他处理，并且处于这些国家（地区）海关的监管之下。	未提及
16	中国—柬埔寨自由贸易协定原产地规则	货物未经过第三方境内运输	货物途经其他国家（地区），但同时符合下列条件： （1）货物经过这些国家（地区）仅是由于地理原因或者运输需要； （2）未进入这些国家（地区）进行贸易或者消费领域； （3）货物经过这些国家（地区）时，除装卸、重新装卸，或者其他为使货物保持良好状态所需的处理外，货物在其境内未经任何其他处理。	未提及
17	内地—香港 CEPA 原产地规则	货物未经过第三方境内运输	货物应当在内地口岸与香港之间直接运输，即不能经过第三方境内运输。	不能经过其他国家（地区）运输
18	内地—澳门 CEPA 原产地规则	货物未经过第三方境内运输	货物经过香港运输，同时符合下列条件的： （1）货物经过香港仅由于地理原因或运输需要； （2）未进入香港进行贸易或消费； （3）货物经过香港时，未做除装卸或者使货物保持良好状态所必需处理以外的其他处理。	未提及
19	海峡两岸 ECFA 原产地规则	货物未经过第三方境内运输	货物经过第三方运输，不论是否在第三方转换运输工具或临时储存，同时符合下列条件的： （1）由于地理原因或运输需要； （2）货物在该第三方未进行贸易或消费； （3）除装卸、重新包装或使货物保持良好状态所需的处理外，货物在该第三方未经其他处理； （4）货物在第三方作临时储存时，处于该第三方海关监管之下； （5）货物进入第三方停留时间不超过 60 日。	在第三方境内停留时间不超过 60 天。

续表4-3

序号	优惠原产地规则名称	直接运输方式		在第三方境内停留时间的规定
		未经第三方境内运输	途经第三方境内运输	
20	对台农产品零关税措施原产地规则	货物未经过第三方境内运输①	经过香港、澳门或日本石垣岛转运到中国大陆关境口岸。 进口申报时须提交在台湾地区签发的，并以台湾地区为启运地的运输单证。	未提及
21	对最不发达国家特惠关税待遇原产地规则	货物未经过第三方境内运输	货物经过第三方境内运输，不论运输途中是否转换运输工具或者作临时储存，同时符合下列条件的： (1) 未进入这些国家（地区）的贸易或者消费领域； (2) 货物在经过这些国家（地区）时，未做除装卸或者其他为使货物保持良好状态所必需处理以外的其他处理； (3) 处于该国家（地区）海关的监管之下； (4) 相关货物进入这些国家（地区）停留时间不得超过6个月。	在第三方境内停留时间不超过6个月。

3. 原产地证明文件的比较

享受优惠贸易政策的进口货物，一般都应在进口申报时向海关提交符合要求的原产地证书或原产地声明文件。但不同优惠原产地规则关于原产地证明文件的签证、有效期等具体规定，也有一些不同。各优惠原产地规则关于原产地证明文件的主要内容详见表4-4。

表4-4　各优惠原产地规则比较——原产地证明文件主要内容

序号	优惠原产地规则名称	原产地证明文件形式	签证机构	证书签发时间	证书有效期限	无须提交证书的情况
1	《亚太贸易协定》原产地规则	原产地证书	出口国指定签证机构签发	货物出口时或装运后3个工作日内签发	1年	未提及

① 直接从中国台湾本岛、澎湖、金门或马祖运输到中国大陆关境口岸。

续表4-4

序号	优惠原产地规则名称	原产地证明文件形式	签证机构	证书签发时间	证书有效期限	无须提交证书的情况
2	中国—东盟自贸区原产地规则	1. 原产地证书 2. 流动证明①	原产地证书（或流动证明）：出口国签证机构签发。	货物装运前或者装运时签发。特殊情况（如不可抗力），在装运后3天内签发。	原产地证书：12个月。 流动证明：与原始原产地证书的有效期相同。	同一批次进口的离岸价格不超过200美元的货物，免予提交原产地证书或者流动证明。
3	中国—巴基斯坦自由贸易协定原产地规则	原产地证书	出口国指定政府机构签发	货物出口前、出口时，或在实际出口后15日内签发	一般情况：6个月。 货物经第三方运输的：8个月。	每批货物船上交货价格（FOB）不超过200美元的，免予提交原产地证书，仅需出口人提供有关货物原产于该出口方的简要声明即可。
4	中国—智利自由贸易协定原产地规则	原产地证书	出口国授权发证机构签发	货物装运前或装运时签发	12个月	同一批次进口的原产货物，完税价格不超过1000美元的，免予提交原产地证书。
5	中国—新西兰自由贸易协定原产地规则	1. 原产地证书 2. 原产地声明②	原产地证书：出口国签证机构签发。 原产地声明：经核准出口商原产地声明由出口商开具；基于预裁定原产地声明，由货物的制造商、生产商、供应商、出口商作出。	未提及	原产地证书：12个月。 原产地声明：12个月。	同一批次进口的原产货物，完税价格不超过1000美元的，可以免予提交原产地证明。

① 流动证明是指中国东盟自贸区内的出口中间方根据第一个出口方所签发的原始原产地证书签发的，用于证明所涉产品原产地资格的原产地证书。

② 原产地声明包括经核准出口商原产地声明和基于预裁定原产地声明。

续表4-4

序号	优惠原产地规则名称	原产地证明文件形式	签证机构	证书签发时间	证书有效期限	无须提交证书的情况
6	中国—新加坡自由贸易协定原产地规则	原产地证书	出口国授权机构签发	在货物出口前、出口时或者在货物装运后3天内签发	1年	每批离岸价格（FOB）不超过600美元的进口货物，免予提交原产地证书。进口货物收货人应就进口货物具备原产资格进行书面声明。
7	中国—秘鲁自由贸易协定原产地规则	1. 原产地证书 2. 原产地声明	原产地证书：出口国的授权机构签发。 原产地声明：出口商或生产商签发。	出口前或出口时签发	原产地证书：1年。 原产地声明：1年。	完税价格总值不超过600美元的进口货物，可以提交原产地声明。
8	中国—哥斯达黎加自由贸易协定原产地规则	原产地证书	出口国的授权机构签发	出口前或出口时签发	12个月	完税价格不超过600美元的进口货物，免予提交原产地证书。进口货物收货人应当就进口货物具备原产资格进行书面声明。
9	中国—冰岛自由贸易协定原产地规则	1. 原产地证书 2. 原产地声明	原产地证书：出口国授权机构签发。 原产地声明：经核准出口商填具。	原产地证书：货物出口前或出口时签发。 原产地声明：货物在进口方进口前填具。	原产地证书：1年。 原产地声明：1年。	完税价格不超过600美元的进口货物，免予提交原产地证书或者原产地声明。
10	中国—瑞士自由贸易协定原产地规则	1. 原产地证书 2. 原产地声明	原产地证书：出口国授权机构签发。 原产地声明：经核准出口商出具。	原产地证书：在产品出口前或出口时签发。	原产地证书：12个月。 原产地声明：12个月。	同一批次进口货物完税价格不超过600美元的，免予提交原产地证书或者原产地声明。

续表4-4

序号	优惠原产地规则名称	原产地证明文件形式	签证机构	证书签发时间	证书有效期限	无须提交证书的情况
11	中国—澳大利亚自由贸易协定原产地规则	1. 原产地证书 2. 原产地声明①	原产地证书：出口国的授权机构签发。 原产地声明：出口商或生产商填制并且签名。	原产地证书：在货物出口前或出口时签发。	原产地证书：12个月。 原产地声明：12个月。	同一批次进口的原产货物完税价格不超过6000元人民币的，免予提交原产地证书或者原产地声明。
12	中国—韩国自由贸易协定原产地规则	原产地证书	出口国授权机构签发	在货物装运前、装运时或装运后7个工作日内签发	1年	同一批次进口的原产货物，完税价格不超过700美元的，免予提交原产地证书。
13	中国—格鲁吉亚自由贸易协定原产地规则	原产地证书	出口国授权机构签发	在货物装运前或装运时签发	12个月	同一批次进口的原产货物，完税价格不超过600美元的，免予提交有效原产地证书。
14	中国—毛里求斯自由贸易协定原产地规则	1. 原产地证书 2. 原产地声明	原产地证书：出口国授权机构签发。 原产地声明：经核准的出口商在发票或其他商业单据上出具。	原产地证书：在货物装运前或者装运时签发。 原产地声明：在货物进口前出具。	原产地证书：1年。 原产地声明：12个月。	未提及

① 进口方已经预先裁定，认定货物具备原产资格，只要作出该预裁定所依据的事实和情况未发生变化，且该裁定仍然具有效力，该预裁定下任何批次的货物在进口时，进口商可以提交原产地声明代替原产地证书。

续表4-4

序号	优惠原产地规则名称	原产地证明文件形式	签证机构	证书签发时间	证书有效期限	无须提交证书的情况
15	RCEP 原产地规则	1. 原产地证书 2. 原产地声明 3. 背对背原产地证明①	原产地证书：由出口成员方的签证机构签发。 原产地声明：经核准出口商出具。 背对背原产地证明：中转成员方的签证机构、经核准出口商签发。	原产地证书：在货物装运前签发。特殊情况装运后签发的，应当注明"ISSUED RETROACI-VELY"（补发）字样	原产地证书和原产地声明：1年。 背对背原产地证明：与初始原产地证明的有效期一致。	同一批次进口的原产货物完税价格不超过200美元的，可以免予提交原产地证明。
16	中国—柬埔寨自由贸易协定原产地规则	原产地证书	出口国签证机构签发	在货物装运前或者装运时签发；不可抗力情况下，可以在货物装运后3天内签发。	12个月	同一批次进口的原产货物，离岸价格不超过200美元的，可以免予提交原产地证书。
17	内地—香港CEPA原产地规则	原产地证书	出口地授权发证机构签发	在货物装运前或者装运时签发	12个月	未提及
18	内地—澳门CEPA原产地规则	原产地证书	出口地授权发证机构签发	在货物装运前或装运时签发	12个月	未提及
19	海峡两岸ECFA原产地规则	原产地证书	出口地签证机构签发	在货物申报出口前签发	12个月	未提及
20	对台农产品零关税措施原产地规则	产地证明文件	由台湾地区有关机构和民间组织签发	未提及	未提及	未提及

① 对于在一缔约方中转或者再次出口的未经处理的原产货物，该缔约方的签证机构、经核准出口商可以依据初始原产地证明正本签发或者开具背对背原产地证明，用于证明货物的原产资格以及原产国（地区）未发生变化。

续表4-4

序号	优惠原产地规则名称	原产地证明文件形式	签证机构	证书签发时间	证书有效期限	无须提交证书的情况
21	对最不发达国家特惠关税待遇原产地规则	1. 原产地证书 2. 原产地声明①	原产地证书：受惠国政府指定签证机构签发。 原产地声明：进口货物收货人或其代理人填写并署名。	原产地证书：在货物不晚于出口后5个工作日内签发。	原产地证书：1年。 原产地声明：1年。	同一批次进口的受惠国原产货物，完税价格不超过6000元人民币的，免予提交有效原产地证书或者原产地声明。

此外，区域贸易协定项下原产地规则还包括实施程序内容，例如签证机构、原产地证书申请、签发和提交程序、原产地文件的修改及保存、原产地担保放行规定、原产地核查程序等。

从以上内容可以看出，我国正在实施的优惠原产地规则在许多方面是相近的，例如货物原产地认定标准中的完全获得标准。但是在某些方面也有明显的不同，例如对于涉及两个及以上国家（地区）生产的货物，不同的优惠原产地规则有比较明显的差别，即使其中使用的区域价值成分标准，不同的优惠原产地规则对区域价值成分的百分比规定甚至计算方法也不尽相同，累积规则的使用上也存在差异。对于直接运输规则方面的规定，尽管在许多方面的规定类似，但是多边协定原产地规则，以及CEPA原产地规则的规定，与其他双边协定原产地规则的规定存在一些差别，通过第三方境内运输的停留时间的规定也有很大差异。至于原产地证明文件的要求，优惠原产地规则都规定需要提交符合要求的原产地证书，有的还允许提交原产地声明，原产地证明文件的有效期大多数都是1年，但是关于是否免予提交原产地证明的规定等方面存在一些差别。

第五节　我国的原产地管理制度

一、进出口货物的原产地管理

由于历史原因，在我国关于进出口货物原产地的管理机构曾涉及多个部门。其中，负责进口货物和出口货物原产地管理的机构主要是海关；负责出口货物原产地证书的签证管理的机构主要是原国家质量监督检验检疫总局所属的各地出入境检验检疫机构。2018年国

① 海关已经应进口货物收货人或者其代理人申请依法作出原产地裁定，确认进口货物原产地为受惠国的，如果该裁定处于有效状态，据以作出该裁定的依据和事实也没有发生变化的，则该裁定项下货物进口时，进口货物收货人或者其代理人可以向海关提交原产地声明。

务院机构改革以后，原国家质量监督检验检疫总局的出入境检验检疫管理职能和队伍划入海关总署，海关“牵头开展多双边原产地规则对外谈判，拟订进出口商品原产地规则并依法负责签证管理等组织实施工作”，海关开始全面履行对进出口原产地事务进行全过程管理的职责。此外，中国国际贸易促进委员会及其地方分会，也可以签发出口货物原产地证书。

（一）进口货物原产地的管理

1. 适用非优惠原产地规则的进口货物

（1）普通进口货物

我国非优惠原产地规则中对于普通进口货物，并没有要求进口货物收货人必须提供原产地证明文件。但是我国规定，进口货物的收货人在申报货物进口时，应按我国《原产地条例》规定的原产地确定标准如实申报进口货物的原产地。海关接受申报以后，应按规定审核确定进口货物的原产地。海关在审核确定进口货物原产地时，如果怀疑申报货物原产地的真实性、准确性，可以要求进口货物收货人提交该进口货物的原产地证明文件，并予以审验；必要时，还可以请求该货物出口国（地区）的有关机构对该货物的原产地进行核查。如果海关要求进口货物收货人提交有效原产地证明文件而收货人不能提供的，且经查验或审核其他相关单证也无法确定其原产地的，该货物就被认定为原产地不明的货物，由海关按普通税率征收关税。

进口货物或其包装上如果标有原产地标记，其原产地标记所标明的原产地应当与按照我国《原产地条例》所确定的原产地一致。

（2）涉及实施反倾销、反补贴措施的进口货物

进口货物与我国实施反倾销、反补贴措施的货物相同时，进口货物收货人应向海关提交有效的原产地证明文件。对于确实无法提交原产地证明文件的，海关可以通过实际查验或审核其他有效相关单证来确定货物的原产地。如果经海关查验或审核其他相关单证仍不能确定货物原产地的，海关将视该货物为实施反倾销、反补贴措施的货物，按与该货物相同的被诉货物实施相应的反倾销、反补贴措施。对于原产地本就属于实施反倾销、反补贴措施范围的进口货物，由海关直接按有关规定实施相应的反倾销、反补贴措施。

（3）涉及实施保障措施的进口货物

对于实施最终保障措施的进口货物，自公告加征关税之日起，进口企业申报进口涉案货物时，应提交合法有效的原产地证明文件。如果原产地证明文件表明涉案货物不属于适用最终保障措施国家（地区）的货物，或虽然属于适用最终保障措施国家（地区）的货物，但尚不属于应加征关税的货物，海关对其不予采取保障措施。但是，如果货物属于适用最终保障措施国家（地区）的货物，且属于应加征关税的范围，则应按规定在征收正常关税的基础上，加征保障措施关税。对于虽然提供了原产地证明文件，但海关怀疑其所提供的原产地证明文件的真实性时，经海关审核单证、查验货物仍不能确定其原产地，且进口企业不能进一步提供证明货物原产地的其他资料，则由海关采取保障措施，除征收正常关税外，另外加征保障措施关税。

2. 适用优惠原产地规则的进口货物

根据规定，适用优惠原产地规则的进口货物申报进口时，进口货物收货人或其代理人应当按规定填制进口货物报关单，申明适用相应的优惠关税税率（即协定税率或特惠税率），如实填报报关单商品项“优惠贸易协定享惠”类栏目，同时在商品项对应的“原产国（地区）”栏填报货物原产地。享受和不享受协定税率或者特惠税率的同一批次进口货物可以在同一张报关单中申报。

进口货物收货人或其代理人可以自行选择“通关无纸化”方式或者“有纸报关”方式申报。选择“通关无纸化”方式申报的，应当以电子方式向海关提交原产地证明文件、商业发票、运输单证和未再加工证明文件等单证正本。以电子方式提交的原产地单证内容应当与其持有的纸质文件一致。进口货物收货人或其代理人应当按照海关有关规定保存原产地单证纸质文件。海关认为有必要时，进口货物收货人或其代理人应当补充提交原产地单证纸质文件。选择“有纸报关”方式申报的，在申报进口时应提交原产地单证纸质文件。

对于出海关特殊监管区域和保税监管场所申请适用协定税率或者特惠税率的货物，进口人应在内销时按照要求填报报关单；在货物从境外入区域（场所）时，无须填报《中华人民共和国海关进（出）境货物备案清单》商品项“优惠贸易协定享惠”类栏目。内销时货物实际报验状态与其从境外入区域（场所）时的状态相比，超出了相关优惠贸易协定所规定的微小加工或处理范围的，不得享受协定税率或者特惠税率。

进口货物申报适用相应优惠贸易安排项下协定税率或特惠税率时，应提交下列单证：货物的有效原产地证书，或者相关优惠贸易协定规定的原产地声明文件；货物的商业发票正本、运输单证等其他商业单证。

如果货物经过其他国家（地区）运输至中国境内，还应当提交证明其符合中转运输要求的联运提单、未再加工证明等证明文件；在其他国家（地区）临时储存的，还应当提交该国家（地区）海关出具的证明货物处于该国家（地区）海关监管之下的其他文件。

进口货物收货人或其代理人向海关提交的原产地证明应当符合相应优惠贸易协定关于证书格式、填制内容、签章、提交期限等规定，并且与商业发票、报关单等单证的内容相符。

原产地申报为优惠贸易协定成员国（地区）的货物，进口货物收货人及其代理人未按规定提交原产地证书、原产地声明的，应当在申报进口时就进口货物是否具备相应优惠贸易协定成员国（地区）原产资格向海关进行补充申报。

海关如果怀疑进口货物收货人或其代理人提交的原产地证书的真实性，或者为确定货物是否原产于优惠贸易协定成员国（地区），可以依法进行核查。海关认为必要时，还可以请求出口成员国（地区）主管机构对优惠贸易协定项下进口货物原产地进行核查。海关也可以依据相应优惠贸易协定的规定就货物原产地开展核查访问。

为确定货物原产地是否与进口货物收货人提交的原产地证书及其他申报单证相符，海关可以依法对进口货物进行查验。优惠贸易协定项下进口货物及其包装上标有原产地标记的，其原产地标记所标明的原产地，应当与依照相应优惠原产地规则确定的货物原产地一致。

进口货物属于下列情形之一的，不能享受相应的优惠关税待遇，不适用相应的协定税率或者特惠税率：

（1）进口货物收货人或其代理人在货物申报进口时没有提交符合规定的原产地证书、原产地声明，也未就进口货物是否具备原产资格进行补充申报；

（2）进口货物收货人或其代理人未提供商业发票、运输单证等其他商业单证，也未提交其他证明符合中转运输规定的文件；

（3）经查验或者核查，确认货物原产地与申报内容不符，或者无法确定货物真实原产地；

（4）其他不符合相应优惠贸易协定原产地规则规定的情形。

（二）出口货物原产地的管理

1. 我国出口货物原产地证书的签发

在我国，出口货物发货人可以向海关、中国国际贸易促进委员会及其地方分会（以下简称签证机构），申请领取我国出口货物原产地证书（《原产地条例》第十七条）。进口方要求出具官方机构签发的原产地证书的，申请人应当向海关申请办理；未明确要求的，申请人可以向海关、中国国际贸易促进委员会或者其地方分会申请办理。

向签证机构申请签发原产地证书的申请人应当是出口货物的发货人。申请人应当于货物出运前向申请人所在地、货物生产地或者出境口岸的签证机构申请办理原产地证书签证。特殊情况下，申请人可以在货物出运后申请补发原产地证书。原产地证书自签发之日起有效期为1年。

出口货物发货人申请领取出口货物原产地证书，应当在签证机构办理注册登记手续，按照规定如实申报出口货物的原产地，并向签证机构提供签发出口货物原产地证书所需的资料。签证机构接受出口货物发货人的申请后，应当按照规定审查确定出口货物的原产地，签发出口货物原产地证书；对不属于原产于中华人民共和国境内的出口货物，应当拒绝签发出口货物原产地证书。

签证机构可以对申请人申报的产品进行实地调查，核实生产设备、加工工序、原料及零部件的产地来源、制成品及其说明书和内外包装等。签证机构根据需要可以对申请原产地证书的货物实行签证调查，并填写《原产地调查记录》。进口方要求在商业发票及其他单证、货物包装上对货物原产地作声明的，对于完全原产的货物，申请人可以直接声明；对于含有非原产成分的货物，申请人必须向签证机构申领原产地证书后方可作原产地声明。

此外，参加国外展览的货物，申请人凭参展批件可以申请原产地证书。货物在我国加工但未完成实质性改变的，申请人可以向签证机构申请签发加工、装配证书。经我国转口的非原产货物，申请人可以向签证机构申请签发转口证书。

应进口国家（地区）有关机构的请求，签证机构应当对出口货物的原产地情况进行核查，并及时将核查情况反馈进口国家（地区）有关机构。

法律、行政法规规定的签证机构可以签发优惠贸易协定项下出口货物原产地证书。签证机构应依据《优惠原产地管理规定》以及相应优惠贸易协定项下所确定的原产地规则签发出口货物原产地证书。

2. 出口货物通关中的原产地管理

出口货物发货人或者其代理人在办理海关申报手续时，应当在出口货物报关单商品项对应的“原产国（地区）”栏如实填报货物的原产地，在商品项对应的“商品名称、规格型号”栏填写出口享惠情况，可选择“出口货物在最终目的国（地区）不享受优惠关税”“出口货物在最终目的国（地区）享受优惠关税”“出口货物不能确定在最终目的国（地区）享受优惠关税”如实填报。若出口货物为优惠贸易协定项下货物，出口货物发货人或者其代理人还应如实填报商品项“优惠贸易协定享惠”类栏目。

国家对出口货物原产地标记实施管理。为确定货物原产地是否与出口货物发货人提交的原产地证书及其他申报单证相符，海关可以对出口货物进行核查或查验。出口货物及其包装上标有原产地标记的，其原产地标记所标明的原产地应当与依照《原产地条例》所确定的原产地一致。出口货物的原产地标记标明的原产地与真实原产地不一致的，海关应当责令当事人改正。

二、原产地的行政裁定制度及预裁定制度

（一）原产地的行政裁定制度

海关行政裁定是指海关在货物实际进出口前，应对外贸易经营者的申请，依据有关海关法律、行政法规和规章，对与实际进出口活动有关的海关事务作出的具有普遍约束力的决定。

我国《原产地条例》规定，根据对外贸易经营者提出的书面申请，海关可以依照《海关法》的规定，对将要进口的货物的原产地预先作出确定原产地的行政裁定，并对外公布。进口相同的货物，应当适用相同的行政裁定（《原产地条例》第十五条）。

对于优惠贸易协定项下的进出口货物，其收发货人也可以按照有关规定，向海关申请原产地行政裁定。海关总署可以依据有关规定对进出口货物作出具有普遍约束力的原产地决定（《中华人民共和国海关进出口货物优惠原产地管理规定》第二十四条、第二十五条）。

根据规定，行政裁定由海关总署或海关总署授权机构作出，由海关总署统一对外公布。行政裁定具有海关规章的同等效力。

海关行政裁定的申请人应当是在海关注册登记的进出口货物经营单位。申请人应当在货物进口的3个月前向海关总署或者直属海关提交申请，并按照海关要求填写行政裁定申请书。

收到申请的直属海关应当按照规定对申请资料进行初审。对符合规定的申请，自接受申请之日起3个工作日内移送海关总署或海关总署授权机构。申请资料不符合有关规定的，海关应当通知申请人在10个工作日内补正。

海关总署或其授权机构应当自收到申请书之日起 15 个工作日内，审核决定是否受理该申请，并告知申请人。对不予受理的应当说明理由。海关应当自受理申请之日起 60 日内作出行政裁定。

海关作出的行政裁定应当通知申请人，并对外公布。海关作出的行政裁定自公布之日起在全国关境内统一适用。

（二）原产地预裁定制度

为了促进贸易安全与便利，优化营商环境，增强企业对进出口贸易活动的可预期性，我国制定了《中华人民共和国海关预裁定管理暂行办法》，自 2018 年 2 月 1 日起施行。

根据该办法，在货物实际进出口前，申请人可以就进出口货物的原产地或者原产资格向海关申请预裁定。预裁定的申请人应当是与实际进出口活动有关，并且在海关注册登记的对外贸易经营者。

申请人应当在货物拟进出口 3 个月前向其注册地直属海关提出预裁定申请。有下列特殊情况之一，且申请人有正当理由，经直属海关批准，可以在货物拟进出口前 3 个月内提出预裁定申请：

1. 因不可抗力或政策调整原因造成申请时间距实际进出口时间少于 3 个月的；
2. 申请企业在海关注册时间少于 3 个月的。

申请人申请预裁定的，应当提交“中华人民共和国海关预裁定申请书”（以下简称“预裁定申请书”）及海关要求的有关材料。一份“预裁定申请书”应当仅包含一类海关事务。

海关应当自收到“预裁定申请书”及相关材料之日起 10 日内审核决定是否受理该申请，制发“中华人民共和国海关预裁定申请受理决定书”或者“中华人民共和国海关预裁定申请不予受理决定书”。

海关应当自受理之日起 60 日内依据有关法律、行政法规、海关规章及海关总署公告作出预裁定决定，制发“中华人民共和国海关预裁定决定书”（以下简称“预裁定决定书”）。“预裁定决定书”应当送达申请人，并且自送达之日起生效。

作出预裁定决定过程中，海关可以要求申请人在规定期限内提交与申请海关事务有关的材料或者样品；申请人也可以向海关补充提交有关材料。

预裁定决定有效期为 3 年。预裁定决定所依据的法律、行政法规、海关规章及海关总署公告相关规定发生变化，影响其效力的，预裁定决定自动失效。预裁定决定对于其生效前已经实际进出口的货物没有溯及力。

申请人在预裁定决定有效期内进出口与预裁定决定列明情形相同的货物，应当按照预裁定决定申报，海关予以认可。

本章小结

国际贸易中确定货物的原产地十分重要。它是一个国家（地区）实施差别关税待遇、反倾销等非关税措施的重要保证，以及进行贸易统计的需要。根据适用目的和范围的不同，原产地规则可以区分为非优惠原产地规则和优惠原产地规则。国际上为了协调统一各国（地区）非优惠原产地规则作出了多年努力，并最终形成了世界贸易组织《原产地规则协定》，但协调工作并没有结束。我国非优惠原产地规则适用范围广泛，它适用于实施最惠国待遇、反倾销和反补贴等非优惠性贸易措施，以及进行政府采购、贸易统计等活动对进出口货物原产地的确定。非优惠原产地规则对货物原产地的确定标准主要包括完全获得标准和实质性改变标准两种。我国优惠原产地规则随着双边和多边自由贸易协定的签订而不断涌现，协定税率和特惠税率的有效实施离不开相应的优惠原产地规则。我国优惠原产地规则除了货物原产地的确定标准，还包括直接运输规则和原产地证明文件等其他内容。只有全部满足相应的规定，才能享受相应的优惠关税。不同的优惠原产地规则，既有共性的规定，同时又具有差异性规定，其实施相对比较复杂。进出口货物在实际进出口之前，当事人可以向海关申请原产地的行政裁定或预裁定。我国相关法律文件对此作出了相应规定。

练习与思考

1. 原产地与原产地规则有何联系与区别？
2. 我国非优惠原产地规则适用范围是什么？
3. 我国非优惠原产地规则关于货物原产地确定标准的规定是什么？
4. 比较我国优惠原产地规则的异同点。
5. 优惠原产地规则中所称的直接运输包括哪些情形？
6. 原产地预裁定制度与行政裁定制度有何异同？
7. 为什么要确定进出口货物的原产地？
8. 如何理解原产地规则的两面性？

参考文献

1. 岑维廉，钟昌元，王华．关税理论与中国关税制度，第2版．上海：格致出版社，上海人民出版社，2010.

2. 高融昆．海关税收征管．北京：中国海关出版社，2010.

3. 何晓兵．中国关税实务，第4版．北京：中国商务出版社，2015.

4. 张庆麟，彭忠波，安丰雷．世界贸易组织原产地规则协定详解．长沙：湖南科学技术出版社，2006.

5. 叶全良，王世春．国际商务与原产地规则．北京：人民出版社，2005.

6. General Agreement on Tariffs and Trade 1947.

7. International Convention on the Simplification and Harmonization of Customs

Procedures 1973.

8. Protocol of the Amendment to the International Convention on the Simplification and Harmonized of Customs Procedures 1999.

9. Agreement on Rules of Origin, WTO.

本章内容涉及的法律文件索引

1. 《中华人民共和国海关法》（1987 年 1 月 22 日第六届全国人民代表大会常务委员会第十九次会议通过，自 1987 年 7 月 1 日起施行。全国人民代表大会常务委员会先后于 2000 年 7 月 8 日、2013 年 6 月 29 日、2013 年 12 月 28 日、2016 年 11 月 7 日、2017 年 11 月 4 日、2021 年 4 月 29 日修正）

2. 《中华人民共和国进出口关税条例》（2003 年 11 月 23 日国务院令第 392 号公布，自 2004 年 1 月 1 日起施行。国务院先后于 2011 年 1 月 8 日、2013 年 12 月 7 日、2016 年 2 月 6 日、2017 年 3 月 1 日修订）

3. 《中华人民共和国进出口货物原产地条例》（2004 年 9 月 3 日国务院令第 416 号公布，自 2005 年 1 月 1 日起施行。2019 年 3 月 2 日国务院令第 709 号修订）

4. 《关于非优惠原产地规则中实质性改变标准的规定》（2004 年 12 月 6 日海关总署令第 122 号公布，自 2005 年 1 月 1 日起施行。2018 年 4 月 28 日海关总署令第 238 号修改）

5. 《中华人民共和国海关进出口货物优惠原产地管理规定》（2009 年 1 月 8 日海关总署令第 181 号公布，自 2009 年 3 月 1 日起施行）

6. 《中华人民共和国海关〈亚太贸易协定〉项下进出口货物原产地管理办法》（2008 年 11 月 3 日海关总署令第 177 号公布，自 2009 年 1 月 1 日起施行。2010 年 11 月 26 日海关总署令第 198 号修改）

7. 《中华人民共和国海关〈中华人民共和国与东南亚国家联盟全面经济合作框架协议〉项下进出口货物原产地管理办法》（2010 年 11 月 26 日海关总署令第 199 号公布，自 2011 年 1 月 1 日起施行）

8. 《中华人民共和国海关〈区域全面经济伙伴关系协定〉项下进出口货物原产地管理办法》（2021 年 11 月 23 日海关总署令第 255 号公布，自 2022 年 1 月 1 日起施行）

9. 《海关总署关于废止部分规章的决定》（2022 年 7 月 31 日海关总署令第 258 号公布，自公布之日起生效）

10. 《中华人民共和国海关〈中华人民共和国政府与巴基斯坦伊斯兰共和国政府自由贸易协定〉项下进口货物原产地管理办法》（2007 年 5 月 30 日海关总署令第 162 号公布，自 2007 年 7 月 1 日起施行。2010 年 11 月 26 日海关总署令第 198 号修改）

11. 《中华人民共和国海关〈中华人民共和国政府和柬埔寨王国政府自由贸易协定〉项下进出口货物原产地管理办法》（2021 年 12 月 16 日海关总署公告 2021 年第 107 号公布，自 2022 年 1 月 1 日起施行）

12.《中华人民共和国海关〈中华人民共和国政府和新西兰政府自由贸易协定〉项下经修订的进出口货物原产地管理办法》（2022 年 4 月 2 日海关总署公告 2022 年第 32 号公布，自 2022 年 4 月 7 日起执行）

13.《中华人民共和国海关〈中华人民共和国政府和新加坡共和国政府自由贸易协定〉项下进出口货物原产地管理办法》（2008 年 12 月 26 日海关总署令第 178 号公布，自 2009 年 1 月 1 日起施行。2011 年 10 月 19 日海关总署令第 203 号修改）

14.《中华人民共和国海关〈中华人民共和国与秘鲁共和国政府自由贸易协定〉项下进出口货物原产地管理办法》（2010 年 2 月 25 日海关总署令第 186 号公布，自 2010 年 3 月 1 日起施行）

15.《中华人民共和国海关关于最不发达国家特别优惠关税待遇进口货物原产地管理办法》（2017 年 3 月 1 日海关总署令第 231 号公布，自 2017 年 4 月 1 日起施行）

16.《中华人民共和国海关〈海峡两岸经济合作框架协议〉项下进出口货物原产地管理办法》（2010 年 12 月 29 日海关总署令第 200 号公布，自 2011 年 1 月 1 日起施行）

17.《中华人民共和国海关〈中华人民共和国政府和哥斯达黎加共和国政府自由贸易协定〉项下进出口货物原产地管理办法》（2011 年 7 月 30 日海关总署令第 202 号公布，自 2011 年 8 月 1 日起施行）

18.《中华人民共和国海关〈中华人民共和国政府和冰岛政府自由贸易协定〉项下进出口货物原产地管理办法》（2014 年 6 月 30 日海关总署令第 222 号公布，自 2014 年 7 月 1 日起施行）

19.《中华人民共和国海关〈中华人民共和国和瑞士联邦自由贸易协定〉项下进出口货物原产地管理办法》（2014 年 6 月 30 日海关总署令第 223 号公布，自 2014 年 7 月 1 日起施行）

20.《中华人民共和国海关行政裁定管理暂行办法》（2001 年 12 月 24 日海关总署令第 92 号公布，自 2002 年 1 月 1 日起施行）

21.《中华人民共和国海关〈中华人民共和国政府和澳大利亚政府自由贸易协定〉项下进出口货物原产地管理办法》（2015 年 12 月 18 日海关总署令第 228 号公布，自 2015 年 12 月 20 日起施行）

22.《中华人民共和国海关〈中华人民共和国政府和大韩民国政府自由贸易协定〉项下进出口货物原产地管理办法》（2015 年 12 月 18 日海关总署令第 229 号公布，自 2015 年 12 月 20 日起施行）

23.《中华人民共和国海关〈中华人民共和国政府和格鲁吉亚政府自由贸易协定〉项下进出口货物原产地管理办法》（2017 年 12 月 13 日海关总署公告 2017 年第 61 号公布，自 2018 年 1 月 1 日起执行）

24.《中华人民共和国海关预裁定管理暂行办法》（2017 年 12 月 26 日海关总署令第 236 号公布，自 2018 年 2 月 1 日起施行）

25.《中华人民共和国非优惠原产地证书签证管理办法》（2009 年 6 月 14 日国家质量监督检验检疫总局令第 114 号公布，自 2009 年 8 月 1 日起施行。根据国家质量监督检验检疫总局令第 184 号、海关总署令第 238 号、海关总署令第 240 号修改）

26.《海关总署关于公布修改〈《亚洲—太平洋贸易协定》原产地规则〉的公告》（2018年6月27日海关总署公告2018年第69号公布，自2018年7月1日起执行）

27.《中华人民共和国海关〈中华人民共和国与东南亚国家联盟全面经济合作框架协议〉项下经修订的进出口货物原产地管理办法》（2019年8月19日海关总署公告2019年第136号公布，自2019年8月20日起执行）

28.《中华人民共和国海关〈《内地与澳门关于建立更紧密经贸关系的安排》货物贸易协议〉项下进出口货物原产地管理办法》（2018年12月28日海关总署公告2018年第213号公布，自2019年1月1日起执行）

29.《中华人民共和国海关〈《内地与香港关于建立更紧密经贸关系的安排》货物贸易协议〉项下进出口货物原产地管理办法》（2018年12月28日海关总署公告2018年第214号公布，自2019年1月1日起执行）

30.《海关总署关于对原产于台湾地区的15种进口鲜水果实施零关税的公告》（2005年7月29日海关总署公告2005年第37号公布，自2005年8月1日起执行）

31.《海关总署关于对原产于台湾地区的19种进口农产品免征关税有关事宜的公告》（2007年3月19日海关总署公告2007年第6号公布，自2007年3月20日起执行）

32.《海关总署关于执行〈中巴自贸协定〉原产地规则及签证操作程序的公告》（2007年6月29日海关总署公告2007年第34号公布，自2007年7月1日起执行）

33.《中华人民共和国海关〈中华人民共和国政府和智利共和国政府自由贸易协定〉项下进出口货物原产地管理办法》（2019年2月28日海关总署公告2019年第39号公布，自2019年3月1日起执行）

34.《中华人民共和国海关〈中华人民共和国政府和新加坡共和国政府自由贸易协定〉项下经修订的进出口货物原产地管理办法》（2019年12月23日海关总署公告2019年第205号公布，自2020年1月1日起执行）

35.《海关总署关于公布〈中华人民共和国政府和秘鲁共和国政府自由贸易协定〉原产地规则及与原产地相关的操作程序的公告》（2010年2月25日海关总署公告2010年第13号公布，自2010年3月1日起执行）

36.《海关总署关于公布2012年版ECFA货物贸易早期收获产品特定原产地规则的公告》（2011年12月28日海关总署公告2011年第83号公布，自2012年1月1日起执行）

37.《海关总署关于〈中华人民共和国政府和哥斯达黎加共和国政府自由贸易协定〉项下产品特定原产地规则的公告》（2011年7月31日海关总署公告2011年第49号公布，自2011年8月1日起执行）

38.《海关总署关于〈中华人民共和国政府和冰岛政府自由贸易协定〉项下产品特定原产地规则的公告》（2014年6月30日海关总署公告2014年第49号公布，自2014年7月1日起执行）

39.《海关总署关于〈中华人民共和国和瑞士联邦自由贸易协定〉项下产品特定原产地规则的公告》（2014年6月30日海关总署公告2014年第51号公布，自2014年7月1日起执行）

40.《海关总署关于〈中华人民共和国政府和澳大利亚政府自由贸易协定〉项下产品

特定原产地规则的公告》（2015 年 12 月 18 日海关总署公告 2015 年第 62 号公布，自 2015 年 12 月 20 日起执行）

41.《海关总署关于〈中华人民共和国政府和大韩民国政府自由贸易协定〉项下产品特定原产地规则的公告》（2015 年 12 月 18 日海关总署公告 2015 年第 64 号公布，自 2015 年 12 月 20 日起执行）

42.《中华人民共和国海关〈中华人民共和国政府和毛里求斯共和国政府自由贸易协定〉项下进出口货物原产地管理办法》（2020 年 12 月 16 日海关总署公告 2020 年第 128 号公布，自 2021 年 1 月 1 日起执行）

43.《海关总署关于优惠贸易协定项下进出口货物报关单有关原产地栏目填制规范和申报事宜的公告》（2021 年 4 月 25 日海关总署公告 2021 年第 34 号公布，自 2021 年 5 月 10 日起实施）

第五章　进出口商品归类

本章概要

经济全球化是时代潮流，是满足人类美好生活需要的必由之路。中国是经济全球化的受益者，更是贡献者。习近平指出：我们要把握经济全球化发展大势，支持世界各国扩大开放。中国扩大高水平开放的决心不会变，同世界分享发展机遇的决心不会变，推动经济全球化朝着更加开放、包容、普惠、平衡、共赢的方向发展的决心不会变。① 我国积极同国际经贸规则对接，主动参与国际规则制定，提升规则制定能力。作为我国《进出口税则》基础的《协调制度》，是目前世界上用途最为广泛的一种分类目录。1992 年以来，我国参与了《协调制度》规则的修改，影响力越来越大，为维护自由贸易和国家利益作出了贡献。

商品归类是海关征税的重要环节。关税税率体现在《进出口税则》中，税则由税目和税率相对应组成。关税的税目十分庞杂，多达数千个。为了选择正确的关税税率，以及方便进出口货物的管理和统计，需要对进出口商品进行正确的归类。本章第一节介绍国际上通用的《协调制度》的基本知识；第二节介绍我国进出口税则的发展历史、基本结构，以及我国商品归类的管理制度；第三节解释商品归类六条总规则的含义。

学习目标

当完成本章的学习后，要求：

1. 认识《协调制度》的产生与发展，《商品名称及编码协调制度国际公约》的主要内容，《协调制度》的基本结构。

2. 认识我国进出口税则的发展、基本结构。

3. 掌握我国进出口商品归类的法律依据、商品归类行政裁定制度、预裁定制度和商品归类决定制度。

4. 理解商品归类 6 条总规则的含义。

---

① 习近平 2021 年 11 月 4 日在第四届中国国际进口博览会开幕式上的主旨演讲。

各国（地区）关税制度中，进出口税则是其重要的组成部分，它是确定货物适用关税税率的法律依据。无论是采用复式税则还是单式税则的国家（地区），为了确定货物适用的关税税率，都必须先查找到其适当的税号。按照一定的规则确定进出口货物税号的过程就是商品归类。在我国，商品归类是指在《商品名称及编码协调制度国际公约》商品目录体系下，以《进出口税则》为基础，按照《进出口税则商品及品目注释》《中华人民共和国进出口税则本国子目注释》，以及海关总署发布的关于商品归类的行政裁定、商品归类决定的规定，明确进出口货物商品编码的行为。商品归类是海关征税、贸易统计等领域的又一项技术性很强的工作。

第一节 《协调制度》

我国的《进出口税则》和《中华人民共和国海关统计商品目录》（以下简称《海关统计商品目录》）是以国际上通用的商品分类目录——《协调制度》为基础编制的。《协调制度》是《商品名称及编码协调制度国际公约》中的附件，是目前世界上用途最为广泛的一种商品分类目录，被许多国家（地区）广泛应用于海关税则、国际贸易统计、原产地规则、国际贸易谈判、贸易管制等领域。

一、《协调制度》的产生与发展

为了方便一国（地区）对进出口商品征税和统计，很早就产生了对国际贸易商品进行分类的需要。1853 年在布鲁塞尔召开的国际经济大会上，就决定以统一的国际关税目录作为国际统计目录的基础。1913 年在布鲁塞尔召开的第二届国际商业统计会议上，批准制定了一个统一的统计目录。1927 年召开的世界经济会议上提出要制定统一的海关税则目录，1937 年《日内瓦目录》（Geneva Nomenclature）完成定稿。第二次世界大战后，西欧一些国家成立欧洲海关同盟研究小组，在《日内瓦目录》的基础上拟定了《布鲁塞尔税则目录》（Brussels Tariff Nomenclature），该目录于 1959 年开始实施，1974 年改称为《海关合作理事会商品分类目录》（Customs Co-operation Council Nomenclature，简称 CCCN），逐渐成为众多国家（地区）制定本国（地区）海关税则的基础。此外，为了方便对外贸易统计，在 1948 年至 1950 年期间联合国统计委员会也制定了一个商品目录——《国际贸易标准分类目录》（Standard International Trade Classification，简称 SITC）。

联合国欧洲经济委员会于 1970 年向海关合作理事会建议成立一个研究小组，负责研究创建一个能同时满足海关征税、外贸统计、国际运输、原产地规则和贸易谈判等多用途商品分类目录的可行性，以解决世界商品分类目录繁杂给国际贸易带来的诸多不便。该研究小组向海关合作理事会提交了研究报告，指出编制《协调制度》是可行的。1973 年海关合作理事会批准了该报告，并成立了一个协调制度委员会，负责编写《协调制度》并起草有关实施的文本。经过十多年的努力，在 CCCN 和 SITC 及其他一些国际商品分类目录的基础上编制了一个多用途的商品分类目录——《协调制度》，该目录于 1983 年 5 月定稿，1983 年 6 月《商品名称及编码协调制度国际公约》及其附件《协调制度》在海关合作理事会第61/62届会议上获得通过，并于1988年1月1日正式生效。

为适应生产技术的发展及国际贸易格局的变化，自1988年《协调制度》正式实施以来，每隔几年都会对该商品分类目录作一次全面的修订，至今已进行了多次修订，从而形成了1988年、1992年、1996年、2002年、2007年、2012年、2017年和2022年等多个版本内容不完全相同的商品分类目录。其中2022年版《协调制度》于2022年1月1日起实施。

二、《商品名称及编码协调制度国际公约》的主要内容

为了确保《协调制度》目录能够在缔约方统一执行，在制定《协调制度》的过程中，《协调制度》委员会决定缔结《商品名称及编码协调制度国际公约》，对缔约方进行约束和管理。该公约于1983年6月获得通过，并于1988年1月1日起正式实施。

该国际公约的具体内容包括前言、正文及附件。其中正文共有20条规定，附件是《协调制度》。

（一）《商品名称及编码协调制度国际公约》的宗旨

该公约的前言部分阐述了《协调制度》的宗旨和制定的原因。其宗旨在于：便利国际贸易，便利统计资料特别是国际贸易统计资料的收集、对比与分析，减少国际贸易往来中因分类制度不同、商品重新命名、重新分类及重新编号而引起的费用，便利数据的传输和贸易单证的统一。

公约在前言中指出，制定该公约的原因在于：由于技术的发展和国际贸易格局的变化，1950年12月15日在布鲁塞尔签署的《海关税则商品分类目录公约》必须进行全面修改；因为《海关税则商品分类目录公约》所附的商品分类目录，远不能满足各国或地区政府和贸易界在税则及统计方面要求的详细程度；许多国家（地区）认识到在国际贸易谈判中，运用准确并且相互可比的统计数据十分重要，而且在各种运输方式的运费计价和运输统计方面，也应有统一的目录；制定的《协调制度》目录，能最大限度地和商业上的商品名称与编号结合起来，有助于促进国际贸易统计与生产统计之间建立紧密的相互对应关系，同时该目录可以与联合国的《国际贸易标准分类目录》之间保持紧密的相互对应关系。为了满足上述各项需要，认为缔结一个新的国际公约是最好的方法。

（二）缔约方的主要权利及义务

1. 缔约方的权利

根据《商品名称及编码协调制度国际公约》的规定，缔约方主要有以下权利：

（1）有权派遣代表参加《协调制度》委员会及有关的会议，每一缔约方有一票表决权；

（2）可对理事会提出的修正案表示反对意见，并可以在规定的期限内撤回反对意见；

（3）任何缔约方有权退约，除退约书另行规定了更迟的失效期外，秘书长接到退约书

一年后，退约即行生效。

（4）缔约方可以在本国（地区）的税则目录及统计目录中，增列比《协调制度》6位数级目录更为详细的分类细目。

（5）缔约方为发展中国家（地区）的，可以根据其国际贸易格局或行政管理能力，延期采用部分或全部的《协调制度》子目。

2. 缔约方的义务

根据《商品名称及编码协调制度国际公约》的规定，缔约方主要的义务包括：

（1）必须保证从公约在缔约方生效之日起，使其税则目录及统计目录与《协调制度》取得一致，为此，它必须保证在其税则目录及统计目录的制定中做到：

①采用《协调制度》的所有品目、子目及其相应的编码，不得作任何增添或删改；

②采用《协调制度》的归类总规则，以及所有类、章和子目的注释，不得更改《协调制度》的类、章、品目或子目的范围；

③遵守《协调制度》的编号顺序。

（2）缔约方应按《协调制度》6位数级目录公布本国（地区）的进出口贸易统计资料，缔约方还可在不影响商业秘密、国家安全等情况下，主动公布超过上述范围的更为详细的进出口贸易统计资料。

（3）缔约方在本国（地区）的税则目录及统计目录中增列比《协调制度》6位数级目录更为详细的分类细目时，这些细目必须在公约附件《协调制度》目录所规定的6位数级目录项下增列和编号。

（4）缔约方为发展中国家（地区）的，如果部分采用《协调制度》，应对任何一个5位数级子目项下的6位数级子目全部采用或全部不采用；对任何一个品目项下的5位数级子目，也应全部采用或全部不采用。对于部分采用《协调制度》的，其不采用的第6位数或第5、6位数编号，应分别用“0”或“00”代替。发展中国家（地区）部分采用《协调制度》，应在成为缔约方时，将本国（地区）在公约对其生效之时不准备采用的子目通知秘书长，同时还应将准备采用的子目一并通知秘书长。

缔约方为发展中国家（地区）的，部分采用《协调制度》，必须同意尽最大努力在公约对本国（地区）生效之日起5年内或在本国（地区）认为合适的更长期限内全部采用6位数级的《协调制度》。

（5）发达缔约方应向提出要求的发展中国家（地区）按照双方所同意的条件提供技术援助，特别是在人员培训、现行目录向《协调制度》转化、对已转换的目录如何不断适应《协调制度》的修改提出建议，以及在实施公约各项规定方面提供技术援助。

公约第二条还明确规定，《协调制度》作为附件是公约不可分割的组成部分，附件与公约具有同等的法律效力。

除了上述内容之外，该公约还对成立《协调制度》委员会的事宜、《协调制度》委员会的职权、海关合作理事会的作用、关税税率、争议的裁决、缔约资格、缔约程序、生效日期、关于附属领土采用《协调制度》事宜、退约及其生效、修改程序、保留条款、秘书长的通知、在联合国注册问题等方面作出了规定。

需要指出的是，《商品名称及编码协调制度国际公约》是统一各国和地区商品分类目录的公约，不对各缔约方的关税税率作出约束。也就是说，缔约方加入该公约并不用承担关税税率方面的任何义务。正因为如此，目前有大量的国家（地区）加入该公约，或直接采用《协调制度》目录。

三、《协调制度》的基本结构

《协调制度》将国际贸易商品分为21大类共97章（其中第77章为空章），其中2022年版共有5609个6位数级的商品编码。该目录中具有法律效力的内容包括：商品编码表中的品目和子目条文及其相应的数字编号、各种注释［包括在类标题下的注释（以下简称类注）、在章标题下的注释（以下简称章注）及类或章标题下的子目注释］和6条归类总规则。

（一）商品编码表

商品编码表由《协调制度》编码（简称商品编码）和对应的品目条文及子目条文构成。在商品编码表中归类时具有法律效力的是品目条文、子目条文及其商品编码，但编码表之前的类标题、章标题以及编码表中分章的标题不是归类的法律依据。品目条文是《协调制度》中前4位数级商品编码所对应的文字，子目条文则是第5位和第6位数级商品编码所对应的文字。其中，5位数级商品编码对应的子目被称为一级子目，6位数级商品编码对应的子目被称为二级子目。

品目编码是指商品编码表中各章的前4位数代码，其中前两位代码表示货品所在章的章号，后两位代码表示货品在该章的排列序次。例如，品目01.06表示该货品在第1章，是该章第6个品目的货品。一些品目则被细分为一级子目，一级子目再细分为二级子目。一级子目用5位数码表示，第5位数码通常表示它在所属品目中的序号；二级子目用6位数码表示，第6位数码通常表示它在所属一级子目中的序号。例如，0106.12，表示该货品属于第1章第6个品目第1个一级子目中的第2个二级子目。没有设一级子目或二级子目的品目，第5位或第6位数码用0表示。例如，0409.00，表示第4章第9个品目下没有一级子目和二级子目。需要指出的是，作为未列名商品的第5位或第6位数码用9表示，代表在该级子目中处于最末的一个，而不代表它在该级子目的实际序位，其间的空序号是为在保留原有编码的情况下适用日后新增添的商品而设。在此，还需要注意的是，数字9被未列名零件占用时，数字8表示未列名整机。例如，8406.9为汽轮机零件，而8406.8为未列名其他汽轮机。

由于《协调制度》经过多次修改，目前的《协调制度》目录中某些品目或某些子目已被删除，例如，第5章中第3个品目（05.03）和第9个品目（05.09）、第14章中第2个品目（14.02）和第3个品目（14.03）等已被删除（类似的例子还有许多），又如第7章的一级子目0709.10也已被删除（类似的例子还有许多），所以《协调制度》编码的连续性特点已被打破。

（二）类注、章注和子目注释

《协调制度》的注释有 3 种，即位于类标题下的类注、位于章标题下的章注、位于类或章标题下的子目注释。这些注释也是商品归类的依据，它与品目条文和子目条文具有同等法律效力。

（三）归类总规则

《协调制度》还有 6 条归类总规则，也是具有法律效力的归类依据，它们适用于品目条文、子目条文，以及有关的注释无法解决商品归类的情况，是指导整个《协调制度》商品归类的总原则。关于归类总规则的具体内容详见本章第三节。

第二节　我国的进出口税则

进出口税则又称为海关税则，是一国（地区）通过一定的立法程序制定和公布实施的进出口货物关税税率表。它是海关凭以征收关税的法律依据，也是一个国家（地区）关税政策的具体体现。海关税则一般由税目和税率两个部分组成。税目部分是税则的技术部分，主要包括税则号列和商品名称，将各种商品按一定的规则设定商品编码。税率部分是税则的政策部分，体现国家（地区）的关税政策，列出一栏或多栏税率，对不同的商品或不同原产地的商品给予不同的关税待遇。因此，进出口税则与《协调制度》是有区别的。

一、我国海关税则的发展

（一）中华人民共和国成立之前的海关税则

鸦片战争之前，我国关税的征收完全是自主的。鸦片战争之后签订的《南京条约》规定清政府在制定税则时必须与外国列强议定，因此“1843 年海关税则”成为中国第一个不平等的协定税则。该税则分别列出进口税则、出口税则，以从量和从价两种计征标准征收，其中进口商品“按价值若干，每百两抽银十两”标准征税，即进口商品税率为 10%，出口商品则“按价值若干，每百两抽银五两”标准征税，即出口商品税率为 5%。进口税则将进口商品分为 14 个大类、104 个税目，出口税则将出口商品分为 12 个大类、68 个税目，进出口税则合并共 172 个税目。

此后，在 1858 年 10 月，清政府代表与英国、美国、法国代表谈判修订税则，形成了“1858 年进出口税则”。该税则是在 1843 年税则的基础上修订而成的，进口税则仍将进口商品分为 14 个大类，但税目增加至 177 个，出口税则仍将出口商品分为 12 个大类，但税目增加至 174 个，进出口税则合并共 351 个税目。该税则规定“值百抽五”，即关税税率为 5%，成为当时世界上最低的税率之一。“1858 年进出口税则”实施后共进行了 11 次局部修订。

到了 1902 年，清政府再次与外国列强谈判制定了新税则，该税则于 1904 年正式实施。新税则是在“1858年进出口税则”进口税则部分的基础上修订而成，它将进口商品分为17个大类、682个税目，其中从量税目565个，从价税目117个，税率仍为“值百抽五”。出口税则并未修订。

中华民国成立后，北洋政府为达到切实“值百抽五”的要求多次向英法等国提出修订税则，直到1918年，英法等14国代表才同意组成“修改进口税则委员会”，对“1902年进口税则”加以修订，修订后的税则于1919年8月1日开始实施。该税则共有598个税目，其中从量税目416个，从价税目178个，免税税目4个，平均税率仅为3.5%，并未达到“值百抽五”的目的。

1921年，北洋政府要求各国按有关协定修订“1919年进口税则”。1922年3月，“上海修改税则委员会”成立，新修改的进口税则于当年9月审议通过，10月公布，1923年1月17日正式实施。该进口税则共分为15类、582个税目，平均税率为4.29%。

1928年12月，南京国民政府颁布了《中华民国海关进口税则（1929）》，并于1929年2月1日开始实施。该税则将进口商品分为14类、718个税目，税率从7.5%到27.5%不等，平均税率为8.5%。

1930年5月，南京国民政府国定税则委员会重新修订了1929年的进口税则，并于1931年1月1日起实施。“1931年国定进口税则”将进口商品分为16类、647个税目，并提高了税率，增加了税级，平均税率为15%。与此同时，1931年5月颁布了“1931年国定出口税则”，并于当年6月1日开始实施。该出口税则将出口商品分为6类、270个税目，从价税税率多为7.5%。

1933年5月，南京国民政府宣布废止“1931年国定进口税则”，实施“1933年国定进口税则”，该税则将进口商品分为16类、672个税目。由于该税则修订的主要目的在于增加财政收入，所以进口税率有大幅提高，平均税率达20%。

在财政危机和日本压力的内外交困下，南京国民政府于1934年7月1日颁布实施了“1934年国定进口税则”，该税则对进口商品的分类和税目与1933年进口税则的完全相同，但税率的增减变化较大，平均税率提高到25%。同年6月颁布实施了“1934年国定出口税则”，该税则是在“1931年国定出口税则”的基础上修订的，对出口商品的分类和税目与1931年出口税则的完全相同，但减税的税目有所增加，免税的税目也有所扩大。

1948年，南京国民政府加入《关税及贸易总协定》后，将当时海关执行的“1934年国定进口税则”修改为“1948年协定税则”，并颁布实施。该税则基本保持了1934年税则旧貌，仍为16类、672个税目，但税率由原来的单栏改为双栏，即增加了一栏为《关税及贸易总协定》的减让税率，一律从价征收，并提高了进口关税税率。

（二）中华人民共和国成立以后的海关税则

中华人民共和国成立以来，共实施了3部不同分类基础的海关进出口税则。

1. 1951年开始以苏联海关税则等为基础的海关税则

中华人民共和国成立以后，在参考苏联海关税则、“中华民国”海关税则及《日内瓦目录》的基础上，根据我国当时的生产和进出口商品情况，制定了新中国第一部海关进出口税则——1951 年《中华人民共和国海关进出口税则》，该税则于 1951 年 5 月 4 日经政务院批准并于 5 月 16 日开始实施。该税则是按照商品的自然属性、加工程度、功能用途制定的，共分 17 类、89 组、939 个税目，采用进出口税则合一的体例，共设 3 栏税率，其中进口商品设最低税率和普通税率 2 栏税率，出口商品设 1 栏税率。该税则从 1951 年到 1985 年更换新税则为止，先后对税目或税率作了 24 次修改。

2. 1985 年开始以《海关合作理事会商品分类目录》为基础的海关税则

1985 年 2 月，经国务院批准，以《海关合作理事会商品分类目录》（CCCN）为基础制定的 1985 年《中华人民共和国海关进出口税则》于当年 3 月 10 日正式实施。该税则同样采用进出口税则合一的形式，将商品分为 21 类、99 章，1011 个品目，1087 个子目，税号与《海关合作理事会商品分类目录》的商品编码相同，共设有 4 栏税率，包括 3 栏进口税率（即最低税率、普通税率和进口调节税率）和 1 栏出口税率，并调低了进出口商品的税率。从 1985 年到 1991 年年底为止，该税则先后进行了 19 次修订。

3. 1992 年开始以《协调制度》为基础的海关税则

经国务院批准，1992 年 1 月 1 日起开始实施新的海关进出口税则（我国于 1992 年 6 月 23 日加入《商品名称及编码协调制度国际公约》）。该税则是以国际通用的《协调制度》第 1 次修订本为基础，并结合我国进出口商品的实际情况制定的，共分为 21 类、97 章（其中第 77 章为空章），5019 个 6 位数子目，6256 个 8 位数税目。税则号列由 8 位数码组成，其中前 6 位数码与《协调制度》的商品编码完全相同，最后两位数码是我国新增的子目编码。该税则继续使用进出口税则合一的形式，共设 3 栏税率，包括 2 栏进口税率（即优惠税率和普通税率）和 1 栏出口税率。从 1992 年到 1995 年，该税则的第 7 位、第 8 位数子目作了多次调整，并先后有 3 次较大规模自主降低关税税率的调整。

《协调制度》第 2 次修订本于 1996 年 1 月 1 日起生效，我国经国务院批准也于 1996 年 1 月 1 日起实施以新的《协调制度》为基础制定的海关进出口税则。该税则结构基本与前一个版本相同，共分为 21 类、97 章（其中第 77 章为空章），5116 个 6 位数子目，6550 个 8 位数税目。实施时的税则与原税则税率相同。但从 1996 年 4 月 1 日大规模调低关税税率后，进口税率栏设为基础税率和 1996 年税率两类，每类又分为优惠税率和普通税率 2 栏，共有 4 栏税率。从 1996 年到 2001 年，该税则的第 7 位、第 8 位数子目作了多次调整，并先后有 5 次较大规模自主降低关税税率的调整。

2002 年 1 月 1 日起《协调制度》第 3 次修订本生效，我国经国务院批准也于 2002 年 1 月 1 日起实施以新的《协调制度》为基础制定的海关进出口税则。该税则结构基本与前几个版本相同，共分为 21 类、97 章（其中第 77 章为空章），5224 个 6 位数子目，7316 个 8 位数税目。该税则设为普通税率、最惠国税率、协定税率和特惠税率 4 栏进口税率。从 2002 年到 2006 年，该税则的第 7 位、第 8 位数子目作了多次调整，并按关税减让表的要求先后 5 次对关税税率作了较大规模的调整。

2007 年 1 月 1 日起《协调制度》第 4 次修订本生效，我国经国务院批准也于 2007 年 1 月 1 日起实施以新的《协调制度》为基础制定的进出口税则。该税则结构基本与前几个版本相同，共分为 21 类、97 章（其中第 77 章为空章），5052 个 6 位数子目，7646 个 8 位数税目。该税则设为普通税率、最惠国税率和协定税率 3 栏进口税率，并在附件列出了特惠税率等税率。从 2007 年到 2011 年，该税则的第 7 位、第 8 位数子目作了多次调整，并对关税税率作了适当的调整。

2012 年 1 月 1 日起《协调制度》第 5 次修订本生效，我国经国务院批准也于 2012 年 1 月 1 日起实施以新的《协调制度》为基础制定的进出口税则。该税则结构基本与前几个版本相同，共分为 21 类、97 章（其中第 77 章为空章），5205 个 6 位数子目，8194 个 8 位数税目。从 2012 年到 2015 年，该税则的第 7 位、第 8 位数子目作了多次调整，并对部分税目的关税税率作了适当的调整。

2017 年 1 月 1 日起《协调制度》第 6 次修订本生效，我国同步于 2017 年 1 月 1 日起实施以修订后的《协调制度》为基础制定的进出口税则。该税则同样分为 21 类、97 章（其中第 77 章为空章），1222 个 4 位数品目，5387 个 6 位数子目，8547 个 8 位数税目。从 2017 年到 2021 年，该税则的第 7 位、第 8 位数子目作了多次调整，并对部分税目的关税税率作了适当的调整，其中 2021 年我国进口关税总水平已降低至 7.4%。

2022 年 1 月 1 日起《协调制度》第 7 次修订本生效，我国同步于 2022 年 1 月 1 日起实施以修订后的《协调制度》为基础制定的进出口税则。该税则同样分为 21 类、97 章（其中第 77 章为空章），共有 1228 个 4 位数品目、5609 个 6 位数子目、8930 个 8 位数税目。

二、我国进出口税则的基本结构

目前我国正在实施的《进出口税则》是以《协调制度》为基础编制而成的。它由税目和税率两个部分构成，其中税目部分包括税则号列和商品名称，税率部分列出了普通税率、最惠国税率等多栏税率，此外还包括类注、章注、子目注释和归类总规则。《进出口税则》中的注释和归类总规则与《协调制度》中的规定一致，只是税则号列由 8 位数码组成，其中前 6 位数码与《协调制度》的商品编码完全一致，只有第 7 位、第 8 位数码才是我国增设的子目，分别称之为三级子目和四级子目。根据《商品名称及编码协调制度国际公约》的规定，任何政府都无权变更《协调制度》前 6 位数的编码，但由于三级子目和四级子目是我国增设的子目，可以对其进行适当的调整，所以每年我国都会根据需要对《进出口税则》的内容作适当的修改，包括三级子目和四级子目的条文，以及税率表中的税率。例如，2021 年我国《进出口税则》共有 8580 个 8 位数税目，2022 年调整为 8930 个。但是，2022 年版的《协调制度》共有 5609 个 6 位数编码，在下次修改之前不会有任何变化。2021 年我国《进出口税则》的平均关税税率已下降为 7.4%，这表明我国进口关税已经降低到比较低的水平。

三、我国进出口商品归类的法律依据

我国规定，进出口货物收发货人或其代理人应当按照《进出口税则》规定的目录条文和归类总规则、类注、章注、子目注释，以及其他归类注释，对其申报的进出口货物进行商品归类，并归入相应的税则号列；海关应当依法审核确定该货物的商品归类（《关税条例》第三十一条）。

根据相关规定，我国进出口商品归类的法律依据具体包括以下几项：

一是《进出口税则》；

二是《进出口税则商品及品目注释》；

三是《中华人民共和国进出口税则本国子目注释》；

四是海关总署发布的关于商品归类的行政裁定和商品归类决定等。

进出口货物相关的国家标准、行业标准等可以作为商品归类的参考。

此外，我国还规定，海关可以要求纳税义务人提供确定商品归类所需的有关资料；必要时，海关可以组织化验、检验，并将海关认定的化验、检验结果作为商品归类的依据（《海关法》第四十二条）。

四、我国进出口商品归类的管理

进出口货物的商品归类应当按照收发货人或者其代理人向海关申报时货物的实际状态确定。以提前申报方式进出口的货物，商品归类应当按照货物运抵海关监管区时的实际状态确定。法律、法规和规章另有规定的，依照有关规定办理。

收发货人或者其代理人应当按照法律、行政法规，以及其他相关规定，如实、准确申报其进出口货物的商品名称、规格型号等，并且对其申报的进出口货物进行商品归类，确定相应的商品编码。

除另有规定的以外，由同一运输工具同时运抵同一口岸并且属于同一收货人、使用同一提单的多种进口货物，按照商品归类规则应当归入同一商品编码的，该收货人或者其代理人应当将有关商品一并归入该商品编码向海关申报。

收发货人或者其代理人向海关提供的资料涉及商业秘密、未披露信息或者保密商务信息，要求海关予以保密的，应当以书面方式向海关提出保密要求，并且具体列明需要保密的内容。收发货人或者其代理人不得以商业秘密为理由拒绝向海关提供有关资料。海关按照国家有关规定承担保密义务。

海关应当依法审核确定收发货人或者其代理人申报的商品归类。海关在审核收发货人或者其代理人申报的商品归类事项时，可以行使的权力包括：查阅、复制有关单证、资料；要求收发货人或者其代理人提供必要的样品及相关商品资料，包括外文资料的中文译文并且对译文内容负责；组织对进出口货物实施化验、检验。必要时，海关可以要求收发货人或者其代理人补充申报。

对于收发货人或者其代理人隐瞒有关情况，或者拖延、拒绝提供有关单证或资料的，海关可以根据其申报的内容依法审核确定进出口货物的商品归类。海关发现收发货人或者其代理人申报的商品编码不准确的，按照商品归类的有关规定予以重新确定，并且按照报关单修改和撤销有关规定予以办理。

海关对货物的商品归类审核确定前，收发货人或者其代理人要求放行货物的，应当按照海关事务担保的有关规定提供担保。但是，国家对进出境货物有限制性规定，应当提供许可证件而不能提供的，以及法律、行政法规规定不得担保的其他情形，海关不得办理担保放行。

五、我国进出口商品归类行政裁定、预裁定和商品归类决定制度

商品归类工作技术性强，并涉及化验等诸多环节，对于某些复杂商品的归类，需要一定的时间才能得出结论，因此完全依靠在通关环节进行商品归类已不能完全适应需要。为加速货物通关，提高归类的准确性，便利报关单位办理海关手续，我国海关对进出口商品归类实行行政裁定制度和预裁定制度。

（一）商品归类的行政裁定制度

海关行政裁定是指海关在货物实际进出口前，应对外贸易经营者的申请，依据有关海关法律、行政法规和规章，对与实际进出口活动有关的海关事务作出的具有普遍约束力的决定。

根据规定，行政裁定由海关总署或海关总署授权机构作出，由海关总署统一对外公布。行政裁定具有海关规章的同等效力。进口或者出口相同情形的货物，应当适用相同的行政裁定。

海关行政裁定的申请人应当是在海关注册登记的进出口货物经营单位。申请人应当在货物进出口的 3 个月前向海关总署或者直属海关提交申请，并按照海关要求填写行政裁定申请书。海关认为必要时，可要求申请人提供货物样品。

收到申请的直属海关应当按照规定对申请资料进行初审。对符合规定的申请，自接受申请之日起 3 个工作日内移送海关总署或海关总署授权机构。申请资料不符合有关规定的，海关应当通知申请人在 10 个工作日内补正。

海关总署或其授权机构应当自收到申请书之日起 15 个工作日内，审核决定是否受理该申请，并告知申请人。对不予受理的应当说明理由。海关应当自受理申请之日起 60 日内作出行政裁定。

海关作出的行政裁定应当通知申请人，并对外公布。海关作出的行政裁定自公布之日起在全国关境内统一适用。

（二）商品归类预裁定制度

为了促进贸易安全与便利，优化营商环境，增强企业对进出口贸易活动的可预期性，我国制定了《中华人民共和国海关预裁定管理暂行办法》，自 2018 年 2 月 1 日起施行。根据该办法，在货物实际进出口前，申请人可以就进出口货物的商品归类向海关申请预裁定。预裁定的申请人应当是与实际进出口活动有关，并且在海关注册登记的对外贸易经营者。

申请人应当在货物拟进出口 3 个月前向其注册地直属海关提出预裁定申请。有下列特殊情况之一，且申请人有正当理由，经直属海关批准，可以在货物拟进出口前 3 个月内提出预裁定申请：

1. 因不可抗力或政策调整原因造成申请时间距实际进出口时间少于 3 个月的；
2. 申请企业在海关注册时间少于 3 个月的。

申请人申请预裁定的，应当提交“中华人民共和国海关预裁定申请书”（以下简称

“预裁定申请书”）及海关要求的有关材料。一份“预裁定申请书”应当仅包含一类海关事务。

海关应当自收到“预裁定申请书”及相关材料之日起10日内审核决定是否受理该申请，制发“中华人民共和国海关预裁定申请受理决定书”或者“中华人民共和国海关预裁定申请不予受理决定书”。

海关应当自受理之日起60日内依据有关法律、行政法规、海关规章及海关总署公告作出预裁定决定，制发“中华人民共和国海关预裁定决定书”（以下简称“预裁定决定书”）。“预裁定决定书”应当送达申请人，并且自送达之日起生效。

作出预裁定决定过程中，海关可以要求申请人在规定期限内提交与申请海关事务有关的材料或者样品；申请人也可以向海关补充提交有关材料。

预裁定决定有效期为3年。预裁定决定所依据的法律、行政法规、海关规章及海关总署公告相关规定发生变化，影响其效力的，预裁定决定自动失效。预裁定决定对于其生效前已经实际进出口的货物没有溯及力。

申请人在预裁定决定有效期内进出口与预裁定决定列明情形相同的货物，应当按照预裁定决定申报，海关予以认可。

（三）商品归类决定制度

海关总署可以依据有关法律、行政法规规定，对进出口货物作出具有普遍约束力的商品归类决定。进出口相同货物，应当适用相同的商品归类决定。商品归类决定由海关总署对外公布。如果作出商品归类决定所依据的法律、行政法规，以及其他相关规定发生变化的，商品归类决定同时失效。对于商品归类决定失效的，应当由海关总署对外公布。

第三节　商品归类总规则

商品归类总规则共6条，是商品归类总的指导原则。其中，总规则一至总规则五，是关于商品如何归入正确的品目的规定；总规则六则是在商品品目已确定的情况下，如何归入正确的子目的规定。

一、归类总规则一的理解

【总规则一：

类、章及分章的标题，仅为查找方便而设；具有法律效力的归类，应按品目条文和有关类注或章注确定，如品目、类注或章注无其他规定，按以下规则确定。】

规则一有以下3层含义：

第一，类、章及分章的标题不是商品归类的法律依据，不能凭借类、章或分章的标题来确定商品的编码，标题的作用仅仅是方便查找而已。

第二，具有法律效力的归类依据是品目条文及其相关的类注或章注。许多商品可直接按品目条文和相关注释进行归类。

第三，如果是按品目条文、类注和章注仍无法确定商品编码的商品，应按其他的归类总规则进行归类，即明确了规则一与其他规则之间的关系。

二、归类总规则二的理解

【总规则二：

（一）品目所列货品，应视为包括该项货品的不完整品或未制成品，只要在进口或出口时该项不完整品或未制成品具有完整品或制成品的基本特征；还应视为包括该项货品的完整品或制成品（或按本款可作为完整品或制成品归类的货品）在进口或出口时的未组装件或拆散件。

（二）品目中所列材料或物质，应视为包括该种材料或物质与其他材料或物质混合或组合的物品。品目所列某种材料或物质构成的货品，应视为包括全部或部分由该种材料或物质构成的货品。由一种以上材料或物质构成的货品，应按规则三归类。】

规则二（一）有条件地扩大了品目所列货品的范围。具体包括了以下3种情况：

第一，品目所列的货品，不仅包括完整品或制成品，还包括不完整品或未制成品，但它们必须具有完整品或制成品的基本特征。

第二，如果是完整品或制成品的未组装件或拆散件，归类时应按已组装货品归入完整品或制成品的同一品目中。

第三，对于以未组装或拆散形式进出口的不完整品或未制成品，只要它们组装后具有完整品或制成品的基本特征，也应按已组装的完整品或制成品归入同一品目中。

考虑到第一类至第六类的商品范围特点，规则二（一）的规定一般不适用这前六类所包括的货品。

规则二（二）有条件地扩大了品目所列材料或物质的范围，以及用品目所列材料或物质制成货品的范围。具体包括以下含义：

第一，品目所列的某种材料或物质，既包括单一的这种材料或物质，也包括该种材料或物质与其他材料或物质的混合物或组合物。这样，混合物或组合物看上去可归入两个或两个以上的相关品目。

第二，品目所列的由某种材料或物质制成的货品，既包括全部由该种材料或物质制成的货品，也包括部分由该种材料或物质，部分由其他材料或物质制成的货品。对于部分由该种材料或物质制成的货品，看上去也可归入两个或两个以上的相关品目。

第三，对于一种以上材料或物质的混合物或组合物，以及由一种以上材料或物质制成的货品，最终应归入看上去可归入的两个或两个以上品目中的哪个品目，是无法按规则二（二）的规定来确定，而应按规则三的规定才能确定其归入哪个品目。

三、归类总规则三的理解

【总规则三：

当货品按规则二（二）或由于其他原因看起来可归入两个或两个以上品目时，应按以下规则归类：

（一）列名比较具体的品目，优先于列名一般的品目。但是，如果两个或两个以上品目都仅述及混合或组合货品所含的某部分材料或物质，或零售的成套货品中的某些货品，即使其中某个品目对该货品描述得更为全面、详细，这些货品在有关品目的列名应视为同样具体。

（二）混合物、不同材料构成或不同部件组成的组合物以及零售的成套货品，如果不能按照规则三（一）归类时，在本款可适用的条件下，应按构成货品基本特征的材料或部件归类。

（三）货品不能按照规则三（一）或（二）归类时，应按号列顺序归入其可归入的最末一个品目。】

当商品看上去可归入两个或两个以上品目时，应考虑按规则三规定的归类方法来确定其编码。规则三规定了3种应依次使用的归类方法，分别是：具体列名，基本特征，从后归类。

第一，具体列名法。当某种货品看上去可归入两个或更多品目的情况下，应该将其归入描述得更为详细、更为接近要归类货品的品目。

但是，使用这种归类方法归类时，有一个前提，即用来比较的两个或两个以上品目所列货品范围必须完全包括了所要归类的货品。如果两个或两个以上品目都仅述及混合或组合货品所含的某部分材料或物质，或零售成套货品中的某些货品，即使其中某个品目比其他品目对该货品描述得更为全面、详细，这些货品在有关品目的列名也应视为同样具体。也就是说，在这种情况下，无法比较哪个品目列名更为具体，因此不能按具体列名的方法归类，此时应考虑按规则三（二）规定的基本特征法或（三）规定的从后归类法进行归类。

第二，基本特征法。对于无法按具体列名法归类的混合物、不同材料的组合物、不同部件的组合物及零售的成套货品，应采用基本特征归类法进行归类，即如果能确定构成这些混合物、组合物或零售成套货品基本特征的材料或部件，则应按这种材料或部件归入相应品目。

按规定，规则三（二）中所称“零售的成套货品”，必须同时符合以下条件：由两种或两种以上看起来可归入不同品目的不同货品组成；为了迎合某种需要或开展某项专门活动而将这几种物品包装在一起，它们之间存在明显的关联性，通常是互相补充、配合使用的；必须是零售包装，即这种包装适于直接销售给用户而货物无须重新包装；按规则一和规则二的规定无法正确归类的货品。对于不能同时满足上述条件的成套出售货品，不能按基本特征法进行归类。

第三，从后归类法。当货品不能按规则三（一）规定的具体列名法或（二）规定的基本特征法归类时，应根据规则三（三）规定的从后归类法，将其归入按号列顺序可归入的多个品目中的最后一个品目。

四、归类总规则四的理解

【总规则四：
根据上述规则无法归类的货品，应归入与其最相类似的货品的品目。】

绝大多数货品可以按前三条归类规则归入相应品目。但是如果由于商品材料、加工工艺、功能用途等的变化，导致某些货品按照规则一至规则三的规定仍无法正确归类时，应按规则四规定的最相类似归类法，将其归入与其最相类似货品的品目中。

五、归类总规则五的理解

【总规则五：
除上述规则外，本规则适用于下列货品的归类：
（一）制成特殊形状仅适用于盛装某个或某套物品并适合长期使用的照相机套、乐器盒、枪套、绘图仪器盒、项链盒及类似容器，如果与所装物品同时进口或出口，并通常与所装物品一同出售的，应与所装物品一并归类。但本款不适用于本身构成整个货品基本特征的容器。
（二）除规则五（一）规定的以外，与所装货品同时进口或出口的包装材料或包装容器，如果通常是用来包装这类货品的，应与所装货品一并归类。但明显可重复使用的包装材料和包装容器可不受本款限制。】

与所包装的货品同时进出口的包装容器和包装材料，应运用归类总规则五的规定归入相应品目。其中，规则五（一）主要适用于特制的适合供长期使用的箱、盒等非简单包装容器的归类。这些容器如果同时符合下列条件，则应与所包装的货品归入同一品目：

第一，必须制成特殊形状或形式，专门盛装某一货品或某套物品的，即专门按所要盛装的货品进行设计的。

第二，必须适合长期使用，即容器的使用期限与所盛装的货品的使用期限是相称的。在货品不使用期间，这些容器还能起到保护货品的作用。

第三，必须与所包装的货品同时进出口。

第四，通常情况下是与所装货品一同出售的。

第五，包装容器本身并不构成整个货品的基本特征。

如果包装容器不符合上述条件，例如，包装容器本身构成整个货品的基本特征，则不适用本款规则，不能按所包装的货品归入同一品目。

规则五（二）规定，如果同时符合以下条件的包装材料或包装容器，也应与所包装的货品归入同一品目：

第一，不属于规则五（一）提及的包装容器；

第二，必须与所包装的货品同时进出口；

第三，包装材料或包装容器通常是用来包装这类货品的；

第四，不属于明显可以重复使用的包装材料或包装容器。

如果包装材料或包装容器不符合上述条件，例如明显可以重复使用的，则不适用本款规则，不能按所包装的货品归入同一品目。

六、归类总规则六的理解

【总规则六：

货品在某一品目项下各子目的法定归类，应按子目条文或有关的子目注释以及以上各条规则来确定，但子目的比较只能在同一数级上进行。除目录条文另有规定的以外，有关的类注、章注也适用于本规则。】

当货品按照前五条归类总规则的规定归入其适当的品目后，应运用规则六的规定，将其归入该品目项下相应的子目。规则六是专门针对品目项下子目的归类而作出的规定，它包括了以下几层含义：

第一，货品在子目层面归类的法律依据是子目条文或有关的子目注释及前几条归类总规则，即首先应按子目条文、子目注释进行子目的归类，如果按子目条文、子目注释仍无法确定子目的归类，则前几条归类总规则也适用于子目的归类。

第二，除条文另有规定的以外，有关的类注、章注也适用于子目的归类，即如果子目条文或子目注释没有专门规定的情况下，类注或章注的有关规定也适用于子目的归类。但是当类注或章注与子目条文或子目注释不一致时，品目的归类应依据类注或章注，而子目的归类应依据子目条文或子目注释。

第三，子目的归类必须遵循同级比较的原则，即确定子目的过程中，必须先确定该品目项下的一级子目，只有同一品目项下的一级子目才能比较，在确定了合适的一级子目后，才能在该一级子目项下的二级子目中进行比较，确定合适的二级子目。三级子目和四级子目的归类依此类推。

总之，商品归类的一般方法是先确定前 4 位数品目，再确定后 4 位数子目。确定品目时，应分析商品特性，初判其可能归入的类、章，再比较相关品目条文、章注、类注，运用归类总规则，确定其适当品目。品目确定后，查看子目条文、子目注释，遵循同级比较、层层比较原则，先确定一级子目，然后确定二级子目，再确定三级子目，最后确定四级子目。

【举例】“供食用的活梭子蟹”应如何归类？

【分析】梭子蟹是活的动物，而且属于甲壳动物，有可能归入第一类第一章，但有法律效力的归类依据不是类、章的标题，而是注释及条文。经查第一章章注，发现活的甲壳动物不归入第一章，而应归入第三章品目 03.06。根据第一章章注及品目 03.06 条文，确定该货品应归入品目 03.06。

品目确定后，再来确定子目。先确定一级子目，在品目 03.06 项下有 3 个一级子目，根据同级比较原则，应将该货品归入第 2 个一级子目“活、鲜或冷的”。再查看该一级子目项下的二级子目，根据同级比较原则，应将本例货品归入“蟹”二级子目中。在该二级子目项下，共有“种苗”和“其他”两个三级子目，经比较，本例货品应归入列名“其他”的三级子目中。在该三级子目项下，有 3 个四级子目，其中一个列名为“梭子蟹”，根据同级比较原则，本例货品应归入列名为“梭子蟹”的四级子目中。所以，本例中的货品最终归入的商品编码是“0306. 3392”。

本章小结

商品归类是海关征税的三大技术之一。只有商品归类正确，才可能选择正确的税率计算关税。我国《进出口税则》中的商品名称及编码是建立在国际上通用的《协调制度》目录基础上的。《商品名称及编码协调制度国际公约》规定了公约的宗旨、缔约方的权利和应履行的义务，对各缔约方有约束力。《协调制度》目录是6位数编码，而我国税则编码是8位数，为了统计、贸易管理、征税的需要，在实际工作中还有10位数编码。税则除税目外，还有一一对应的税率，体现一国（地区）的关税政策。商品实际进出口前，可以向海关申请商品归类的预裁定或者行政裁定。海关的商品归类决定、预裁定和行政裁定具有法律效力。商品归类涉及许多规则和商品知识，其中商品归类六条总规则是商品归类最重要最基本的归类原则，是商品归类的纲领性原则。

练习与思考

1. 《商品名称及编码协调制度国际公约》的宗旨是什么？
2. 《商品名称及编码协调制度国际公约》缔约方有哪些权利？应履行哪些义务？
3. 《协调制度》与我国税则的联系与区别是什么？
4. 1949年以来，我国税则中商品编码有怎样的变化？
5. 我国商品归类的法律依据有哪些？
6. 我国商品归类预裁定制度与行政裁定制度有何异同？
7. 如何理解商品归类总规则？

参考文献

1. 岑维廉，钟昌元，王华．关税理论与中国关税制度，第2版．上海：格致出版社，上海人民出版社，2010.

2. 高融昆．海关税收征管．北京：中国海关出版社，2010.

3. 何晓兵．中国关税实务，第4版．北京：中国商务出版社，2015.

4. 钟昌元．进出口商品归类教程，第4版．上海：格致出版社，上海人民出版社，2015.

5. 钟昌元．海关报关商品归类3000题．上海：华东理工大学出版社，2009.

6. International Convention for Harmonized Commodity Description and Coding System 1983.

7. Customs Co-operation Council Nomenclature, CCCN 1974.

8. The Harmonized Commodity Description and Coding System 2022.

本章内容主要涉及的法律文件索引

1.《中华人民共和国海关法》（1987 年 1 月 22 日第六届全国人民代表大会常务委员会第十九次会议通过，自 1987 年 7 月 1 日起施行。全国人民代表大会常务委员会先后于 2000 年 7 月 8 日、2013 年 6 月 29 日、2013 年 12 月 28 日、2016 年 11 月 7 日、2017 年 11 月 4 日、2021 年 4 月 29 日修正）

2.《中华人民共和国进出口关税条例》（2003 年 11 月 23 日国务院令第 392 号公布，自 2004 年 1 月 1 日起施行。国务院先后于 2011 年 1 月 8 日、2013 年 12 月 7 日、2016 年 2 月 6 日、2017 年 3 月 1 日修订）

3.《中华人民共和国进出口税则（2022）》（2021 年 12 月 30 日税委会公告〔2021〕10 号公布，自 2022 年 1 月 1 日起施行）

4.《中华人民共和国海关进出口货物商品归类管理规定》（2021 年 9 月 18 日海关总署令第 252 号公布，自 2021 年 11 月 1 日起施行）

5.《中华人民共和国海关行政裁定管理暂行办法》（2001 年 12 月 24 日海关总署令第 92 号公布，自 2002 年 1 月 1 日起施行）

6.《中华人民共和国海关预裁定管理暂行办法》（2017 年 12 月 26 日海关总署令第 236 号公布，自 2018 年 2 月 1 日起施行）

第六章　进出口货物关税计算

本章概要

党的十九大报告提出：拓展对外贸易，培育贸易新业态新模式，推进贸易强国建设。为此，我国必须推动外贸高质量发展，构建以国内大循环为主体、国内国际双循环相互促进的新发展格局。习近平指出，中国将进一步降低关税，提升通关便利化水平，削减进口环节制度性成本，加快跨境电子商务等新业态新模式发展。① 而关税税率的设置和确定直接影响进出口货物的税收成本和国家财政收入，对促进国内国际双循环和海关依法治税有重要影响。

确定进出口货物关税适用的税率是准确计算关税的关键之一。由于我国计征税款时采用的是人民币，因此计算税款前应将外币计价的货款和其他费用按规定的汇率折算为人民币。本章第一节从 3 个角度介绍我国关税税率的设置状况及选择税率的方法，第二节介绍汇率选择的规定及进口货物关税的各种计算方法，第三节介绍出口货物关税的各种计算方法，最后一节介绍进口货物附加关税的计算方法。

学习目标

当完成本章的学习后，要求：

1. 掌握进出口关税税率设置及确定方法。
2. 掌握折算汇率的选择。
3. 掌握进出口关税的各种计算公式，以及关税的具体计算方法。
4. 掌握附加关税的计算方法。

---

① 习近平 2018 年 11 月 5 日在首届中国国际进口博览会开幕式上的主旨演讲。

第一节　进出口货物关税税率的确定

一、进出口关税税率的设置

从当前我国关税的实际征收情况来看，关税大致分为进口关税和出口关税两类。

从征收对象看，进口关税可细分为对进口货物征收的进口关税和对进境物品征收的进口税两种。

目前我国对进口货物共设有最惠国税率、协定税率、特惠税率、普通税率、进口暂定税率、关税配额税率，以及附加关税的税率。其中附加关税的税率在我国又具体包括反倾销税税率、反补贴税税率、保障措施关税税率和报复性关税税率 4 种。由于附加关税具有临时性、特定性特点，通常由国务院关税税则委员会决定，由商务部公告（报复性关税税率由国务院关税税则委员会公告）后，由海关执行，因此附加关税税率不在《进出口税则》中列出。除附加关税税率以外的其他几种进口货物税率，均在《进出口税则》中列明。

另外，由于入境旅客行李物品、个人邮递物品和其他进境物品有其特殊性，我国另设进境物品进口税（又称行邮税），单独对需要征税的进境物品设置了综合性的简化的进口税税率。

出口关税方面，目前我国只对部分出口货物征收关税，对出境物品不征收关税。对出口货物征收的出口关税，设置了出口税率和出口暂定税率两种。

上述进出口关税税率设置情况可简单归纳如下（见表 6-1）：

表 6-1　我国进出口关税税率设置一览表

<table>
<tr><td rowspan="11">进口
关税</td><td rowspan="10">对货物征收的进口关税</td><td rowspan="6">正税税率</td><td>最惠国税率</td></tr>
<tr><td>协定税率</td></tr>
<tr><td>特惠税率</td></tr>
<tr><td>普通税率</td></tr>
<tr><td>进口暂定税率</td></tr>
<tr><td>关税配额税率</td></tr>
<tr><td rowspan="4">附加税税率</td><td>反倾销税税率</td></tr>
<tr><td>反补贴税税率</td></tr>
<tr><td>保障措施关税税率</td></tr>
<tr><td>报复性关税税率</td></tr>
<tr><td>对进境物品征收的进口税</td><td colspan="2">进境物品进口税税率</td></tr>
<tr><td rowspan="2">出口
关税</td><td rowspan="2">对货物征收的
出口关税</td><td rowspan="2">正税税率</td><td>出口税率</td></tr>
<tr><td>出口暂定税率</td></tr>
</table>

在我国，由国务院制定《进出口税则》，规定关税的税目、税则号列和税率。而日常关税征收范围和税率的调整和解释，通常由国务院关税税则委员会负责，暂定税率、关税配额税率、其他关税税率的设置和适用范围则由国务院关税税则委员会决定，海关负责关税的具体计征。我国规定，国务院设立关税税则委员会，其职责包括负责《进出口税则》和“进境物品进口税税率表”的税目、税则号列和税率的调整和解释，报国务院批准后执行；决定实行暂定税率的货物、税率和期限；决定关税配额税率；决定征收反倾销税、反补贴税、保障措施关税、报复性关税及决定实施其他关税措施；决定特殊情况下税率的适用；以及履行国务院规定的其他职责（《关税条例》第四条）。

（一）对货物征收的进口关税

对货物征收的进口关税通常按货物的不同原产地分别适用不同的税率。目前我国进口货物关税设置了最惠国税率、协定税率、特惠税率、普通税率等多种税率。通过多种税率的设置，可以争取在平等互利的条件下，发展同世界各国（地区）的经济贸易往来，扩大经济合作，调节国际经贸关系，反对别国对本国的贸易歧视。

1. 进口最惠国税率

根据《关税条例》规定，最惠国税率适用于以下 3 种进口货物：

（1）原产于共同适用最惠国待遇条款的世界贸易组织成员的进口货物

最惠国待遇是国际贸易中的基本原则，要求缔约方给予另一缔约方以任何第三方相同的公平待遇，但最惠国税率并不一定是“最优惠”的税率。我国于 2001 年 12 月 11 日正式成为世界贸易组织的成员，根据世界贸易组织最惠国待遇和非歧视原则，对世界贸易组织缔约方的进口货物，除根据互不适用原则而不适用最惠国待遇的国家（地区）以外，都应当无条件给予最惠国待遇。

在我国，还包括香港、澳门和台澎金马 3 个单独关税区，由于它们都属于世界贸易组织成员，因此对于原产于香港、澳门和台澎金马 3 个单独关税区的进口货物，在我国也适用最惠国税率。

（2）原产于与我国签订含有相互给予最惠国待遇条款的双边贸易协定的国家（地区）的进口货物

某些国家（地区）还未加入世界贸易组织，但是可能与我国签订了双边贸易协定，规定相互给予最惠国待遇，那么对于原产于这些国家（地区）的进口货物，在我国也适用最惠国税率。

（3）原产于我国境内的进口货物

原产于中华人民共和国的货物，在出口境外以后，可能由于各种原因，又返销境内，成为进口货物。另外，我国一些加工贸易保税货物转为内销时，也需要征收关税。对于这些原产于我国境内的进口货物，我国规定也适用最惠国税率。

2. 进口协定税率

我国《关税条例》规定，协定税率适用原产于与我国签订含有关税优惠条款的区域性贸易协定的国家（地区）的进口货物。

1994 年《关税及贸易总协定》相关条款规定，不得阻止任何缔约方为便利边境贸易对毗邻国家给予某种利益，不得阻止各国在其领土之间建立关税同盟或自由贸易区。也就是说，在世界贸易组织最惠国和非歧视原则下，自由贸易区等区域优惠贸易安排作为例外允许存在。由于当前世界贸易组织多哈回合谈判进展缓慢，许多国家纷纷由世界贸易组织框架内追求多边贸易自由化转向世界贸易组织以外各种形式的区域贸易安排和区域经济一体化。我国也是如此，至今已签订了多个区域贸易协定，未来将会更多。在这些区域贸易协定中，规定对于某些货物相互给予比其他世界贸易组织成员更为优惠的关税等待遇。这些在区域贸易协定中规定给予更优惠待遇货物的税率，在我国称为协定税率。

至 2022 年 8 月，我国正在实施的协定税率包括：

（1）《亚太贸易协定》税率；

（2）中国—东盟自贸区协定税率；

（3）内地与香港 CEPA 零关税税率；

（4）内地与澳门 CEPA 零关税税率；

（5）中国—巴基斯坦自贸协定税率；

（6）中国—智利自贸协定税率；

（7）中国—新西兰自贸协定税率；

（8）中国—新加坡自贸协定税率；

（9）中国—秘鲁自贸协定税率；

（10）海峡两岸 ECFA 协定税率；

（11）中国—哥斯达黎加自贸协定税率；

（12）中国—冰岛自贸协定税率；

（13）中国—瑞士自贸协定税率；

（14）中国—澳大利亚自贸协定税率；

（15）中国—韩国自贸协定税率；

（16）中国—格鲁吉亚自贸协定税率；

（17）中国—毛里求斯自贸协定税率；

（18）区域全面经济伙伴关系协定（RCEP）税率；

（19）中国—柬埔寨自贸协定税率。

3. 进口特惠税率

我国《关税条例》规定，特惠税率适用原产于与我国签订含有特殊优惠条款的贸易协定的国家（地区）的进口货物。

根据我国与有关国家（地区）签署的贸易或关税优惠协定、双边换文情况，以及国务院有关决定，我国对某些最不发达国家原产的部分货物实施非互惠的特殊优惠关税待遇，可以享受单向的特惠税率。除特殊情况外，特惠税率一般为零税率，低于最惠国税率，通常也低于协定税率。但是当协定税率为零时，特惠税率也会等于协定税率。

至 2022 年 8 月，我国正在实施的特惠税率包括：

（1）根据《亚太贸易协定》及相关协议，对原产于孟加拉国和老挝的部分进口货物，适用特惠税率。

（2）根据《中国—东盟全面经济合作框架协议》、相关协议及有关换文，对原产于柬埔寨、老挝和缅甸的部分进口货物，适用特惠税率。

（3）根据中国给予同中国建交的最不发达国家部分产品零关税待遇承诺、中国政府与有关国家政府间换文协议，对原产于缅甸、东帝汶2国的部分进口货物，实施95%税目零关税特惠税率；对原产于阿富汗、孟加拉国、柬埔寨、尼泊尔、也门、安哥拉、布隆迪、中非、乍得、科摩罗、吉布提、埃塞俄比亚、冈比亚、几内亚、几内亚比绍、利比里亚、马达加斯加、马拉维、马里、毛里塔尼亚、莫桑比克、尼日尔、卢旺达、圣多美和普林西比、塞内加尔、塞拉利昂、索马里、苏丹、坦桑尼亚、多哥、乌干达、布基纳法索、刚果(金)、赞比亚、莱索托、厄立特里亚、南苏丹、瓦努阿图、基里巴斯、老挝、所罗门群岛、贝宁42国的部分进口货物，实施97%税目零关税特惠税率。

4. 进口普通税率

在我国，当进口货物不能适用上述税率时，除另有规定外，应适用普通税率。普通税率是我国进口正税中税率最高的一种税率。根据我国《关税条例》规定，普通税率适用的进口货物包括：

（1）原产于不适用最惠国税率、协定税率和特惠税率范围的国家（地区）的进口货物。例如，2022年我国对原产于不丹、安道尔、巴哈马、塞舌尔、梵蒂冈、瑙鲁、帕劳、马绍尔群岛、图瓦卢等国家或地区的进口货物，适用普通税率。

（2）原产地不明的进口货物。

5. 进口暂定税率

进口暂定税率，是国家通过法律程序，在一定时期内对某些特定货物暂时实施的进口税率。暂定税率目前主要按年度实施，进口暂定税率低于最惠国税率。只有原产于适用最惠国税率范围的国家（地区）的货物，才能享受进口暂定税率的关税待遇。因此，进口暂定税率习惯上又称为暂定最惠国税率。

一般而言，国家出于特殊的需要而对部分货物实施进口暂定税率。这些货物可能是国内正在致力于发展但以后需要保护，而不宜正式调低税率的进口货物；或者是国内急需进口，而税率还较高，又难以将急需进口的货物从现行的税则税号中细分出来的货物等。

6. 进口关税配额税率

目前我国仍然对部分产品实行关税配额管理。关税配额不同于绝对数量配额，它是指进口国（地区）对特定货物设定一个数量额度，在额度内进口的货物适用相对低的关税配额税率，对超出数量额度进口的货物不直接限制进口，但要适用比关税配额税率更高的其他税率。

我国《关税条例》规定，按照国家规定实行关税配额管理的进口货物，关税配额内的，适用关税配额税率；关税配额外的，应根据货物的原产地相应地适用最惠国税率、协定税率、特惠税率、普通税率或者暂定税率。

2022年，我国对小麦、玉米、稻谷和大米、糖、羊毛、毛条、棉花、部分化肥（尿素、复合肥、磷酸氢二铵3种）等8类47个税目的商品实施关税配额管理。例如，商品编码为1001.1100的种用硬粒小麦，普通税率为180%，最惠国税率为65%，而关税配额税率为1%。

此外，根据中国—新西兰自贸协定、中国—澳大利亚自贸协定、中国—毛里求斯自贸协定的规定，我国对部分税目的羊毛、毛条或糖实施国别关税配额税率。

7. 进口附加关税税率

进口附加关税是指对进口货物征收正常的关税之外，按规定另外加征的一种附加税，又称为特别关税、加重关税。征收附加关税的主要原因包括：抵制不公平竞争手段，如倾销、补贴等；保护国内产业免受激增进口产品影响；针对其他国家的关税歧视而采用的报复措施；迫使对方国家（地区）放松保护而采用的威胁手段等。

在我国，附加关税由国务院关税税则委员会决定是否征收。目前我国规定的进口附加关税包括反倾销税、反补贴税、保障措施关税和报复性关税等几种。

（1）反倾销税

倾销是指在正常贸易过程中以低于正常价值的出口价格，大量输出商品到另一国（地区）市场的行为。倾销行为被认为是一种不公平的贸易做法。作为对这种不公平贸易行为的救济措施，世界贸易组织规定各缔约方有权采取合理的反倾销措施，作为对倾销这种不公平贸易行为的正当防卫。

为了维护对外贸易秩序和公平竞争，《中华人民共和国反倾销条例》（以下简称《反倾销条例》）规定，进口产品以倾销方式进入我国市场，并对已经建立的国内产业造成实质损害或者产生实质损害威胁，或者对建立国内产业造成实质阻碍的，依法进行调查后，采取反倾销措施（《反倾销条例》第二条）。

商务部负责对倾销和损害的调查和确定。对于涉及农产品的反倾销国内产业损害调查，则由商务部会同农业农村部进行。

国内产业或者代表国内产业的自然人、法人或者有关组织，可以依照规定向商务部提出反倾销调查的书面申请。商务部按规定审查以后，决定是否立案调查。在特殊情形下，商务部没有收到反倾销调查的书面申请，但有充分证据认为存在倾销和损害，以及二者之间有因果关系的，也可以决定立案调查。决定立案调查的，由商务部予以公告，并通知申请人、已知的出口经营者和进口经营者等利害关系方。

商务部根据调查结果，就倾销、损害和二者之间的因果关系是否成立作出初裁决定，并予以公告。初裁决定确定倾销成立，并由此对国内产业造成损害的，可以采取下列临时反倾销措施：征收临时反倾销税，要求提供保证金、保函或者其他形式的担保。临时反倾销税税额或者提供的保证金、保函或者其他形式担保的金额，应当不超过初裁决定确定的倾销幅度。所谓的倾销幅度，是指进口产品的出口价格低于其正常价值的幅度。

征收临时反倾销税，由商务部提出建议，国务院关税税则委员会根据商务部的建议作出决定，由商务部予以公告。要求提供保证金、保函或者其他形式的担保，则由商务部作出决定并予以公告。海关自公告规定实施之日起执行。

对于初裁决定确定倾销、损害，以及二者之间的因果关系成立的，商务部应当对倾销及倾销幅度、损害及损害程度继续进行调查，并根据调查结果作出终裁决定，予以公告。

终裁决定确定倾销成立，并由此对国内产业造成损害的，可以征收反倾销税。征收反倾销税，也是由商务部提出建议，国务院关税税则委员会根据商务部的建议作出决定，由商务部予以公告。海关自公告规定实施之日起执行。

反倾销税是根据不同出口经营者的倾销幅度分别确定的。对未包括在审查范围内的出口经营者的倾销进口产品，需要征收反倾销税的，则按照合理的方式确定对其适用的反倾销税。反倾销税税额不超过终裁决定确定的倾销幅度。倾销进口产品的进口经营者是我国反倾销税的纳税人。

反倾销税的征收期限一般不超过 5 年。但是，经复审确定终止征收反倾销税有可能导致倾销和损害的继续或者再度发生的，反倾销税的征收期限可以适当延长。

从 1998 年 7 月 10 日我国第一个反倾销案件（对原产于加拿大、韩国和美国的进口新闻纸采取临时反倾销措施，1999 年 6 月 3 日开始正式实施反倾销措施）实施以来，越来越多的进口产品因为对我国市场构成倾销和损害而被我国裁定采取反倾销措施或临时采取反倾销措施。这些进口货物相应地被征收反倾销税或临时反倾销税，这是目前我国征收的进口附加税的主要形式。

反倾销税应按照国务院关税税则委员会决定的反倾销税率征收。反倾销税税率是根据不同出口经营者的倾销幅度，分别予以确定的。

（2）反补贴税

补贴是指出口国（地区）政府或者其任何公共机构提供的并为接受者带来利益的财政资助，以及任何形式的对收入或者价格的支持。它是一种比较隐蔽的降低经营者经营成本的措施。

我国《反补贴条例》规定，进口产品存在补贴，并对已经建立的国内产业造成实质损害或者产生实质损害威胁，或者对建立国内产业造成实质阻碍的，依法进行调查后，采取反补贴措施（《反补贴条例》第二条）。

商务部负责对补贴和损害的调查和确定。但是对于涉及农产品的反补贴国内产业损害调查，由商务部会同农业农村部进行。

商务部自收到申请人提交的申请书之后，应在规定的期限内审查并决定是否立案调查。在特殊情形下，商务部没有收到反补贴调查的书面申请，但有充分证据认为存在补贴和损害，以及二者之间有因果关系的，也可以决定立案调查。

商务部根据调查结果，就补贴、损害和二者之间的因果关系是否成立作出初裁决定，并予以公告。初裁决定确定补贴成立，并由此对国内产业造成损害的，可以采取临时反补贴措施。临时反补贴措施采取以保证金或者保函作为担保的征收临时反补贴税的形式。

采取临时反补贴措施，由商务部提出建议，国务院关税税则委员会根据商务部的建议作出决定，由商务部予以公告。海关自公告规定实施之日起执行。

初裁决定确定补贴、损害，以及二者之间的因果关系成立的，商务部应当对补贴及补贴金额、损害及损害程度继续进行调查，并根据调查结果作出终裁决定，予以公告。终裁决定确定补贴成立，并由此对国内产业造成损害的，可以征收反补贴税。征收反补贴税，也是由商务部提出建议，国务院关税税则委员会根据商务部的建议作出决定，由商务部予以公告。海关自公告规定实施之日起执行。

反补贴税应按照国务院关税税则委员会决定的反补贴税税率（额）征收，反补贴税税率（额）是根据不同出口经营者的补贴金额分别确定的。对实际上未被调查的出口经营者的补贴进口产品，需要征收反补贴税的，应当迅速审查，按照合理的方式确定对其适用的反补贴税税率（额）。反补贴税税率（额）不得超过终裁决定确定的补贴金额。反补贴税的纳税人为补贴进口产品的进口经营者。

反补贴税的征收期限一般不超过5年。但是，经复审确定终止征收反补贴税有可能导致补贴和损害的继续或者再度发生的，反补贴税的征收期限可以适当延长。

2010年4月，根据商务部的调查和建议，国务院关税税则委员会决定对原产于美国和俄罗斯的进口取向性硅电钢征收反倾销税，期限为5年；同时对原产于美国的进口取向性硅电钢征收反补贴税，期限为5年。这是我国第一起终裁同时采取“双反”措施的案例，也是我国第一起征收反补贴税的案例。

（3）保障措施关税

《中华人民共和国保障措施条例》（以下简称《保障措施条例》）规定，进口产品数量增加，并对生产同类产品或者直接竞争产品的国内产业造成严重损害或者严重损害威胁的，依法进行调查，采取保障措施（《保障措施条例》第二条）。这里所称的进口产品数量增加，是指进口产品数量的绝对增加或者与国内生产相比的相对增加。

与国内产业有关的自然人、法人或者其他组织，可以按规定向商务部提出采取保障措施的书面申请。商务部及时对申请人的申请进行审查以后，决定是否立案调查。商务部没有收到采取保障措施的书面申请，但有充分证据认为国内产业因进口产品数量增加而受到损害的，也可以决定立案调查。

商务部负责对进口产品数量增加及损害的调查和确定。但是，对于涉及农产品的保障措施国内产业损害调查，应由商务部会同农业农村部进行。

商务部根据调查结果，可以作出初裁决定，也可以直接作出终裁决定，并予以公告。

有明确证据表明进口产品数量增加，在不采取临时保障措施将对国内产业造成难以补救的损害的紧急情况下，可以作出初裁决定，并采取临时保障措施。临时保障措施采取提高关税的形式。采取临时保障措施，由商务部提出建议，国务院关税税则委员会根据商务部的建议作出决定，由商务部予以公告。海关自公告规定实施之日起执行。

终裁决定确定进口产品数量增加，并由此对国内产业造成损害的，可以采取保障措施。保障措施可以采取提高关税、数量限制等形式。保障措施采取提高关税形式的，由商务部提出建议，国务院关税税则委员会根据商务部的建议作出决定，由商务部予以公告；采取数量限制形式的，由商务部作出决定并予以公告。海关自公告规定实施之日起执行。

保障措施应当针对正在进口的产品实施，不区分产品来源国（地区）。保障措施的实施期限一般不超过4年，对于符合条件的，实施期限可以适当延长。但是，一项保障措施的实施期限及其延长期限最长不超过10年。

保障措施关税应按照国务院关税税则委员会决定的税率征收。

我国原对外贸易经济合作部2002年发布公告，初裁决定自2002年5月24日起，对硅电钢、不锈钢板等9种进口钢铁产品实施临时保障措施，对配额内进口产品执行正常的进口关税税率，但对配额外进口产品加征一定幅度的临时保障措施关税（当时称特别关税）。

后又发布公告，终裁决定自2002年11月20日起，对无取向硅电钢、冷轧不锈薄板（带）等5类进口钢铁产品实施最终保障措施，对在规定数量内进口产品仍执行正常的进口关税税率，而在规定数量外进口产品则需要加征一定幅度的保障措施关税，实施期限为3年(包括临时保障措施的实施期限)。但是到2003年年底，鉴于当时钢铁贸易形势的发展，商务部发布公告，决定自2003年12月26日起终止上述钢铁保障措施的实施，不再对这些进口钢铁产品加征保障措施关税。

2016年9月22日，商务部发布公告，决定对进口食糖产品进行保障措施立案调查。2017年5月22日，商务部经过调查后裁定，进口食糖数量增加，中国食糖产业受到严重损害，且进口产品数量增加与严重损害之间存在因果关系。国务院关税税则委员会根据商务部的建议作出决定，自2017年5月22日起，对进口食糖产品实施保障措施。保障措施采取对关税配额外进口食糖征收保障措施关税的方式，实施期限为3年，自2017年5月22日至2020年5月21日，实施期间措施逐步放宽。2017年5月22日至2018年5月21日，保障措施关税税率为45%；2018年5月22日至2019年5月21日，保障措施关税税率为40%；2019年5月22日至2020年5月21日，保障措施关税税率为35%。同时规定对于来自符合条件的发展中国家（地区）的产品，不适用保障措施。

（4）报复性关税

我国《关税条例》规定，任何国家或者地区违反与我国签订或者共同参加的贸易协定及相关协定，对我国在贸易方面采取禁止、限制、加征关税或者其他影响正常贸易的措施的，对原产于该国家或者地区的进口货物可以征收报复性关税，适用报复性关税税率。同时规定，征收报复性关税的货物、适用国别、税率、期限和征收办法，由国务院关税税则委员会决定并公布（《关税条例》第十四条)。

我国曾经于2001年对原产于日本的3种工业品征收报复性关税。2001年日本政府针对我国出口的大葱、鲜蘑菇和蔺草席实施了临时紧急限制进口措施，构成了对我国出口商品的贸易歧视性待遇，并对我国出口产品和国内相关产业造成了严重损害，经中方多次交涉，日方仍未改变其做法。在这种背景下，国务院关税税则委员会于2001年6月21日发布公告，宣布自6月22日起对原产于日本的汽车、手持和车载无线电话机、空气调节器加征税率为100%的特别关税，结果极大地影响了日本相关产品出口商和制造商的利益。直到2001年年底，鉴于中日双方已就解决农产品贸易争端达成一致意见，日方已决定不启动对大葱、鲜蘑菇和蔺草席3种农产品的正式保障措施，2001年12月26日国务院关税税则委员会再次发布公告，决定自2001年12月27日起，停止对原产于日本的汽车、手持和车载无线电话机、空气调节器加征税率为100%的特别关税。这个案例是我国征收报复性关税的典型例子。

2018年3月以来，在由美国挑起的中美经贸摩擦中，针对美国对从中国进口的商品加征关税违反世界贸易组织相关规则，严重侵犯我国合法权益的行为，我国先后分三批对进口原产于美国的产品加征关税，这些反制措施本质上也是一种报复性关税。

（二）对货物征收的出口关税

出口关税是指一国（地区）对输出的货品所征收的关税。征收出口关税会提高出口商品的价格，阻碍商品的出口，所以许多国家（地区）出于鼓励出口的目的，不对出口商品征收出口关税。但是也有一些国家（地区）出于增加财政收入，限制资源类产品的过度出口，缩小商品的国（地区）内外价差，调整国（地区）内产业结构和出口产品结构，为防止顺差过高引起贸易摩擦等原因和目的，仍然对部分出口商品征收关税。

我国也对一部分产品征收出口关税，早期主要出于增加财政收入和限制国内重要资源外流的目的。但是加入世界贸易组织以后，我国贸易顺差持续较高，引起美国、欧盟等国家和地区的不满，此外出口产品中高能耗、高污染、低附加值的产品比重高，出于防止贸易摩擦、调整国内产业结构和出口产品结构的目的，我国又对一些产品征收临时出口关税。此外，为了保证国内化肥供应稳定，我国于2008年4月20日开始对部分出口化肥及其原料征收特别出口关税，直至2013年年底。但从2014年起，不再征收特别出口关税。目前，我国出口货物征收关税涉及出口关税和出口暂定关税两种税率。

1. 出口税率

这里的出口关税税率是指在《进出口税则》中“出口税则”部分所列商品的出口税率。这些货物主要包括鳗鱼苗、部分贱金属矿砂及其精矿、部分贱金属产品等。

2022年，我国共有102个税号的出口货物需要征收出口关税，出口税率设有20%、25%、30%、40%和50%共5个税级。

2. 出口暂定税率

为了达到短期鼓励出口、限制出口或者调节国际经贸关系的目的，在一定期限内我国对于列入《进出口税则》中的某些需要征收出口关税的货物制定了出口暂定税率。一般情况下，出口暂定税率低于出口税率。例如，2022年出口锡矿砂，出口税率为50%，出口暂定税率为20%。2022年我国共有68个税号的出口商品既设置了出口税率，同时又制定了出口暂定税率。我国《关税条例》规定，适用出口税率的出口货物有暂定税率的，应当适用暂定税率。

二、同时适用多种税率的选择

除附加关税以外，某些进口或出口货物，按规定可能同时适用两种或两种以上不同的税率，此时应按规定选择其中一种适当的税率计征关税。

（一）进口货物同时适用多种税率的选择

某些进口货物，既可以按最惠国待遇适用最惠国税率，又可以按优惠贸易协定适用协定税率或特惠税率；既可以适用最惠国税率，又可能存在进口暂定税率。而某些进口货物收货人按国家优惠政策可以享受减免税的优惠，同时进口货物又有进口暂定税率。对于这些情形的货物，最终应选择哪一种税率来计征关税呢？

根据规定，对于同时适用多种税率的进口货物，一般应按“从低适用”原则选择适当的税率征税，即适用最惠国税率的进口货物有暂定税率的，应当适用暂定税率；适用协定税率、特惠税率的进口货物有暂定税率的，应当从低适用税率（《关税条例》第十一条）。对于按国家优惠政策进口设有暂定税率、协定税率或特惠税率的商品时，首先应在最惠国税率的基础上计算出减征关税的税率，然后以优惠政策计算确定的税率与暂定税率、协定税率或特惠税率进行比较，按“从低适用”原则选择最低的税率征收关税。但不能在选定的进口暂定税率基础上再进行优惠减免。

需要指出的是，对于适用普通税率的进口货物，即使该货物设有进口暂定税率，也不能适用该暂定税率，只能按普通税率征税。也就是说，要适用进口暂定税率，必须以货物可以适用最惠国税率为前提。

此外，实行关税配额管理的进口货物，在关税配额内进口的适用关税配额税率；关税配额外进口的，按上述原则适用其他税率。

（二）出口货物同时适用多种税率的选择

出口货物如果既有出口税率，又有出口暂定税率，应当直接适用出口暂定税率。

三、跨期进出口货物适用税率的选择

通常一国（地区）会根据实际情况，在一定时期内调整关税税率。这样进出口货物可能在税率调整前后申报纳税，或者先保税进口后再实际进口，这一时期税率也可能变化，这些情况应按调整前的税率征税，还是按调整后的税率征税呢？法律法规应对这类进出口货物适用什么时间的税率作出明确规定。

（一）一般原则

通常情况下，进口货物先由运输工具运输进境，然后在规定的申报期限内向海关申报进口，海关审查后接受申报。出口货物先由运输工具运输至海关监管作业场所，然后在规定的期限向海关申报出口，海关审查后接受申报。实际进出口以海关接受申报为准，这样既符合公平原则，也具有可操作性特点。因此我国规定，进出口货物，应当适用海关接受该货物申报进口或者出口之日实施的税率（《关税条例》第十五条第一款）。

在我国，经海关批准实行集中申报的进出口货物，也应当按照每次货物进出口时海关接受该货物申报之日实施的税率计征税款。

（二）已申报进出境并放行，后因改变贸易性质等原因需征税的货物

某些货物，按海关规定已申报进境并放行，但处于海关监管之下的保税货物、减免税货物、租赁货物，或者已申报进出境并放行的暂时进出境货物，经批准转让、内销、移作他用或不复运出境或进境，由于已改变货物原来的贸易性质或用途，按规定必须再次填写报关单，向海关申报并办理纳税手续。此时应按海关接受纳税义务人再次申报办理纳税及有关手续之日实施的税率征税。这些货物主要包括：

1. 经批准不复运出境的保税进口货物；
2. 转入国内市场销售的保税仓储进口货物；
3. 经批准转让或者移作他用的减免税进口货物；
4. 分期缴纳税款的租赁进口货物；
5. 可暂不缴纳税款的暂时进出境货物，经批准不复运出境或者进境的。

（三）提前申报的货物

进口货物到达我国关境以前，收货人或其代理人可以按规定提前向海关申报。由于申报时货物尚未实际进境，因此不产生纳税义务。只有当装载该货物的运输工具向海关申报进境时，才能视为货物实际进境。所以我国规定，进口货物到达前，经海关核准先行申报的，应当适用装载该货物的运输工具申报进境之日实施的税率（《关税条例》第十五条第二款）。

（四）转关运输的货物

转关是指海关监管货物在海关监管下，由一个海关运至另一个海关办理某项海关手续的行为，主要包括进口转关和出口转关两种方式。进口转关是指货物入境后向进境地海关办理转关手续，运往另一个设关地点，向指运地海关办理进口申报手续。出口转关是指货物在起运地向当地海关办理好出口报关手续后，转关运往出境地，由出境地海关监管出境。

进口转关货物，在向进境地海关办理转关手续前，可以提前向指运地海关申报。出口转关货物，在货物未运抵起运地海关监管场所前，也可提前向起运地海关申报，待货物运抵起运地海关监管作业场所后再办理出口转关手续。

根据我国规定，对于进口转关运输货物，应当按指运地海关接受该货物申报进口之日实施的税率征税；对于货物运抵指运地前经海关核准先行申报的进口转关运输货物，应当按照装载该货物的运输工具抵达指运地之日实施的税率征税；对于出口转关运输货物，无论是否提前报关，都应当按照起运地海关接受该货物申报出口之日实施的税率征税。

（五）其他特殊货物

1. 超期未申报依法提取变卖的进口货物

《海关法》规定，进口货物的收货人应当自装载该货物的运输工具申报进境之日起 14 日内向海关申报货物的进口。如果自运输工具申报进境之日起超过 3 个月未向海关申报的，进口货物由海关依法提取变卖处理，并按规定计征税款。因超过规定期限未申报而由海关依法变卖的进口货物，其税款应当按照装载该货物的运输工具申报进境之日实施的税率计征。

2. 纳税人违反规定需要追征税款的货物

对于走私进出口的货物，或者海关监管下的货物非法脱离海关监管，在依法没收货物或进行行政处罚的同时，还要按规定追征或计算涉案税款。我国规定，因纳税义务人违反规定需要追征税款的进出口货物，应当适用该行为发生之日实施的税率；行为发生之日不能确定的，适用海关发现该行为之日实施的税率（《关税条例》第十七条）。

3. 补征或退还税款的货物

由于各种原因需要补征税款或者退还多征的税款时，应按照上述规定确定适用的税率。

第二节　进口货物关税的计算

一、外币折算汇率的选择

我国是以人民币计征税款的，如果进出口货物的成交价格、运输费用、保险费、租金、修理费、材料费等以人民币以外的外币计价的，应按规定折合成人民币计征税款。由于外汇汇率通常是浮动的，因此必须对适用什么样的外汇汇率作出明确规定。

我国规定，进出口货物的价格及有关费用以外币计价的，海关按照该货物适用税率之日所适用的计征汇率折合为人民币计算完税价格。完税价格采用四舍五入法计算至分（《海关征税管理办法》第十六条第一款）。这里所称的计征汇率与通常意义的汇率并不相同，通常所说的汇率是指外汇市场的汇率，它受外汇市场供求关系影响，一般是处于波动状态的，而这里所称的计征汇率是海关为计征税款而人为规定的一种汇率，每个月所使用的计征汇率只有一个，它是海关规定的上一个月第三个星期三（第三个星期三为法定节假日的，顺延采用第四个星期三）的汇率。

《海关征税管理办法》第十六条规定，海关每月使用的汇率为上一个月第三个星期三（第三个星期三为法定节假日的，顺延采用第四个星期三）中国人民银行公布的外币对人民币的基准汇率；以基准汇率以外的外币计价的，为同一时间中国银行公布的现汇买入价和现汇卖出价的中间值（人民币元后采用四舍五入法保留 4 位小数）。如果上述汇率发生重大波动，海关总署认为必要时，可另行规定计征汇率，并且对外公布。

但是我国自 2005 年 7 月 21 日起，开始实行以市场供求为基础，参考一揽子货币进行调节，有管理地浮动汇率制度，为适应人民币汇率形成机制改革的需要，海关总署决定，海关每月使用的计征汇率为上一个月第三个星期三（第三个星期三为法定节假日的，顺延采用第四个星期三）中国银行的外汇折算价（简称中行折算价）（海关总署公告 2005 年第 53 号）。上述所称“法定节假日”是指国务院《全国年节及纪念日放假办法》第二条规定的“全体公民放假的节日”，具体包括新年（1 月 1 日）、春节（农历除夕，正月初一、初二）、清明节（农历清明当日）、劳动节（5 月 1 日）、端午节（农历端午当日）、中秋节（农历中秋当日）、国庆节（10 月 1 日、2 日、3 日），不含调休日（海关总署公告 2010 年第 18 号）。

二、进口货物关税计算的一般程序

一般来说，进口关税应按以下程序计征：

第一，确定货物的完税价格，应按照本书第三章所述的方法、程序和有关规定，确定进口货物的完税价格。如果货物的价格及有关费用是用外币计价的，应按该货物适用税率之日所适用的计征汇率折合为人民币计算完税价格。

第二，确定货物的原产地，应按照本书第四章所述的原产地规则和有关规定，确定货物的原产地。

第三，确定货物的税则号列，应按照本书第五章所述的商品归类规则及其他归类规定，查找出货物在《进出口税则》中的税则号列。

第四，确定货物适用的税率，应按照本章第一节税率的确定原则，结合税则号列和货物的原产地，确定货物适用的税率。

第五，按照关税计算公式计算出应纳税款，目前我国对进口货物征收关税的征税标准包括从价标准、从量标准、复合标准、选择标准和滑准税标准等几种，对出口货物征收关税的征税标准包括从价标准和从量标准两种，应根据不同的征税标准选用不同的计算公式计算关税。

计算过程中，货物的完税价格、关税税额等都应当按人民币计征，并采用四舍五入法计算至分，即计算至小数点后两位数。

此外，需要注意的是，我国规定，关税的起征点为每票货物 50 元人民币，对于计算出来的关税税额在 50 元以下的一票货物，予以免征（《关税条例》第四十五条）。

三、从价进口关税的计算

计算公式为：

进口货物应纳关税税额=进口货物完税价格×进口关税税率

进口货物的完税价格包括货价、货物运抵我国境内输入地点起卸前的运输及相关费用、保险费，即相当于货物的 CIF 价格。如果是以其他价格术语成交的货物，应按规定调整为相当于 CIF 的价格来计算进口货物的完税价格。

例 1 上海某公司从美国进口数控特种机床一批（原产地美国），以 FOB 西雅图 100 万美元的价格成交（该价格包括单独计价的、进口企业工作人员在境外培训考察费用 5 万美元），此外，合同规定进口方应另外支付出口方一笔专有技术使用费 50 万美元，向境外支付卖方佣金 1 万美元，向境外支付货物进口以后的安装调试费 2 万美元。货物从美国运至上海港的运费共计 3 万美元，保险费 5000 美元。运抵上海后，还支付了 THC（码头装卸费）8000 元人民币。

该机床税则号列为 8456.3010，普通税率为 30%，最惠国税率为 9.7%。经审核，该批货物适用的计征汇率为 1 美元=6.6798 元人民币。计算该批进口货物的完税价格及应纳关税税额。

计算过程如下：

（1）确定进口货物的完税价格

根据规定，境外培训考察费用 5 万美元不应计入进口货物的完税价格，应予扣减；专有技术使用费 50 万美元属于特许权使用费，应计入完税价格；向境外支付的卖方佣金 1 万美元，应计入完税价格；向境外支付的安装调试费 2 万美元，不应计入完税价格，但因在货款之外另行支付，所以不应从货款中扣减；国际运输费用 3 万美元、保险费 5000 美元，应计入进口货物完税价格；THC 费用 8000 元人民币，不应计入完税价格。

由于货物适用的计征汇率为 1 美元=6.6798 元人民币，因此：

该批货物的完税价格＝（1000000－50000＋500000＋10000＋30000＋5000）×6.6798
＝1495000×6.6798
＝9986301（元）

（2）确定货物的原产地

该货物原产于美国，美国是世界贸易组织成员，原产于美国的进口货物可适用最惠国税率。

（3）确定货物的税则号列

该货物税则号列为 8456.3010。

（4）确定货物的适用税率

该货物应适用最惠国税率 9.7%。

（5）计算货物的应纳关税税额

应纳关税税额＝完税价格×关税税率
＝9986301×9.7%
＝968671.20（元）（税额应采用四舍五入法计算至分）

例 2 2017 年 10 月，北京某大学从法国进口一批实验用的精密仪器（原产地为德国），以 CFR 天津 20 万欧元的价格成交，货物从法国马赛装船运至天津塘沽港，运费为 1 万欧元，保险费为 0.3 万欧元，当时适用的计征汇率为 1 欧元＝7.8749 元人民币，该货物税则号列 9016.0090，普通税率为 30%，最惠国税率为 10.5%。该大学凭征免税证明等材料于 2017 年 10 月 24 日向海关申报，并免税放行。2018 年 4 月经海关批准，该大学将免税的精密天平以 150 万元人民币的价格转让给一家不能享受减免税优惠待遇的企业。海关于 4 月 20 日接受纳税人纳税申报，并按规定需要补征税款。2018 年 4 月适用的计征汇率为 1 欧元＝7.7662 元人民币。该货物 2018 年的关税税率与 2017 年的相同。计算该批货物补缴税款时的完税价格及应纳关税税额。

计算过程如下：

（1）确定进口货物的完税价格

$$特定减免税进口货物补税的完税价格=减免税货物原进口时的完税价格\times\left[1-\frac{减免税货物实际已进口的时间（月）}{监管年限\times 12}\right]$$

而该货物原进口时的价格＝CFR＋保险费，所以货物的 CFR 价格 20 万欧元、国际运输保险费 0.3 万欧元应计入货物完税价格。由于国际运费 1 万欧元已在货价中包含，所以不应重复计入。另外当初适用的计征汇率为 1 欧元＝7.8749 元人民币，但是其适用关税税率之日为 2018 年 4 月 20 日。根据海关规定和实际做法，补税的完税价格以海关审定的货物原进口时的价格为基础，因此应按货物原进口之日所适用的计征汇率将外币折算成人民币计算完税价格，即适用的计征汇率应为 1 欧元＝7.8749 元人民币，所以：

该货物原进口时的完税价格＝（200000＋3000）×7.8749＝1598604.7（元）

根据规定，减免税进口的精密仪器，其海关监管期限为货物放行之日起 3 年。

该货物从放行之日至批准转让，实际已进口的时间为6个月，因此：

$$补税时的完税价格=1598604.7\times(1-\frac{6}{3\times12})$$
$$=1332170.58（元）$$

（2）确定货物的原产地

该货物原产于德国，德国是WTO成员，可适用最惠国税率。

（3）确定货物的税则号列

该货物税则号列为9016.0090。

（4）确定货物的适用税率

该货物应适用最惠国税率10.5%。

（5）计算货物的应纳关税税额

应纳关税税额=补税时的完税价格×关税税率

=1332170.58×10.5%

=139877.91（元）（税额应采用四舍五入法计算至分）

四、从量进口关税的计算

计算公式：

进口货物应纳关税税额=进口货物数量×单位关税税额

需要特别指出的是，进口货物数量的单位应与单位关税税额的单位一致。如果不一致，还应将进口货物的数量按单位关税税额的单位进行调整。

例3 上海某公司从日本进口一批冻鸡翅（重10吨），以总价FOB横滨8000美元成交，从横滨至上海的运费、保险费合计1500美元。根据合同规定，该公司另外支付卖方佣金500美元。该货物税则号列为0207.1421，普通税率为8.1元/千克，最惠国税率为0.8元/千克。其适用的计征汇率为1美元=6.6693元人民币。计算该批进口货物的完税价格及应纳关税税额。

计算过程如下：

（1）确定进口货物的完税价格

根据规定，国际运输费用、保险费1500美元应计入进口货物完税价格中，此外，另外支付的卖方佣金500美元也应计入。而且，其适用的计征汇率为1美元=6.6693元人民币，因此：

进口货物的完税价格=（8000+1500+500）×6.6693=66693（元）

（2）确定货物的原产地

该货物原产于日本，日本为WTO成员，可适用最惠国税率。

（3）确定货物的税则号列

该货物税则号列为0207.1421。

（4）确定货物的适用税率

该货物应适用最惠国税率 0.8 元/千克，这表明该货物以从量计征标准计算进口关税。

（5）计算货物的应纳关税税额

应纳关税税额=进口货物数量×单位关税税额

=10×1000×0.8

=8000（元）

五、复合进口关税的计算

计算公式为：

进口货物应纳关税税额=从价部分的关税税额+从量部分的关税税额

从价部分的关税税额=进口货物完税价格×进口关税税率

从量部分的关税税额=进口货物数量×单位关税税额

例 4　2018 年 3 月上海某进出口公司进口一批美国产广播级磁带录像机，以空运方式运输进境。广播级磁带录像机共 20 台，合计成交价格为 CIP 上海 100000 美元。广播级磁带录像机的税则号列为 8521.1011，其税率设置情况见表 6-2。该批货物适用的计征汇率为 1 美元=6.4372 元人民币。计算这批进口货物的应纳关税税额。

表 6-2　进口广播级磁带录像机税率表

税则号列	商品名称	普通税率	最惠国税率
8521.1011	广播级磁带录像机	完税价格≤2000 美元/台：130%；完税价格>2000 美元/台：6%，加 20600 元	15%与以下复合税从低执行：完税价格≤2000 美元/台：30%；完税价格>2000 美元/台：3%，加 3283 元

计算过程如下：

（1）确定进口货物的完税价格

以美元计算，广播级磁带录像机的完税价格为 100000 美元，单位完税价格为 100000÷20=5000 美元/台。以人民币计算，广播级磁带录像机的完税价格为 100000×6.4372=643720 元人民币。

（2）确定货物的原产地

该货物原产于美国，美国为 WTO 成员，可适用最惠国税率。

（3）确定货物的税则号列

广播级磁带录像机的税则号列为 8521.1011。

（4）确定货物的适用税率

对于美国产的广播级磁带录像机，最惠国税率为 15%与复合税二者从低执行。根据复合税规定，当其单位完税价格>2000 美元/台时，复合税为 3%从价税，另加 3283 元/台从量税。

（5）计算货物的应纳关税税额

该货物适用单一的 15%从价征税标准时，应纳关税税额为：

单一从价税时应纳关税税额=进口货物完税价格×进口关税税率

=643720×15%

=96558.00（元）

该货物适用复合征税标准时，应纳关税税额为：

复合税时的应纳关税税额=从价部分的关税税额+从量部分的关税税额

=进口货物完税价格×进口关税税率+进口货物数量×单位关税税额

=643720×3%+20×3283

=84971.60（元）

由于单一从价税的税额高于复合税的税额，所以从低执行复合税的税额，即应征收关税税额为84971.60元。

六、选择进口关税的计算

计算公式为：

从价计算的关税税额=进口货物完税价格×进口关税税率

从量计算的关税税额=进口货物数量×单位关税税额

比较从价关税税额和从量关税税额，根据规定从高计征或从低计征。

例5 某公司进口100吨原产于越南的天然橡胶烟胶片（越南为WTO成员），以CIF宁波152000美元成交。税则号列为4001.2100，普通税率为40%，最惠国税率为20%，年度暂定税率为“20%或者1500元/吨，二者从低”。该批货物适用的计征汇率为1美元=6.6693元人民币。计算这批进口货物的应纳关税税额。

计算过程如下：

（1）确定进口货物的完税价格

根据规定，该货物CIF价格152000美元应计入在进口货物的完税价格中。

由于货物适用的计征汇率为1美元=6.6693元人民币，因此：

该批货物的完税价格=152000×6.6693=1013733.6（元）

（2）确定货物的原产地

该货物原产于越南，越南为WTO成员，可适用最惠国税率。

（3）确定货物的税则号列

该货物税则号列为4001.2100。

（4）确定货物的适用税率

由于适用最惠国税率的货物有暂定税率时，应适用暂定税率，因此该货物适用暂定税率20%或者1500元/吨，二者从低。

（5）按选择标准分别计算货物的应纳关税税额

从价计算的进口关税税额 = 完税价格×关税税率

= 1013733.6×20%

= 202746.72（元）

从量计算的进口关税税额 = 进口货物数量×单位关税税额

= 100×1500

= 150000（元）

（6）选择确定应征关税税额

由于从量计算的关税税额小于从价计算的关税税额，根据二者从低的规定，最终选择征收 150000 元进口关税。

七、进口滑准税的计算

2022 年《进出口税则》中规定，关税配额内进口的棉花（税则号列为 52010000.01），适用 1%的关税配额税率。对配额外进口的一定数量棉花（税则号列为 52010000.80），普通税率为 125%，最惠国税率为 40%。对于凭“关税配额外优惠税率进口棉花配额证”进口的棉花，2022 年适用滑准税形式的暂定关税，具体方式为：

（1）当进口棉花完税价格高于或等于 14.000 元/千克时，暂定从量税率为 0.280 元/千克；

（2）当进口棉花完税价格低于 14.000 元/千克时，暂定从价税率按下式计算：

$$R_i = \frac{9.0}{P_i} + 2.69\% \times P_i - 1 \qquad (R_i \leqslant 40\%)$$

对上式计算结果四舍五入保留 3 位小数。其中，R_i 为暂定从价税率，当按上式计算值高于 40%时，R_i 取值 40%；P_i 为进口棉花的关税完税价格，单位为元/千克。

例 6　江苏某公司进口一批原产地为哈萨克斯坦的棉花，以 CIF 南京 1600 美元/吨的价格成交。该公司持有的关税配额许可证规定其配额数量为 300 吨，而其实际进口数量为 500 吨，超出的部分凭“关税配额外优惠税率进口棉花配额证”申报。该批货物适用的计征汇率为 1 美元 = 6.25 元人民币。计算这批进口货物的应纳关税税额。

计算过程如下：

（1）确定进口货物的完税价格

该批货物既有关税配额内进口的，也有关税配额外进口的，因此应分别确定其完税价格和应纳关税税额。

关税配额内进口的棉花为 300 吨，其完税价格 = 300×1600×6.25 = 3000000 元人民币。

关税配额外进口的棉花为 500 - 300 = 200 吨，其完税价格 = 200×1600×6.25 = 2000000 元人民币。如果以千克为单位，关税配额外进口棉花的单位完税价格 = 2000000÷（200×1000）= 10 元/千克（人民币）。

（2）确定货物的原产地

该货物原产于 WTO 成员哈萨克斯坦，可适用最惠国税率。

（3）确定货物的税则号列

关税配额内进口的棉花，税则号列为52010000.01；关税配额外进口的棉花，税则号列为52010000.80。

（4）确定货物的适用税率

由于该批棉花原产于哈萨克斯坦，可适用最惠国税率，所以关税配额内进口的棉花，适用1%的关税配额税率。而关税配额外进口的棉花适用滑准税形式的暂定税率。由于关税配额外进口的棉花单位完税价格为10元/千克，低于14元/千克的单位完税价格，其最惠国暂定关税税率应按下式计算：

$$R_i=\frac{9.0}{P_i}+2.69\%\times P_i-1\ （R_i\leqslant 40\%）$$

其中，P_i 为10元/千克。

代入上式可求得：

$$\begin{aligned}R_i&=\frac{9.0}{10}+2.69\%\times 10-1\\&=0.169\end{aligned}$$
（计算结果四舍五入保留3位小数）

因此，关税配额外进口的棉花，其适用的暂定税率为16.9%。

（5）计算货物的应纳关税税额

关税配额内进口的棉花应纳关税税额＝完税价格×关税配额税率
＝3000000×1%
＝30000（元）

关税配额外进口的棉花应纳关税税额＝完税价格×最惠国暂定税率
＝2000000×16.9%
＝338000（元）

该批货物合计的应纳关税税额＝30000+338000＝368000（元）

第三节　出口货物关税的计算

一、出口货物关税计算的一般程序

一般说来，出口货物关税应按以下程序计征：

第一，确定货物的税则号列，应按照本书第五章所述的商品归类规则及其他归类规定，查找出货物在《进出口税则》中的税则号列。

第二，确定货物适用的税率，应按照本章第一节税率的确定原则，结合税则号列确定货物适用的税率。

第三，确定货物的完税价格，应按照本书第三章所述的方法、程序和有关规定，确定出口货物的完税价格。如果货物的价格及有关费用是用外币计价的，应按该货物适用税率之日所适用的计征汇率折合为人民币计算完税价格。

第四，按照关税计算公式计算出应纳税款，同样计算过程中，货物的完税价格、关税税额等都应当按人民币计征，并采用四舍五入法计算至分，即计算至小数点后两位数。关税的起征点为每票货物50元人民币，对于计算出来的关税税额在50元以下的一票货物，予以免征。

二、从价出口关税的计算

目前我国出口应税货物都是从价计征出口关税，计算公式为：

出口货物应纳关税税额=出口货物完税价格×出口关税税率

出口货物完税价格=FOB价格-出口关税税额

$$=\frac{\text{FOB价格}}{1+\text{出口关税税率}}$$

例1 辽宁省某公司出口200吨锡矿砂至日本，以FOB大连6200美元/吨的价格成交。已知该货物从大连至日本横滨的运费为20000美元，保险费为5000美元。该货物税则号列为2609.0000，出口税率为50%，暂定出口税率为20%。该批货物适用的计征汇率为1美元=6.8293元人民币。计算该批出口货物的完税价格及应纳关税税额。

计算过程如下：

（1）确定出口货物的税则号列

该货物税则号列为2609.0000。

（2）确定出口货物的适用税率

该货物出口税率为50%，暂定出口税率为20%。根据规定，适用出口税率的出口货物有暂定税率的，应当适用暂定出口税率，因此该货物适用暂定出口税率20%。

（3）确定出口货物的完税价格

根据规定，货物出口以后发生的运输费用、保险费不应计入出口货物完税价格中。此外，货款中包含的关税税额，也应予以扣除。因此：

$$\text{出口货物完税价格}=\frac{\text{FOB}}{1+\text{暂定出口税率}}$$

$$=\frac{200\times6200\times6.8293}{1+20\%}$$

$$=7056943.33\text{（元）}$$

（4）计算出口货物的应纳关税税额

$$\text{出口货物应纳关税税额}=\text{完税价格}\times\text{暂定出口税率}$$

$$=7056943.33\times20\%$$

$$=1411388.67\text{（元）}$$

第四节 附加关税的计算

目前我国规定的进口附加关税包括反倾销税、反补贴税、保障措施关税和报复性关税四种，但实际征收的主要是反倾销税。反补贴税、保障措施关税和报复性关税的案例较少，但它们的计算方法与反倾销税是一致的。

2008 年 4 月 20 日至 2013 年年底，我国曾经对部分出口货物征收的出口特别关税，实际上也是一种出口附加关税。

一、反倾销税的计算

对于采取征收反倾销税措施的进口货物，其进口正税与反倾销税的计算公式如下：

应纳反倾销税税额=完税价格×反倾销税税率

其进口正税的计算公式见本章第二节内容。

一般而言，进口货物除了征收进口关税外，还需要征收进口环节增值税，甚至征收进口环节消费税①。

例 1 2009 年 5 月，广东某进出口公司从法国进口原产于德国艾维贝马铃薯淀粉工厂（Avebe Kartoffelstarkefabrik Prignitz/Wendland GmbH）的马铃薯淀粉 500 吨，以 CIF 广州 650 美元/吨的价格成交。该货物的税则号列为 1108.1300，其适用的普通税率为 50%，最惠国税率为 15%。该批货物适用的计征汇率为 1 美元=6.8293 元人民币。此外，该货物适用的进口环节增值税税率为 17%。

根据商务部 2007 年第 8 号公告，国务院关税税则委员会决定自 2007 年 2 月 6 日起对原产于欧盟的进口马铃薯淀粉征收反倾销税，期限为 5 年。马铃薯淀粉反倾销税税率见表 6-3。计算该批进口货物应纳关税正税税额、反倾销税税额及进口环节增值税税额。

---

① 对于采取征收反倾销税措施的进口货物，其增值税或消费税的计算如下。理论上看，如果征收反倾销税的进口货物还需要征收消费税，则进口环节增值税组成计税价格=完税价格+进口关税税额+反倾销税税额+进口环节消费税税额。应纳进口环节增值税税额=进口环节增值税组成计税价格×进口环节增值税税率。而进口环节消费税的计征标准有从价、从量和复合 3 种，因此进口环节消费税税额的计算也有 3 种不同的计算公式：对于从量计征的进口货物，进口环节消费税税额=进口货物数量×消费税单位税额；对于从价计征的进口货物，进口环节消费税税额=进口环节消费税组成计税价格×进口环节消费税从价税率，而进口环节消费税组成计税价格=$\frac{\text{完税价格+进口关税税额+反倾销税税率}}{\text{1-进口环节消费税从价税率}}$；对于复合计征的进口货物，进口环节消费税税额=进口环节消费税组成计税价格×进口环节消费税从价税率+进口货物数量×消费税单位税额，而此时进口环节消费税组成计税价格=$\frac{\text{完税价格+进口关税税额+反倾销税税额+进口货物数量×消费税单位税额}}{\text{1-进口环节消费税从价税率}}$。如果征收反倾销税的进口货物不属于消费税的征税范围，则上式中的消费税税额为零。

表 6-3 马铃薯淀粉反倾销税税率表

原产国（地区）	厂商名称	税率
欧盟	荷兰艾维贝公司（AVEBE U. A.）	18%
	德国艾维贝马铃薯淀粉工厂 （Avebe Kartoffelstarkefabrik Prignitz/Wendland GmbH）	18%
	法国罗盖特公司（ROQUETTE FRERES）	17%
	其他欧盟公司（All Others）	35%

计算过程如下：

（1）确定进口货物的完税价格

该批货物以 CIF 广州的价格成交，其适用的计征汇率为 1 美元 = 6. 8293 元人民币。因此：

进口货物完税价格 =（500×650）×6. 8293 = 2219522. 5（元）。

（2）确定货物的原产地

该货物原产于德国，可适用最惠国税率。

（3）确定货物的税则号列

该货物税则号列为 1108. 1300，其适用的普通税率为 50%，最惠国税率为 15%。

（4）确定货物的适用税率

该货物进口关税适用最惠国税率 15%。此外，因属于需要征收反倾销税的货物，其适用的反倾销税税率为 18%。

（5）计算货物应纳的关税正税税额

应纳进口关税正税税额 = 完税价格×进口关税税率

= 2219522. 5×15%

= 332928. 38（元）（税额采用四舍五入法计算至分）

（6）计算货物应纳的反倾销税税额

应纳反倾销税税额 = 完税价格×反倾销税税率

= 2219522. 5×18%

= 399514. 05（元）（税额采用四舍五入法计算至分）

（7）计算货物应纳进口环节增值税税额①

进口环节增值税组成计税价格 = 完税价格+关税正税税额+反倾销税税额

= 2219522. 5+332928. 38+399514. 05

= 2951964. 93（元）

① 马铃薯淀粉不属于我国消费税的征收范围，因此不需要计算消费税。

应纳进口环节增值税税额=进口环节增值税组成计税价格×进口环节增值税税率
=2951964.93×17%
=501834.04（元）（税额采用四舍五入法计算至分）

二、反补贴税的计算

对于采取征收反补贴税措施的进口货物，其进口反补贴税的计算公式如下：

应纳反补贴税税额=完税价格×反补贴税税率

其进口正税的计算公式见本章第二节内容。

2010年4月，根据商务部的调查和建议，国务院关税税则委员会决定对原产于美国和俄罗斯的进口取向性硅电钢征收反倾销税，期限为5年；同时对原产于美国的进口取向性硅电钢征收反补贴税，期限为5年。这是我国第一起终裁同时采取“双反”措施的案例，也是我国第一起终裁征收反补贴税的案例。

公告规定，进口取向性硅电钢反倾销税与反补贴税的计算公式为：

反倾销税税额=完税价格×反倾销税税率

反补贴税税额=完税价格×反补贴税税率

对于原产于美国的进口取向性硅电钢，由于既征收反倾销税，同时又征收反补贴税，其征收进口环节增值税合并计算公式为：

进口环节增值税税额=（海关完税价格+关税税额+反倾销税税额+反补贴税税额）×进口环节增值税税率①

例2 2010年10月，某进出口公司进口一批原产于美国AK钢铁有限公司的取向性硅电钢，以CIF上海10万美元的价格成交。该货物的税则号列为7225.1100，其适用的普通税率为20%，最惠国税率为3%。该批货物适用的计征汇率为1美元=6.725元人民币。此外，该货物适用的进口环节增值税税率为17%。

根据商务部2010年第21号公告，国务院关税税则委员会根据商务部的建议作出决定，自2010年4月11日起，对原产于美国和俄罗斯的进口取向性硅电钢征收反倾销税，实施期限自2010年4月11日起5年。与此同时，国务院关税税则委员会根据商务部的建议作出决定，自2010年4月11日起，对原产于美国的进口取向性硅电钢征收反补贴税，实施期限自2010年4月11日起5年。计算该批进口货物应纳关税正税税额、反倾销税税额、反补贴税税额及进口环节增值税税额。

取向性硅电钢反倾销税税率表和反补贴税税率表见表6-4和表6-5。

---

① 取向性硅电钢不属于我国消费税的征收范围，因此不需要计算消费税。

表 6-4　进口取向性硅电钢反倾销税税率表

原产国（地区）	厂商名称	税率
美国	AK 钢铁有限公司 AK Steel Corporation	7.8%
	阿勒格尼技术公司 Allegheny Ludlum Corporation	19.9%
	其他美国公司 All Others	64.8%
俄罗斯	新利佩茨克钢铁股份无限公司 OJSC “Novolipetsk” Steel（NLMK）	6.3%
	维兹钢铁有限责任公司 VIZ-Stal LTD	6.3%
	其他俄罗斯公司 All Others	24.0%

表 6-5　进口取向性硅电钢反补贴税税率表

原产国（地区）	厂商名称	税率
美国	AK 钢铁有限公司 AK Steel Corporation	11.7%
	阿勒格尼技术公司 Allegheny Ludlum Corporation	12.0%
	其他美国公司 All Others	44.6%

计算过程如下：

（1）确定进口货物的完税价格

该批货物以 CIF 上海的价格成交，其适用的计征汇率为 1 美元=6.725 元人民币。因此：

进口货物完税价格=100000×6.725=672500（元）。

（2）确定货物的原产地

该货物原产于美国，可适用最惠国税率。

（3）确定货物的税则号列

该货物税则号列为 7225.1100，其适用的普通税率为 20%，最惠国税率为 3%。

（4）确定货物的适用税率

该货物进口关税适用最惠国税率 3%。此外，因属于需要征收反倾销税和反补贴税的货物，AK 钢铁有限公司生产的货物适用的反倾销税税率为 7.8%，适用的反补贴税税率为 11.7%。

（5）计算货物应纳的关税正税税额

应纳进口关税正税税额=完税价格×进口关税税率
=672500×3%
=20175（元）

（6）计算货物应纳的反倾销税税额

应纳反倾销税税额=完税价格×反倾销税税率
=672500×7.8%
=52455（元）

（7）计算货物应纳的反补贴税税额

应纳反补贴税税额＝完税价格×反补贴税税率

＝672500×11.7%

＝78682.5（元）

（8）计算货物应纳进口环节增值税税额

进口环节增值税组成计税价格＝完税价格+关税正税税额+反倾销税税额+反补贴税税额

＝672500+20175+52455+78682.5

＝823812.5（元）

应纳进口环节增值税税额＝进口环节增值税组成计税价格×进口环节增值税税率

＝823812.5×17%

＝140048.13（元）（税额采用四舍五入法计算至分）

三、保障措施关税的计算

对于采取征收保障措施关税的进口货物，其进口保障措施关税的计算公式如下：

应纳保障措施关税税额＝完税价格×保障措施关税税率

其进口正税的计算公式见本章第二节内容。

2002年对外贸易经济合作部发布第48号公告，决定自2002年11月20日起，对热轧普薄板、冷轧普薄板（带）、彩涂板、无取向硅电钢、冷轧不锈薄板（带）等5类进口钢铁产品实施最终保障措施。最终保障措施采取“关税配额、先来先办”的方式。在规定数量内进口产品仍执行当时适用的关税税率，规定数量外进口产品在执行当时适用关税税率的基础上加征关税。最终保障措施的实施期限为3年（包括临时保障措施的实施期限），自2002年5月24日至2005年5月23日。

2003年12月26日，商务部发布第76号公告，决定自2003年12月26日起，终止上述钢铁保障措施的实施，不再对该措施项下的进口钢铁产品加征关税。

此前对外贸易经济合作部于2000年发布第15号公告，国务院关税税则委员会决定对原产于日本和韩国的进口不锈钢冷轧薄板征收反倾销税，征税时间从初裁时间2000年4月13日开始，征税期限为5年。

2002年海关总署发布第38号公告，规定对进口的涉及实施最终保障措施的产品，当原产于特定国家（地区）的某类涉案产品的进口量达到该类产品的国别/地区配额数量时，只对原产于该国家（地区）的该类产品超过配额进口的部分加征关税。当某类涉案产品的进口量达到该类产品的全球配额数量时，原产于适用该全球配额的所有国家（地区）的该类产品超过配额数量进口的部分均加征关税。

同时还规定，对进口的涉及实施最终保障措施的产品，不论是否达到或超过规定的配额数量，都应按当时的有关进口税收政策规定执行，并按当时适用的税率计征关税和进口环节税，以及反倾销税；当某类涉案产品实际进口量达到该类产品的全球配额数量或国别/地区配额数量时，海关总署将发布公告，对超出配额数量进口的部分在当时适用的关税税率基础上再按照适用的保障措施关税税率加征关税。

公告规定，超过规定配额数量进口的涉案产品，如果不需要征收反倾销税、反补贴税和报复性关税，也不属于消费税征收范围的货物，则其计算公式如下：

其进口税收计算公式为：

应纳进口关税税额=进口货物完税价格×进口关税税率

应纳保障措施关税税额=进口货物完税价格×保障措施关税税率

进口环节增值税组成计税价格=进口货物完税价格+进口关税税额+保障措施关税税额①

应纳进口环节增值税税额=进口环节增值税组成计税价格×进口环节增值税税率

对于需要征收反倾销税的涉案产品，但不需要征收反补贴税和报复性关税，也不属于消费税征收范围的货物，其进口税收计算公式为：

应纳进口关税税额=进口货物完税价格×进口关税税率

应纳反倾销税税额=进口货物完税价格×反倾销税税率

应纳保障措施关税税额=进口货物完税价格×保障措施关税税率

进口环节增值税组成计税价格=进口货物完税价格+进口关税税额+反倾销税税额+保障措施关税税额②

应纳进口环节增值税税额=进口环节增值税组成计税价格×进口环节增值税税率

例3　2003 年 11 月，上海某进出口公司从日本进口由日本金属工业株式会社

---

① 该公式适用不需要征收进口环节消费税的进口货物。从理论上看，如果征收保障措施关税的进口货物还需要征收消费税，则进口环节增值税组成计税价格=进口货物完税价格+进口关税税额+保障措施关税税额+进口环节消费税税额。而进口环节消费税的计征标准有从价、从量和复合 3 种，因此进口环节消费税税额的计算也有 3 种不同的计算公式：对于从量计征的进口货物，进口环节消费税税额=进口货物数量×消费税单位税额；对于从价计征的进口货物，进口环节消费税税额=进口环节消费税组成计税价格×进口环节消费税从价税率，而进口环节消费税组成计税价格=$\frac{\text{完税价格+进口关税税额+保障措施关税税额}}{\text{1-进口环节消费税从价税率}}$；对于复合计征的进口货物，进口环节消费税税额=进口环节消费税组成计税价格×进口环节消费税从价税率+进口货物数量×消费税单位税额，而此时进口环节消费税组成计税价格=$\frac{\text{完税价格+进口关税税额+保障措施关税税额+进口货物数量×消费税单位税额}}{\text{1-进口环节消费税从价税率}}$。

② 该公式适用不需要征收进口环节消费税的进口货物。从理论上看，如果征收反倾销税和保障措施关税的进口货物还需要征收消费税，则进口环节增值税组成计税价格=进口货物完税价格+进口关税税额+反倾销税税额+保障措施关税税额+进口环节消费税税额。而进口环节消费税的计征标准有从价、从量和复合 3 种，因此进口环节消费税税额的计算也有 3 种不同的计算公式：对于从量计征的进口货物，进口环节消费税税额=进口货物数量×消费税单位税额；对于从价计征的进口货物，进口环节消费税税额=进口环节消费税组成计税价格×进口环节消费税从价税率，而进口环节消费税组成计税价格=$\frac{\text{完税价格+进口关税税额+反倾销税税额+保障措施关税税额}}{\text{1-进口环节消费税从价税率}}$；对于复合计征的进口货物，进口环节消费税税额=进口环节消费税组成计税价格×进口环节消费税从价税率+进口货物数量×消费税单位税额，而此时进口环节消费税组成计税价格=$\frac{\text{完税价格+进口关税税额+反倾销税税额+保障措施关税税额+进口货物数量×消费税单位税额}}{\text{1-进口环节消费税从价税率}}$。

（NIPPON METAL INDUSTRY CO.，LTD.）生产的不锈钢冷轧薄板一批，以 CIF 上海 500000 美元的价格成交。该货物在 2003 年进出口税则中的税则号列为 7219.3200，其适用的普通税率为 40%，最惠国税率为 10%。另外根据对外贸易经济合作部 2000 年发布的第 76 号公告，原产于日本金属工业株式会社（NIPPON METAL INDUSTRY CO.，LTD.）的进口不锈钢冷轧薄板（包括税则号列为 7219.3200 的产品）适用 26%的反倾销税税率。根据对外贸易经济合作部 2002 年发布的第 48 号公告，原产于日本超出国别配额数量进口的不锈钢冷轧薄板（包括税则号列为 7219.3200 的产品），适用 18.1%的保障措施加征关税税率。经海关审查，该批货物已超过实施最终保障措施的国别配额数量。该批货物适用的计征汇率为 1 美元=8.2769 元人民币。适用的进口环节增值税税率为 17%。计算该批进口货物应纳的关税正税税额、反倾销税税额、保障措施关税税额，以及进口环节增值税税额。

计算过程如下：

（1）确定进口货物的完税价格

该批货物以 CIF 上海的价格成交，其适用的计征汇率为 1 美元=8.2769 元人民币。因此：

进口货物完税价格=500000×8.2769=4138450（元）。

（2）确定货物的原产地

该货物原产于日本，可适用最惠国税率。

（3）确定货物的税则号列

该货物税则号列为 7219.3200，其适用的普通税率为 40%，最惠国税率为 10%。

（4）确定货物的适用税率

该货物进口关税适用最惠国税率 10%。此外，因属于需要征收反倾销税的货物，其适用的反倾销税税率为 26%；又因属于实施保障措施的进口货物，在国别配额数量以外进口，其适用的保障措施关税税率为 18.1%。

（5）计算货物应纳的关税正税税额

应纳关税正税税额=完税价格×进口关税税率
=4138450×10%
=413845（元）

（6）计算货物应纳的反倾销税税额

应纳反倾销税税额=完税价格×反倾销税税率
=4138450×26%
=1075997（元）

（7）计算货物应纳的保障措施关税税额

应纳保障措施关税税额=完税价格×保障措施关税税率
=4138450×18.1%
=749059.45（元）

（8）计算货物应纳进口环节增值税税额[①]

进口环节增值税组成计税价格＝完税价格+关税正税税额+反倾销税税额+保障措施关税税额
＝4138450+413845+1075997+749059.45
＝6377351.45（元）

应纳进口环节增值税税额＝进口环节增值税组成计税价格×进口环节增值税税率
＝6377351.45×17%
＝1084149.75（元）（税额采用四舍五入法计算至分）

四、报复性关税的计算

对于采取征收报复性关税措施的进口货物，其报复性关税的计算公式如下：

应纳报复性关税税额＝完税价格×报复性关税税率

其进口正税的计算公式见本章第二节内容。

2001 年，日本政府针对中国出口的大葱、鲜蘑菇和蔺草席实施了临时紧急限制进口措施，构成了对我国出口商品的贸易歧视性待遇，并对中国出口产品和国内相关产业造成了严重损害，经中方多次交涉，日方仍未改变其做法。在这种背景下，国务院关税税则委员会于 2001 年 6 月 21 日发布公告，宣布自 6 月 22 日起对原产于日本的汽车、手持和车载无线电话机、空气调节器加征税率为 100%的特别关税。2001 年 12 月 26 日，国务院关税税则委员会再次发布公告，鉴于中日双方已就解决农产品贸易争端达成一致意见，日方已决定不启动对大葱、鲜香菇、蔺草席 3 种农产品的正式保障措施。因此，我国决定自 2001 年 12 月 27 日起，停止对原产于日本的汽车、手持和车载无线电话机、空气调节器加征税率为 100%的特别关税。这是我国征收报复性关税的典型案例。

根据公告规定，对于征收报复性关税的进口货物，如果属于从价征收消费税的范围（例如上述案例中原产于日本的汽车），但不需要征收反倾销税、反补贴税和保障措施关税，其进口税收计算公式为：

应纳正常关税税额＝完税价格×进口关税税率

应纳报复性关税税额＝完税价格×报复性关税税率

应纳进口环节消费税税额＝进口环节消费税组成计税价格×进口环节消费税税率

$$进口环节消费税组成计税价格=\frac{完税价格+关税税额+报复性关税税额}{1-进口环节消费税税率}$$[②]

应纳进口环节增值税税额＝进口环节增值税组成计税价格×进口环节增值税税率

进口环节增值税组成计税价格＝完税价格+关税税额+报复性关税税额+进口环节消费

---

① 不锈钢冷轧薄板不属于我国消费税的征收范围，因此不需要计算消费税。

② 在我国，小汽车属于消费税征收范围，而且是采用从价标准征收，但手持和车载无线电话机、空气调节器均不属于消费税征收范围。

税税额①

例4 北京某进出口企业于2001年8月15日申报进口一辆日本原产的小轿车，该轿车以CIF天津200万日元的单位价格成交。该货物的税则号列为8703.2314，适用的普通税率为180%，最惠国优惠税率为80%，特别关税（报复性关税）税率为100%。其适用的计征汇率为100日元=6.7561元人民币。此外，该货物适用的消费税税率为8%，增值税税率为17%。计算并比较该轿车征收报复性关税前后的关税税额、消费税税额和增值税税额。

计算过程如下：

（1）计算不征收报复性关税情况下，该轿车应缴纳的关税税额、消费税税额、增值税税额：

进口货物完税价格=2000000÷100×6.7561=135122（元）

该货物原产地为日本，税则号列为8703.2314，应适用最惠国优惠税率80%。

①应纳正常关税税额=完税价格×进口关税税率=135122×80%=108097.6（元）

②进口环节消费税组成计税价格$=\dfrac{\text{完税价格}+\text{关税税额}}{1-\text{进口环节消费税税额}}$

$=\dfrac{135122+108097.6}{1-8\%}$

=264369.13（元）（计税价格采用四舍五入法计算至分）

应纳进口环节消费税税额=进口环节消费税组成计税价格×进口环节消费税税率

=264369.13×8%

=21149.53（元）（税额采用四舍五入法计算至分）

③进口环节增值税组成计税价格=完税价格+关税税额+进口环节消费税税额

=135122+108097.6+21149.53

=264369.13（元）

① 从理论上看，如果征收报复性关税的进口货物不属于消费税的征收范围，则进口环节增值税组成计税价格=完税价格+进口关税税额+报复性关税税额。如果征收报复性关税的进口货物还需要征收消费税，则进口环节增值税组成计税价格=进口货物完税价格+进口关税税额+报复性关税税额+进口环节消费税税额。而进口环节消费税的计征标准有从价、从量和复合3种，因此进口环节消费税税额的计算也有3种不同的计算公式：对于从量计征的进口货物，进口环节消费税税额=进口货物数量×消费税单位税额；对于从价计征的进口货物，进口环节消费税税额=进口环节消费税组成计税价格×进口环节消费税从价税率，而进口环节消费税组成计税价格$=\dfrac{\text{完税价格}+\text{进口关税税额}+\text{报复性关税税额}}{1-\text{进口环节消费税从价税率}}$；对于复合计征的进口货物，进口环节消费税税额=进口环节消费税组成计税价格×进口环节消费税从价税率+进口货物数量×消费税单位税额，而此时进口环节消费税组成计税价格$=\dfrac{\text{完税价格}+\text{进口关税税额}+\text{报复性关税税额}+\text{进口货物数量}\times\text{消费税单位税额}}{1-\text{进口环节消费税从价税率}}$。

应纳进口环节增值税税额=进口环节增值税组成计税价格×进口环节增值税税率

=264369.13× 17%

=44942.75（元）（税额采用四舍五入法计算至分）

因此该轿车在进口环节应纳关税、消费税、增值税总额为：108097.6+21149.53+44942.75=174189.88元人民币。

（2）计算该轿车加征100%的报复性关税情况下，应缴纳的关税税额、消费税税额、增值税税额：

进口货物完税价格=2000000÷100×6.7561=135122（元人民币）

该货物原产地为日本，税则号列为8703.2314，应适用最惠国优惠税率80%。

①应纳正常关税税额=完税价格×进口关税税率=135122×80% =108097.6（元）

②应纳报复性关税税额=完税价格×报复性关税税率

=135122×100% =135122（元）

③进口环节消费税组成计税价格$=\frac{\text{完税价格+关税税额+报复性关税税额}}{\text{1-进口环节消费税税率}}$

$=\frac{135122+108097.6+135122}{1-8\%}$

=411240.87（元）（计税价格采用四舍五入法计算至分）

应纳进口环节消费税税额=进口环节消费税组成计税价格×进口环节消费税税率

=411240.87× 8%

=32899.27（元）（税额采用四舍五入法计算至分）

④进口环节增值税组成计税价格=完税价格+关税税额+报复性关税税额+进口环节消费税税额

=135122+108097.6+135122+32899.27

=411240.87（元）

应纳进口环节增值税税额=进口环节增值税组成计税价格×进口环节增值税税率

=411240.87×17%

=69910.95（元）（税额采用四舍五入法计算至分）

因此该轿车在征收报复性关税情况下，在进口环节应纳关税、报复性关税、消费税、增值税总额为：108097.6+135122+32899.27+69910.95=346029.82元人民币。

本章小结

进出口货物关税税率可以从3个角度来理解：进出口货物适用哪种或哪几种关税税率，同时适用多种税率时如何选择执行的税率，不同时间进出境的货物适用何时的税率。一般情况下，税率确定之后，才能确定计征汇率折算外币。进出口货物不同的关税计征标准对应不同的计算公式。某些计征标准特殊，如滑准税，计算过程十分复杂。附加关税都是从价计算，是在正税基础上另外加征的关税。

练习与思考

1. 目前我国进出口关税设置了哪些税率？

2. 我国进口关税最惠国税率适用哪些货物？

3. 目前我国进口关税协定税率适用哪些货物？具体包括哪些协定税率？

4. 我国规定的进口附加关税包括哪几种情形？

5. 对于同时适用多种税率的进出口货物，应选择哪种税率计征关税？

6. 我国进出口货物应适用什么时间的税率？

7. 浙江某进出口公司从孟加拉国进口一批原产于孟加拉国的全粒面未剖层蓝湿牛皮，向宁波口岸北仑海关申报，税号为 4104. 1111。该货物申报时随附符合规定的优惠原产地证书和直接运输条件的证明。查《进出口税则》，当年该货物的普通税率为 17%，最惠国税率为 7%，《亚太贸易协定》项下协定税率为 3. 5%，《亚太贸易协定》项下特惠税率为 1. 4%，同时当年该货物的暂定税率为 3%。请问如何确定该批进口货物最终适用的税率？

8. 2008 年 4 月 2 日，上海某公司从美国进口一批美国产开心果（税则号列为 0802. 5000），以 CIF 上海 10000 美元的价格成交。装载该货物的船舶于 2008 年 5 月 26 日停靠上海吴淞口岸，并于次日向海关申报运输工具进境。货主于 2008 年 5 月 31 日向海关申报，因申报材料不齐全，海关未接受申报。6 月 2 日，货主将各种申报材料准备齐全后向海关再次申报，当日吴淞海关接受申报。2008 年《进出口税则》中规定，税则号列为 0802. 5000 的货物，普通税率为 70%，最惠国税率为 10%。根据《国务院关税税则委员会关于调整部分商品进口暂定税率的通知》（税委会〔2008〕21 号）、海关总署公告 2008 年第 42 号，自 2008 年 6 月 1 日至 12 月 31 日，税则号列为 0802. 5000 的货物，暂定税率为 5%。请问如何确定该批进口货物适用的税率？

9. 上海某进出口贸易公司从香港购进日本产的彩色胶卷 50000 卷，该胶卷宽度为 35 毫米、长度为 1. 65 米（0. 05775 平方米/卷）。成交价格为 FOB 香港 10 港元/卷，从香港至上海的运费为 10000 港元，保险费为 1000 港元。当年该胶卷税则号列为 3702. 5410，普通税率为 433 元/平方米，最惠国税率为 18 元/平方米，香港 CEPA 税率为 0。其适用的计征汇率为 1 港元=0. 7903 元人民币。计算该批进口货物的完税价格及应纳关税税额。

10. 辽宁省某公司出口一批精炼铜线锭至韩国，以 FOB 大连 50000 美元的价格成交。已知该货物从大连至韩国釜山的运费为 5000 美元，保险费为 1000 美元。该货物税则号列为 7403. 1200，出口税率为 30%，该年暂定出口税率为 10%。该批货物适用的计征汇率为 1 美元=6. 7 元人民币。计算该批出口货物的完税价格及应纳关税税额。

11. 2010 年 9 月，某公司从德国进口一批原产于法国的化妆品（税则号列为

3304.3000)，以 CFR 上海 8000 欧元的价格成交。货物从德国汉堡运抵上海的运费为 1500 欧元，保险费为 500 欧元。发票表明，另外支付买方佣金 100 欧元，货物包装费用 150 欧元。经查 2010 年《进出口税则》，税则号列为 3304.3000 的货物，普通税率为 150%，最惠国税率为 15%，2010 年暂定税率为 10%。假定其适用的计征汇率为 1 欧元=8.8 元人民币。计算该批进口货物的应纳关税税额。

12. 2010 年 10 月，某进出口公司进口一批原产于美国泰森食品有限公司（Tyson Foods，Inc）的白羽肉鸡产品，以 FOB 旧金山 20000 美元的价格成交，净重为 20 吨。此外旧金山至上海的运保费合计为 5000 美元。该货物的税则号列为 0207.1200，其适用的普通税率为 5.6 元/千克，最惠国税率为 1.3 元/千克。假设该批货物适用的计征汇率为 1 美元=6.7 元人民币。此外，当年该货物适用的进口环节增值税税率为 13%①（该产品不属于我国消费税征收范围）。

根据商务部 2010 年第 51 号公告，国务院关税税则委员会根据商务部的建议作出决定，自 2010 年 9 月 27 日起，对原产于美国的进口白羽肉鸡产品征收反倾销税。实施期限自 2010 年 9 月 27 日起 5 年。此外，根据商务部 2010 年第 52 号公告，国务院关税税则委员会根据商务部的建议作出决定，自 2010 年 8 月 30 日起，对原产于美国的进口白羽肉鸡产品征收反补贴税。实施期限自 2010 年 8 月 30 日起 5 年。

表 6-6 和表 6-7 分别为部分美国公司生产的白羽肉鸡产品反倾销税税率表和反补贴税税率表。计算该批进口货物应纳关税正税税额、反倾销税税额、反补贴税税额及进口环节代征税税额。

表 6-6　部分美国公司生产的白羽肉鸡产品反倾销税税率表

原产国	厂商名称	反倾销税税率
美国	美国皮尔格林公司 Pilgrim's Pride Corporation	53.4%
	泰森食品有限公司 Tyson Foods，Inc	50.3%
	桑德森农场公司 Sanderson Farms，Inc	51.8%
	……	
	其他美国公司 All Others	105.4%

① 2019 年 4 月 1 日起，该货物增值税税率调整为 9%。

表 6-7　部分美国公司生产的白羽肉鸡产品反补贴税税率表

原产国	厂商名称	反补贴税税率
美国	美国皮尔格林公司 Pilgrim's Pride Corporation	5.1%
	泰森食品有限公司 Tyson Foods, Inc	12.5%
	桑德森农场公司 Sanderson Farms, Inc	7.4%
	楔石食品有限责任公司 Keystone Foods LLC	4.0%
	……	
	其他美国公司 All Others	30.3%

参考文献

1. 岑维廉，钟昌元，王华．关税理论与中国关税制度，第 2 版．上海：格致出版社，上海人民出版社，2010.

2. 高融昆．海关税收征管．北京：中国海关出版社，2010.

3. 何晓兵．中国关税实务，第 4 版．北京：中国商务出版社，2015.

4. 海关总署关税征管司．中华人民共和国进出口税则（2022）．北京：中国海关出版社有限公司，2022.

5. Agreement on Implementation of Article VI of the General Agreement on Tariffs and Trade 1994.

6. Agreement on Subsidies and Counter-vailing Measures, WTO.

7. Agreement on Safeguards, WTO.

本章内容主要涉及的法律文件索引

1.《中华人民共和国海关法》（1987 年 1 月 22 日第六届全国人民代表大会常务委员会第十九次会议通过，自 1987 年 7 月 1 日起施行。全国人民代表大会常务委员会先后于 2000 年 7 月 8 日、2013 年 6 月 29 日、2013 年 12 月 28 日、2016 年 11 月 7 日、2017 年 11 月 4 日、2021 年 4 月 29 日修正）

2.《中华人民共和国进出口关税条例》（2003 年 11 月 23 日国务院令第 392 号公布，自 2004 年 1 月 1 日起施行。国务院先后于 2011 年 1 月 8 日、2013 年 12 月 7 日、2016 年 2 月 6 日、2017 年 3 月 1 日修订）

3.《中华人民共和国进出口税则（2022）》（2021 年 12 月 30 日税委会公告〔2021〕10 号公布，自 2022 年 1 月 1 日起施行）

4.《中华人民共和国反倾销条例》（2001 年 11 月 26 日国务院令第 328 号公布，自 2002 年 1 月 1 日起施行）

5.《国务院关于修改〈中华人民共和国反倾销条例〉的决定》（2004 年 3 月 31 日国务院令第 401 号公布，自 2004 年 6 月 1 日起施行）

6.《中华人民共和国反补贴条例》（2001 年 11 月 26 日国务院令第 329 号公布，自 2002 年 1 月 1 日起施行）

7.《国务院关于修改〈中华人民共和国反补贴条例〉的决定》（2004 年 3 月 31 日国务院令第 402 号公布，自 2004 年 6 月 1 日起施行）

8.《中华人民共和国保障措施条例》（2001 年 11 月 26 日国务院令第 330 号公布，自 2002 年 1 月 1 日起施行）

9.《国务院关于修改〈中华人民共和国保障措施条例〉的决定》（2004 年 3 月 31 日国务院令第 403 号公布，自 2004 年 6 月 1 日起施行）

10.《中华人民共和国增值税暂行条例》（1993 年 12 月 13 日国务院令第 134 号公布，国务院先后于 2008 年 11 月 5 日、2016 年 2 月 6 日、2017 年 11 月 19 日修订）

11.《中华人民共和国消费税暂行条例》（1993 年 12 月 13 日国务院令第 135 号公布，2008 年 11 月 5 日国务院第 34 次常务会议修订，修订后自 2009 年 1 月 1 日起施行）

12.《中华人民共和国海关审定进出口货物完税价格办法》（2013 年 12 月 25 日海关总署令第 213 号公布，自 2014 年 2 月 1 日起施行）

13.《中华人民共和国海关进出口货物征税管理办法》（2005 年 1 月 4 日海关总署令第 124 号公布，自 2005 年 3 月 1 日起施行。根据海关总署令第 198 号、218 号、235 号、240 号修改）

14.《海关总署关于进出口环节税费计征所适用汇率确定办法调整的公告》（2005 年 10 月 31 日海关总署公告 2005 年第 53 号公布，自 2005 年 11 月 1 日起施行）

第七章 进境物品进口税及跨境电商零售进口税收

本章概要

习近平总书记在党的十九大报告中明确指出，中国特色社会主义进入新时代，我国社会主要矛盾已经转化为人民日益增长的美好生活需要和不平衡不充分的发展之间的矛盾。① 2019 年进一步指出，为满足人民日益增长的物质文化生活需要，增加消费者选择和福利，我们将进一步降低关税水平，消除各种非关税壁垒，不断开大中国市场大门。② 改革开放以来，进出境人员不断扩大，进出境个人物品日益增多，进境物品进口税税率总体上不断下降，增加了消费者的选择，降低了消费者的税收成本，人民群众有了更多获得感。

进境物品进口税是一种简化的特殊形式的海关税收，它是进境物品关税与增值税、消费税的合并。其课税对象是准许进境的合理数量范围内的旅客行李物品、个人寄递物品和其他个人自用物品。进境物品进口税的税率设置、物品归类原则和完税价格的确定方法都不同于进出口货物关税的规定。本章第一节介绍进境物品进口税的概念、特征及发展历史，以及海南离岛旅客免税购物政策基本内容，第二节重点介绍进境物品进口税的课税对象、税率、完税价格等基本的制度要素，第三节介绍进境物品进口税的管理规定。由于跨境电商零售进口商品目前仍按个人自用物品监管，却按货物分别征收进口关税和进口环节税，并享受优惠政策，有其独特之处，因此本章第四节介绍跨境电商零售进口税收的有关规定。

学习目标

当完成本章的学习后，要求：

1. 理解进境物品进口税的概念及特征。
2. 熟悉海南离岛旅客免税购物政策基本内容。
3. 掌握进境物品进口税的征税对象、纳税义务人、限量、税率、归类原则、完税价格等征税要素。
4. 掌握进境物品进口税的计算方法。
5. 理解进境物品通关程序、纳税规定和纳税争议的解决方式。
6. 熟悉跨境电商零售进口税收政策的基本内容。

---

① 习近平 2017 年 10 月 18 日在中国共产党第十九次全国代表大会的报告《决胜全面建成小康社会 夺取新时代中国特色社会主义伟大胜利》。

② 习近平 2019 年 4 月 26 日在第二届“一带一路”国际合作高峰论坛开幕式上的主旨演讲。

第一节 进境物品进口税概述

一、概念及特征

进境物品进口税，是指海关对进境物品征收的关税，以及进口环节海关代征的增值税、消费税的合称，又称为入境旅客行李物品和个人邮递物品进口税，简称行邮税，它是一种特殊形式的简化税。我国《关税条例》规定，进境物品的关税以及进口环节海关代征税合并为进口税，由海关依法征收(《关税条例》第五十六条)。

进境物品进口税中所称的物品，是指以自用合理数量为限的个人携带进境的行李物品、寄递进境的个人物品（含邮递、快件）和其他物品（例如托带物品、运输工具服务人员自用物品等)。目前，我国对入境旅客准许携带的物品和个人寄递物品仅限于自用和合理数量。所谓的自用，指的是旅客或者收件人本人自用、馈赠亲友而非为出售或出租，即不以谋利为目的；而合理数量指的是海关根据旅客或者收件人的情况、旅行目的和居留时间所规定的正常数量，即物品的数量或价值有限，对某些类别的进境物品，或某些渠道进境的物品，有明确的数量或金额限制，对于没有明确数量或金额限制的物品，“合理数量”通常是指海关根据旅客或收件人具体情况所确定的正常自用数量。这里所称的旅客，是指进出境的居民或非居民，其中“居民”是指出境居留后仍回到境内其通常定居地的自然人，“非居民”是指进境居留后仍回到境外其通常定居地的自然人。

进境物品的重要特征是具有非贸易的性质。非贸易性物品具有数量零星、品种繁杂、涉及面广、政策性强等特点。通过对进境物品征税，既能有效地发挥进口税的杠杆作用，正确体现国家一系列内外政策，又能为国家建设积累一定资金。

二、进境物品进口税的发展

1949 年中华人民共和国成立后，至 1961 年以前，海关对个人自用物品按照《中华人民共和国海关进出口税则》征收进口关税和其他税收。

1961 年 1 月，经国务院批准，对外贸易部针对个人自用物品征收进口税制定了专门的办法，自同年 2 月起施行。该办法规定了 21 个税号，税率分 13 个税级，税率最低 12%，最高 400%。1978 年 6 月，对该办法进行了修订，并于 8 月起施行，税号简化为 13 个，税级简化为 5 个。1991 年 3 月，对该办法再次修订，自 4 月 1 日起实施，税号则进一步简化为 6 个。

1994 年 5 月 27 日，根据国务院令第 134 号、135 号精神，国务院关税税则委员会第六次会议审议通过了《中华人民共和国海关关于入境旅客行李物品和个人邮递物品征收进口税办法》，并于 1994 年 7 月 1 日起实施。该办法所称的应税个人自用物品，不包括汽车、摩托车及其配件和附件。对进口应税个人自用汽车、摩托车及其配件和附件，应按进出口税则和其他有关税法、规定征税。该办法还规定“入境旅客行李物品和个人邮递物品进口税税率表”中税率的调整由国务院关税税则委员会审定后，海关总署对外公布实施。海关总署依据税率表制定“入境旅客行李物品和个人邮递物品税则归类表”。

1996年7月，海关总署发布国务院关税税则委员会报经国务院批准修订的“入境旅客行李物品和个人邮递物品征收进口税税率表”，以及海关总署据此修订的“入境旅客行李物品和个人邮递物品进口税税则归类表”和“入境旅客行李物品和个人邮递物品完税价格表”，自当年8月1日起实施。进口税税率调整为4个税级（即10%、30%、80%、100%），税号简化为5个。

2000年11月，进一步调整了进境物品进口税的税率，4个税级分别为10%、30%、50%、70%。

2001年12月，海关总署发布公告，经国务院关税税则委员会审议通过，进境物品进口税税率调整为3个税号、3个税级，税率分别为10%、20%和50%，自2002年1月1日起施行。此后海关总署重新修订了“入境旅客行李物品和个人邮递物品进口税税则归类表”和“入境旅客行李物品和个人邮递物品完税价格表”，自2002年3月1日起施行。

2003年发布、2004年1月1日起施行的《关税条例》规定，由国务院制定《进出口税则》和“进境物品进口税税率表”，作为该条例的组成部分。国务院关税税则委员会负责《进出口税则》和“进境物品进口税税率表”的税目、税则号列和税率的调整和解释，报国务院批准后执行。海关应当按照“进境物品进口税税率表”及海关总署制定的“中华人民共和国进境物品归类表”（以下简称“进境物品归类表”）、“中华人民共和国进境物品完税价格表”（以下简称“进境物品完税价格表”）对进境物品进行归类、确定完税价格和确定适用税率（《关税条例》第六十一条）。该条例明确了进境物品进口税的管理和相关部门的职权范围。

2006年经国务院批准，国务院关税税则委员会对“进境物品进口税税率表”又一次调整，设置了4个税号、4个税级，税率分别为10%、20%、30%和50%，自2007年1月1日起实施。2007年6月，海关总署发布了重新修订的“入境旅客行李物品和个人邮递物品进口税税则归类表”及“入境旅客行李物品和个人邮递物品完税价格表”，自2007年8月1日起执行。

2011年1月，经国务院批准，国务院关税税则委员会再次对进境物品进口税税目、税率进行调整，将原归入税号2的计算机、视频摄录一体机等信息技术产品和照相机归入税号1中，税率相应从20%降到10%；将原归入税号2中的“摄像机”更名为“电视摄像机”，但税率维持不变。

2012年3月，海关总署重新修订的“进境物品归类表”及“进境物品完税价格表”，自2012年4月15日起执行。

2016年3月，为完善进境物品进口税收政策，经国务院批准，国务院关税税则委员会对进境物品进口税税目、税率进行了调整。调整后共设置了3个税号、3个税级，税率分别为15%、30%和60%，自2016年4月8日起实施。

2016年4月，海关总署发布公告，对“进境物品归类表”和“进境物品完税价格表”进行了调整，调整后的内容自2016年4月8日起执行。

为了引导合理消费，经国务院批准，化妆品消费税政策进行了调整，2016年9月，国务院关税税则委员会决定将“进境物品进口税率表”中税目3中“化妆品”的名称调整为“高档化妆品”，征税商品范围与征收消费税的高档化妆品的商品范围一致。该调整自2016年10月1日起执行。

2018年9月，经国务院批准，国务院关税税则委员会决定对进境物品进口税税目税率进行调整。将药品列入进境物品进口税税目1，适用15%的税率。其中对按国家规定减按3%征收进口环节增值税的进口抗癌药品，按货物税率征税。将进境物品进口税税目2、3的税率分别调整为25%、50%。调整后的内容自2018年11月1日起实施。

2019年4月8日，经国务院批准，国务院关税税则委员会对进境物品进口税进行了调整。将进境物品进口税税目1、2的税率分别调降为13%、20%。将税目1“药品”注释修改为“对国家规定减按3%征收进口环节增值税的进口药品，按照货物税率征税”。调整后的内容自2019年4月9日起实施。同日，海关总署发布2019年第63号公告，修订了“进境物品归类表”及“进境物品完税价格表”，自2019年4月9日起执行。

从上述进境物品进口税的发展历史可以看出，经过多次调整，海关计征进境物品进口税的手续得以不断简化，税负逐步下降，进境物品进口税的法律法规越来越规范，从而大大方便了入境旅客及寄递物品收件人进境物品，也有利于海关对行邮物品的监管。

三、海南离岛旅客免税购物政策

海南离岛旅客免税购物政策，是指对乘飞机、火车、轮船离岛（不包括离境）旅客实行限值、限量和限品种免进口税购物，在实施离岛免税政策的免税商店内或经批准的网上销售窗口付款，在机场、火车站、港口码头指定区域提货离岛，或者使用邮寄送达（仅限岛外地址）、返岛提取（仅限岛内居民）方式提货的税收优惠政策。

自2011年4月20日起，我国开展海南离岛旅客免税购物政策试点。先后经过多次政策调整，适用对象范围已覆盖了乘飞机、火车、轮船三种离岛交通方式的所有离岛满16周岁的旅客。

离岛免税政策免税税种为关税、进口环节增值税和消费税。适用对象为年满16周岁，已购买离岛机票、火车票、船票，并持有效身份证件（国内旅客持居民身份证、港澳台旅客持旅行证件、国外旅客持护照），离开海南本岛但不离境的国内外旅客，包括海南省居民。限购额度为：离岛旅客每年每人免税购物额度10万元人民币，不限次数。免税商品种类及每次购买数量限制，按照公告附件执行。超出免税限额、限量的部分，照章征收进境物品进口税。

离岛旅客在海南的市内离岛免税商店或网上销售窗口购买的，应当在实际离岛时至提货点提取所购免税品；离岛旅客在隔离区离岛免税商店购买的，购买后即可提取所购免税品；此外，离岛旅客还可选择邮寄送达方式提货，具有岛内居民身份的离岛旅客可选择返岛提取方式提货。

已经购买的离岛免税商品属于消费者个人使用的最终商品，不得进入国内市场再次销售。违规倒卖、代购、走私免税商品的个人，将依法依规纳入信用记录管理，三年内不得享受离岛免税政策；构成走私行为或者违反海关监管规定行为的，由海关依照《海关法》和《海关行政处罚实施条例》的有关规定予以处理；构成犯罪的，依法追究刑事责任。

第二节　进境物品进口税制度要素

一、课税对象

根据规定，进境物品进口税的征税对象包括以下准许进口的物品：

第一，准许进境的旅客行李物品。进境旅客行李物品应以自用合理数量为限，超出自用合理数量范围的，应当按照进口货物依法办理相关手续。

第二，准许进境的个人寄递物品，包括邮递个人物品和快件个人物品。

第三，准许进境的其他个人自用物品。例如运输工具服务人员携带进口的应税自用物品等。

上述3类进境物品简称“应税个人自用物品”。但是上述“应税个人自用物品”，不包括汽车、摩托车及其配件和附件。对进口应税个人自用汽车、摩托车及其配件和附件，应按《进出口税则》和其他有关税法、规定征税，即进口的汽车、摩托车及其配件和附件不列入个人进口物品之中，而列入进口货物范围分别征收关税、增值税和消费税。这是国家根据产业政策和进出口货物、物品监管的实际情况决定的。

进境物品的管理可分为禁止进境、限制进境以及自由进境3种。对于禁止进境的物品，不存在征收进境物品进口税的问题，因此不可能成为进境物品进口税的课税对象。只有限制进境和自由进境的物品才能成为进境物品进口税的课税对象，当然对于限制进境的物品，必须提交有关的许可证件才准许进境。

我国规定，禁止进境的物品包括：各种武器、仿真武器、弹药及爆炸物品，伪造的货币及伪造的有价证券，对中国政治、经济、文化、道德有害的印刷品、胶卷、照片、唱片、影片、录音带、录像带、激光视盘、计算机存储介质及其他物品，各种烈性毒药，鸦片、吗啡、海洛因、大麻及其他能使人成瘾的麻醉品、精神药物，带有危险性病菌、害虫及其他有害生物的动物、植物及其产品，有碍人畜健康的、来自疫区的及其他能传播疾病的食品、药品或其他物品。

限制进境的物品有：无线电收发信机、通信保密机，烟、酒，濒危的和珍贵的动物、植物（均含标本）及其种子和繁殖材料，国家货币，海关限制进境的其他物品。

二、纳税义务人

我国规定，进境物品的纳税义务人是指，携带物品进境的入境人员、进境邮递物品的收件人以及以其他方式进口物品的收件人（《关税条例》第五十八条）。

也就是说，携有应税个人自用物品的入境旅客及运输工具服务人员，进口邮递物品的收件人，以及以其他方式进口应税个人自用物品的收件人，是进境物品进口税的纳税义务人。

进境物品的纳税义务人可以自行办理纳税手续，也可以委托他人办理纳税手续。接受委托办理纳税手续的代理人，应当遵守法律法规对纳税义务人的各项规定。

三、进境物品的限量管理

目前我国关于进境物品进口税的征收有如下规定：海关总署规定数额以内的个人自用进境物品，免征进口税。超过海关总署规定数额但仍在合理数量以内的个人自用进境物品，由进境物品的纳税义务人在进境物品放行前按照规定缴纳进口税。超过合理、自用数量的进境物品应当按照进口货物依法办理相关手续。国务院关税税则委员会规定按货物征税的进境物品，按照进口货物的规定征收关税（《关税条例》第五十七条）。对于进口货物，不仅需要依法征收进口关税，而且还需要依法征收进口环节增值税和消费税。

目前，我国海关对进出境旅客和进出境物品实行分类管理。

（一）进境旅客行李物品

进出境旅客行李物品是指旅客为其进出境旅行或者居留需要携运进出境的物品。旅客携带的进出境行李物品，包括旅途必需物品、旅行自用物品、安家物品，旅客携带行李物品以自用、合理数量为限。

旅途必需物品，是指旅客在本次旅途中直接需用的生活用品。旅行自用物品，是指本次旅行途中海关准予旅客随身携带的暂时免税进境或者复带进境的，在境内外使用的自用物品，包括照相机、便携式收录音机、小型摄影机、手提式摄录机、手提式文字处理机和经海关审核批准的其他物品。安家物品，是指定居旅客或长期旅客携运进出境的本人或家庭在境内外居留期间所需用的日常生活用品。

旅客携运下列物品，海关不予放行，予以退运或由旅客存入海关指定的仓库：不属自用的，超出合理数量范围的，超出海关规定的物品品种、规格、限量、限值的，未办理海关手续的，未按章缴税的，根据规定不能放行的其他物品。

1. 中国籍旅客进境物品的限量

根据海关总署的规定，中国籍旅客携带进境的物品分为3类，其限量不完全一样，具体情况见表7-1。

表7-1　中国籍旅客带进物品限量表①

类别	品种	限量
第一类物品	衣料、衣着、鞋、帽、工艺美术品和价值人民币1000元以下（含1000元）的其他生活用品	自用合理数量范围内免税，其中价值人民币800元以上，1000元以下的物品每种限一件。

① 《中华人民共和国海关对中国籍旅客进出境行李物品的管理规定》（1996年8月10日海关总署令第58号公布，自1996年8月15日起实施。2010年11月26日海关总署令第198号、2017年12月20日海关总署令第235号修改。）

续表7-1

类别	品种	限量
第二类物品	烟草制品、酒精饮料	①香港、澳门居民及因私往来香港、澳门的内地居民，免税香烟200支，或雪茄50支，或烟丝250克；免税12度以上酒精饮料限1瓶（0.75升以下）； ②其他旅客，免税香烟400支，或雪茄100支，或烟丝500克；免税12度以上酒精饮料限2瓶（1.5升以下）。
第三类物品	价值人民币1000元以上，5000元以下（含5000元）的生活用品	①驻境外的外交机构人员、我出国留学人员，访问学者、赴外劳务人员和援外人员，连续在外每满180天（其中留学人员和访问学者物品验放时间从注册入学之日起算至毕业结业之日止），远洋船员在外每满120天任选其中1件免税； ②其他旅客每公历年度内进境可任选其中1件征税。

注：1. 本表所称进境物品价值以海关审定的完税价格为准；

2. 超出本表所列最高限值的物品，另按有关规定办理；

3. 根据规定可免税带进的第三类物品，同一品种物品公历年度内不得重复；

4. 对不满16周岁者，海关只放行其旅途需用的第一类物品；

5. 本表不适用于短期内多次来往香港、澳门旅客和经常进出境人员，以及边境地区居民。

中国籍旅客是指持中华人民共和国护照等有效旅行证件进出境的旅客，包括中国籍居民旅客和中国籍非居民旅客。中国籍居民旅客包括公派出国（境）工作、考察、访问、学习和因私出国（境）探亲、访友、旅游、经商、学习等中国籍居民旅客。中国籍非居民旅客包括港澳同胞、台湾同胞、华侨等中国籍非居民旅客。

根据规定，除保留免税待遇的中国籍旅客以外，其他各类中国籍旅客进境物品，按海关统一规定验放。

对于中国籍旅客携带进境的行李物品，海关按规定的征税或免税物品品种、数量验放。

对于中国籍旅客携带进境物品，超过规定免税限量或限值但仍属自用的，经海关核准后征税放行。

旅客如果以分离运输方式运进行李物品，应当在进境时向海关申报。经海关核准后，自旅客进境之日起6个月内（含6个月）运进，分离运输行李与携带进境的物品合并计算验放。

保留免税待遇规定的中国籍旅客范围包括：中国驻境外的外交机构人员、留学人员、访问学者、赴外劳务人员、援外人员和远洋船员。我国海关规定，对于中国驻境外的外交机构人员、留学人员、访问学者、劳务人员、援外人员在外每满180天，远洋船员每满120天，准予免税携带进境“中国籍旅客免税物品限量表”第三类物品中的一件。超过免税限量但仍属自用的，经海关核准可予征税放行。征税限量与免税限量相同。留学人员、访问学者在符合海关有关购买免税汽车规定下，可在本人免税限量内购买免税国产小汽车1辆。中国驻境外的外交机构人员（简称驻外馆员）按照有关规定，可免征关税携带进境自用汽车。

此外，根据规定，进境居民旅客携带在境外获取的个人自用进境物品，总值在5000

元人民币以内（含5000元）的，海关予以免税放行，单一品种限自用、合理数量，但烟草制品、酒精制品等另按有关规定办理。进境居民旅客携带超出5000元人民币的个人自用进境物品，经海关审核确属自用的，海关仅对超出部分的个人自用进境物品征税，对不可分割的单件物品，全额征税。①

另外，根据规定，对于尚未办理海关进境手续的居民旅客，在维持进境物品5000元人民币免税限额不变基础上，允许其在口岸进境免税店增加一定数量的免税购物额，连同境外免税购物额总计不超过8000元人民币。②

2. 非居民长期旅客进境物品的征免税规定

非居民长期旅客是指经公安部门批准进境并在境内连续居留1年及以上，期满后仍回境外定居地的外国公民、港澳台地区人员和华侨。

根据规定，非居民长期旅客取得境内长期居留证件后方可申报进境自用物品。首次申报进境的自用物品予以免税（但准予进境的机动车辆除外），再次申报进境的自用物品予以征税。应当征税的非居民长期旅客进境自用物品，按照《关税条例》的有关规定征收税款。根据政府间协定免税进境的非居民长期旅客自用物品，海关依法免征税款。

上述所称的自用物品，是指非居民长期旅客在境内居留期间日常生活所必需的“非居民长期旅客进境自用物品目录”范围内物品及机动车辆。机动车辆是指摩托车、小轿车、越野车、9座及以下的小客车。

此外，根据规定，非居民旅客携带拟留在中国境内的个人自用进境物品，总值在2000元人民币以内（含2000元）的，海关予以免税放行，单一品种限自用、合理数量，但烟草制品、酒精制品等另按有关规定办理。进境非居民旅客携带拟留在中国境内的个人自用进境物品，超出人民币2000元的，海关仅对超出部分的个人自用进境物品征税，对不可分割的单件物品，全额征税。

（二）进出境寄递物品

个人寄递物品包括个人邮递物品和个人物品类快件。个人邮递物品包括包裹、小包邮件和印刷品。个人物品类快件是指自用、合理数量范围内的进出境旅客分离运输行李物品、亲友间相互馈赠物品和其他个人物品。

个人邮寄进出境的物品，应当以自用、合理数量为限，并不得超过一定限值。海关对个人邮递进出境物品的限值规定为：个人寄自或寄往港、澳、台地区的物品，每次限值为800元人民币；寄自或寄往其他国家和地区的物品，每次限值为1000元人民币。个人邮寄进出境物品超出规定限值的，应办理退运手续或者按照货物规定办理通关手续。但邮包内仅有一件物品且不可分割的，虽超出规定限值，经海关审核确属个人自用的，可以按照个人物品规定办理通关手续。邮运进出口的商业性邮件，应按照货物规定办理通关手续。对

① 《海关总署关于进境旅客所携行李物品验放标准有关事宜的公告》，2010年8月19日海关总署公告2010年第54号发布。

② 《关于口岸进境免税店政策的公告》，2016年2月18日财政部、商务部、海关总署、国家税务总局、国家旅游局公告2016年第19号发布，自2016年2月18日起执行。

于个人邮寄进境物品，海关依法征收进口税，但应征进口税税额在人民币 50 元（含 50 元）以下的，海关予以免征。[①] 个人物品类快件的税收征管等事项参照邮递物品相关规定执行。

（三）携带进出境的印刷品及音像制品

印刷品，是指通过将图像或者文字原稿制为印版，在纸张或者其他常用材料上翻印的内容相同的复制品，包括进出境摄影底片、纸型、绘画、剪贴、手稿、手抄本、复印件及其他含有文字、图像、符号等内容的物品。音像制品，是指载有内容的唱片、录音带、录像带、激光视盘、激光唱盘等，包括进出境载有图文声像信息的磁、光、电存储介质的物品。

对于贸易性进出境的印刷品，按照对贸易性货物的监管规定实施监管。而对于非贸易性进出境的印刷品，如果无禁止进境的内容，则在规定数量范围内免税或按进境物品征税放行进境，超出规定免税或按进境物品进口税征税数量范围的，予以退运或按货物报关。

对于超出《中华人民共和国海关进出境印刷品及音像制品监管办法》第七条规定的数量，但是仍在合理数量以内的个人自用进境印刷品及音像制品，不属于《中华人民共和国海关进出境印刷品及音像制品监管办法》第九条规定情形的，海关应当按照《关税条例》有关进境物品进口税的征收规定，对超出规定数量的部分按进境物品予以征税放行。

我国规定，载有下列内容之一的印刷品或音像制品，禁止进境：反对《宪法》确定的基本原则的；危害国家统一、主权和领土完整的；危害国家安全或者损害国家荣誉和利益的；攻击中国共产党，诋毁中华人民共和国政府的；煽动民族仇恨、民族歧视，破坏民族团结，或者侵害民族风俗、习惯的；宣扬邪教、迷信的；扰乱社会秩序，破坏社会稳定的；宣扬淫秽、赌博、暴力或者教唆犯罪的；侮辱或者诽谤他人，侵犯他人合法权益的；危害社会公德或者民族优秀文化传统的；国家主管部门认定禁止进境的；法律、行政法规和国家规定禁止的其他内容。

载有下列内容之一的印刷品或音像制品，禁止出境：有禁止进境的印刷品、音像制品所列内容的，涉及国家秘密的，国家主管部门认定禁止出境的。

《中华人民共和国海关进出境印刷品及音像制品监管办法》第七条规定，对于个人自用进境印刷品及音像制品在下列规定数量以内的，海关予以免税验放：单行本发行的图书、报纸、期刊类出版物，每人每次 10 册（份）以下；单碟（盘）发行的音像制品，每人每次 20 盘以下；成套发行的图书类出版物，每人每次 3 套以下；成套发行的音像制品，每人每次 3 套以下。这里的“以下”，包括本数在内。

《中华人民共和国海关进出境印刷品及音像制品监管办法》第九条规定，对于有下列情形之一的，海关对全部进境印刷品及音像制品按照进口货物依法办理相关手续：个人携带、邮寄单行本发行的图书、报纸、期刊类出版物进境，每人每次超过 50 册（份）的；个人携带、邮寄单碟（盘）发行的音像制品进境，每人每次超过 100 盘的；个人携带、邮

---

① 《海关总署关于调整进出境个人邮递物品管理措施有关事宜的公告》，2010 年 7 月 2 日海关总署公告 2010 年第 43 号发布，自 2010 年 9 月 1 日起施行。

寄成套发行的图书类出版物进境，每人每次超过10套的；个人携带、邮寄成套发行的音像制品进境，每人每次超过10套的；其他构成货物特征的。上述印刷品及音像制品也可以依法申请退运出境。

（四）其他进出境物品

根据规定，由主管部门认定的高层次留学人才和海外科技专家，回国定居或者来华工作连续1年以上（含1年，下同）的，以随身携带、分离运输、邮递、快递等方式进境科研、教学和自用物品，海关依据有关规定予以免税验放。上述人员可以依据有关规定申请从境外运进自用机动车辆1辆（限小轿车、越野车、9座及以下的小客车），海关依据有关规定予以免税验放。

免税的科研、教学物品包括：科学研究、科学试验和教学用的少量的小型检测、分析、测量、检查、计量、观测、发生信号的仪器、仪表及其附件，为科学研究和教学提供必要条件的少量的小型实验设备，各种载体形式的图书、报刊、讲稿、计算机软件，标本、模型，教学用幻灯片，实验用材料。

免税自用物品包括：首次进境的个人生活和工作自用的家用摄像机、照相机、便携式收录机、便携式激光唱机、便携式计算机每种1件，日常生活用品（衣物、床上用品、厨房用品等），其他自用物品。

四、进境物品进口税税率

《关税条例》明确规定，“进境物品进口税税率表”中的税目、税则号列和税率，由国务院制定，它是我国《关税条例》的组成部分（《关税条例》第三条）。同时规定，由国务院关税税则委员会负责“进境物品进口税税率表”的税目、税则号列和税率的调整和解释，报国务院批准后执行（《关税条例》第四条）。

进境物品进口税的税率经过多次修改，目前实施的是2019年4月9日开始生效的“进境物品进口税税率表”。该表列有3个税号，设置了3个税级，分别是13%、20%和50%。具体情况见表7-2。

表7-2 中华人民共和国进境物品进口税税率表

（税委会〔2019〕17号，自2019年4月9日起实施）

税号	物品名称	税率
1	书报、刊物、教育用影视资料；计算机、视频摄录一体机、数字照相机等信息技术产品；食品、饮料；金银；家具；玩具，游戏品、节目或其他娱乐用品；药品[注1]	13%
2	运动用品（不含高尔夫球及玩具）、钓鱼用品；纺织品及其制成品；电视摄像机及其他电器用具；自行车；税目1、3中未包含的其他商品	20%
3[注2]	烟、酒；贵重首饰及珠宝玉石；高尔夫球及球具；高档手表；高档化妆品	50%

注：1. 对国家规定减按3%征收进口环节增值税的药品，按照货物税率征税。

2. 税目3所列商品的具体范围与消费税征收范围一致。

五、进境物品归类原则

我国规定，由海关按照海关总署制定的“进境物品归类表”，对进境物品进行归类。

“进境物品归类表”经过海关总署多次修订，目前实施的是由海关总署于2019年4月修订并于4月9日起施行的“进境物品归类表”（海关总署公告2019年第63号）。

“进境物品归类表”将“进境物品进口税税率表”中的3个税号，按物品类别细分为27个8位数编码，并列出其适用范围和适用税率。

进境物品的归类应依次遵循以下原则：

第一，“进境物品归类表”已列名的物品，归入其列名类别；

第二，“进境物品归类表”未列名的物品，按其主要功能（或用途）归入相应类别；

第三，不能按照上述原则归入相应类别的物品，归入“其他物品”类别。

六、进境物品进口税的完税价格

我国《关税条例》规定，进境物品进口税从价计征，其计算公式为：进口税税额=完税价格×进口税税率。同时规定，由海关按照海关总署制定的“进境物品完税价格表”，确定进境物品的完税价格。

“进境物品完税价格表”经过海关总署多次修订，目前实施的是由海关总署于2019年4月修订并于4月9日起施行的“进境物品完税价格表”（海关总署公告2019年第63号）。

“进境物品完税价格表”在“进境物品归类表”税号的基础上，再细化为300多个8位数编码，并一一列出其品名及规格、计量单位、完税价格及适用的税率。

按规定，进境物品完税价格由海关依法遵循以下原则确定：

第一，“进境物品完税价格表”已列明完税价格的物品，按照“进境物品完税价格表”确定；

第二，“进境物品完税价格表”未列明完税价格的物品，按照相同物品相同来源地最近时间的主要市场零售价格确定其完税价格；

第三，实际购买价格是“进境物品完税价格表”列明完税价格的2倍及以上，或是“进境物品完税价格表”列明完税价格的1/2及以下的物品，进境物品所有人应向海关提供销售方依法开具的真实交易的购物发票或收据，并承担相关责任。海关可以根据物品所有人提供的上述相关凭证，依法确定应税物品完税价格。

同时规定，边疆地区民族特需商品的完税价格按照海关总署另行审定的完税价格表执行。

七、进境物品进口税的计算

《关税条例》规定，进境物品进口税的计算公式为：

进口税税额=完税价格×进口税税率

海关应当按照“进境物品进口税税率表”及海关总署制定的“进境物品归类表”“进

境物品完税价格表"，对进境物品进行归类、确定完税价格和确定适用税率。进境物品适用海关填发税款缴款书之日实施的税率和完税价格。

例 1 某中国籍旅客出境至古巴旅游，归国时购买了 180 支雪茄烟以馈赠亲友，发票列明该雪茄烟每支 2 美元，共计 360 美元。求该旅客携带入境时，应缴纳的进境物品进口税。（已知适用的海关计征汇率为 1 美元=6.6693 元人民币。"进境物品完税价格表"中列明雪茄烟的完税价格为 10 元/支，"进境物品进口税税率表"中列明雪茄烟的税率为 50%。）

计算过程如下：

（1）确定该旅客的免税数量和应税数量

根据"中国籍旅客带进物品限量表"规定，从香港、澳门以外地区入境的中国籍旅客可免税雪茄烟的数量为 100 支，超过的自用合理数量（180-100=80 支）应征收进境物品进口税。

（2）确定应税物品的完税价格

"进境物品完税价格表"中列明雪茄烟的完税价格为 10 元/支，而该雪茄烟的实际价格为 2×6.6693=13.3386 元人民币，由于该表所列完税价格与应税物品实际价格相差悬殊没有达到 2 倍（或 1/2）及以上程度，所以应税的物品完税价格=80×10=800 元。

（3）确定应税物品的适用税率

根据"进境物品进口税税率表"及"进境物品归类表""进境物品完税价格表"的规定，雪茄烟的进口税税率为 50%。

（4）按进境物品进口税计算公式计算应纳进口税

应纳进境物品进口税税额=完税价格×进口税税率
=800×50%
=400（元）

例 2 某人从法国巴黎邮寄一批个人自用化妆品（共计 5 支唇膏，价值 100 欧元），规格为：3.8 克/支，境内收件人领取该邮件时，应缴纳多少进境物品进口税？（已知适用的海关计征汇率为 1 欧元=7.8749 元人民币。"进境物品完税价格表"中列明唇膏的完税价格为 150 元/支，"进境物品进口税税率表"中列明高档化妆品的税率为 50%，其他化妆品列入税号 2，税率为 20%。）

计算过程如下：

（1）确定该邮寄进境物品是否超过限值

个人邮寄进境的物品，应当以自用、合理数量为限，并不得超过一定限值。海关对个人邮递进境物品的限值规定为：个人寄自或寄往港、澳、台地区的物品，每次限值为 800 元人民币；寄自或寄往其他国家和地区的物品，每次限值为 1000 元人民币。本题个人物品寄自法国，因此允许进境的限值为 1000 元。

该批化妆品的完税价格=5×150=750 元，未超出限值，因此应计算进境物品进口税。

（2）确定该邮寄物品的应税完税价格

该物品的应税完税价格=5×150=750 元。

（3）确定应税物品的适用税率

根据“进境物品进口税税率表”及“进境物品归类表”“进境物品完税价格表”的规定，高档化妆品的进口税税率为50%，其他化妆品的进口税税率为20%。根据规定，高档美容、修饰类化妆品和高档护肤类化妆品是指生产（进口）环节销售（完税）价格（不含增值税）在10元/毫升（克）或15元/片（张）及以上的美容、修饰类化妆品和护肤类化妆品，而本题中的化妆品完税价格超过了10元/克，属于高档化妆品，应适用50%的进口税税率。

（4）按进境物品进口税计算公式计算应纳进口税

应纳进境物品进口税税额＝完税价格×进口税税率

＝750×50%

＝375（元）

第三节　进境物品进口税的管理

一、通关规定

与进出境货物大致相同，进境物品的通关也需要经过以下几个环节。

（一）申报

进出境旅客携带行李物品进出境，必须通过设立海关的地点进境或者出境，并应向海关如实申报携带进出境的物品，海关凭以办理进出境物品查验、征免税和放行手续。海关监管作业场所设置“申报”通道（又称“红色通道”）和“无申报”通道（又称“绿色通道”），旅客携带需向海关申报的物品应选择“申报”通道通关，携带无须申报的物品，选择“无申报”通道通关。如果旅客不明海关规定或不知如何选择通道的，应选择“申报”通道，向海关办理申报手续。

进境旅客以分离运输方式运进行李物品，应当在进境时向海关申报。经海关核准后，自旅客进境之日起6个月内（含6个月）运进，分离运输行李与携带进境的物品合并计算验放。出境旅客以分离运输方式运出的行李物品，物品所有人在出境前向出境地海关申报，经海关核准后，办理托运手续。

对于进出境邮递物品，应当向海关如实申报所寄物品的品种、数量和价值等内容。可由境内收件人或寄件人通过掌上海关等线上渠道、到驻邮局的海关部门办理申报手续，也可委托邮局代办相关手续。

（二）查验

海关有权检查进出境旅客携带进出境的物品，核对进出境旅客申报是否属实，有无违禁物品，确定物品征、免税、扣留、退运或放行。查验方式主要包括非侵入式技术检查和开箱查验两种。查验进出境旅客行李物品的时间和场所由海关指定。海关查验行李物品时，物品所有人应当到场并负责搬移物品，开拆和重封物品的包装。海关认为必要时，可以单独进行查验。海关对进出境行李物品加施的封志，任何人不得擅自开启或者损毁。

个人邮递进出境的物品，应当由设有海关的邮局负责交海关查验。但是从设有海关的地方寄出的个人邮递物品，可以由寄件人向驻邮局的海关申报交验，办理出口手续。

（三）征税

准许进境物品，除法律、行政法规另有规定外，海关依照《关税条例》规定征收进境物品进口税。对于海关规定数额以内的个人自用进境物品，免征进口税；对于超过规定数额但仍在合理数量以内的个人自用进境物品，由进境物品的纳税义务人在进境物品放行前按照规定交纳进口税；对于超过合理、自用数量的进境物品应当按照进口货物依法办理纳税等相关手续。

（四）放行

海关复核进出境申报手续和征免税手续，对于准予进出境物品，放行后准允纳税义务人将物品提离海关监管现场。

二、纳税规定

进境物品进口税的纳税义务人可以自行办理纳税手续，也可以委托他人办理纳税手续。接受委托办理纳税手续的代理人，应当遵守对其委托人的各项规定。纳税义务人应当在海关放行应税个人自用物品之前缴纳税款。

我国《关税条例》第六十三条规定，进境物品进口税的减征、免征、补征、追征、退还以及对暂准进境物品征收进口税参照对货物征收进口关税的有关规定执行。

应税个人自用物品放行后，海关发现少征税款，应当自缴纳税款之日起 1 年内，向纳税义务人补征；海关发现漏征税款，应当自物品放行之日起 1 年内向纳税义务人补征。因纳税义务人违反规定而造成的少征或者漏征，海关应自缴纳税款之日或放行物品之日起 3 年之内向纳税义务人追征。对于海关发现或确认多征的税款，海关应当立即退还，纳税义务人也可自缴纳税款之日起 1 年内，要求海关退还。

三、纳税争议

《关税条例》第六十四条规定，纳税义务人、担保人对海关确定纳税义务人、确定完税价格、商品归类、确定原产地、适用税率或者汇率、减征或者免征税款、补税、退税、征收滞纳金、确定计征方式以及确定纳税地点有异议的，应当缴纳税款，并可以依法向上一级海关申请复议。对复议决定不服的，可以依法向人民法院提起诉讼。

因此，当进境物品进口税的纳税义务人同海关发生纳税争议时，应当按海关核定的税额在规定的纳税期限缴纳税款，并且可以在我国规定的复议期限内向上一级海关书面申请复议，逾期申请的，海关不予受理。海关应当在规定时间内作出复议决定，并通知纳税义务人。纳税义务人对复议决定仍然不服的，可以自接到海关通知之日起规定时间内，向人民法院起诉。

第四节　跨境电商零售进口税收

一、跨境电商零售进口税收政策

跨境电子商务（以下简称跨境电商），是指分属不同关境的交易主体，通过电子商务平台达成交易、进行支付结算，并通过跨境物流送达商品、完成交易的一种国际商业活动。

我国跨境电商业务发展迅速。为营造公平竞争的市场环境，促进跨境电商零售进口健康发展，经国务院批准，2016 年 3 月财政部、海关总署和国家税务总局联合下发通知，将跨境电商零售（企业对消费者，即 B2C）进口税收政策进行了调整。决定自 2016 年 4 月 8 日起，对于《跨境电子商务零售进口商品清单》范围内的、符合要求的跨境电商零售进口商品，按照货物征收关税和进口环节增值税、消费税。对于在限值以内（单次交易限值为人民币 2000 元，个人年度交易限值为人民币 20000 元）进口的跨境电商零售进口商品，关税税率暂设为 0%；进口环节增值税、消费税取消免征税额，暂按法定应纳税额的 70% 征收。自此之后，跨境电商零售进口商品不再按进境物品征收进口税。

2019 年 1 月 1 日起，跨境电商零售进口税收政策作了适当调整（财关税〔2018〕49 号），即单次交易限值由人民币 2000 元提高至 5000 元，年度交易限值由人民币 20000 元提高至 26000 元。已经购买的电商进口商品属于消费者个人使用的最终商品，不得进入国内市场再次销售；原则上不允许网购保税进口商品在海关特殊监管区域外开展“网购保税+线下自提”模式。

《跨境电子商务零售进口商品清单》自 2016 年出台以来，经过多次调整。自 2022 年 3 月 1 日起，该清单共列有 1476 个税号的商品。属于该清单内的商品，符合限额以及其他规定的，可以从跨境电商零售进口渠道进境，并按个人自用进境物品监管。

二、跨境电商零售进口税收制度要素

（一）纳税义务人

跨境电商零售进口商品税款的纳税义务人，是购买跨境电商零售进口商品的个人，即跨境电商零售进口商品的消费者（订购人）。这里的消费者（订购人），是指跨境电商零售进口商品的境内购买人。

跨境电子商务企业、电子商务交易平台企业或物流企业可作为税款的代收代缴义务人，代为履行纳税义务，并承担相应的补税义务及相关法律责任。

跨境电子商务企业，是指自境外向境内消费者销售跨境电商零售进口商品的境外注册企业（不包括在海关特殊监管区域或保税物流中心内注册的企业），或者境内向境外消费者销售跨境电商零售出口商品的企业，它是商品的货权所有人。

跨境电子商务平台企业，是指在境内办理工商登记，为交易双方（消费者和跨境电子商务企业）提供网页空间、虚拟经营场所、交易规则、信息发布等服务，设立供交易双方独立开展交易活动的信息网络系统的经营者。

物流企业，是指在境内办理工商登记，接受跨境电子商务平台企业、跨境电子商务企业或其代理人委托，为其提供跨境电商零售进出口物流服务的企业。

（二）征税对象

跨境电商零售进口税收政策，适用于从其他国家或地区进口的、《跨境电子商务零售进口商品清单》范围内的以下商品。

1. 所有通过与海关联网的电子商务交易平台交易，能够实现交易、支付、物流电子信息“三单”比对的跨境电子商务零售进口商品。

2. 未通过与海关联网的电子商务交易平台交易，但快递、邮政企业能够统一提供交易、支付、物流等电子信息，并承诺承担相应法律责任进境的跨境电子商务零售进口商品。

不属于跨境电商零售进口的个人物品以及无法提供交易、支付、物流等电子信息的跨境电商零售进口商品，仍按进境物品的有关规定执行。

（三）商品归类及完税价格

跨境电商零售进口商品按《进出口税则》进行归类。跨境电商零售进口商品的完税价格为实际交易价格，包括商品零售价格、运费和保险费。

（四）计征方式

对于在限值以内（即单次交易限值为人民币 5000 元，个人年度交易限值为人民币 26000 元）进口的跨境电商零售进口商品，关税税率为 0%；进口环节增值税、消费税暂按法定应纳税额的 70%征收，同时取消 50 元免征税额的规定。完税价格超过 5000 元单次交易限值但低于 26000 元年度交易限值，且订单下仅一件商品时，可以自跨境电商零售渠道进口，按照货物税率全额征收关税和进口环节增值税、消费税，交易额计入年度交易总额，但年度交易总额超过年度交易限值的，应按一般贸易管理。

三、跨境电商海关监管制度

（一）跨境电商海关监管模式

在我国，跨境电商进口主要有网购保税进口、直购进口两种海关监管模式。跨境电商出口主要有一般出口、特殊区域出口、跨境电商 B2B 直接出口和跨境电商出口海外仓四种模式。

1. 跨境电商进口模式

（1）网购保税进口模式。符合条件的跨境电子商务企业或平台与海关联网，电子商务企业将整批商品从境外运入海关特殊监管区域或保税物流中心（B 型）内并向海关申报，海关实施账册管理。境内个人网购区内商品后，电子商务企业或平台将电子订单、支付凭证、电子运单等传输给海关，电子商务企业或代理人向海关提交清单，海关按照跨境电商零售进口商品征收税款以后放行，验放后电子账册自动核销。

（2）直购进口模式。符合条件的跨境电子商务企业或平台与海关联网，境内个人跨境网购后，电子商务企业将电子订单、支付凭证、电子运单等传输给海关，电子商务企业或代理人向海关提交清单，商品以邮件、快件方式运送，通过海关邮件、快件等监管场所入境，海关按照跨境电商零售进口商品征收税款以后放行。

2. 跨境电商出口模式

（1）一般出口模式。符合条件的跨境电子商务企业或平台与海关联网，境外个人跨境网购后，电子商务企业将电子订单、电子运单等传输给海关，电子商务企业或代理人向海关提交申报清单，商品以邮件、快件方式运送出境。跨境电子商务综合试验区海关采用“简化申报、清单核放、汇总统计”方式通关，其他海关采用“清单核放、汇总申报”方式通关。

（2）特殊区域出口模式。符合条件的跨境电子商务企业或平台与海关联网，电子商务企业将整批商品按一般贸易商品报关进入海关特殊监管区域，企业实现退税；对于已入区退税商品，境外个人网购后，海关凭清单核放，出区离境后，海关定期将已放行清单归并形成出口报关单，企业凭此办理结汇手续。

（3）跨境电子商务 B2B 直接出口模式。境内企业通过跨境电子商务平台与境外企业达成交易后，通过跨境物流将货物直接出口送达境外企业，并根据海关要求传输相关电子数据的，适用于跨境电子商务 B2B 直接出口，海关监管代码“9710”，全称“跨境电子商务企业对企业直接出口”，简称“跨境电商 B2B 直接出口”。

（4）跨境电子商务出口海外仓模式。境内企业将出口货物通过跨境物流送达海外仓，通过跨境电子商务平台实现交易后从海外仓送达购买者，并根据海关要求传输相关电子数据的，适用于跨境电子商务出口海外仓，海关监管代码“9810”，全称“跨境电子商务出口海外仓”，简称“跨境电商出口海外仓”。

（二）跨境电商的海关管理

1. 正面清单管理

跨境电商零售进口商品需在财政部、发展改革委、工业和信息化部等部门发布的《跨境电子商务零售进口商品清单》（以下简称“正面清单”）所列范畴之内，海关根据正面清单旁注及尾注规定进行监管。自 2022 年 3 月 1 日起，共计 1476 个税号的商品列入该正面清单。

2. 限额管理

自 2019 年 1 月 1 日起，跨境电商零售进口商品的单次交易限值为人民币 5000 元，年度交易限值为人民币 26000 元，海关以消费者（订购人）身份证号为单元进行限额管理。

3. 企业管理

跨境电子商务平台企业、物流企业、支付企业[①]等参与跨境电商零售进口业务的企业，应当依据海关报关单位注册登记管理相关规定，向所在地海关办理注册登记；境外跨境电子商务企业应委托境内代理人（以下称跨境电子商务企业境内代理人[②]），向该代理人所在地海关办理注册登记。此外，跨境电子商务平台企业要对接通关服务平台[③]，完成支付相关数据系统接入工作。

跨境电子商务企业、物流企业等参与跨境电子商务零售出口业务的企业，应当向所在地海关办理信息登记；如需办理报关业务，应向所在地海关办理注册登记。物流企业应获得国家邮政管理部门颁发的“快递业务经营许可证”。直购进口模式下，物流企业应为邮政企业或者已向海关办理代理报关登记手续的进出境快件运营人。

支付企业为银行机构的，应具备银保监会或者原银监会颁发的“金融许可证”；支付企业为非银行支付机构的，应具备中国人民银行颁发的“支付业务许可证”，支付业务范围应当包括“互联网支付”。开展出口海外仓业务的跨境电子商务企业，还应当在海关开展出口海外仓业务模式备案。

4. 通关管理

跨境电商零售商品进口时，跨境电子商务平台企业或跨境电子商务企业境内代理人、支付企业、物流企业，应当分别通过国际贸易“单一窗口”或跨境电子商务通关服务平台，向海关传输交易、支付、物流等电子信息，并对数据真实性承担相应责任。跨境电子商务企业境内代理人或其委托的报关企业，应提交“中华人民共和国海关跨境电子商务零售进出口商品申报清单”（以下简称“申报清单”），采取“清单核放”方式办理报关手续。

跨境电商零售商品出口时，跨境电子商务企业或其代理人、物流企业，应当分别通过国际贸易“单一窗口”或跨境电子商务通关服务平台，向海关传输交易、收款、物流等电子信息，并对数据真实性承担相应法律责任。跨境电子商务企业或其代理人应提交“申报清单”，采取“清单核放、汇总申报”方式办理报关手续；跨境电子商务综合试验区内符合条件的跨境电商零售商品出口，可采取“清单核放、汇总统计”方式办理报关手续。

5. 检疫管理

海关对跨境电商直购进口商品及适用“网购保税进口”（监管方式代码 1210）进口政策的商品，按照个人自用进境物品监管，不执行有关商品首次进口许可批件、注册或备案要求。但对相关部门明令暂停进口的疫区商品和对出现重大质量安全风险的商品启动风险

---

① 支付企业，是指在境内办理工商登记，接受跨境电子商务平台企业或跨境电子商务企业境内代理人委托为其提供跨境电子商务零售进口支付服务的银行、非银行支付机构以及银联等。

② 跨境电子商务企业境内代理人，是指开展跨境电子商务零售进口业务的境外注册企业所委托的境内代理企业，由其在海关办理注册登记，承担如实申报责任，依法接受相关部门监管，并承担民事责任。

③ 跨境电子商务通关服务平台，是指由电子口岸搭建，实现企业、海关以及相关管理部门之间数据交换与信息共享的平台。

应急处置时除外。适用“网购保税进口 A”（监管方式代码 1239）进口政策的商品，按正面清单尾注中的监管要求执行。海关对跨境电商零售进出口商品及其装载容器、包装物按照相关法律法规实施检疫，并根据相关规定实施必要的监管措施。

6. 场所管理

跨境电商零售进出口商品监管作业场所必须符合海关相关规定。跨境电商监管作业场所经营人、仓储企业应当建立符合海关监管要求的计算机管理系统，并按照海关要求交换电子数据。其中开展跨境电商直购进口或一般出口业务的监管作业场所，应按照快递类或者邮递类海关监管作业场所规范设置。跨境电商网购保税进口业务，应当在海关特殊监管区域或保税物流中心（B 型）内开展。

7. 退货管理

（1）跨境电商零售进口退货。跨境电子商务企业境内代理人或其委托的报关企业（以下简称“退货企业”），可向海关申请开展退货业务。跨境电子商务企业及其境内代理人，应保证退货商品为原跨境电商零售进口商品，并承担相关法律责任。退货企业可以对原“申报清单”内全部或部分商品申请退货。退货企业在“申报清单”放行之日起 30 日内申请退货，并且在“申报清单”放行之日起 45 日内将退货商品运抵原海关监管作业场所、原海关特殊监管区域或保税物流中心（B 型）的，相应税款不予征收，并调整消费者个人年度交易累计金额。

（2）跨境电商出口退货。跨境电商出口退货企业，可向海关申请开展跨境电商零售出口、跨境电商特殊区域出口、跨境电商出口海外仓商品的退货业务。退货企业可以对原“出口货物报关单”“申报清单”或“中华人民共和国海关出境货物备案清单”所列全部或部分商品申请退货。跨境电商出口退货商品可单独运回也可批量运回，退货商品应在出口放行之日起 1 年内退运进境。

四、跨境电商零售进口税收征管流程

海关对跨境电商零售进口商品采取担保放行、汇总计征的税收征管作业方式。

（一）税款担保

跨境电商采取税款担保模式，海关受理代收代缴义务人依法缴纳的足额有效税款担保，开设跨境电商税款专用担保账户。

（二）涉税要素审核

代收代缴义务人应如实、准确向海关申报跨境电商零售进口商品名称、规格型号、税则号列、实际交易价格及相关费用等税收征管要素。跨境电商零售进口商品的申报币制为人民币。海关对出区申报清单中税收征管要素进行审核，核查申报内容真实性、准确性。

为审核确定跨境电商零售进口商品的归类、完税价格等，海关可以要求代收代缴义务人按照有关规定进行补充申报。

（三）税款计征

海关对符合监管规定的跨境电商零售进口商品按时段汇总计征税款，并从代收代缴义务人的担保账户中，扣除相当于应纳税款的担保额度。

海关放行后30日内未发生退货或修撤单的，代收代缴义务人在放行后第31日至第45日内向海关办理纳税手续。海关根据代收代缴义务人申请完成税款汇总，并制发海关税款缴款书。

代收代缴义务人未在放行后第31日至第45日内向海关办理纳税手续的，海关应及时制发系统自动汇总税款生成的缴款书，并立即通知代收代缴义务人缴纳税款。

（四）税款缴纳

代收代缴义务人自税款缴款书制发之日起15日内（期末遇休息日或法定节假日顺延）通过银行缴纳税款，海关进行税款核注、核销，恢复相应的担保额度。代收代缴义务人自税款缴款书制发之日起15日内未缴纳税款，海关依法征收滞纳金（滞纳金起征点为50元人民币）。

本章小结

进境物品进口税是进境物品关税及进口环节海关代征增值税、消费税合并简化的一种税，即三税合一的特殊形式的海关税收。对于海关总署规定免税数额内的个人自用进境物品，免征进口税。对于超过免税数额，但仍属合理数量范围内的个人自用进境物品，由海关在进境物品放行前对进境物品纳税人征收进口税。对于超过合理、自用数量的进境物品，或者特殊的应按货物征税的进境物品，由海关按照进口货物办理征税等相关手续。进境物品进口税的税率设置、商品归类原则及完税价格确定方法均有别于进口货物的规定。但是进境物品的通关规定、征纳规定和纳税争议的处理程序与进口货物的规定相同。属于《跨境电子商务零售进口商品清单》内的商品，在限值以内（即单次交易限值为人民币5000元，个人年度交易限值为人民币26000元）的，可以从跨境电商零售进口渠道进境。符合相关规定的商品，可以享受跨境电商零售进口税收政策，按照货物分别计征关税和进口环节增值税、消费税，其中关税税率暂设为0%，进口环节增值税、消费税暂按法定应纳税额的70%征收，同时取消50元免征税额的规定，并按个人自用进境物品监管。

练习与思考

1. 什么是进境物品进口税？有何特点？
2. 我国海南离岛旅客免税购物政策的基本内容是什么？
3. 我国进境物品进口税的课税对象和纳税义务人分别是什么？

4. 对进境物品征税的基本规定是什么？

5. 我国进境物品进口税制度存在哪些不足？

6. 我国跨境电子商务零售进口税收政策的主要内容是什么？

7. 某中国籍旅客出境至美国旅游，归国时购买了一件乐器双簧管，发票列明该货品销售价格为 2200 美元。已知适用的海关计征汇率为 1 美元=6.5 元人民币。“进境物品完税价格表”中列明双簧管的完税价格为 10000 元人民币，税率为 20%。求该旅客携带入境时应缴纳的进境物品进口税。

8. 某人从日本邮寄个人自用奶粉 5 罐（每罐 1000 克，价值 3500 日元/罐）。已知适用的海关计征汇率为 100 日元=5.1899 元人民币。“进境物品完税价格表”中列明奶粉的完税价格为 200 元/千克，“进境物品进口税税率表”中列明奶粉的税率为 13%。请问境内收件人领取该邮件时，应缴纳多少进境物品进口税？

参考文献

1. 岑维廉，钟昌元，王华．关税理论与中国关税制度，第 2 版．上海：格致出版社，上海人民出版社，2010.

2. 郝崇福．海关行邮监管．北京：中国海关出版社，2008.

3. International Convention on the Simplification and Harmonization of Customs Procedures，1973.

4. Protocol of the Amendment to the International Convention on the Simplification and Harmonized of Customs Procedures，1999.

5. WTO Agreement on Trade Facilitation，2013.

本章内容主要涉及的法律文件索引

1.《中华人民共和国海关法》（1987 年 1 月 22 日第六届全国人民代表大会常务委员会第十九次会议通过，自 1987 年 7 月 1 日起施行。全国人民代表大会常务委员会先后于 2000 年 7 月 8 日、2013 年 6 月 29 日、2013 年 12 月 28 日、2016 年 11 月 7 日、2017 年 11 月 4 日、2021 年 4 月 29 日修正）

2.《中华人民共和国进出口关税条例》（2003 年 11 月 23 日国务院令第 392 号公布，自 2004 年 1 月 1 日起施行。国务院先后于 2011 年 1 月 8 日、2013 年 12 月 7 日、2016 年 2 月 6 日、2017 年 3 月 1 日修订）

3.《国务院关税税则委员会关于调整进境物品进口税有关问题的通知》（2019 年 4 月 8 日税委会〔2019〕17 号发布，自 2019 年 4 月 9 日起实施）

4.《海关总署关于调整〈中华人民共和国进境物品归类表〉和〈中华人民共和国进境物品完税价格表〉的公告》（2019 年 4 月 8 日海关总署公告 2019 年第 63 号公布，自 2019

年 4 月 9 日起执行）

5.《财政部 海关总署 国家税务总局关于跨境电子商务零售进口税收政策的通知》（2016 年 3 月 24 日财关税〔2016〕18 号公布，自 2016 年 4 月 8 日起执行）

6.《中华人民共和国海关审定进出口货物完税价格办法》（2013 年 12 月 25 日海关总署令第 213 号公布，自 2014 年 2 月 1 日起施行）

7.《中华人民共和国海关进出口货物征税管理办法》（2005 年 1 月 4 日海关总署令第 124 号公布，自 2005 年 3 月 1 日起施行。根据海关总署令第 198 号、218 号、235 号、240 号修改）

8.《中华人民共和国禁止、限制进出境物品表》（1993 年 2 月 26 日海关总署令第 43 号公布，自 1993 年 3 月 1 日起施行）

9.《中华人民共和国海关关于过境旅客行李物品管理规定》（1991 年 9 月 10 日海关总署令第 25 号公布，自 1991 年 9 月 10 日起施行。根据海关总署令第 198 号修改）

10.《中华人民共和国海关对中国籍旅客进出境行李物品的管理规定》（1996 年 8 月 10 日海关总署令第 58 号公布，自 1996 年 8 月 15 日起实施。根据海关总署令第 198 号、第 235 号修改）

11.《中华人民共和国海关关于进出境旅客通关的规定》（1995 年 12 月 25 日海关总署令第 55 号发布，自 1996 年 1 月 1 日起实施。根据海关总署令第 198 号修改）

12.《中华人民共和国海关对进出境旅客行李物品监管办法》（1989 年 11 月 1 日海关总署令第 9 号公布，自 1989 年 12 月 1 日起实施。根据海关总署令第 198 号、第 235 号修改）

13.《中华人民共和国禁止携带、寄递进境的动植物及其产品和其他检疫物名录》（2021 年 10 月 20 日农业农村部 海关总署公告 2021 年第 470 号公布，自发布之日起生效）

14.《中华人民共和国海关进出境印刷品及音像制品监管办法》（2007 年 4 月 18 日海关总署令第 161 号公布，自 2007 年 6 月 1 日起施行。根据海关总署令第 240 号、第 243 号修改）

15.《中华人民共和国海关对高层次留学人才回国和海外科技专家来华工作进出境物品管理办法》（2006 年 12 月 26 日海关总署令第 154 号公布，自 2007 年 1 月 1 日起施行。根据海关总署令第 198 号修改）

16.《中华人民共和国海关对进出境旅客旅行自用物品的管理规定》（1992 年 10 月 15 日海关总署令第 35 号发布实施。根据海关总署令第 198 号修改）

17.《海关总署关于调整进出境个人邮递物品管理措施有关事宜的公告》（2010 年 7 月 2 日海关总署公告 2010 年第 43 号公布，自 2010 年 9 月 1 日起施行）

18.《海关总署关于进境旅客所携行李物品验放标准有关事宜的公告》（2010 年 8 月 19 日海关总署公告 2010 年第 54 号公布，自 2010 年 8 月 19 日起施行）

19.《财政部 国家税务总局关于调整化妆品消费税政策的通知》（2016 年 9 月 30 日财税〔2016〕103 号公布，自 2016 年 10 月 1 日起执行）

20.《财政部 国家税务总局关于调整化妆品进口环节消费税的通知》（2016 年 9 月 30 日财关税〔2016〕48 号公布，自 2016 年 10 月 1 日起执行）

21.《中华人民共和国海关对非居民长期旅客进出境自用物品监管办法》（海关总署令第116号发布，自2004年8月1日起施行。根据海关总署令第194号、第198号、第235号、第240号修改）

22.《中华人民共和国海关对进出境快件监管办法》（2003年11月18日海关总署令第104号发布，自2004年1月1日起施行。根据海关总署令第147号、第198号、第240号修改）

23.《关于海南离岛旅客免税购物政策的公告》（2020年6月29日财政部 海关总署 税务总局公告2020年第33号发布，自2000年7月1日起执行）

24.《关于增加海南离岛旅客免税购物提货方式的公告》（2021年1月4日财政部 海关总署 税务总局公告2021年第2号发布，自公布之日起执行）

25.《关于口岸进境免税店政策的公告》（2016年2月18日财政部 商务部 海关总署 国家税务总局 国家旅游局公告2016年第19号发布，自2016年2月18日起执行）

26.《财政部 海关总署 税务总局关于不再执行20种商品停止减免税规定的公告》（2020年8月5日财政部 海关总署 税务总局公告2020年第36号发布，自公告之日起执行）

27.《关于〈中华人民共和国进境物品归类表〉和〈中华人民共和国进境物品完税价格表〉的公告》（2016年4月6日海关总署公告2016年第25号发布，自2016年4月8日起执行）

28.《财政部 海关总署 国家税务总局关于跨境电子商务零售进口税收政策的通知》（2016年3月24日财关税〔2016〕18号发布，自2016年4月8日起执行）

29.《财政部 海关总署 税务总局关于完善跨境电子商务零售进口税收政策的通知》（2018年11月29日财关税〔2018〕49号发布，自2019年1月1日起执行）

30.《跨境电子商务零售进口商品清单（2019年版）》（2019年12月24日财政部 发展改革委 工业和信息化部 生态环境部 农业农村部 商务部 人民银行 海关总署 税务总局 市场监管总局 药监局 密码局 濒管办公告2019年第96号发布，自2020年1月1日起实施）

31.《关于跨境电子商务零售进出口商品有关监管事宜的公告》（2018年12月10日海关总署公告2018年第194号发布，自2019年1月1日起施行）

32.《关于调整跨境电子商务零售进口商品清单的公告》（2022年1月28日财政部 发展改革委 工业和信息化部 生态环境部 农业农村部 商务部 海关总署 濒管办公告2022年第7号发布，自2022年3月1日起执行）

第三篇　海关征收的其他税收制度

党的十八大以来，按照“税种科学、结构优化、法律健全、规范公平”的要求，我国不断深化税制改革，关税制度日益成熟，增值税改革持续深化，消费税制度进一步完善，船舶吨税立法层级提升，现代税收体系逐步健全，税收在国家治理中的作用越来越大，为推动经济高质量发展作出积极贡献。

第二篇介绍的是关税制度的主要内容，但是我国海关不仅征收关税，还征收进口环节增值税和消费税，以及对国际航行船舶征收船舶吨税。这些税种税制的具体内容与关税税制的内容有明显的差异。本篇重点介绍海关征收的除关税以外的其他税收制度的主要内容，其中第八章介绍进出口环节的增值税，第九章介绍进出口环节的消费税，第十章介绍船舶吨税制度的基本内容。

第八章　进出口环节增值税

本章概要

税收制度是中国特色社会主义制度的有机组成部分，税收治理是国家治理体系和治理能力现代化建设的重要内容。税收制度改革为高质量发展提供重要支撑。增值税改革，是党的十八大以来一系列深化财税体制改革的重要内容之一。在进出口环节，增值税制度对进出口贸易有重要影响。

增值税是我国最为重要的一种流转税。其税基广泛，征税对象包括销售货物或者加工、修理修配劳务，销售服务、无形资产和不动产，以及进口货物。进口货物的增值税由海关代征。关税制度的许多规定也适用于海关代征税的管理。本章第一节介绍增值税的基本概念、特点、类型、发展历史及优点，第二节介绍我国增值税基本的制度要素内容，第三节介绍了国内环节增值税应纳税额的计算方法，第四节重点介绍进口环节增值税的计算方法，最后一节介绍出口货物增值税的退（免）税制度。

学习目标

当完成本章的学习后，要求：

1. 理解增值税的基本概念、特点及类型。
2. 掌握增值税的纳税人、征收范围、税率等基本的征税要素内容。
3. 了解国内环节增值税应纳税额的计算方法。
4. 掌握进口环节增值税组成计税价格，以及增值税的具体计算方法。
5. 理解我国出口货物增值税退（免）税制度的基本内容。

第一节　增值税概述

一、增值税的概念

增值税是对增值额的征税。对增值额的理解，可从两个方面把握。从理论上看，增值额是指企业或其他经营者在一定的时期内从事生产经营活动而新增的价值，或者说是纳税人在一定时期内销售收入大于外购商品和服务所支付金额的差额，价值构成是 c+v+m 中的 v+m，但由于理论的增值额在实践中难以认定，因而在实践中是以法定增值额为课税对象。法定增值额由税收法律所规定，由于各国（地区）的经济条件、经济政策和经济制度的不同，各国（地区）税法对增值额的认定和处理也不相同。我国以商品、应税劳务、服务、无形资产和不动产的销售收入扣除生产过程中所购入的各种中间投入品、应税劳务、服务、无形资产和固定资产价值后的余额为法定增值额。例如，某企业销售货物获得收入 500 万元，当期购入生产用原材料 200 万元，燃料、动力等 80 万元，低值易耗品 50 万元，固定资产 100 万元，则当期应税增值额为 500 万元-200 万元-80 万元-50 万元-100 万元=70 万元。

二、增值税的特点

由于增值税是对增值额的征税，而增值额是商品流转额的一部分，因此增值税本质上仍是对商品流转额的征税，属流转税。但与一般流转税相比，增值税仍然具有不同于其他流转税的显著特征。

（一）增值税是一种增值型流转税

增值税只是对商品流转额中的一部分，即增值额征税，而不是对流转额全额征税，被征税的只是纳税人自身在生产经营活动中创造的新增价值，对于纳税人购入的由其他单位创造的转移价值，由于已在计算增值额中给予扣除，不包含在增值额中，因此不再对其征税。而除增值税之外的其他流转税一般都对流转额全额征税，例如消费税，对应税消费品的交易额全额征税，关税则对进出口货物价值全额征税。

（二）增值税通常对所有商品交易的流转额普遍征税

从世界大多数国家（地区）的增值税制度看，各国（地区）一般都对全部商品交易征收增值税，其中既包括有形货物，也包括服务、无形资产和不动产。在有形货物中，既包括作为一般生活消费品的商品，如服装、食品等，也包括耐用消费品，如住房和汽车，还包括具有生产要素性质的商品，如机器设备等。而从征税商品的产地看，征税商品既包括本国（地区）生产的商品，也包括进口商品。由于增值税的这一特点，增值税的征收范围较为广泛，因此增值税的财政收入作用较为明显，增值税成为政府财政收入的重要来源之一。

（三）增值税的税率通常较为单一

如果一种税收对所有的商品交易都普遍征税，而且对各种商品交易征税适用不同的税率，那么必然会改变商品之间的相对比价关系，从而使消费者选择税负相对较轻的商品，在税收理论中，税收的这种影响被称为税收的替代效应。税收的替代效应对市场价格形成和资源配置产生不良效果，为使税收替代效应的不良效果降到最低，各国（地区）通常在增值税制度中设置单一税率，也就是对所有商品征收相同税率的税。

（四）增值税是一种多环节征收的税收

也就是说，商品每经过一次交易，每经历一个流转环节，都应征收增值税。但由于增值税是一种增值型流转税，这样的多环节征税不会产生重复征税。举例来说，甲企业购进80元原材料生产，将其生产的某产品以100元的价格销售批发给乙企业，乙企业再将其以150元的价格销售给零售丙企业，丙企业以180元的价格销售给消费者丁，商品从生产到消费经过了3次交易，每次交易都须征收增值税，但由于甲企业只按其增值额20元纳税，乙企业和丙企业同样按照他们各自的增值额50元和30元缴纳增值税，商品从生产到消费全过程创造的增值额为100元（180元-80元），正好等于3个企业的增值额之和。对这3个企业分别征税，恰好等于对100元增值额征税，没有重复征税。

（五）增值税是一种价外税

流转税依其计税依据，可分为从价税与从量税，从价税又可进一步区分为价内税与价外税。价外税是以不含税款的价格作为计税依据的一种从价流转税。增值税以一般计税方法作为主要的计税方法，要求纳税人先按照其销售额计算销项税额，并抵扣相关进项税额确定其应纳增值税税额。计算销项税额时，应以不含销项税额的销售额作为应税销售额。如销售额中包含销项税额，应将其剔除，把含销项税额的销售额换算为不含税的销售额，再计算确定销项税额。计算公式如下：

$$销项税额=应税销售额\times增值税税率$$

$$应税销售额=不含销项税的销售额$$

$$不含销项税的销售额=\frac{含销项税的销售额}{1+增值税税率}$$

三、增值税的类型

增值税根据其法定应税增值额的构成，可分为生产型增值税、收入型增值税和消费型增值税。

（一）生产型（国民生产总值GNP型）增值税

以销售收入减除原材料、辅助材料、燃料、动力等中间投入品和服务的价值后的余额为应税增值额。增值额=工资+利息+利润+租金+折旧。由于增值额的构成基础从宏观上相当于 GNP，所以称为生产型（国民生产总值 GNP 型）增值税。

（二）收入型（国民生产净值 NNP 型）增值税

以销售收入减除原材料、辅助材料、燃料、动力等中间投入品和服务的价值以及固定资产折旧后的余额为应税增值额。增值额=工资+利息+利润+租金。由于增值额的构成基础从宏观上相当于 NNP，所以称为收入型（国民生产净值 NNP 型）增值税。

（三）消费型增值税

以销售收入减除原材料、辅助材料、燃料、动力等中间投入品和服务的价值以及固定资产价值后的余额为应税增值额。消费型增值税的应税增值额相当于国民消费。

由于消费型增值税扣除额最大，其课税依据小于理论上的增值额，因此可以减轻纳税人负担，有利于增加投资，但会减少财政收入。由于消费型增值税凭购买固定资产的发票可以一次将其已纳税款全部扣除，既便于操作也便于管理，最适宜应用规范的凭发票扣税的计算方法，因此这种增值税能够体现其优越性。目前许多发达国家采用的就是这种消费型的增值税。在我国，从 2009 年开始，也全面实行了消费型增值税。

四、增值税的优点

在增值税产生之前，商品税多为周转税，即多环节总值型商品税。增值税产生后，在很多国家（地区）得到广泛推行和迅速发展，究其原因，是增值税具有周转税所无法比拟的很多优点。

（一）消除重复征税

商品税产生重复征税的原因有两个方面：一是多环节征税，二是对交易额全额征税。增值税虽然也是多环节税收，但它只是在每个环节上对本环节实现的增值额征税，因而不会产生重复征税问题。这样不但不会使商品因经历的周转环节不同而产生税负不均，更重要的是，有利于促进社会的专业化分工，加快社会生产力水平的提高。如果多环节征收产生重复征税，那么经过的流转环节越多税负越重，企业就不愿意购买生产中的各种中间投入品，改由自己生产，这显然不利于社会提高专业化分工水平。

（二）稳定税收收入

增值税消除了重复征税，税收收入不会因商品经过的流转环节多少而受到影响，不再存在简化流通过程而合法避税的可能性，税收收入的增长唯一取决于社会创造的新增价值，使税收收入的增长与国民收入的增长建立起了合理的联系，有利于保障财政收入与国民收入保持同步增长。

（三）激励对外贸易

为了鼓励本国（地区）产品出口，各国（地区）一般都对出口商品在出口环节之前的流转环节所征收的流转税实行退税。但退税幅度难以准确把握，如退税幅度过大，难免有出口产品接受政府补贴的嫌疑，容易招致贸易伙伴的反补贴措施；如退税幅度过小，又不利于本国（地区）产品扩大出口。征收增值税避免了这一困难，因为增值税按增值额征税，各环节已累计征收的增值税税额正好等于按出口前最后一个环节的销售额计算的税额，因此可以准确地计算出商品出口前各环节已纳税款，使商品彻底退税，从而促进对外贸易发展。

（四）强化税收制约

增值税采用一般计税方法计征时，纳税人的应纳税额是按其销售收入计算的销项税额抵扣在购入各种中间品和服务时支付的进项税额后的余额，所以纳税人在购入各种中间投入品和服务时，必然会向其供货商主动索要发票，作为纳税的抵扣凭据，这有利于纳税人之间形成相互监督和制约的机制，对于强化税收管理具有十分重要的意义。

五、增值税的产生与发展

增值税的英文为“Value Added Tax”，简称“VAT”，它是以生产经营中新增的价值为依据计算征收的一种流转税。按增值额计税的设想，最早由美国耶鲁大学教授托马斯·S·亚当斯和德国商人威尔海姆·范·西门子博士在第一次世界大战结束后提出，但他们的设想没有得到当时政府的认可。直到 1954 年，法国为了改造原有的周转税而正式推行增值税。周转税是在每一个交易环节上按商品交易总额征收的一种流转税，带有严重的阶梯式重复征税的弊端。为解决这一问题，法国曾在 1936 年把多环节全额征收的周转税改为在制造环节一次征收的单一环节税，但因征税环节减少而影响了财政收入，于是法国在 1948 年重新恢复了多环节征税的做法，不过对计税方法作了重大改进，即在每一环节按交易额全额征税的同时，允许原材料、动力、燃料等中间产品所含的税款实行扣除，从而实现了消除重复征税的目的。1954 年，允许扣除税款的范围被延伸到购入的固定资产，至此，一个新型的现代流转税种——增值税正式诞生。

自法国实行增值税以后，许多国家纷纷仿效，一时形成了世界范围内的增值税热，尤其在欧洲，欧共体倡导其成员国实行增值税，并且协调和统一欧共体成员国的增值税制度。

我国现行的增值税制度是在借鉴外国经验的基础上，经过不断探索和改革完善形成的。1979 年，国家税务总局在部分城市实行增值税试点。1984 年，在总结试点城市经验的基础上，国务院正式发布了《中华人民共和国增值税条例（草案）》，把机器机械、钢材钢坯、自行车、缝纫机、电风扇及其零配件等 12 类商品纳入了增值税的征税范围。当时的增值税实行“扣额法”与“抵扣法”相结合的计税方法，税率有 6%至 16%共 6 个档次，以后又对增值税进行了多次改革，把征税范围扩大到生产和进口环节的绝大多数商品。

1993 年，国务院发布《增值税暂行条例》，决定从 1994 年起实行新的增值税制度，此条例对增值税制度进行了重大改革。一是扩大了增值税的征收范围，增值税征收范围扩大至生产、批发零售、进口环节的所有货物，以及加工、修理修配劳务；二是实行价外计税，即以不含增值税的销售价格作为计税价格；三是实行较为规范的计税方法，即抵扣法，也称为一般计税法，就是凭增值税专用发票、海关征税凭证等法定抵扣凭证，抵扣购进货物和应税劳务的已纳税款；四是简化税率，把增值税税率规定为两个档次，即17%的基本税率和13%的低税率。

1994年开始实施的增值税制度，在征税范围、计税方法、税率设置等方面基本符合国际上通行的增值税制度，但从法定应税增值额的构成上看，这种增值税属于生产型增值税。为了给以后向消费型增值税转型探索经验，我国分别于2004年和2007年推行了针对东北和中部部分老工业基地城市的增值税转型试点改革，这些改革涉及的范围包括东北和中部部分城市的装备制造业、石油化工业、冶金业、船舶制造业、汽车制造业、农产品加工业、电力业、采掘业、高新技术产业等行业。改革的主要内容是扩大增值税进项税的抵扣范围，以上行业内的增值税一般纳税人发生的购进、自制、融资租赁的固定资产的进项税额，准予抵扣。

在试点取得经验的基础上，2008年11月，国务院颁布了新的《增值税暂行条例》，新条例从2009年1月1日起开始实施。新条例的主要变化是：

第一，扩大增值税进项税的抵扣范围。以上行业内的增值税一般纳税人发生的购进、自制、融资租赁的固定资产的进项税额，准予抵扣，同时为堵塞因转型可能带来的一些税收漏洞，规定与企业技术更新无关且容易混为个人消费的自用消费品（如小汽车、游艇等）所含的进项税额，不得予以抵扣。

第二，降低了小规模纳税人的征收率。此前规定小规模纳税人的增值税征收率为6%，经国务院批准，从1998年起已经将小规模纳税人划分为工业和商业两类，征收率分别为6%和4%，此次修订后的增值税条例对小规模纳税人不再设置工业和商业两档征收率，而将征收率统一降至3%。

第三，补充了有关农产品和运输费用扣除率、对增值税一般纳税人进行资格认定等规定，取消了已不再执行的对来料加工、来料装配和补偿贸易所需进口设备的免税规定。

至此，我国实行了十多年之久的生产型增值税完成了向消费型增值税的转型。

在2012年以前，我国的流转税制结构中，增值税和营业税是最为主要的两个税种，增值税的征税范围覆盖了除建筑业外的第二产业，而营业税则是对第三产业征收的流转税。随着市场经济的发展，两个税种并行的流转税制逐渐显现其不合理性。首先，增值税纳税人向营业税纳税人购买的服务，其外购金额中所包含的营业税无法从增值税税额中抵扣，而营业税纳税人向增值税纳税人购买的货物，其增值税进项税额也无法从营业税中抵扣，这不仅破坏了增值税的抵扣链条，更为严重的是造成了营业税纳税人和增值税纳税人之间的重复征收，加重了纳税人的负担，对服务业和制造业发展都产生了不利的影响。其次，两个税种并行也造成了征管实践中的一些困境，比如，在现代市场经济中，商品和服务捆绑销售的行为越来越多，要准确划分销售额中商品和服务各自的比例也越来越难。因此在新形势下，逐步将增值税征税范围扩大至全部的商品和服务，以增值税取代营业税，不仅符合国际惯例，也是我国税制改革的必然选择。

2011年，经国务院批准，财政部、国家税务总局联合下发营业税改征增值税（以下简称“营改增”）试点方案。从2012年1月1日起，在上海交通运输业和部分现代服务业开展营业税改征增值税试点。2012年8月扩大“营改增”试点至北京等8个省市。

2013 年 8 月 1 日，“营改增” 范围进一步推广到全国。

从 2014 年 1 月 1 日开始，“营改增” 实现再扩围，将铁路运输和邮政业纳入 “营改增” 范围，2014 年 6 月 1 日起进一步将电信业纳入 “营改增” 范围。

2016 年 3 月，经国务院批准，财政部、国家税务总局联合发布了《关于全面推开营业税改征增值税试点的通知》，决定自 2016 年 5 月 1 日起，在全国范围内全面推开营业税改征增值税试点，将建筑业、房地产业、金融业、生活服务业等全部营业税纳税人纳入试点范围，由缴纳营业税改为缴纳增值税，并同时颁布了《营业税改征增值税试点实施办法》，至此，营业税完全被增值税所取代，增值税的征收范围覆盖了所有的经济交易。2017 年 11 月 23 日，李克强总理签发《国务院关于废止〈中华人民共和国营业税暂行条例〉和修改〈中华人民共和国增值税暂行条例〉的决定》（中华人民共和国国务院令第 691 号），营业税正式退出我国税收的历史舞台。

2018 年 3 月 28 日，国务院常务会议决定，从 2018 年 5 月 1 日起，将制造业等行业增值税税率从 17%降至 16%，将交通运输、建筑、基础电信服务等行业及农产品等货物的增值税税率从 11%降至 10%。同时，统一增值税小规模纳税人标准，将工业企业和商业企业小规模纳税人的年销售额标准由 50 万元和 80 万元上调至 500 万元，并在一定期限内允许已登记为一般纳税人的企业转登记为小规模纳税人。

为深化增值税制度改革，国务院决定自 2019 年 4 月 1 日起，进一步下调增值税税率，将原 16%的税率降至 13%，将原 10%的税率降至 9%。原适用 6%的税率保持不变。此外，试行增值税期末留抵税额退税制度。

我国征收增值税以来，虽然其制度几经变化，但增值税始终在我国税收体系中占有极为重要的地位，增值税收入在我国税收收入中一直占据较大的比重。

表 8-1 中的数据反映了 1994 年税制改革以来截至 2021 年我国增值税收入变化情况。

表 8-1　1994—2021 年我国国内增值税占税收收入的比重

（单位：亿元）

年份	税收总收入	国内增值税收入	占比（%）
1994	5126. 88	2308. 34	45. 02
1995	6038. 04	2602. 33	43. 10
1996	6909. 82	2962. 81	42. 88
1997	8234. 04	3283. 92	39. 88
1998	9262. 80	3628. 46	39. 17
1999	10682. 58	3881. 87	36. 34
2000	12581. 51	4553. 17	36. 19
2001	15301. 38	5357. 13	35. 01
2002	17636. 45	6178. 39	35. 03
2003	20017. 31	7236. 54	36. 15
2004	24165. 68	9017. 94	37. 32

续表8-1

年份	税收总收入	国内增值税收入	占比（%）
2005	28778.54	10792.11	37.50
2006	34804.35	12784.81	36.73
2007	45621.97	15470.23	33.91
2008	54223.79	17996.94	33.19
2009	59521.59	18481.22	31.05
2010	73210.79	21093.48	28.81
2011	89738.39	24266.63	27.04
2012	100614.28	26415.51	26.25
2013	110530.70	28810.13	26.07
2014	119175.31	30855.36	25.89
2015	124922.20	31109.47	24.90
2016	130360.73	40712.08	31.23
2017	144369.87	56378.18	39.05
2018	156402.86	61530.77	39.34
2019	158000.46	62347.36	39.46
2020	154312.29	56791.24	36.80
2021	172735.67	63519.59	36.77

资料来源：《中国统计年鉴（2021）》，中国统计出版社，2021。2021年数据来自财政部官方网站。

注：2016年及以前各年国内增值税收入是指营业税改增值税之前的增值税收入。

第二节　增值税制度基本要素

一、增值税的纳税人

增值税的纳税人为在中华人民共和国境内销售货物或者提供加工、修理修配劳务，销售服务、无形资产、不动产以及进口货物的单位和个人（《增值税暂行条例》第一条）。从所有制形式上看，包括国有、集体、私营、股份制、外商投资和外国企业，也包括行政事业单位、社会团体、其他单位和个人。同时，既包括独立核算的企业和单位，也包括非独立核算的企业和单位。

增值税的纳税人可分为一般纳税人和小规模纳税人，区分标准如下。

（一）规模标准

从事货物生产或者提供应税劳务的纳税人，以及销售服务、无形资产和不动产的纳税人，年应征增值税销售额超过500万元的，为一般纳税人；未超过500万元（含500万元）的，为小规模纳税人。

（二）核算标准

小规模纳税人会计核算健全，能够提供准确税务资料的，即使年应税销售额达不到以上标准，也可以向主管税务机关办理登记，不作为小规模纳税人，而作为一般纳税人。

（三）其他标准

年应税销售额超过小规模纳税人标准的其他个人按小规模纳税人纳税，非企业性单位、不经常发生应税行为的企业可选择按小规模纳税人纳税。

二、增值税的征税范围

根据2017年11月修订的《增值税暂行条例》的规定，增值税的征税范围包括境内销售货物，提供加工、修理修配劳务，销售服务、无形资产、不动产及进口货物。

（一）境内销售货物

境内销售货物是指在我国境内有偿转让货物的所有权。有偿转让是指能从货物购买方取得货款、货物和其他经济利益的行为。这里所称的货物，是指有形动产，包括电力、热力和气体，但不包括无形资产和不动产。

境内销售货物的最基本形式是销售方销售货物，购买方向销售方支付货款或提供等价货物或劳务。

（二）提供应税劳务

《增值税暂行条例》规定对加工和修理修配两种劳务征收增值税。加工是指纳税人接受委托加工货物，即由委托方提供原料和主要材料，受托方按照委托方的要求制造货物并收取加工费的业务；修理修配是指对损伤或丧失功能的货物进行修复，使其恢复原状和原有功能的业务，纳税人为他人提供修理修配劳务收取的修理费，应征收增值税。但单位和个体经营者聘用的员工为本单位或为雇主提供的修理修配劳务，不是增值税的应税劳务，不征税。

（三）销售服务

销售服务，是指提供交通运输服务、邮政服务、电信服务、建筑服务、金融服务、现代服务、生活服务。

1. 交通运输服务是指利用运输工具将货物或者旅客送达目的地，使其空间位置得到转移的业务活动。包括陆路运输服务、水路运输服务、航空运输服务和管道运输服务。

2. 邮政服务是指中国邮政集团公司及其所属邮政企业提供邮件寄递、邮政汇兑和机要通信等邮政基本服务的业务活动。包括邮政普遍服务、邮政特殊服务和其他邮政服务。

3. 电信服务是指利用有线、无线的电磁系统或者光电系统等各种通信网络资源，提供语音通话服务，传送、发射、接收或者应用图像、短信等电子数据和信息的业务活动。包括基础电信服务和增值电信服务。

4. 建筑服务是指各类建筑物、构筑物及其附属设施的建造、修缮、装饰，线路、管道、设备、设施等的安装，以及其他工程作业的业务活动。包括工程服务、安装服务、修缮服务、装饰服务和其他建筑服务。

5. 金融服务是指经营金融保险的业务活动。包括贷款服务、直接收费金融服务、保险服务和金融商品转让。

6. 现代服务是指围绕制造业、文化产业、现代物流产业等提供技术性、知识性服务的业务活动。包括研发和技术服务、信息技术服务、文化创意服务、物流辅助服务、租赁服务、鉴证咨询服务、广播影视服务、商务辅助服务和其他现代服务。

（四）销售无形资产

销售无形资产，是指转让无形资产所有权或者使用权的业务活动。无形资产，是指不具实物形态，但能带来经济利益的资产，包括技术、商标、著作权、商誉、自然资源使用权和其他权益性无形资产。

技术，包括专利技术和非专利技术。自然资源使用权，包括土地使用权、海域使用权、探矿权、采矿权、取水权和其他自然资源使用权。其他权益性无形资产，包括基础设施资产经营权、公共事业特许权，配额，经营权（包括特许经营权、连锁经营权、其他经营权），经销权，分销权，代理权，会员权，席位权，网络游戏虚拟道具、域名、名称权，肖像权，冠名权，转会费等。

（五）销售不动产

销售不动产，是指转让不动产所有权的业务活动。

不动产，是指不能移动或者移动后会引起性质、形状改变的财产，包括建筑物、构筑物等。建筑物，包括住宅、商业营业用房、办公楼等可供居住、工作或者进行其他活动的建造物。构筑物，包括道路、桥梁、隧道、水坝等建造物。

转让建筑物有限产权或者永久使用权的，转让在建的建筑物或者构筑物所有权的，以及在转让建筑物或者构筑物时一并转让其所占土地的使用权的，按照销售不动产缴纳增值税。

（六）进口货物

进口是指将货物从我国境外移送到我国境内的行为。凡进入我国关境的货物，除免税的以外，进口方在进口报关时，应当按规定向海关缴纳增值税。

（七）其他应税行为

除了以上六种常见的销售行为和进口外，还有一些特殊的行为也属于增值税的征税范围。

1. 视同销售

以下情形将被视同销售货物或销售服务、无形资产或不动产，征收增值税。

（1）设有两个以上机构并实行统一核算的纳税人，将货物从一个机构移送其他机构用于销售，但相关机构设在同一县（市）的除外。

（2）将自产或委托加工的货物用于职工集体福利和个人消费等方面，应视同销售，征收增值税。

（3）将自产或委托加工的货物用于对外投资、作为企业经营成果分配或无偿捐赠。

（4）单位或者个体工商户向其他单位或者个人无偿提供服务，但用于公益事业或者以社会公众为对象的除外。

（5）单位或者个人向其他单位或者个人无偿转让无形资产或者不动产，但用于公益事业或者以社会公众为对象的除外。

（6）财政部和国家税务总局规定的其他情形。

2. 混合销售

一项销售行为如果既涉及服务又涉及货物，为混合销售。从事货物的生产、批发或者零售的单位和个体工商户的混合销售行为，按照销售货物缴纳增值税；其他单位和个体工商户的混合销售行为，按照销售服务缴纳增值税。

3. 兼营

兼营是指纳税人在同一纳税期发生了多种增值税的应税业务，也就是纳税人在同一纳税期兼有销售货物，提供加工、修理修配劳务，销售服务、无形资产或者不动产的行为。

兼营分为四种情况：

（1）兼营不同税率的货物、加工、修理修配劳务、服务、无形资产、不动产。

（2）兼营不同征收率的货物、加工、修理修配劳务、服务、无形资产、不动产。

（3）兼营不同税率和征收率的货物、加工、修理修配劳务、服务、无形资产、不动产。

（4）兼营应税项目和减免税项目。

兼营的纳税人应当分别核算各项目的销售额；未分别核算的，从高计征。

（1）兼营不同税率的销售货物，加工、修理修配劳务，销售服务、无形资产或者不动产，从高适用税率。

（2）兼营不同征收率的销售货物，加工、修理修配劳务，销售服务、无形资产或者不动产，从高适用征收率。

（3）兼营不同税率和征收率的销售货物，加工、修理修配劳务，销售服务、无形资产或者不动产，从高适用税率。

（4）兼营应税项目和减免税项目的，不得享受免税。

三、增值税的税率和征收率

现行增值税设有税率和征收率，税率适用于一般计税项目，而征收率适用于简易计税项目。

（一）税率

目前我国增值税税率有13%、9%、6%和零税率。

1. 13%的税率

一般纳税人销售除适用9%和零税率的货物以外的货物、提供应税劳务、提供有形动产租赁服务，以及纳税人（包括小规模纳税人）进口除适用9%税率的货物以外的货物，应适用13%的增值税税率。

2. 9%的税率

纳税人（包括小规模纳税人）进口下列货物、一般纳税人销售以下货物，按9%的税率计征增值税：

（1）粮食等农产品、食用植物油、食用盐；

（2）自来水、暖气、冷气、热水、煤气、石油液化气、天然气、二甲醚、沼气、居民用煤炭制品；

（3）图书、报纸、杂志、音像制品、电子出版物；

（4）饲料、化肥、农药、农机、农膜；

（5）国务院规定的其他货物。

一般纳税人提供交通运输服务、邮政、基础电信、建筑、不动产租赁服务，销售不动产，转让土地使用权，税率也为9%。

3. 6%的税率

一般纳税人提供上述适用13%和9%税率服务以外的服务（例如增值电信服务、现代服务业服务、生活服务等），转让土地使用权以外的其他无形资产的，税率为6%。

4. 零税率

纳税人出口货物，税率为零；但是，国务院另有规定的除外。境内单位和个人跨境销售国务院规定范围内的服务、无形资产，税率为零。出口货物增值税的零税率具有特定含义，是指对出口货物实行退（免）税，即出口货物在出口时不征增值税，还要对该货物在出口之前各经营环节承担的增值税给予退还。

（二）征收率

征收率是应纳税额与销售额的比率，适用于按简易计税方法计税的应税项目。简易征税项目分为两种情况，一是小规模纳税人的应税行为，二是一般纳税人销售特定货物、提供特定应税劳务、发生特定应税行为按规定可以选择简易计税方法。

目前，增值税设有5%和3%两个征收率。

下列情况适用5%的征收率：

1. 小规模纳税人销售自建或取得的不动产；
2. 一般纳税人选择简易计税方法计税的不动产；
3. 房地产开发企业中的小规模纳税人，销售自行开发的房地产项目；
4. 其他个人销售取得（不含自建）的不动产（不含其购买的住房）；

5. 一般纳税人选择简易计税方法计税的不动产经营租赁；

6. 小规模纳税人出租（经营租赁）其取得的不动产（不含个人出租住房）；

7. 其他个人出租（经营租赁）其取得的不动产（不含住房）；

8. 个人出租住房，按5%的征收率减按1.5%计算应纳税额；

9. 一般纳税人和小规模纳税人提供劳务派遣服务选择差额纳税的；

10. 一般纳税人2016年4月30日前签订的不动产融资租赁合同，或2016年4月30日前取得的不动产融资租赁服务，选择简易计税方法的；

11. 一般纳税人收取营改增试点前开工的一级和二级公路、桥、闸通行费，选择适用简易计税方法的；

12. 一般纳入提供人力资源外包服务，选择简易计税方法的；

13. 纳税人转让2016年4月30日前取得的土地使用权，选择适用简易计税方法计税的。

除上述适用5%征收率以外的简易计税情形，均适用3%的征收率，具体分为两种情况：一是小规模纳税人除以上第（1）、（6）项外的所有应税行为；二是一般纳税人除上述情况以外选择简易计税方法的应税项目。

按照增值税制度规定，对小规模纳税人的所有应税行为都按简易计税方法计税。但小规模纳税人进口货物时，仍按13%或9%的税率征税。

此外，我国还规定，增值税由税务机关征收，但进口货物的增值税由海关代征。对于个人携带或者邮寄进境自用物品的增值税，连同关税由海关一并计征（《增值税暂行条例》第二十条）。

第三节　国内增值税应纳税额的计算

一、一般纳税人应纳增值税税额的计算

一般纳税人境内销售货物，提供应税劳务，销售服务、无形资产和不动产应纳增值税税额的计算采用一般计税方法，也就是按销项税额抵扣进项税额后的余额为应纳税额。计算公式为：

一般纳税人当期应纳增值税税额=当期销项税额−当期进项税额

当期销项税额=应税销售额×增值税税率

销项税额是按照纳税人的销售额以适用的税率计算的税额。该税额由纳税人向购货人、劳务或服务的购买人连同货物、应税劳务、服务、无形资产或不动产的价款一并收取，并在增值税专用发票上分别注明税额和价款。进项税额是纳税人购进货物及应税劳务、服务、无形资产或不动产时向供货人，应税劳务、服务、无形资产或不动产的提供人连同价款一起支付的税额。

（一）应税销售额

增值税的应税销售额是指纳税人销售货物，提供应税劳务，销售服务、无形资产和不动产而向购买方收取的全部价款和价外费用，但不包括随同价款一起收取的增值税税额。价外费用是指在价款之外另外收取的手续费、补贴、基金、包装费、储备费、运输装卸费、违约金等各种名目的其他费用。

纳税人销售货物，提供应税劳务，销售服务、无形资产和不动产除向购买人收取价款外，还向购买人收取按该价款计算的增值税税额，该增值税税额为纳税人的销项税额，但用于计算销项税额的销售额中，不应包括该销项税额。这是由增值税的价外税性质所决定的。如果纳税人使用增值税专用发票，发票中应分别列明价款和税额，如纳税人将价款和税额合并开具普通发票，则应把含税的普通发票上的销售额换算为不含税的销售额，换算公式如为：

$$不含税的销售额=\frac{含税销售额}{1+增值税税率}$$

（二）进项税额的确定

进项税额是指纳税人在购进货物、应税劳务、服务、无形资产和不动产时随同价款一起向供货人，应税劳务、服务、无形资产或不动产的提供人支付的税额。该税额可以从销项税额中抵扣，但须符合一定的条件，抵扣的条件是纳税人必须取得合法的抵扣凭证。

1. 从供货人和应税劳务、服务、无形资产和不动产的提供人取得的增值税专用发票（包括从小规模纳税人处取得的增值税专用发票）和从海关取得的海关进口增值税专用缴款书，该发票或增值税专用缴款书上必须注明应抵扣的进项税额。

2. 向农业生产者购买免税农产品，或向小规模纳税人购买免税农产品，可按农产品收购发票或者销售发票上注明的价款和按规定缴纳的烟叶税的10%计算准予抵扣的进项税额。对烟叶税纳税人按规定缴纳的烟叶税，准予并入烟叶产品的买价计算增值税的进项税额，并在计算缴纳增值税时予以抵扣。

3. 接受境外单位或者个人提供的应税服务，从税务机关或者境内代理人取得的解缴税款的我国税收缴款凭证上注明的增值税税额。

在有些情况下，即使纳税人取得了增值税合法抵扣凭证，外购货物及应税劳务、服务、无形资产和不动产的进项税额也不得抵扣，这些情况包括：

（1）用于简易计税方法计税项目，免征增值税项目、集体福利或者个人消费的购进货物、加工、修理修配劳务、服务、无形资产和不动产。其中涉及的固定资产、无形资产、不动产，仅指专用于上述项目的固定资产、无形资产（不包括其他权益性无形资产）、不动产。纳税人的交际应酬消费属于个人消费。

（2）非正常损失的购进货物及相关的加工、修理修配劳务或者交通运输业服务。

（3）非正常损失的在产品、产成品所耗用的购进货物（不包括固定资产）、加工、修理修配劳务或者交通运输业服务。

（4）非正常损失的不动产，以及该不动产所耗用的购进货物、设计服务和建筑服务。

（5）非正常损失的不动产在建工程所耗用的购进货物、设计服务和建筑服务。纳税人新建、改建、扩建、修缮、装饰不动产，均属于不动产在建工程。

（6）购进的旅客运输服务、贷款服务、餐饮服务、居民日常服务和娱乐服务。

（7）财政部和国家税务总局规定的其他情形。

例1 某服装生产企业为增值税一般纳税人，某年5月销售业务如下：（1）销售给服装商店各类服装200万元，销项税额为26万元，开具增值税专用发票；（2）通过本企业自设的非独立核算的服装门店向消费者销售各类服装，开具普通发票，发票金额为113万元。同月采购布料150万元，取得增值税专用发票，票面进项税额为19.5万元；购买缝纫机10台，每台2万元，取得增值税专用发票，进项税额为2.6万元；购买生产用工具2万元，取得普通发票；发生销售运输费用3万元，取得增值税专用发票，进项税额为0.27万元。计算该企业当月应纳的增值税税额。

该企业当月应纳的增值税税额计算过程如下：

$$当期销项税额=26+\frac{113}{1+13\%}\times13\%=39（万元）$$

当期进项税额=19.5+2.6+0.27=22.37（万元）

应纳增值税税额=当期销项税额-当期进项税额=39-22.37=16.63（万元）

例2 某汽车修理厂为增值税一般纳税人，某年5月取得不含增值税的汽车修理收入50万元；购买各种修理用汽车零配件30万元，取得增值税专用发票，进项税额为3.9万元。计算该企业当月应纳的增值税税额。

该企业当月应纳增值税税额的计算过程如下：

当期销项税额=50×13%=6.5（万元）

当期进项税额=3.9（万元）

当期应纳增值税税额=6.5-3.9=2.6（万元）

二、小规模纳税人应纳增值税税额的计算

小规模纳税人销售货物，提供应税劳务，销售服务、无形资产和不动产时，增值税税额的计算不采用一般计税方法，而是采用简易计税方法，也就是按照纳税人的应税销售额乘以规定的征收率，计算应纳税额。计算公式为：

应纳增值税税额=应税销售额×征收率

其中，应税销售额为不含税的销售额。由于小规模纳税人销售货物或提供应税劳务，销售服务、无形资产和不动产一般不使用增值税专用发票，发票销售金额为含税销售额，故而需换算为不含税销售额，换算公式为：

$$不含税的销售额=\frac{含税销售额}{1+征收率}$$

例3 某小型服装商店为增值税小规模纳税人，某年5月共销售服装5150元，开具普

通发票。当月共购买两批服装，一批取得增值税专用发票，发票货物金额为3000元，增值税税额为390元；另一批取得普通发票，发票金额为1200元。计算该企业当月应纳的增值税税额。

该服装商店当月应缴纳的增值税税额为：

$$应纳增值税税额=\frac{5150}{1+3\%}\times3\%=150（元）$$

本例中，虽然纳税人外购货物也取得了增值税专用发票，并且发生了进项税额，但由于其自身是小规模纳税人，不采用一般计税方法计税，所以进项税额不能抵扣。

第四节　进口环节增值税的计算

一、进口货物征收增值税的理由

增值税是一种普遍征收的境内流转税，境内生产的所有商品都必须在征税后方可进入流通领域。对进口货物征收增值税，主要是为了对境内生产的商品与进口商品实行相同税收待遇。由于进口商品的出口国（地区）通常都对其出口商品进行退税，也就是出口国（地区）对出口商品退还出口国（地区）所征的流转税，因而商品在进入进口国（地区）之前是不含任何流转税的。如果进口国（地区）不对其征收与境内生产商品相同的流转税，进口商品的税负就远远低于其境内同类商品，使进口国（地区）本国（地区）生产的商品在与进口商品竞争时处于不利地位，因此，进口国（地区）一般都对进口商品征收与本国（地区）同类商品相同的流转税。

增值税是我国的主要流转税种，我国对进口货物也征收增值税。当然，按照国际惯例，对进口货物征收的境内流转税应与原产于本国（地区）的货物相当，否则，多征的税收实际上就是专门针对进口货物的，那样的话，高于境内同类货物所征税收的部分，性质上就属于关税。

二、进口货物增值税的计税价格

由于增值税的价外税特性，增值税的计税价格中不含增值税，这一原则同样体现在进口货物的增值税计税价格中。根据《增值税暂行条例》，纳税人进口货物，按照组成计税价格和规定的税率计算应纳税额（《增值税暂行条例》第十四条）。计算公式为：

应纳增值税税额=增值税组成计税价格×增值税税率

而组成计税价格计算公式为：

增值税组成计税价格=进口关税完税价格+进口关税税额+消费税税额

需要注意的是，该公式中进口货物增值税的组成计税价格中包含进口关税税额，如进口货物为我国消费税的应税消费品，该组成计税价格中还应包含进口环节应缴纳的消费税税额。这说明虽然增值税为价外税，但其计税价格中仍然包含关税和消费税，所以，增值税的价外税特征并不是说其计税价格中不含任何税，而是不含增值税本身的税额。此外，该公式中的关税是指实际征收的关税，除了包括正常征收的进口关税外，还包括反倾销税、反补贴税等应纳的附加关税税额。

三、进口货物应纳增值税税额的计算

无论是一般纳税人还是小规模纳税人，进口货物应纳增值税税额都应按组成计税价格和相应的税率计算确定。

进口货物应纳增值税税额=增值税组成计税价格×增值税税率

需要说明的是，小规模纳税人进口货物，也应按照货物的法定税率征税，不得按征收率计算。属于来料加工、进料加工贸易方式进口的原材料、零部件等在境内加工后出口的，对进口料件可按规定给予免征或减征增值税，而若这些进口免税料件不能加工后用于出口，而是销往境内，则应补征增值税。

（一）进口消费税应税货物的增值税税额计算

计算公式为：

应纳增值税税额=增值税组成计税价格×增值税税率

增值税组成计税价格=进口关税完税价格+进口关税税额+消费税税额

例4 四川某汽车贸易公司从德国进口一批德国产小轿车，成交价格为CIF上海200000欧元，此外还另外发生了下列费用：（1）买方负担的包装材料和包装劳务费用8000欧元；（2）买方负担的购货佣金2000欧元；（3）从上海至四川成都的运费10000元人民币。已知该货物适用的进口关税最惠国税率为15%，增值税税率为13%，消费税税率为12%，其适用的计征汇率为1欧元=8.7499元人民币。计算该批货物应纳的进口环节增值税税额。

计算过程如下：

（1）确定进口货物的完税价格

根据规定，货价200000欧元应计入进口货物完税价格，买方负担的包装材料和包装劳务费用8000欧元应计入完税价格，但是买方负担的购货佣金2000欧元不应计入完税价格，货物进境以后发生的运费10000元人民币也不应计入完税价格。

由于货物适用的计征汇率为1欧元=8.7499元人民币，因此：

该批货物的完税价格=（200000+8000）×8.7499

=1819979.20（元）

（2）计算应纳进口关税税额

应纳进口关税税额=进口货物完税价格 × 进口关税税率

=1819979.20×15%

=272996.88（元）

（3）计算消费税组成计税价格

$$消费税组成计税价格=\frac{进口关税完税价格+进口关税税额}{1-消费税税率}$$

$$=\frac{1819979.20+272996.88}{1-12\%}$$

=2378381.91（元）（计税价格采用四舍五入法计算至分）

（4）计算应纳进口环节消费税税额

应纳消费税税额=消费税组成计税价格 × 消费税税率

=2378381.91×12%

=285405.83（元）（税额采用四舍五入法计算至分）

（5）计算增值税组成计税价格

增值税组成计税价格=进口关税完税价格+关税税额+消费税税额

=1819979.20+272996.88+285405.83

=2378381.91（元）

（6）计算应纳进口环节增值税税额

应纳增值税税额=增值税组成计税价格 × 增值税税率

=2378381.91×13%

=309189.65（元）（税额采用四舍五入法计算至分）

（二）进口非消费税应税货物的增值税税额计算

纳税人进口非消费税应税货物，不需要缴纳消费税，因此，增值税组成计税价格的计算公式为：

增值税组成计税价格=进口关税完税价格+关税税额

应纳增值税税额的计算公式为：

应纳增值税税额=增值税组成计税价格×增值税税率

例5 上海某公司进口一批货物（非消费税应税消费品），经海关审定，该批货物的关税完税价格为1000000美元，适用的关税税率为10%，增值税税率为13%，计征汇率为1美元=6.8279人民币元。计算该批货物进口环节应缴纳的增值税税额。

计算过程如下：

（1）进口货物的关税完税价格=1000000×6.8279

=6827900（元）

（2）应纳进口关税税额=6827900×10%=682790（元）

（3）增值税组成计税价格=关税完税价格+关税税额

=6827900+682790

=7510690（元）

(4) 进口环节应纳增值税税额 = 7510690×13%

= 976389.70(元)

第五节 出口货物、劳务和跨境应税行为的增值税退(免)税制度

根据国际惯例，各国(地区)为鼓励跨境应税行为和本国(地区)货物和劳务出口，通常给予出口货物、劳务和跨境应税行为退(免)本国(地区)流转税的待遇，这就是出口货物、劳务和跨境应税行为的退(免)税制度。出口货物、劳务和跨境应税行为的退(免)税制度的核心是对出口货物、劳务和跨境应税行为退还所征的所有境内流转税。增值税是我国的主要流转税，我国的《增值税暂行条例》规定，纳税人出口货物、劳务和跨境应税行为，增值税税率为0，即对出口货物、劳务和跨境应税行为增值税实行退税。除此之外，我国还针对一些特定情况制定了对出口货物、劳务和跨境应税行为免征增值税的规定。所以，我国的出口货物、劳务和跨境应税行为增值税退(免)税制度包括出口货物、劳务和跨境应税行为增值税退税和免税。增值税退税是指不但在出口环节不征收增值税，而且把出口货物、劳务和跨境应税行为在出口之前所经历的各环节缴纳的增值税退还给出口商；增值税免税是指免除出口货物、劳务和跨境应税行为出口环节应纳的增值税，但出口之前各环节缴纳的增值税不予退还。

一、出口货物、劳务和跨境应税行为的增值税退(免)税

(一) 出口货物、劳务增值税退税

对下列出口货物、劳务，实行免征和退还增值税政策：

1. 出口企业出口货物

出口商包括对外贸易经营者、没有出口经营资格委托出口的生产企业、特定退(免)税的企业和人员。对外贸易经营者是指依法办理工商登记或者其他执业手续，经商务部及其授权单位赋予出口经营资格的从事对外贸易经营活动的法人、其他组织或者个人。其中，个人(包括外国人)是指注册登记为个体工商户、个人独资企业或合伙企业。特定退(免)税的企业和人员是指按国家有关规定可以申请出口货物退(免)税的企业和人员。出口货物，是指向海关报关后实际离境并销售给境外单位或个人的货物，分为自营出口货物和委托出口货物两类。

2. 出口企业或其他单位视同出口货物

视同出口，是指出口企业对外援助、对外承包、境外投资的出口货物；出口企业经海关报关进入国家批准的出口加工区、保税物流园区、保税港区、综合保税区、跨境工业区、保税物流中心(B型)(以下统称特殊区域)并销售给特殊区域内单位或境外单位、

个人的货物；免税品经营企业销售的货物[①]；出口企业或其他单位销售给用于国际金融组织或外国政府贷款国际招标建设项目的中标机电产品；生产企业向海上石油天然气开采企业销售的自产的海洋工程结构物；出口企业或其他单位销售给国际运输企业用于国际运输工具上的货物；出口企业或其他单位销售给特殊区域内生产企业生产耗用且不向海关报关而输入特殊区域的水（包括蒸汽）、电力、燃气。

3. 出口企业对外提供加工、修理修配劳务

对外提供加工、修理修配劳务，是指对进境复出口货物或从事国际运输的运输工具进行的加工、修理修配。

（二）出口货物、劳务免税

对符合下列条件的出口货物、劳务，实行免征增值税政策：

1. 出口企业或其他单位出口规定的货物

出口企业或其他单位出口规定的货物，是指增值税小规模纳税人出口的货物；避孕药品和用具，古旧图书；软件产品，其具体范围是指海关税则号前四位为“9803”的货物；含黄金、铂金成分的货物，钻石及其饰品；国家计划内出口的卷烟；已使用过的设备，其具体范围是指购进时未取得增值税专用发票、海关进口增值税专用缴款书，但其他相关单证齐全的已使用过的设备；非出口企业委托出口的货物；非列名生产企业出口的非视同自产货物；农业生产者自产农产品[②]；油画、花生果仁、黑大豆等财政部和国家税务总局规定的出口免税的货物；外贸企业取得普通发票、废旧物资收购凭证、农产品收购发票、政府非税收入票据的货物；来料加工复出口的货物；特殊区域内的企业出口的特殊区域内的货物；以人民币现金作为结算方式的边境地区出口企业从所在省（自治区）的边境口岸出口到接壤国家的一般贸易和边境小额贸易出口货物；以市场采购贸易方式报关出口的货物。

2. 视同出口的货物和劳务

包括国家批准设立的免税店销售的免税货物[③]；特殊区域内的企业为境外的单位或个人提供加工、修理修配劳务；同一特殊区域、不同特殊区域内的企业之间销售特殊区域内的货物。

3. 未按规定申报或未补齐增值税退（免）税凭证的出口货物、劳务

包括未在国家税务总局规定的期限内申报增值税退（免）税的出口货物劳务；未在规定期限内申报开具“代理出口货物证明”的出口货物劳务；已申报增值税退（免）税，却未在国家税务总局规定的期限内向税务机关补齐增值税退（免）税凭证的出口货物劳务。

对于适用增值税免税政策的出口货物劳务，出口企业或其他单位可以依照现行增值税

---

① 国家规定不允许经营和限制出口的货物、卷烟和超出免税品经营企业的“企业法人营业执照”规定经营范围的货物除外。

② 农产品的具体范围按照《农业产品征税范围注释》（财税〔1995〕52号）的规定执行。

③ 包括进口免税货物和已实现退（免）税的货物。

有关规定放弃免税，按规定缴纳增值税。

（三）跨境应税行为的增值税退税

我国境内的单位和个人销售的下列服务和无形资产，适用增值税零税率：

1. 国际运输服务，包括在境内载运旅客或者货物出境、在境外载运旅客或者货物入境、在境外载运旅客或者货物。

2. 航天运输服务。

3. 向境外单位提供的完全在境外消费的下列服务：研发服务、合同能源管理服务、设计服务、广播影视节目（作品）的制作和发行服务、软件服务、电路设计及测试服务、信息系统服务、业务流程管理服务、离岸服务外包业务、转让技术。

4. 财政部和国家税务总局规定的其他服务。

（四）跨境应税行为免税

境内的单位和个人销售的下列服务和无形资产免征增值税：

1. 在境外提供的以下服务：工程项目在境外的建筑服务，工程项目在境外的工程监理服务，工程、矿产资源在境外的工程勘察勘探服务，会议展览地点在境外的会议展览服务，存储地点在境外的仓储服务，标的物在境外使用的有形动产租赁服务，在境外提供的广播影视节目（作品）的播映服务，在境外提供的文化体育服务、教育医疗服务、旅游服务。

2. 为出口货物提供的邮政服务、收派服务、保险服务。

3. 向境外单位提供的完全在境外消费的服务，包括电信服务、知识产权服务、物流辅助服务（仓储服务、收派服务除外）、鉴证咨询服务、专业技术服务、商务辅助服务、广告投放地在境外的广告服务；无形资产。

4. 以无运输工具承运方式提供的国际运输服务。

5. 为境外单位之间的货币资金融通及其他金融业务提供的直接收费金融服务，且该服务与境内的货物、无形资产和不动产无关。

6. 财政部和国家税务总局规定的其他服务。

二、出口货物、劳务和跨境应税行为的增值税退税率

1994 年税制改革之初，我国对出口货物实行了增值税零税率制度，即货物出口时按法定税率（17%或 13%）予以退税。此后，迫于出口退税的财政压力，于 1995 年 7 月 1 日起，我国第一次调低了出口货物的退税率。其后，由于国家有意将出口退税率的变动作为择机抉择的财政政策使用，我国又多次调低或调高出口货物的增值税退税率。这样出口货物出口前按规定征收的增值税，当货物实际出口后，许多货物只能以更低的退税率计算退税额，因此我国出口货物增值税的退税并不一定退还此前缴纳的全部增值税，退还的只能是征收的一部分。

适用增值税零税率的跨境应税行为的退税率为对应税目境内单位适用的增值税税率。

三、出口货物、劳务和跨境应税行为增值税退税额计算

（一）货物出口增值税退税额的计算

我国现行出口货物增值税退（免）税制度分别对生产企业和贸易企业规定了不同的计算退税额的方法。

1. 生产企业退税额的计算

按规定，生产企业采用“免抵退”法计算退税额。

首先对出口货物的销售额不计算销项税，只计算内销货物的销项税，然后以当期准予抵扣的进项税额抵扣内销货物的销项税额，如果抵扣完，则不予退税或需纳税；如未抵扣完，差额与外销额按照规定的退税率计算的数额比较，以相对较小的为退税额。计算过程如下。

（1）计算出口货物当期不予退税的金额

出口货物当期不予退税的税额=当期出口离岸价格×人民币外汇价格×（法定税率-退税率）

（2）计算当期准予抵扣或退税的税额

当期准予抵扣或退税的税额=当期全部进项税额-当期不予抵扣的进项税额-当期不予退税的税额

（3）计算当期应纳税税额

当期应纳税税额=当期全部进项税额-当期准予抵扣或退税的税额-上期未抵扣完的进项税额

如当期应纳税额为正数，则纳税人应缴纳增值税，不予退税；如应纳税额为负数，表示尚有未抵扣完的进项税额，可以退税。

（4）计算应当退还的增值税税额

先计算出口货物按规定退税率计算的数额，然后将未抵扣完的进项税额与其比较，以较小的数额为退税额。

当出口货物离岸价格×外汇人民币牌价×退税率≥未抵扣完的进项税额时，退税额=未抵扣完的进项税额。

当出口货物离岸价格×外汇人民币牌价×退税率≤未抵扣完的进项税额时，退税额=货物离岸价格×外汇人民币牌价×退税率。

例6 某生产企业某年5月国内销售货物500万元（不含增值税），还出口一批货物，出口价格为FOB上海50万美元，当月购进生产用原料和其他料件600万元，进项税额为78万元。该企业生产的货物的增值税税率为13%，出口退税率为10%，汇率为1美元=6.8279元人民币。计算该企业当月应缴纳的增值税税额或出口退税额。

计算过程如下：

①计算出口货物当期不予退税的金额

出口货物当期不予退税的税额＝50×6.8279×（13%－10%）＝10.24185（万元）

②计算当期准予抵扣或退税的税额

当期准予抵扣或退税的税额＝78－10.24185＝67.75815（万元）（万元）

③计算当期应纳税税额

当期应纳税税额＝500×13%－67.75815＝－2.75815（万元）

计算结果为负数，说明有未抵扣的进项税额2.75815万元，即出口货物应享受的退税额通过抵扣进项税额的方式没有全部返还企业，企业可以获得退税。

④计算应当退还的增值税税额

首先计算出口货物应享受的退税额，出口货物应享受的退税额＝50×6.8279×10%＝34.1395万元。

比较应享受的退税额与未抵扣的进项税额，实际退税额为两者中较小的数额，所以，退税额＝2.75815万元。

如上例中企业国内销售货物为550万元，其他数据不变，则计算过程为：

第①、②步骤同上，③当期应纳税税额＝550×13%－67.75815＝3.74185万元。

计算结果为正，则企业当期应缴纳增值税3.74185万元，不再退税，这是因为出口货物应享受的退税额34.1395万元已通过抵扣进项税额的方式全部返还给了企业。

2. 贸易企业退税额的计算

（1）一般贸易企业退税额的计算

不具有生产能力的一般贸易企业按规定采用“免退税”法计算退税额，即免征增值税，相应的进项税额予以退还。具体计算方法为：

应退税额＝增值税退（免）税的计税依据×退税率

增值税退（免）税的计税依据为购进出口货物的增值税专用发票注明的金额或海关进口增值税专用缴款书注明的完税价格。

对库存和销售均采用加权平均进价核算的企业，也可以就适用不同退税率的货物分别依下列公式计算：

应退税额＝出口货物数量×加权平均进价×出口退税率

一般贸易企业出口从小规模纳税人处收购的持普通发票的特准退税货物，按发票所列金额换算为不含税金额后，按规定的退税率计算退税额。

$$应退税额=\frac{普通发票所列收购金额}{1+征收率}\times 退税率$$

以上方法适用于有出口经营资格的外贸公司收购货物后直接出口或委托其他外贸公司出口。

（2）加工贸易企业退税额的计算

加工贸易分为来料加工和进料加工。来料加工在进口环节暂不征收增值税，加工完成后产品出口，给予免税，无退税。但如企业在货物出口后逾期未办理核销手续，主管出口退税的税务机关将会同海关和主管征税的税务机关及时予以补税和处罚。

进料加工复出口货物按下列公式计算退税：

出口退税额=出口货物的应退税额-销售进口料件的应缴税额

销售进口料件的应缴税额=销售进口料件金额×增值税税率-海关已对进口料件实际征收的增值税税额

（二）跨境应税行为增值税应退税额的计算

境内的单位和个人提供适用增值税零税率的服务或者无形资产，如果属于适用简易计税方法的，实行免征增值税办法。如果属于适用增值税一般计税方法的，生产企业实行免抵退税办法，外贸企业外购服务或者无形资产出口实行免退税办法，外贸企业直接将服务或自行研发的无形资产出口，视同生产企业连同其出口货物统一退税。

1. “免抵退”法

境内企业提供跨境应税行为，免征增值税，相应的进项税额抵减应纳增值税税额（不包括适用增值税即征即退、先征后退政策的应纳增值税税额），未抵减完的部分予以退还。具体计算方法与生产企业出口货物采用“免抵退”法计算应退税额基本相同。

（1）当期免抵退税额的计算

当期零税率跨境应税行为免抵退税额=当期零税率跨境应税行为免抵退税计税依据×外汇人民币折合率×零税率跨境应税行为增值税退税率

公式中的“计税依据”根据不同情形分别确定，具体规定如下：

①以铁路运输方式载运旅客的，为按照铁路合作组织清算规则清算后的实际运输收入。

②以铁路运输方式载运货物的，为按照铁路运输进款清算办法，对“发站”或“到站（局）”名称包含“境”字的货票上注明的运输费用，以及直接相关的国际联运杂费清算后的实际运输收入。

③以航空运输方式载运货物或旅客的，如果国际运输或港澳台运输各航段由多个承运人承运的，为中国航空结算有限责任公司清算后的实际收入；如果国际运输或港澳台运输各航段由一个承运人承运的，为提供航空运输服务取得的收入。

④其他实行免抵退税办法的增值税零税率跨境应税行为，为提供增值税零税率跨境应税行为取得的收入。

（2）当期应退税额和当期免抵税额的计算

当期期末留抵税额≤当期免抵退税额时，当期应退税额=当期期末留抵税额，当期免抵税额=当期免抵退税额-当期应退税额

当期期末留抵税额>当期免抵退税额时，当期应退税额=当期免抵退税额，当期免抵税额=0

实行免抵退税办法的增值税零税率跨境应税行为提供者如果同时出口货物劳务且未分

别核算的，应一并计算免抵退税。税务机关在审核、审批时，应按照增值税零税率跨境应税行为、出口货物劳务免抵退税额的比例划分其退税额和免抵税额。

2. “免退”法

不具有生产能力的出口企业或其他单位出口服务，免征增值税，相应的进项税额予以退还。

应退税额=零税率跨境应税行为免退税计税依据×零税率跨境应税行为的增值税退税率

实行免退税办法的退（免）税计税依据为购进应税项目的增值税专用发票或解缴税款的我国税收缴款凭证上注明的金额。

四、出口货物、劳务和跨境应税行为的增值税退（免）税的管理

（一）出口货物的增值税退（免）税管理

1. 出口货物退（免）税认定管理

出口货物经营者应按《中华人民共和国对外贸易法》和商务部《对外贸易经营者备案登记办法》的规定办理备案登记，没有出口经营资格的生产企业委托出口自产货物，应分别在备案登记、代理出口协议签订之日起30日内持有关资料，填写“出口货物退（免）税认定表”，到所在地税务机关办理出口货物退（免）税认定手续。已办理出口货物退（免）税认定的出口商，其认定内容发生变化的，须自有关管理机关批准变更之日起30日内，持相关证件向税务机关申请办理出口货物退（免）税认定变更手续。出口商发生解散、破产、撤销，以及其他依法应终止出口货物退（免）税事项的，应持相关证件、资料向税务机关办理出口货物退（免）税注销认定。

2. 出口货物退（免）税申报及受理

出口商应在规定期限内，收齐出口货物退（免）税所需的有关单证，使用国家税务总局认可的出口货物退（免）税电子申报系统生成电子申报数据，如实填写出口货物退（免）税申报表，向税务机关申报办理出口货物退（免）税手续。逾期申报的，除另有规定者外，税务机关不再受理该笔出口货物的退（免）税申报，该补税的应按有关规定补征税款。

出口商申报出口货物退（免）税时，税务机关应及时予以接受并进行初审。经初步审核，出口商报送的申报资料、电子申报数据及纸质凭证齐全的，税务机关受理该笔出口货物退（免）税申报。出口商报送的申报资料或纸质凭证不齐全的，除另有规定者外，税务机关不予受理该笔出口货物的退（免）税申报，并要当即向出口商提出改正、补充资料、凭证的要求。

税务机关受理出口商的出口货物退（免）税申报后，应为出口商出具回执，并对出口货物退（免）税申报情况进行登记。

出口商报送的出口货物退（免）税申报资料及纸质凭证齐全的，除另有规定者外，在规定申报期限结束前，税务机关不得以无相关电子信息或电子信息核对不符等原因，拒不受理出口商的出口货物退（免）税申报。

3. 出口货物退（免）税审核、审批

税务机关应当使用国家税务总局认可的出口货物退（免）税电子化管理系统，以及总局下发的出口退税率文库，按照有关规定进行出口货物退（免）税审核、审批，不得随意更改出口货物退（免）税电子化管理系统的审核配置、出口退税率文库，以及接收的有关电子信息。

税务机关受理出口商出口货物退（免）税申报后，应在规定的时间内，对申报凭证、资料的合法性、准确性进行审查，并核实申报数据之间的逻辑对应关系。

在对申报的出口货物退（免）税凭证、资料进行人工审核后，税务机关应当使用出口货物退（免）税电子化管理系统进行计算机审核，将出口商申报出口货物退（免）税提供的电子数据、凭证、资料，与国家税务总局及有关部门传递的出口货物报关单、出口收汇核销单、代理出口证明、增值税专用发票、消费税税收（出口货物专用）缴款书等电子信息进行核对。在核对增值税专用发票时应使用增值税专用发票稽核、协查信息。暂未收到增值税专用发票稽核、协查信息的，税务机关可先使用增值税专用发票认证信息，但必须及时用相关稽核、协查信息进行复核；对复核有误的，要及时追回已退（免）税款。

税务机关在审核中，发现的不符合规定的申报凭证、资料，税务机关应通知出口商进行调整或重新申报；对在计算机审核中发现的疑点，应当严格按照有关规定处理。

出口商提出办理相关出口货物退（免）税证明的申请，税务机关经审核符合有关规定的，应及时出具相关证明。

出口货物退（免）税应当由设区的市、自治州以上（含本级）税务机关根据审核结果按照有关规定进行审批，税务机关在审批后应当按照有关规定办理退库或调库手续。

4. 出口货物退（免）税日常管理

税务机关对出口货物退（免）税有关政策、规定应及时予以公告，并加强对出口商的宣传辅导和培训工作。

税务机关应做好出口货物退（免）税计划及其执行情况的分析、上报工作。税务机关必须在国家税务总局下达的出口退（免）税计划内办理退库和调库。

税务机关遇到下述情况，应及时结清出口商出口货物的退（免）税款：

（1）出口商发生解散、破产、撤销，以及其他依法应终止出口退（免）税事项的，或者注销出口货物退（免）税认定的。

（2）出口商违反国家有关政策法规，被停止一定期限出口退税权的。

税务机关应建立出口货物退（免）税评估机制和监控机制，强化出口货物退（免）税管理，防止骗税案件的发生。

税务机关应按照规定，做好出口货物退（免）税电子数据的接收、使用和管理工作，保证出口货物退（免）税电子化管理系统的安全，定期做好电子数据备份及设备维护工作。

税务机关应建立出口货物退（免）税凭证、资料的档案管理制度。出口货物退（免）

税凭证、资料应当保存10年。但是，法律、行政法规另有规定的除外。

（二）跨境应税行为的增值税退（免）税管理

1. 跨境应税行为退（免）税认定管理

增值税零税率跨境应税行为提供者应按照规定要求，向主管税务机关申请办理出口退（免）税资格认定。

2. 跨境应税行为退（免）税申报及受理

增值税零税率跨境应税行为提供者提供增值税零税率应税服务，应在财务作销售收入次月（按季度进行增值税纳税申报的为次季度首月）的增值税纳税申报期内，向主管税务机关办理增值税纳税和退（免）税相关申报。

增值税零税率跨境应税行为提供者收齐有关凭证后，可于在财务作销售收入次月起至次年4月30日前的各增值税纳税申报期内向主管税务机关申报退（免）税。逾期申报退（免）税的，主管税务机关不再受理。未在规定期限内申报退（免）税的增值税零税率跨境应税行为，增值税零税率跨境应税行为提供者应按规定缴纳增值税。

3. 退（免）税审核、审批

主管税务机关受理增值税零税率跨境应税行为退（免）税申报后，应对有关内容人工审核无误后，使用出口退税审核系统进行审核。对属于实行免退税办法的增值税零税率跨境应税行为的进项一律使用交叉稽核、协查信息审核出口退税。如果在审核中有疑问的，可对企业进项增值税专用发票进行发函调查或核查。

本章小结

增值税是对增值额的征税，通常增值税对所有的商品都普遍征收，税率较为单一，是一种价外税。增值税可分为生产型、收入型和消费型3种类型，我国从2009年起实施消费型增值税，完成了增值税转型。

在我国，增值税的纳税人是在我国境内销售货物或提供加工、修理修配劳务，销售服务、无形资产、不动产及进口货物的单位和个人，分为一般纳税人和小规模纳税人。增值税的征税范围包括境内销售货物，提供加工、修理修配劳务，销售服务、无形资产、不动产及进口货物。增值税的税率设有13%、9%、6%及零税率。零税率是指对出口货物、劳务和跨境应税行为实行退（免）税。此外，对按简易计税方法计税的项目设置了5%和3%两档征收率。

一般纳税人境内销售货物，提供应税劳务，销售服务、无形资产和不动产，应纳增值税税额的计算采用一般计税方法，也就是按销项税额抵扣进项税额后的余额为应纳税额。对小规模纳税人征收增值税，不适用一般计税方法，而是按简易计税方法，也就是按照纳税人的应税销售额乘以规定的征收率计算应纳税额。

对进口货物征收增值税，主要是为了对国内生产的商品与进口商品实行相同税收待遇。对进口货物征收增值税按照“应纳增值税税额=增值税组成计税价格×增值税税率”的公式计算，其中增值税组成计税价格由进口关税完税价格、进口关税税额和进口消费税税额构成。

出口货物、劳务和跨境应税行为增值税退（免）税是出口退（免）税制度的重要组成部分。我国现行的增值税退（免）税制度分别对货物、劳务出口和跨境应税行为规定了计算退税的方法，其中货物和劳务出口的退税针对生产企业和贸易企业规定了不同的计算方法，而跨境应税行为的退税也区分服务提供企业和兼营服务的外贸企业规定了相应的方法，这些方法中最主要的是“免抵退”法。为严格增值税退（免）税管理，我国制定了有关退（免）税认定管理、申报及受理、退（免）税审核、审批和退（免）税日常管理等制度。

练习与思考

1. 什么是增值税？增值税有什么特点？
2. 如何理解增值税的价外税特性？
3. 增值税有哪几种类型？如何区分不同类型的增值税？
4. 近年我国增值税制度改革的基本内容有哪些？
5. 我国增值税的征税范围是什么？
6. 我国增值税的税率是如何设置的？
7. 如何计算国内增值税应纳税额？
8. 我国进口环节增值税的组成计税价格包括哪些内容？
9. 进口货物应纳增值税税额应如何计算？
10. 什么是出口货物增值税退（免）税？为什么要退（免）出口货物的增值税？
11. 如何计算出口货物应退增值税税额？
12. 上海某公司进口一批不需征收消费税的货物，该货物原产于俄罗斯，成交价格为FCA 莫斯科 80000 美元。另外进口商还支付了从莫斯科至上海的运费和保险费 10000 美元，卖方佣金 5000 美元，买方佣金 3000 美元。查该进口货物适用的普通关税税率为50%，关税最惠国税率为 15%，增值税税率为 13%，该批货物适用的计征汇率为 1 美元=6. 8293 元人民币。计算该批货物应纳进口环节增值税税额。
13. 某外贸公司从欧洲进口法国产威士忌酒 1000 升，以总价 CIF 上海 10000 欧元的价格成交。其进口关税最惠国税率为 10%，暂定税率为 5%，普通税率为 180%，增值税税率为 13%，消费税税率为：20%的从价税加 1 元/千克的从量税（1 升=0. 912 千克）。其适用的计征汇率为 1 欧元= 7. 8025 元人民币。计算应纳进口环节增值税税额。
14. 重庆某汽车贸易公司从德国进口一批原产地为德国的小轿车，成交价格为 CIF 上海 150000 欧元。货主另外支付了从上海至重庆的运费 10000 元人民币，保险费 1000 元人民币。经查税则，该货物的进口关税最惠国税率为 15%，进口关税普通税率为 270%。已知该货物增值税税率为 13%，消费税税率为 25%。假设其适用的计征汇率为 1 欧元=

7.8025 元人民币。计算该批货物应纳的进口环节增值税税额。

参考文献

1. 胡怡建．税收学，第 2 版．上海：上海财经大学出版社，2020.

2. 岑维廉，钟昌元，王华．关税理论与中国关税制度，第 2 版．上海：格致出版社，上海人民出版社，2010.

3. 毛道根，李九领，张宏．财政税收学基础教程．上海：格致出版社，2010.

4. 徐晔，杜莉．中国税制，第 7 版．上海：复旦大学出版社，2020.

5. 贺志东．现行出口退（免）税操作指南，第 2 版．北京：机械工业出版社，2003.

6. 朱为群．中国税制，第 2 版．北京：高等教育出版社，2020.

7. WTO agreements，Marrakesh Agreements Establishing the World Trade Organization and its Annexes. www. wto. org.

本章内容主要涉及的法律文件索引

1.《中华人民共和国海关法》（1987 年 1 月 22 日第六届全国人民代表大会常务委员会第十九次会议通过，自 1987 年 7 月 1 日起施行。全国人民代表大会常务委员会先后于 2000 年 7 月 8 日、2013 年 6 月 29 日、2013 年 12 月 28 日、2016 年 11 月 7 日、2017 年 11 月 4 日、2021 年 4 月 29 日修正）

2.《中华人民共和国进出口关税条例》（2003 年 11 月 23 日国务院令第 392 号公布，自 2004 年 1 月 1 日起施行。国务院先后于 2011 年 1 月 8 日、2013 年 12 月 7 日、2016 年 2 月 6 日、2017 年 3 月 1 日修订）

3.《中华人民共和国增值税暂行条例》（1993 年 12 月 13 日国务院令第 134 号公布，国务院先后于 2008 年 11 月 5 日、2016 年 2 月 6 日、2017 年 11 月 19 日修订）

4.《中华人民共和国海关进出口货物征税管理办法》（2005 年 1 月 4 日海关总署令第 124 号公布，自 2005 年 3 月 1 日起施行。根据海关总署令第 198 号、218 号、235 号、240 号修改）

5.《中华人民共和国增值税暂行条例实施细则》（2008 年 12 月 18 日财政部、国家税务总局令第 50 号公布，自 2009 年 1 月 1 日起施行。根据财政部、国家税务总局令第 65 号修订）

6.《出口货物退（免）税管理办法（试行）》（2005 年 3 月 16 日国税发〔2005〕51 号发布，自 2005 年 5 月 1 日起施行。根据国家税务总局公告 2018 年第 31 号修改）

7.《财政部 税务总局 海关总署关于深化增值税改革有关政策的公告》（2019 年 3 月 20 日财政部 税务总局 海关总署公告 2019 年第 39 号发布，自 2019 年 4 月 1 日起执行）

8.《财政部 国家税务总局关于出口货物劳务增值税和消费税政策的通知》（2012 年 5

月 25 日财税〔2012〕39 号发布，除部分条款自 2011 年 1 月 1 日起执行外，其他规定自 2012 年 7 月 1 日起实施）

9.《财政部 国家税务总局关于全面推开营业税改征增值税试点的通知》（2016 年 3 月 23 日财税〔2016〕36 号发布，除另有规定执行时间外，自 2016 年 5 月 1 日起执行）

10.《国家税务总局关于发布〈营业税改征增值税跨境应税行为增值税免税管理办法（试行）〉的公告》（2016 年 5 月 6 日国家税务总局公告 2016 年第 29 号发布，自 2016 年 5 月 1 日起施行。根据国家税务总局公告 2018 年第 31 号修改）

11.《财政部 税务总局关于调整增值税税率的通知》（2018 年 4 月 4 日财税〔2018〕32 号发布，自 2018 年 5 月 1 日起执行）

第九章　进出口环节消费税

本章概要

税收具有财政、经济和监督等职能。在我国，消费税承担了组织收入、调节分配、引导消费、生态保护等多项功能。习近平指出，要加大消费环节税收调节力度，研究扩大消费税征收范围。① 消费税自 1994 年开征以来，经历了几次重大的制度调整，有效发挥了经济调节作用，未来将进一步改革和完善。进口环节消费税和出口环节消费税退（免）税制度是我国税收制度的重要组成部分，对进出口贸易产生重要影响。

消费税是以消费品或消费行为的流转额为课税对象的一种流转税。我国只选择了一些特定的消费品主要在生产、进口等单一环节征收。消费税由国家税务机关征收，但进口环节的消费税由海关代征。关税制度的许多规定也适用于海关代征税的管理。本章第一节介绍消费税概念、发展演变过程及征收的目的，第二节介绍我国消费税的纳税人、征税对象、税率等基本的制度要素内容，第三节介绍国内消费税的计算方法，第四节重点介绍进口环节消费税的计算方法，最后一节介绍出口货物消费税的退（免）税制度。

学习目标

当完成本章的学习后，要求：

1. 理解消费税的基本概念、消费税的征收目的。
2. 认识我国消费税的发展变化过程及现行消费税制度的特点。
3. 掌握消费税的纳税人、课税对象、税率等制度要素的基本内容。
4. 掌握进口环节消费税组成计税价格及消费税的具体计算方法。
5. 理解我国出口货物消费税退（免）税制度的基本内容。

---

① 习近平 2021 年 8 月 17 日在中央财经委员会第十次会议上的讲话《扎实推动共同富裕》。

第一节　消费税概述

一、消费税的概念

消费税是所有以消费品或消费行为的交易额为征税对象的税收的总称。根据征税范围的大小，可分为广义的和狭义的消费税。广义的消费税是指对全部消费品和消费行为征税，既包括对特定消费品和消费行为的征税，也包括对一般消费品和消费行为的征税，如增值税等；狭义的消费税是指对特定消费品和消费行为征税，也称为特定消费税，如盐税、烟税、酒税、货物税等。特定消费税属于选择性商品税，作为一个流转税种，我国的消费税只对少数几种消费品征税，因此也属于特定消费税。

虽然被冠以消费税这一税种名称，但消费税一般不直接对消费者征收，而更多选择以应税消费品的生产者作为消费税的纳税人，这是因为生产者较为集中，便于征收管理。根据税收负担转嫁理论，税收负担的最终分配不取决于纳税人，而取决于征税商品的需求弹性和供给弹性，因而选择以生产者为纳税人不改变税收负担的最终分配。

二、消费税的产生与发展

消费税的历史十分悠久，我国关于消费税的最早记载可追溯到《周礼》中的“山泽之赋、关市之征”。以后各朝代都有类似的赋税形式，名目繁多，出现较多的是盐税、茶税、酒税等。中华人民共和国成立以后，1950 年，政务院公布了《货物税暂行条例》，对烟、酒等货物，在生产制造环节和进口环节实行从价定率一次征税办法，此外还开征了特种消费行为税，对列入娱乐、筵席、冷食、旅馆 4 个税目的消费行为征税。1953 年，特种消费行为税停止征收，货物税并入工商统一税。1984 年，我国建立了产品税、增值税、营业税、盐税并存的流转税制度，这些流转税种都带有特种消费税的色彩。1989 年，为缓解彩电和小轿车的供求矛盾，曾开征过彩电特别消费税和小轿车特别消费税。现行的消费税是在 1994 年的税制改革中建立起来的，此次税制改革取消了产品税、盐税，并调整了增值税和营业税，建立了较为符合国家惯例的消费税，使消费税成为一个独立的税种，形成了在商品生产经营领域普遍征收增值税和对少数消费品征收消费税的税制格局。

2006 年，我国又对消费税进行了结构性调整，将一些资源类消费品和奢侈消费品纳入了消费税的征收范围。具体调整情况为：

第一，税目数量由原来的 11 个调整为 14 个，新增成品油、木制一次性筷子、实木地板、游艇、高尔夫球及球具、高档手表 6 个税目；原有的汽油和柴油两个税目纳入成品油税目，成为 2 个子目，并增加航空煤油、石脑油、溶剂油、润滑油、燃料油 5 个子目；同时考虑当时的国内外经济形势，规定对石脑油、溶剂油先按应纳税额的 30%征收，对航空煤油暂缓征收消费税。

第二，取消护肤护发品税目。

第三，调整小汽车、摩托车、汽车轮胎、酒及酒精税目的税率和子目等，例如取消原有小汽车税目下的小轿车、越野车、小客车子目，改为在小汽车税目下分设乘用车、中轻型商用客车子目，拉大了不同排量汽车的税率差距，加大了大排量和能耗高的小轿车、越野车的税收负担，体现出对生产和使用小排量汽车的鼓励政策。另外，对混合动力汽车等具有节能、环保特点的汽车实行一定的税收优惠。对摩托车的税率结构进行了调整，将原有10%的税率，改为按排量划分为两档税率，适当降低了小排量摩托车的税率。

第四，将汽车轮胎的税率由10%下调到3%，子午线轮胎继续实行免税政策。

第五，取消了粮食白酒和薯类白酒的差别比例税率，实行20%的统一比例税率，同时再按每斤白酒0.5元的定额税率从量征收一道消费税。

2008年11月，国务院修改了消费税条例，新修改的《消费税暂行条例》自2009年1月1日起实施。这次修改将1994年以来出台的政策调整内容，更新到新的消费税条例中，例如，部分消费品（金银首饰、铂金首饰、钻石及钻石饰品）的消费税调整在零售环节征收，对卷烟和白酒增加复合计税办法、消费税税目税率调整等。另外，与增值税相关条例衔接，将纳税申报期限从10日延长至15日，对消费税的纳税地点等规定进行了调整。12月，财政部、国家税务总局制定的《中华人民共和国消费税暂行条例实施细则》（以下简称《消费税暂行条例实施细则》）公布，自2009年1月1日起实施。新修订的《消费税暂行条例》及《消费税暂行条例实施细则》还同时对我国的成品油税费制度进行了改革。为配合国家取消公路养路费、航道养护费、公路运输管理费、公路客货运附加费、水路运输管理费、水运客货运附加费等6项行政性收费，新条例提高了现行成品油消费税单位税额。

2009年5月，财政部、国家税务总局发文（财税〔2009〕84号），为了适当增加财政收入，完善烟产品消费税制度，自2009年5月1日起调整卷烟生产环节（含进口环节）消费税的计税价格和从价比例税率，规定新的卷烟生产环节消费税最低计税价格由国家税务总局核定并下达；甲类卷烟，即每标准条（200支）调拨价格在70元（不含增值税）以上（含70元）的卷烟，从价比例税率调整为56%，乙类卷烟，即每标准条调拨价格在70元（不含增值税）以下的卷烟，从价比例税率调整为36%，但卷烟的从量定额税率不变，仍为0.003元/支。同时规定在批发环节加征一道从价消费税，适用税率为5%。

2014年11月，为了增强消费税合理引导消费需求，促进节能环保的作用，同时适应我国生产和消费结构的变化，财政部、国家税务总局发文（财税〔2014〕93号），调整消费税政策，决定自2014年12月1日起取消气缸容量250毫升（不含）以下的小排量摩托车消费税；取消汽车轮胎税目；取消车用含铅汽油消费税，汽油税目不再划分二级子目，统一按照无铅汽油税率征收消费税；取消酒精消费税，"酒及酒精"品目相应改为"酒"，并继续按现行消费税政策执行。

与此同时，为促进资源节约，抑制对能源的过度消费，进一步加强消费税在治理大气污染、促进节能减排方面的调控力度，财政部、国家税务总局先后发文（财税〔2014〕94号、财税〔2014〕106号、财税〔2015〕11号、财税〔2015〕16号和财税〔2015〕60号），分别自2014年11月29日、2014年12月13日、2015年1月13日连续3次提高成品油的消费税税率，同时决定自2015年2月1日起对电池、涂料征收消费税，自2015年5月10日起调整卷烟批发环节税率，采用复合税率方式计税。通过实施上述"有增有减"

的消费税政策调整措施，将进一步增强消费税引导生产和消费、促进节能减排、调节收入分配的作用。

为了引导合理消费，2016年9月30日，财政部、国家税务总局调整了化妆品消费税政策（财税〔2016〕103号），取消对普通美容、修饰类化妆品征收消费税，将“化妆品”税目名称更名为“高档化妆品”。征收范围包括高档美容、修饰类化妆品，高档护肤类化妆品和成套化妆品，税率调整为15%。

2016年11月30日，财政部、国家税务总局发布《关于对超豪华小汽车加征消费税有关事项的通知》（财税〔2016〕129号），决定从2016年12月1日起，在“小汽车”税目下增设“超豪华小汽车”子税目，对每辆零售价格（进口环节为完税价格）130万元（不含增值税）及以上的乘用车和中轻型商用客车，即乘用车和中轻型商用客车子税目中的超豪华小汽车，在生产（进口）环节按现行税率征收消费税基础上，在零售环节加征一道消费税，税率为10%。

2022年10月，财政部、海关总署、国家税务总局发布《关于对电子烟征收消费税的公告》（财政部 海关总署 税务总局公告2022年第33号），自2022年11月1日起将电子烟纳入消费税征收范围，在烟税目下增设电子烟子目。电子烟实行从价定率的办法计算纳税。生产（进口）环节的税率为36%，批发环节的税率为11%。

三、消费税的征收目的

（一）财政目的

从消费税的起源看，早期消费税的征收目的是取得国家财政收入，现代消费税虽然被赋予了调节经济的职能，但仍具有一定的财政意义。以我国的国内消费税为例，1994年我国国内消费税收入占税收收入的比重达到9.51%，其后虽然有所下降，但到2021年，这一比重仍然达到8.04%（详见表9-1）。

表9-1　1994—2021年我国国内消费税占税收收入的比例

（单位：亿元）

年份	税收总收入	国内消费税收入	占比（%）
1994	5126.88	487.40	9.51
1995	6038.04	541.48	8.97
1996	6909.82	620.23	8.98
1997	8234.04	678.70	8.24
1998	9262.80	814.93	8.80
1999	10682.58	820.66	7.68
2000	12581.51	858.29	6.82
2001	15301.38	929.99	6.08
2002	17636.45	1046.32	5.93

续表9-1

年份	税收总收入	国内消费税收入	占比（%）
2003	20017.31	1182.26	5.91
2004	24165.68	1501.90	6.22
2005	28778.54	1633.81	5.68
2006	34804.35	1885.69	5.42
2007	45621.97	2206.83	4.84
2008	54223.79	2568.27	4.74
2009	59521.59	4761.22	8.00
2010	73210.79	6071.55	8.29
2011	89738.39	6936.21	7.73
2012	100614.28	7875.58	7.83
2013	110530.70	8231.32	7.45
2014	119175.31	8907.12	7.47
2015	124922.20	10542.16	8.44
2016	130360.73	10217.23	7.84
2017	144369.87	10225.09	7.08
2018	156402.86	10631.75	6.80
2019	158000.46	12564.44	7.95
2020	154312.29	12028.10	7.79
2021	172735.67	13880.70	8.04

资料来源：《中国统计年鉴（2021）》，中国统计出版社，2021。2021年数据来自财政部官方网站。

（二）非财政目的

在市场经济国家，尤其是那些选择增值税和消费税相结合的流转税模式的国家，除了获取财政收入，征收消费税更主要的目的是调节消费，从而调节社会经济资源配置。我国的消费税，也是为了配合市场经济体制的确立，在市场资源配置的基础性作用的前提下，发挥政府调节经济的职能。具体而言，消费税的调节功能主要体现在以下3个方面。

1. 消费税体现“寓禁于征”的精神

消费税可以对社会认为应该加以限制的消费品或消费行为征以高税，体现“寓禁于征”的精神，如对烟酒等危害身体健康的消费品征收高额税收，可起到限制消费的作用。

2. 对外部成本征税

对外部成本征税，可使外部成本内部化。外部成本的典型例子是污染和对环境的破坏，由于企业在生产中无须考虑这些成本，使得按照企业利益决定的产量大于按照社会利益决定的产量，造成资源配置无效。政府对外部成本征税，迫使企业在生产决策中考虑其生产行为所产生的环境成本，使按企业利益决定的产量与按社会利益决定的产量相一致。英国经济学家庇古最早提出这样的税收思想，因此出于这种目的而征收的税收被称为庇古税（pigouvian tax）。现代社会，人们越来越重视通过税收来调节经济活动，以减少社会经济活动对环境的破坏，这种思想被称为“绿色税收”思想。

3. 消费税还可以促进收入的公平分配

因为消费税通常不对全部消费品征收，实践中主要选择对通常由高收入阶层消费的高档奢侈消费品征收。这些消费品具有较高的需求收入弹性，收入越高，消费也越多，因此，消费税可起到调节收入分配的作用。

四、我国消费税制度的特点

消费税是我国现行流转税制度中十分重要的一个税种，与其他的流转税种相比，消费税具有以下特点。

第一，以特定消费品为征税对象。现行消费税并不涉及全部消费品，只是对部分消费品征税。这些消费品主要是奢侈商品、资源类消费品、高能耗消费品和某些危害人们身体健康和生态环境的消费品。

第二，主要在生产或进口单一环节征税。我国消费税制度规定，消费税主要实行单一环节纳税，其征税环节一般选在生产经营的起始环节，如生产制造环节、委托加工环节、进口环节，也有个别消费品选择在零售环节征税，如金银首饰。此外，也有极少部分消费品实行多环节征税，例如超豪华小汽车在生产或进口环节征税后，还须在零售环节加征一笔消费税，卷烟和电子烟在生产或进口环节征收消费税的基础上，在批发环节还要加征一次消费税。如选择在起始环节征税，以后的所有经营环节都不再征税；如选择在零售环节征税，则以前的各环节都不征税。这一特点明显不同于增值税多环节征税的特点，单一环节征税有利于简化征收，便于管理。

第三，同时采用从价和从量征税标准。现行消费税制度中，大多数消费品都以消费品的销售额为计税依据，采用从价征税，税率为比例税率，也对少数消费品实行从量征税，以消费品的实物数量为计税依据，税率采用定额税率形式。还有部分消费品同时采用从价和从量标准征收，税率为含有从价比例税率和定额税率的复合税率。

第四，实行差别税率。在被列入消费税征税范围的消费品中，对不同的消费品实施不同的税率，体现出差别待遇和区别对待的原则，主要是为了调节消费者的消费行为。

第二节　消费税制度基本要素

一、消费税的纳税人

《消费税暂行条例》规定，在中华人民共和国境内生产、委托加工和进口该条例规定的消费品的单位和个人，以及国务院确定的销售该条例规定的消费品的其他单位和个人，为消费税的纳税人（《消费税暂行条例》第一条）。这里所称的单位，是指企业、行政单位、事业单位、军事单位、社会团体及其他单位；所称的个人，是指个体工商户及其他个人。所称的在中华人民共和国境内，是指生产、委托加工和进口属于应当缴纳消费税的消费品的起运地或者所在地在境内。

消费税的纳税人具体包括以下单位和个人：

第一，应税消费品的自产自销者。凡从事应税消费品的生产并销售的单位和个人，为消费税的纳税人。

第二，应税消费品的自产自用者。凡从事应税消费品的生产并将应税消费品用于生产非应税消费品和其他方面的，以生产单位或个人为消费税的纳税人。

第三，应税消费品的委托加工者。凡从事委托加工（委托他人生产）应税消费品业务的，以委托单位或个人为消费税的纳税人。

第四，应税消费品的进口者。凡从境外进口应税消费品的，进口报关单位或个人为消费税的纳税人。

第五，特殊应税消费品的批发者和零售者。在我国境内从事卷烟和电子烟批发业务的单位和个人，批发销售的所有牌号规格的卷烟和电子烟，均须缴纳批发环节的消费税。凡从事金银首饰、钻石及其饰品生产经营业务的，以零售单位或个人为消费税的纳税人，生产、进口和批发这些消费品的单位和个人，无须缴纳消费税。对于超豪华小汽车，除在生产或进口环节缴纳消费税外，还需要在零售环节缴纳消费税。

二、消费税的征税范围和征税对象

（一）消费税的征税范围

我国消费税制度选择部分消费品征税，不涉及纯服务性消费行为。截至 2022 年 8 月，我国应税消费品大体上分为 6 个类型。

1. 有害消费品。这是指过度消费会对人类健康、社会秩序和生态环境等造成危害的消费品，包括烟、酒、鞭炮焰火等 3 个税目。

2. 奢侈消费品。这是指某些非生活必需的消费品，包括高档化妆品、贵重首饰及珠宝玉石、高尔夫球及球具、高档手表、游艇、超豪华小汽车等 6 个税目（或子目）。

3. 高能耗消费品。其包括小汽车和摩托车 2 个税目。

4. 石油类消费品。现行消费税设有成品油税目，包括汽油、柴油、航空煤油、石脑油、溶剂油、润滑油、燃料油等 7 个子目。

5. 资源类消费品。其包括木制一次性筷子和实木地板 2 个税目。

6. 污染环境类消费品。其包括电池、涂料 2 个税目。

（二）消费税的征税对象

被列入征税范围的消费品，并不是在每个交易环节都会被征收消费税，消费税的征税对象具体为：

第一，纳税人生产的用于销售的应税消费品。

第二，纳税人生产的自用应税消费品（用于连续生产应税消费品的除外）。

例如，汽车生产企业生产的汽车转为自用的固定资产。但纳税人生产的应税消费品，用于连续生产同一税目下的其他应税消费品，则不征消费税。例如，烟草企业生产的烟丝，如用于连续生产卷烟，对烟丝可不征消费税，这是因为卷烟为同一税目下的应税消费品，对卷烟征收的消费税已包含了对烟丝的征税，否则就会造成重复征税。但如果纳税人生产的应税消费品用于连续生产非同一税目下的其他应税消费品，则需征税。

第三，纳税人委托加工的应税消费品。

第四，纳税人进口的应税消费品。

第五，纳税人以批发或零售方式销售的少数应税消费品。批发销售的应税消费品仅限于各种牌号规格的卷烟和电子烟，零售的应税消费品为金银首饰、钻石及其饰品，以及超豪华小汽车。

三、消费税的税率和计税标准

（一）消费税的税率

根据应税商品的不同特点，我国消费税分别设置了比例税率、定额税率和复合税率3种税率形式。纳税人同时经营不同税率的应税消费品时，应分别核算不同税率的应税消费品的销售额和销售数量，纳税人未分别核算销售额和销售数量的，从高适用税率。消费税税率税目设置情况详见表9-2。

表9-2 消费税税率税目表

<table>
<tr><td rowspan="9">一、烟</td><td colspan="3">1. 卷烟①</td></tr>
<tr><td rowspan="2">生产（进口）环节</td><td>（1）甲类卷烟</td><td>56%加0.003元/支②</td></tr>
<tr><td>（2）乙类卷烟</td><td>36%加0.003元/支③</td></tr>
<tr><td colspan="2">商业批发（批发环节）④</td><td>11%加0.005元/支</td></tr>
<tr><td colspan="2">2. 雪茄烟</td><td>36%</td></tr>
<tr><td colspan="2">3. 烟丝</td><td>30%</td></tr>
<tr><td colspan="2">4. 电子烟</td><td></td></tr>
<tr><td colspan="2">（1）生产（进口）环节</td><td>36%</td></tr>
<tr><td colspan="2">（2）批发环节</td><td>11%</td></tr>
</table>

① 甲类卷烟是指每标准条（200支，下同）调拨价格≥70元（不含增值税）的卷烟，乙类卷烟是指每标准条调拨价格<70元（不含增值税）的卷烟。

对于进口卷烟，甲类卷烟是指每标准条进口关税完税价格≥70元的卷烟，乙类卷烟是指每标准条进口关税完税价格<70元的卷烟。

② 0.003元/支，即150元/标准箱。

③ 同②。

④ 在国内卷烟批发环节加征一道消费税，税率为11%加0.005元/支。

续表 9-2

二、酒	1. 白酒	20%加 0.5 元/500 克
	2. 黄酒	240 元/吨
	3. 啤酒①	
	(1) 甲类啤酒	250 元/吨
	(2) 乙类啤酒	220 元/吨
	4. 其他酒	10%
三、高档化妆品②		15%
四、贵重首饰及珠宝玉石	1. 金银首饰、铂金首饰和钻石及钻石饰品	5%
	2. 其他贵重首饰和珠宝玉石	10%
五、鞭炮、焰火		15%
六、成品油	1. 汽油	1.52 元/升
	2. 石脑油	1.52 元/升
	3. 溶剂油	1.52 元/升
	4. 润滑油	1.52 元/升
	5. 柴油	1.20 元/升
	6. 航空煤油③	1.20 元/升
	7. 燃料油	1.20 元/升
七、摩托车	1. 气缸容量（排气量，下同）为 250 毫升的	3%
	2. 气缸容量在 250 毫升以上的	10%
八、小汽车	1. 乘用车	
	(1) 气缸容量（排气量，下同）在 1.0 升（含 1.0 升）以下的	1%
	(2) 气缸容量在 1.0 升以上至 1.5 升（含 1.5 升）的	3%
	(3) 气缸容量在 1.5 升以上至 2.0 升（含 2.0 升）的	5%
	(4) 气缸容量在 2.0 升以上至 2.5 升（含 2.5 升）的	9%
	(5) 气缸容量在 2.5 升以上至 3.0 升（含 3.0 升）的	12%
	(6) 气缸容量在 3.0 升以上至 4.0 升（含 4.0 升）的	25%
	(7) 气缸容量在 4.0 升以上的	40%

① 甲类啤酒是指出厂价格≥3000 元/吨的啤酒，乙类啤酒是指出厂价格<3000 元/吨的啤酒。

对于进口啤酒，甲类啤酒是指进口关税完税价格≥370 美元/吨的啤酒，乙类啤酒是指进口关税完税价格<370 美元/吨的啤酒。

② 高档化妆品包括高档美容、修饰类化妆品和高档护肤类化妆品，是指生产（进口）环节销售（完税）价格（不含增值税）在 10 元/毫升（克）或 15 元/片（张）及以上的美容、修饰类化妆品和护肤类化妆品。

③ 航空煤油暂缓征收消费税。

续表 9-2

八、小汽车	2. 中轻型商用客车	5%
	3. 超豪华小汽车（零售环节）①	10%
九、高尔夫球及球具		10%
十、高档手表②		20%
十一、游艇		10%
十二、木制一次性筷子		5%
十三、实木地板		5%
十四、电池③		4%
十五、涂料④		4%

（二）消费税的计税标准

我国消费税的计征标准有从价标准、从量标准和复合标准 3 种。

1. 从价计税标准

目前，在我国消费税制度中，除卷烟、白酒、黄酒和啤酒、成品油以外，其他应税消费品，都是按从价标准计算消费税。在从价计征标准下，税率均为比例税率。实行从价标准计算消费税的计算公式为：

应纳消费税税额=销售额×比例税率

2. 从量计税标准

目前，在我国应税消费品中，共有黄酒、啤酒（包括甲类啤酒和乙类啤酒）、成品油（包括汽油、柴油、航空煤油、石脑油、溶剂油、润滑油、燃料油）等消费品采用从量标准计征消费税。在从量计税标准下，税率都为定额税率。实行从量标准计算消费税的计算公式为：

应纳消费税税额=销售数量×定额税率

---

① 超豪华小汽车是指每辆零售价格在 130 万元（不含增值税）及以上的乘用车和中轻型商用客车。对超豪华小汽车在生产（进口）环节按乘用车和中轻型商用客车征收消费税基础上，在零售环节加征消费税。对我国驻外使领馆工作人员、外国驻华机构及人员、非居民常住人员、政府间协议规定等应税（消费税）进口自用，且完税价格在 130 万元及以上的超豪华小汽车消费税，按照生产（进口）环节税率和零售环节税率（10%）加总计算，由海关代征。

② 高档手表是指销售价格（不含增值税）≥10000 元/只的各类手表。

对于进口手表，高档手表是指进口关税完税价格≥10000 元/只的各类手表。

③ 对无汞原电池、金属氢化物镍蓄电池（又称“氢镍蓄电池”或“镍氢蓄电池”）、锂原电池、锂离子蓄电池、太阳能电池、燃料电池和全钒液流电池免征消费税。2015 年 12 月 31 日前对铅蓄电池缓征消费税；自 2016 年 1 月 1 日起，对铅蓄电池按 4%税率征收消费税。

④ 对施工状态下挥发性有机物（Volatile Organic Compounds，VOC）含量低于 420 克/升（含）的涂料免征消费税。

按规定，对于销售单位与计税定额税率的单位不一致的，应按以下换算标准进行换算后才能计算其税额：

（1）黄酒，1 吨=962 升；

（2）啤酒，1 吨=988 升；

（3）汽油，1 吨=1388 升；

（4）柴油，1 吨=1176 升；

（5）航空煤油，1 吨=1246 升；

（6）石脑油，1 吨=1385 升；

（7）溶剂油，1 吨=1282 升；

（8）润滑油，1 吨=1126 升；

（9）燃料油，1 吨=1015 升。

3. 复合计税标准

目前，在我国应税消费品中，共有卷烟（包括甲类卷烟和乙类卷烟）、白酒等消费品采用复合标准计征消费税。实行复合计税办法计算消费税的计算公式为：

应纳消费税税额=销售额×比例税率+销售数量×定额税率

从量部分计量单位的换算公式为：

卷烟：1 标准箱=50000 支，1 标准条=200 支

白酒等蒸馏酒：1 升=0.912 千克

第三节　国内消费税应纳税额的计算

一、销售应税消费品

计税公式为：

从价征税时：应纳消费税税额=应税销售额×比例税率

从量征税时：应纳消费税税额=销售数量×定额税率

复合征收时：应纳消费税税额=应税销售额×比例税率+销售数量×定额税率

应税销售额是指纳税人销售应税消费品向购买方收取的全部价款和价外费用，但不包括向购买方收取的增值税税款。如果销售额未扣除增值税税额，或因纳税人不能使用增值税专用发票而发生价款和增值税税款合并收取的，应将含有增值税税款的销售额换算为不含增值税税款的销售额，换算公式为：

$$应税消费品的销售额=\frac{含增值税的销售额}{1+增值税税率或者征收率}$$

纳税人用已征收消费税的投入品生产应税消费品，投入品已征收的消费税税额可以从销售应税消费品的应纳消费税税额中扣除，但其投入品和最终生产的应税消费品应属于消

费税的同一税目。如纳税人用外购或委托加工的已税烟丝生产卷烟，已纳烟丝的消费税税额可以从卷烟的应纳消费税税额中扣除。

另外，卷烟批发企业在计算缴纳卷烟消费税时不得扣除卷烟已在生产环节缴纳的消费税税款。

例 1 某卷烟生产企业于某年 5 月共销售甲类卷烟 1000 箱，每条的核定价格为 80 元（不含增值税），销售乙类卷烟 500 箱，每条的核定价格为 40 元（不含增值税）。计算该企业应缴纳的消费税。（注：每箱卷烟 250 条，每条 10 包，每包 20 支）

计算过程如下：

甲类卷烟应纳消费税税额 = 1000×250×80×56%+1000×250×10×20×0.003
= 11200000+150000
= 11350000（元）

乙类卷烟应纳消费税税额 = 500×250×40×36%+500×250×10×20×0.003
= 1800000+75000
= 1875000（元）

合计应纳消费税税额 = 11350000+1875000 = 13225000（元）

例 2 假定上例 1 的其他条件不变，生产卷烟所用的全部为外购已缴纳烟丝消费税的烟丝，本月初烟丝的库存金额为 500 万元，本月购入烟丝 1000 万元，本月期末烟丝的库存余额为 300 万元，计算本月应缴纳的消费税税额。

计算过程如下：

本月生产耗用的烟丝已纳的消费税税额 =（5000000+10000000−3000000）×30% = 3600000（元）

应纳消费税税额 = 13225000−3600000 = 9625000（元）

二、委托加工应税消费品

委托加工应税消费品是指由委托方提供原料和主要材料，受托方只收取加工费和代垫部分辅助材料加工的应税消费品。对于由受托方提供原材料生产的应税消费品，或者受托方先将原材料卖给委托方，然后再接受加工的应税消费品，以及由受托方以委托方名义购进原材料生产的应税消费品，不论纳税人在财务上是否作销售处理，都不得作为委托加工应税消费品，而应当按照销售自制应税消费品缴纳消费税。

委托加工的应税消费品，委托方用于连续生产应税消费品的，所纳税款准予按规定抵扣。

委托加工的应税消费品，由委托方承担纳税义务，受托方代扣代缴消费税税款。委托加工的应税消费品，按照受托方的同类消费品的销售价格计算纳税；没有同类消费品销售价格的，按照组成计税价格计算纳税。

从价征税的应税消费品的组成计税价格的计算公式为：

$$组成计税价格=\frac{材料成本+加工费}{1-比例税率}$$

实行复合征税委托加工应税消费品的组成计税价格的计算公式为：

$$组成计税价格=\frac{材料成本+加工费+委托加工数量\times定额税率}{1-比例税率}$$

公式中，“材料成本”是指委托方所提供加工材料的实际成本，“加工费”是指受托方加工应税消费品向委托方所收取的全部费用（包括代垫辅助材料的实际成本）。

例3 某企业委托摩托车生产企业加工一批气缸容量为250毫升的摩托车，材料成本为200万元，加工费20万元，计算应纳的消费税税额。

计算过程为：

$$组成计税价格=\frac{2000000+200000}{1-3\%}=2268041.24（元）$$

应纳消费税税额=2268041.24×3%=68041.24（元）

三、自用应税消费品

纳税人自产自用的应税消费品，用于连续生产应税消费品的，不纳税；用于其他方面的，于移送使用时纳税。这里的“其他方面”是指应税消费品用于消费税的非应税项目，例如，不是用于连续生产应税消费品，而是用于本企业基本建设、管理部门，以及用于对外投资、馈赠、赞助、广告、职工福利、职工奖励等方面。

自产自用的消费品由于没有直接销售，因而没有销售额，应纳税额的计算关键是确定其计税价格，根据纳税人是否有同类消费品销售分为两种情况：有参考价格的情况和没有参考价格的情况。

（一）有同类消费品销售的情况

如果纳税人有同类消费品销售，应按照同类消费品的销售价格计税。所谓同类消费品的销售价格，是指纳税人当月销售同类消费品的销售价格。如果同类消费品当月销售价格高低不一，应按当月同类消费品的加权平均销售价格为计税价格；如当月没有同类消费品销售，应按同类消费品上月或最近月份的销售价格作为计税价格。

例4 假定上例1其他条件不变，另有100箱甲类卷烟转为本企业管理部门对外接待赠品，请计算该企业应缴纳的消费税。

计算过程如下：

甲类卷烟应纳消费税税额=（1000+100）×250×80×56%+（1000+100）×250×10×20×0.003=12320000+165000=12485000（元）

乙类卷烟应纳消费税税额=500×250×40×36%+500×250×10×20×0.003
=1800000+75000=1875000（元）

应纳消费税税额=12485000+1875000=14360000（元）

（二）无同类消费品销售的情况

如自产自用的消费品没有同类销售价格，可按组成计税价格计算应纳税额，实行从价征税的应税消费品的组成计税价格的计算公式为：

$$组成计税价格=\frac{成本+利润}{1-比例税率}$$

实行复合征税的应税消费品的组成计税价格的计算公式为：

$$组成计税价格=\frac{成本+利润+自产自用数量\times定额税率}{1-比例税率}$$

公式中的“利润”是指根据应税消费品的全国平均成本利润率计算的利润，应税消费品全国平均成本利润率由国家税务总局确定。

第四节　进口环节消费税的计算

进口的应税消费品，由进口人或者其代理人向海关申报纳税，应纳税额的计算分从价计税、从量计税和复合计税 3 种情况分别处理。

一、从价计税标准下的进口环节消费税计算

对于实行从价计税的进口应税消费品，应纳税额按以下公式计算：

$$应纳消费税税额=消费税组成计税价格\times消费税比例税率$$

$$消费税组成计税价格=\frac{进口关税完税价格+进口关税税额}{1-消费税比例税率}$$①

计算从价征收的进口应税消费品的消费税，关键是准确计算消费税组成计税价格。从消费税组成计税价格的公式可以发现，组成计税价格实际上包含 3 个部分，即关税完税价格、关税税额和消费税税额，这说明进口应税消费品的消费税组成计税价格与增值税的组成计税价格完全一致。究其原因，虽然消费税与增值税是两种不同性质的税收，消费税是价内税，其计税价格中包含消费税本身，增值税虽是价外税，但仅指其计税价格中不包含增值税本身的税额，因而两者的计税价格都包含 3 个相同的组成部分。需要说明的是，上述公式中的进口关税税额，既包括进口关税正税税额，也包括进口附加关税税额。

---

① 该公式的推导过程如下：

消费税组成计税价格=进口关税完税价格+进口关税税额+消费税税额

从价计算的消费税税额=消费税组成计税价格×消费税比例税率

第二个公式代入第一个公式，可得出：

$$消费税组成计税价格=\frac{进口关税完税价格+进口关税税额}{1-消费税比例税率}$$

例 5　上海某企业从美国进口一批小汽车，成交价格为 FOB 纽约 20 万美元，从美国运往上海的境外运输费 5 万美元，保险费 3 万美元。经审定，该批汽车的原产地为美国。小汽车的关税税率为：普通税率 230%，最惠国税率 15%。消费税税率为 5%，增值税税率为 13%。计征汇率为 1 美元=6.78 元人民币。计算进口环节应纳的关税、消费税和增值税税额。

计算过程如下：

(1) 确定进口货物的完税价格

因为进口货物关税完税价格包括货价和境外运费、保险费，所以：

关税完税价格=FOB 价格+境外运输费+境外保险费

=（200000+50000+30000）×6.78=1898400（元）

(2) 计算应纳进口关税税额

由于该货物原产地为美国，美国为 WTO 成员，所以该货物适用关税最惠国税率 15%。

应纳进口关税税额=关税完税价格×关税税率

=1898400×15%

=284760（元）

(3) 计算消费税组成计税价格

$$消费税组成计税价格=\frac{进口关税完税价格+进口关税税额}{1-消费税比例税率}$$

$$=\frac{1898400+284760}{1-5\%}$$

=2298063.16（元）（组成计税价格采用四舍五入法计算至分）

(4) 计算应纳进口环节消费税税额

应纳消费税税额=消费税组成计税价格×消费税税率

=2298063.16×5%

=114903.16（元）（税额采用四舍五入法计算至分）

(5) 计算增值税组成计税价格

增值税组成计税价格=进口关税完税价格+关税税额+消费税税额

=1898400+284760+114903.16

=2298063.16（元）

(6) 计算应纳进口环节增值税税额

应纳增值税税额=组成计税价格×增值税税率

=2298063.16×13%

=298748.21（元）（税额采用四舍五入法计算至分）

二、从量计税标准下的进口环节消费税计算

对于实行从量征税的进口应税消费品，应按进口的数量和相应的定额税率计算应纳税额，计算公式为：

应纳消费税税额=进口数量×定额税率

我国消费税对黄酒、啤酒、成品油 3 个税目适用从量计税标准，以从量标准计证消费税，不需要确定计税价格，价格的变化与税额变动无关。但由于啤酒是按照关税完税价格区分甲类啤酒和乙类啤酒的，所以啤酒价格变动仍然可能对税额产生影响。

例 6 某外贸公司从德国进口啤酒 5000 升，以总价 FOB 汉堡 1200 欧元的价格成交，另外货物从汉堡运至青岛的运费为 1000 美元，保险费为 100 美元。该啤酒进口关税最惠国税率为 0，普通税率为 7.5 元/升。其增值税税率为 13%。其消费税税率为：进口关税完税价格≥370 美元/吨时，消费税税率为 250 元/吨；进口关税完税价格<370 美元/吨时，消费税税率为 220 元/吨。计量单位的换算公式为：啤酒，1 吨=988 升。其适用的计征汇率为 1 欧元=10.0233 元人民币，1 美元=6.8281 元人民币。计算进口环节应纳消费税税额和增值税税额。

计算过程如下：

（1）确定进口货物的数量

由于啤酒的计量单位换算公式为 1 吨=988 升，所以该批货物进口数量为：5000÷988=5.0607 吨。

（2）确定进口货物的完税价格

根据规定，货价 1200 欧元及运抵中国境内输入地点起卸前的运费 1000 美元、保险费 100 美元应计入完税价格。由于货物适用的计征汇率为 1 欧元= 10.0233 元人民币，1 美元= 6.8281 元人民币，因此：

该批货物的完税价格=（1200×10.0233）+（1000+100）×6.8281= 19538.87（元）

以美元/吨计算的啤酒单价为：

进口完税价格=19538.8÷6.8281÷5.0607=565.44（美元/吨）

由于完税价格≥370 美元/吨，因此其适用 250 元/吨的消费税定额税率。

（3）计算应纳进口关税税额

该货物原产于德国，进口关税适用最惠国税率。因最惠国税率为 0。所以，应纳进口关税税额=0 元。

（4）计算应纳进口环节消费税税额

由于进口啤酒的课税标准为从量标准，因此：

应纳消费税税额=进口数量×消费税定额税率

=5.0607×250

=1265.18（元）（税额采用四舍五入法计算至分）

（5）计算增值税组成计税价格

增值税组成计税价格＝进口关税完税价格+关税税额+消费税税额

＝19538.87+0+1265.18

＝20804.05（元）

（6）计算应纳进口环节增值税税额

应纳增值税税额＝增值税组成计税价格 × 增值税税率

＝20804.05×13%

＝2704.53（元）（税额采用四舍五入法计算至分）

三、复合计税标准下的进口环节消费税计算

实行复合征税的进口应税消费品，应纳税额的计算公式为：

应纳消费税税额＝消费税组成计税价格×消费税比例税率+进口数量×消费税定额税率

$$消费税组成计税价格=\frac{进口关税完税价格+进口关税税额+进口数量\times 消费税定额税率}{1-消费税比例税率}$$①

上式中的进口关税税额，既包括进口关税正税税额，也包括进口附加关税税额。

例 7　某外贸公司从欧洲进口法国原产的威士忌酒 2000 升，以总价 CIF 天津 20000 欧元的价格成交。其进口关税最惠国税率为 10%，暂定税率为 5%，普通税率为 180%，增值税税率为 13%，消费税税率为 20%从价税加 1 元/千克的从量税（1 升＝0.912 千克）。其适用的计征汇率为 1 欧元＝ 10.0233 元人民币。计算进口环节应纳消费税税额和增值税税额。

计算过程如下：

（1）确定进口货物的数量

由于 1 升＝0.912 千克，所以该批货物进口数量为：

2000 升＝2000×0.912＝1824 千克

（2）确定进口货物的完税价格

根据规定，货价 20000 欧元应计入完税价格。由于货物适用的计征汇率为 1 欧元＝10.0233 元人民币，因此：

该批货物的完税价格＝20000×10.0233＝200466.00（元）

① 该公式的推导过程如下：
消费税组成计税价格＝进口关税完税价格+进口关税税额+消费税税额
消费税税额＝从价部分消费税税额+从量部分消费税税额
从价部分消费税税额＝消费税组成计税价格×消费税比例税率
从量部分消费税税额＝进口数量×消费税定额税率
上式相互代入，可得出下式：

$$消费税组成计税价格=\frac{进口关税完税价格+进口关税税额+进口数量\times 消费税定额税率}{1-消费税比例税率}$$

（3）计算应纳进口关税税额

货物原产于法国，进口关税适用最惠国税率10%。因此：

应纳关税税额=进口货物完税价格×进口关税率

=200466.00×5%

=10023.30（元）

（4）计算应纳进口环节消费税税额

由于进口的威士忌酒的课税标准为复合计税标准，因此：

$$消费税组成计税价格=\frac{进口关税完税价格+进口关税税额+进口数量×消费税定额税率}{1-消费税比例税率}$$

$$=\frac{200466.00+10023.30+1824×1}{1-20\%}$$

=265391.63（元）

应纳消费税税额=消费税组成计税价格×消费税比例税率+进口数量×消费税定额税率

=265391.63×20%+1824×1

=54902.33（元）

（5）计算应纳进口环节增值税税额

增值税组成计税价格=进口关税完税价格+关税税额+消费税税额

=200466.00+10023.30+54902.33

=265391.63（元）

应纳增值税税额=增值税组成计税价格 × 增值税税率

=265391.63×13%

=34500.91（元）

第五节　出口货物消费税的退（免）税制度

由于消费税是我国的一种流转税，按照出口货物由出口国退（免）本国流转税的国际惯例，出口货物的消费税也应予以退（免）。因此，我国的《消费税暂行条例》规定，对纳税人出口应税消费品，免征消费税，国务院另有规定的除外（《消费税暂行条例》第十一条）。《出口货物退（免）税管理办法（试行）》还规定，有出口经营资格的企业出口和代理出口的货物，除另有规定者外，可在货物报关出口并在财务上做销售后，凭有关凭证按月报送税务机关批准退还或免征增值税和消费税。这表明，应税消费品出口免征消费税，而且在国内环节已征收的消费税，还可以在货物出口以后予以退还。

一、出口货物消费税退（免）税的类型

（一）出口退税

出口退税是退还出口货物在出口之前交易环节已缴纳的消费税。

消费税出口退税的适用范围是：有出口经营资格的外贸企业购进并直接出口应税消费品，或外贸企业接受其他外贸企业委托代理出口应税消费品，可退还已纳消费税。但外贸企业接受其他非外贸企业代理出口应税产品的，不得退税。

（二）出口免税

消费税的出口免税适用于：有出口经营资格的生产性企业自营出口应税消费品，或生产性企业委托外贸企业代理出口应税消费品，依据实际出口数量免征消费税，不办理退税。由于消费税大多在生产环节征收，所以，对生产性企业的出口货物实行免税，就可免除出口货物的消费税，无须退税。

（三）特准退（免）税

消费税特准退（免）税的范围与增值税完全相同，包括：

1. 对外承包工程公司运出境外用于对外承包项目的货物；
2. 对外承接修理修配业务的企业用于对外修理修配的货物；
3. 外轮供应公司、远洋运输供应公司销售给外轮及远洋国轮而收取外汇的货物；
4. 利用国际金融组织或外国政府贷款采取国际招标方式由国内企业中标销售的机电产品、建筑材料。

二、出口货物消费税退税额的计算

有出口经营资格的外贸企业购进并直接出口应税消费品，或外贸企业接受其他外贸企业委托代理出口应税消费品，可退还全部已纳消费税，出口退税率为应税消费品的实际税率。应退税额的计算公式分别为：

消费税实行从价计税标准的货物：

应退税额=出口货物的工厂销售额×消费税税率

消费税实行从量计税标准的货物：

应退税额=出口数量×消费税单位税额

消费税实行从价和从量复合计税标准的货物：

应退税额=出口货物的工厂销售额×消费税税率+出口数量×消费税单位税额

对库存和销售均采用加权平均进价核算的企业，也可以就适用不同税率的货物分别依下列公式计算：

出口货物的工厂销售额=出口货物数量×加权平均进价

以上公式中的出口货物工厂销售额，是指不含增值税的销售额。外贸企业从小规模纳税人处购得的持普通销售发票的特准退税货物，其工厂销售额应按发票所列金额换算为不含增值税的销售额，换算公式为：

$$出口货物的工厂销售额=\frac{普通发票所列收购金额}{1+征收率}$$

例8 某外贸公司从某日用化妆品公司购进出口用高档化妆品1000箱，取得的增值税专用发票注明的价款为100万元，进项税额为13万元，货款已用银行存款支付。当月该批商品已全部出口，售价为每箱150美元（其适用的计征汇率为1美元=6.6693元人民币），申请退税的单证齐全。该化妆品的消费税税率为15%。请计算应退消费税税额。

计算过程如下：

应退消费税税额=1000000×15%=150000（元）

本章小结

消费税有广义和狭义之分，广义的消费税是指对全部消费品和消费行为的征税，狭义的消费税是指对特定消费品和消费行为的征税。我国的消费税只对少数几种消费品征税，因此属于狭义的特定消费税。除了获取财政收入外，征收消费税还有更重要的目的，这些目的包括以税收限制有害商品的消费、限制对环境污染商品的消费，以及促进收入分配公平等。

我国的消费税以特定消费品为征税对象，并不涉及全部消费品，对被列入消费税征税范围的不同消费品实施不同的税率。实行单一环节征税，征税环节一般选在生产经营的起始环节，如生产制造环节、委托加工环节、进口环节，也有个别消费品选择在批发或零售环节征税。计税标准兼采从价和从量标准，也有复合标准，但大多数消费品都以从价标准计税。

我国消费税的纳税人是在我国境内生产、委托加工和进口应税消费品的单位和个人，以及国务院确定的销售应税消费品的其他单位和个人，包括应税消费品的自产自销者、应税消费品的自产自用者、应税消费品的委托加工者、应税消费品的进口者，以及特殊应税消费品的批发者和零售者。消费税的征税对象具体包括纳税人生产的用于销售的应税消费品、纳税人生产的自用应税消费品、纳税人委托加工的应税消费品、纳税人进口的应税消费品和纳税人以批发或零售方式销售的少数应税消费品。根据计税标准的不同，消费税分别设置了比例税率、定额税率和复合税率3种税率形式。

进口环节消费税由进口人或者其代理人向海关申报纳税，其计算方法因计税标准不同而不同。在从价计税标准下，应纳消费税税额为组成计税价格与相应消费品的消费税税率的乘积，消费税组成计税价格由进口关税完税价格、进口关税税额和进口环节消费税税额构成；对于实行从量征税的进口应税消费品，应按进口的数量乘以相应的定额税率计算应纳税额；实行复合征税的进口应税消费品，其应缴纳的消费税税额为从价计征的税额与从量计征的税额之和。

参照国际惯例，并按照我国相关法规，我国对出口货物实行消费税退（免）税。出口货物消费税退（免）税有出口退税、出口免税和特准退（免）税 3 种类型。其中，出口退税适用于有出口经营资格的外贸企业购进并直接出口应税消费品，或外贸企业接受其他外贸企业委托代理出口应税消费品。

练习与思考

1. 什么是消费税？我国的消费税有什么特点？
2. 近年来我国消费税进行了哪些主要的改革？
3. 征收消费税的目的是什么？
4. 我国消费税的课税对象是什么？纳税主体是谁？
5. 我国消费税的税率是如何设置的？
6. 国内消费税应纳税额如何计算？
7. 纳税人进口应税消费品，应如何计算应纳消费税税额？
8. 为什么要对出口货物退（免）消费税？
9. 如何计算外贸企业出口应税消费品的应退税额？
10. 某公司从德国进口一批原产于法国的高档化妆品（税则号列为 3304. 3000），以 CFR 上海 8000 欧元的价格成交。货物从德国汉堡运抵上海的运费为 1500 欧元，保险费为 500 欧元。发票表明，进口方另外支付买方佣金 100 欧元，货物包装费用 150 欧元。经查当年《进出口税则》，税则号列为 3304. 3000 的货物，普通税率为 150%，最惠国税率为 15%，该年暂定税率为 10%。该货物消费税税率为 15%。其适用的计征汇率为 1 欧元 = 7. 8025 元人民币。计算该批进口货物的应纳消费税税额。

参考文献

1. 胡怡建．税收学，第 2 版．上海：上海财经大学出版社，2020.

2. 岑维廉，钟昌元，王华．关税理论与中国关税制度，第 2 版．上海：格致出版社，上海人民出版社，2010.

3. 毛道根，李九领，张宏．财政税收学基础教程．上海：格致出版社，2010.

4. 徐晔，杜莉．中国税制，第 7 版．上海：复旦大学出版社，2020.

5. 贺志东．现行出口退（免）税操作指南，第 2 版．北京：机械工业出版社，2003.

6. WTO agreements, Marrakesh Agreements Establishing the World Trade Organization and its Annexes. . www. wto. org.

本章内容主要涉及的法律文件索引

1.《中华人民共和国海关法》（1987 年 1 月 22 日第六届全国人民代表大会常务委员会第十九次会议通过，自 1987 年 7 月 1 日起施行。全国人民代表大会常务委员会先后于 2000 年 7 月 8 日、2013 年 6 月 29 日、2013 年 12 月 28 日、2016 年 11 月 7 日、2017 年 11 月 4 日、2021 年 4 月 29 日修正）

2.《中华人民共和国进出口关税条例》（2003 年 11 月 23 日国务院令第 392 号公布，自 2004 年 1 月 1 日起施行。国务院先后于 2011 年 1 月 8 日、2013 年 12 月 7 日、2016 年 2 月 6 日、2017 年 3 月 1 日修订）

3.《中华人民共和国消费税暂行条例》（1993 年 12 月 13 日国务院令第 135 号发布。2008 年 11 月 5 日国务院第 34 次常务会议修订通过，国务院令第 539 号公布，自 2009 年 1 月 1 日起施行）

4.《中华人民共和国海关进出口货物征税管理办法》（2005 年 1 月 4 日海关总署令第 124 号公布，自 2005 年 3 月 1 日起施行。根据海关总署令第 198 号、218 号、235 号、240 号修改）

5.《中华人民共和国消费税暂行条例实施细则》（2008 年 12 月 15 日财政部、国家税务总局令第 51 号公布，自 2009 年 1 月 1 日起施行）

6.《财政部 国家税务总局关于调整烟产品消费税政策的通知》（2009 年 5 月 26 日财税〔2009〕84 号发布，自 2009 年 5 月 1 日起施行）

7.《财政部 国家税务总局关于调整消费税政策的通知》（2014 年 11 月 25 日财税〔2014〕93 号发布，自 2014 年 12 月 1 日起执行）

8.《财政部 国家税务总局关于继续提高成品油消费税的通知》（2015 年 1 月 12 日财税〔2015〕11 号发布，自 2015 年 1 月 13 日起执行）

9.《财政部 国家税务总局关于对电池 涂料征收消费税的通知》（2015 年 1 月 26 日财税〔2015〕16 号发布，自 2015 年 2 月 1 日起执行）

10.《财政部 国家税务总局关于调整卷烟消费税的通知》（2015 年 5 月 7 日财税〔2015〕60 号发布，自 2015 年 5 月 10 日起执行）

11.《财政部 国家税务总局关于调整化妆品消费税政策的通知》（2016 年 9 月 30 日财税〔2016〕103 号发布，自 2016 年 10 月 1 日起执行）

12.《财政部 国家税务总局关于调整化妆品进口环节消费税的通知》（2016 年 9 月 30 日财关税〔2016〕48 号发布，自 2016 年 10 月 1 日起执行）

13.《财政部 国家税务总局关于对超豪华小汽车加征消费税有关事项的通知》（2016 年 11 月 30 日财税〔2016〕129 号发布，自 2016 年 12 月 1 日起执行）

14.《财政部 国家税务总局关于调整小汽车进口环节消费税的通知》（2016 年 11 月 30 日财关税〔2016〕63 号发布，自 2016 年 12 月 1 日起执行）

15.《财政部 海关总署 税务总局关于对电子烟征收消费税的公告》（2022 年 10 月 2 日财政部 海关总署 税务总局公告 2022 年第 33 号发布，自 2022 年 11 月 1 日起执行）

第十章　船舶吨税

本章概要

对外贸易是我国开放型经济的重要组成部分和国民经济发展的重要推动力量。经济增长离不开贸易，而贸易的最重要载体是航运，航运业是国际贸易发展的重要保障。习近平指出，“经济强国必定是海洋强国、航运强国”①，“经济要发展，国家要强大，交通特别是海运首先要强起来”②。我国海运航线和服务网络遍布世界主要国家和地区，海运在促进世界经贸发展、构建人类命运共同体的伟大事业中发挥着重要的桥梁和纽带作用。我国由海关负责征收的船舶吨税，对国际航运有重要影响。

船舶吨税是对特殊运输工具船舶征收的一种税收。其课税对象是从境外进入我国境内港口的国际航行船舶。该税种课税范围狭窄，往往不为公众所熟悉。本章第一节介绍船舶吨税的概念、特点及发展历史，第二节重点介绍船舶吨税的主要制度要素，第三节介绍船舶吨税的具体计算方法。

学习目标

当完成本章的学习后，要求：

1. 理解船舶吨税的概念及特点。
2. 认识我国船舶吨税的发展历史。
3. 掌握船舶吨税的征收范围、执照期限、税率等基本的征税要素。
4. 掌握船舶吨位的计算及船舶吨税的具体计算方法。

---

① 习近平 2018 年 11 月 7 日在上海考察期间视频连线洋山港四期自动化码头时的讲话。

② 习近平 2019 年 1 月 17 日考察天津港码头的讲话。

第一节　船舶吨税概述

一、概念及特点

船舶吨税（Tonnage Dues），简称吨税，是由海关在设关口岸对自境外港口进入中华人民共和国境内港口的国际航行船舶征收的一种使用税。

由于外籍船舶使用了一国的港口和助航设备，因此应缴纳一定的税费。船舶吨税就是国际上各国对载运进出口货物的船舶，在进出境时征收的一种税费，具有使用费的性质。征收的目的是限制外国航运业的利益，扶助本国航运业的发展。在国外，有的国家是以灯塔税或码头费的名目征收。

船舶吨税有以下几个特点：

第一，它是对国际航行船舶，主要是针对外籍船舶征收的一种税费。

第二，通常按船舶吨位计征税款。

第三，在我国，船舶吨税由海关征收。

二、我国船舶吨税的发展

我国历史上很早就对国际航行船舶征税，唐朝时期就由市舶使对进入国家疆域的商船征收船舶税，称为“舶脚”，又称“下碇税”。船舶税的征收在宋元明清时期继续沿用。元代船税的征收，称为“舶税”“税钱”。明代创设钞关，开征内河船舶税，称为“船钞”“船料”。明代后期在福建开始向私人海上贸易商船征收“水饷”，以船的梁头宽窄分别确定不同的船税标准。清承明制，船舶税的征收包括内河沿海一切商船，名称有“船钞”“船料”“梁头税”“丈量税”等。鸦片战争后，清政府继续对中国籍船舶征收“船钞”或“船料”，但对进出境的外籍船舶改按吨位征税，称为“船舶吨税”。

中华人民共和国成立后，1951 年 1 月，船舶吨税属于财政部税务总局主管的车船使用牌照税。对中国籍船舶，不论是否国际航行，一律由税务机关征收车船使用牌照税；外国籍船舶和外商租用的中国籍船舶，则仍沿用船舶吨税的名称，由海关代征。

自 1951 年 10 月起，船舶吨税列入国家预算“关税收入”项目内，作为海关的税收任务之一。1952 年 9 月 16 日，政务院财政经济委员会批准，9 月 29 日由海关总署发布施行了《中华人民共和国船舶吨税暂行办法》。1991 年和 1994 年，有关部门对该办法中的税率表进行了两次修订。

1986 年 6 月 2 日，经国务院批准，自 10 月 1 日起，将船舶吨税划归交通部管理，不再作为关税收入，但仍由海关代交通部征收。所征吨税不再缴入中央金库，改为由纳税人根据海关填发的缴款书，将应缴纳的吨税自开户银行直接汇解北京中国银行总行。交通部将此款直接用于海上专用航标的维护和建设，专款专用。

2000 年 11 月 8 日，财政部、交通部、海关总署联合下发通知，为规范船舶吨税收入的管理，经国务院同意，决定将船舶吨税纳入预算，不再作为预算外资金管理。自 2001

年1月1日起，船舶吨税作为中央预算收入，全部上缴中央国库。船舶吨税收入由海关征收后就地办理缴库。船舶吨税纳入预算管理后，仍专项用于海上航标的维护、建设和管理，原由交通部安排的船舶吨税支出由财政部根据交通部编制的预算，经核定后予以核拨；海关征收船舶吨税所需经费纳入关务费，由财政部通过预算安排。

2011年12月5日，国务院颁布《中华人民共和国船舶吨税暂行条例》，自2012年1月1日起施行。

2017年12月27日，第十二届全国人民代表大会常务委员会第三十一次会议通过了《中华人民共和国船舶吨税法》，自2018年7月1日起施行。《中华人民共和国船舶吨税暂行条例》同时废止。

2001年以来，海关加强了对船舶吨税的征收和管理，从表10-1中的数据可以看出，船舶吨税收入有较为稳定的增长。

表10-1　2001—2021年我国海关实际征收船舶吨税收入一览表

年份	船舶吨税（亿元）	与上年相比增长率（%）
2001	6.19	—
2002	8.45	36.51
2003	9.38	11.00
2004	11.54	23.03
2005	13.81	19.67
2006	15.74	13.98
2007	18.20	15.63
2008	20.11	10.49
2009	23.79	18.30
2010	26.63	11.94
2011	29.76	11.75
2012	40.98	37.70
2013	43.55	6.27
2014	45.22	3.83
2015	46.97	3.87
2016	48.02	2.24
2017	50.40	4.96
2018	49.78	-1.23
2019	50.26	0.96
2020	53.72	6.88
2021	55.73	3.69

数据来源：《中国统计年鉴2021》，中国统计出版社，2021。2021年数据来自财政部官方网站。

第二节 船舶吨税制度要素

一、吨税征收范围

我国法律规定，自中华人民共和国境外港口进入境内港口的船舶（以下称应税船舶），应当依照规定缴纳船舶吨税（《船舶吨税法》第一条）。

根据规定，上述国际航行船舶既包括外国籍船舶，也包括我国港澳台籍船舶，还包括中国籍船舶；既包括自有的船舶，也包括租用的船舶。此外，还包括拖船和非机动驳船。除以下船舶外，其他自境外进入我国境内的船舶，原则上必须缴纳船舶吨税：应纳税额在人民币50元以下的船舶；自境外以购买、受赠、继承等方式取得船舶所有权的初次进口到港的空载船舶；吨税执照期满后24小时内不上下客货的船舶；非机动船舶（不包括非机动驳船）；捕捞、养殖渔船；避难、防疫隔离、修理、改造、终止运营或者拆解，并不上下客货的船舶；军队、武装警察部队专用或者征用的船舶；警用船舶；依照法律规定应当予以免税的外国驻华使领馆、国际组织驻华代表机构及其有关人员的船舶；国务院规定的其他船舶。

上述所称的非机动船舶，是指自身没有动力装置，依靠外力驱动的船舶。非机动驳船，是指在船舶登记机关登记为驳船的非机动船舶。捕捞、养殖渔船，是指在中华人民共和国渔业船舶管理部门登记为捕捞船或者养殖船的船舶。拖船，是指专门用于拖（推）动运输船舶的专业作业船舶。拖船按照发动机功率每1千瓦折合净吨位0.67吨。

二、吨税执照期限

船舶吨税执照（Tonnage Dues Certificate），是应纳吨税的船舶向海关缴纳船舶吨税的完税凭证。在吨税执照有效期限内，海关不再征收船舶吨税。

目前我国船舶吨税分1年期、90天期与30天期缴纳3种，应税船舶负责人在每次申报纳税时，可以选择申领一种期限的吨税执照。执照期限不同，税率也不一样。吨税执照期限，是指按照公历年、日计算的期间。

应税船舶在进入港口办理入境手续时，应当向海关申报纳税领取吨税执照，或者交验吨税执照（或者申请核验吨税执照电子信息）。应税船舶在离开港口办理出境手续时，也应当交验吨税执照（或者申请核验吨税执照电子信息）。

应税船舶负责人申领吨税执照时，应当向海关提供下列文件：船舶国籍证书或者海事部门签发的船舶国籍证书收存证明、船舶吨位证明。

吨税纳税义务发生时间为应税船舶进入港口的当日。应税船舶在吨税执照期满后尚未离开港口的，应当申领新的吨税执照，自上一次执照期满的次日起续缴吨税。

在吨税执照期限内，应税船舶发生下列情形之一的，海关按照实际发生的天数批注延长吨税执照期限：避难、防疫隔离、修理、改造，并不上下客货；军队、武装警察部队征用。符合规定的船舶，应当提供有关部门、机构出具的具有法律效力的证明文件或者使用关系证明文件，申明延长吨税执照期限的依据和理由。

应税船舶在吨税执照期限内，因修理导致净吨位变化的，吨税执照继续有效。应税船舶办理出入境手续时，应当提供船舶经过修理、改造的证明文件。应税船舶在吨税执照期限内，因税目税率调整或者船籍改变而导致适用税率变化的，吨税执照继续有效。因船籍改变而导致适用税率变化的，应税船舶在办理出入境手续时，应当提供船籍改变的证明文件。吨税执照在期满前毁损或者遗失的，应当向原发照海关书面申请核发吨税执照副本，不再补税。

三、吨税税率

船舶吨税设置了优惠税率和普通税率两种。属于中华人民共和国籍的应税船舶，或者船籍国（地区）与中华人民共和国签订含有相互给予船舶税费最惠国待遇条款的条约或者协定的应税船舶，适用优惠税率。其他应税船舶，适用普通税率（《船舶吨税法》第三条）。

船舶吨税的优惠待遇，是以船舶的注册国籍为依据的，而不是以使用关系为准的。船舶国籍（Nationality of Ship），又称船籍，是指船舶所有人根据有关船舶登记的法律规定，在一国船舶登记机关进行登记，依法取得船舶登记国对于船舶隶属于船舶登记国的法律上的确认和从属关系。船舶取得一国国籍后，可以悬挂该国的旗帜在海上航行。在公海上航行的船舶必须具有一国国籍。无国籍船舶将被视为海盗船，任何国家都可对其采取强制性措施。具有国籍的船舶在公海上航行时，除国际法规定的特别事由外，只受船舶国籍所属国政府的专属管辖，并受该国政府的保护。

现在，国际上的方便旗船舶越来越多。所谓方便旗船（Ship of Flag of Convenience），是指在船舶登记开放或者宽松的国家进行登记，从而取得该国国籍，并悬挂该国国旗的船舶。由于开放登记国对船员的雇佣不加限制，对船舶的经营管理不予干涉，加之税收低、船舶最低配员低等因素，在成本上十分有利于船舶所有人，因此方便旗船发展非常迅速。

对于应纳吨税的船舶，如各种外国籍船舶，包括我国企业租用的外国籍船舶、中外合营企业自有或租用的外国籍船舶，均按其注册国籍确定吨税税率。中国籍船舶，包括中国香港、澳门和台湾地区的船舶，则按优惠税率计征吨税。

从吨税税率表（见表10-2）中可以看出，船舶吨税的税级税率按船舶的净吨位分类，采用累进定额税率，船舶的吨位越大，税率定额就越高。净吨位，是指由船籍国（地区）政府签发或授权签发的船舶吨位证明书上标明的净吨位。

表 10-2 船舶吨税税目税率表

（2018 年 7 月 1 日起施行）

<table>
<tr><th rowspan="3">税目
（按船舶净吨位划分）</th><th colspan="6">税率（元/净吨）</th><th rowspan="3">备注</th></tr>
<tr><th colspan="3">普通税率
（按执照期限划分）</th><th colspan="3">优惠税率
（按执照期限划分）</th></tr>
<tr><th>1 年</th><th>90 日</th><th>30 日</th><th>1 年</th><th>90 日</th><th>30 日</th></tr>
<tr><td>不超过 2000 净吨</td><td>12.6</td><td>4.2</td><td>2.1</td><td>9.0</td><td>3.0</td><td>1.5</td><td rowspan="4">1. 拖船按照发动机功率每千瓦折合净吨位 0.67 吨。
2. 无法提供净吨位证明文件的游艇，按照发动机功率每千瓦折合净吨位 0.05 吨。
3. 拖船和非机动驳船分别按相同净吨位船舶税率的 50%计征税款。</td></tr>
<tr><td>超过 2000 净吨，但不超过 10000 净吨</td><td>24.0</td><td>8.0</td><td>4.0</td><td>17.4</td><td>5.8</td><td>2.9</td></tr>
<tr><td>超过 10000 净吨，但不超过 50000 净吨</td><td>27.6</td><td>9.2</td><td>4.6</td><td>19.8</td><td>6.6</td><td>3.3</td></tr>
<tr><td>超过 50000 净吨</td><td>31.8</td><td>10.6</td><td>5.3</td><td>22.8</td><td>7.6</td><td>3.8</td></tr>
</table>

四、吨税的征管

我国法律规定，吨税由海关负责征收。应税船舶因不可抗力在未设立海关地点停泊的，船舶负责人应当立即向附近海关报告，并在不可抗力原因消除后，依照规定向海关申报纳税。应税船舶负责人缴纳吨税或者提供担保后，海关按照其申领的执照期限填发吨税执照。

应税船舶到达港口前，经海关核准先行申报并办结出入境手续的，应税船舶负责人应当向海关提供与其依法履行吨税缴纳义务相适应的担保；应税船舶到达港口后，依照规定向海关申报纳税。

用于担保的财产、权利包括：人民币、可自由兑换货币，汇票、本票、支票、债券、存单，银行、非银行金融机构的保函，海关依法认可的其他财产、权利。

海关发现少征或者漏征税款的，应当自应税船舶应当缴纳税款之日起 1 年内，补征税款。但因应税船舶违反规定造成少征或者漏征税款的，海关可以自应当缴纳税款之日起 3 年内追征税款，并自应当缴纳税款之日起按日加征少征或者漏征税款 0.5‰的税款滞纳金。

海关发现多征税款的，应当在 24 小时内通知应税船舶办理退还手续，并加算银行同期活期存款利息。应税船舶发现多缴税款的，可以自缴纳税款之日起 3 年内以书面形式要求海关退还多缴的税款并加算银行同期活期存款利息。海关应当自受理退税申请之日起 30 日内查实并通知应税船舶办理退还手续。应税船舶应当自收到海关的通知之日起 3 个月内办理有关退还手续。

吨税税款、税款滞纳金、罚款以人民币计算。吨税的征收，《船舶吨税法》未作规定的，依据有关税收征收管理的法律、行政法规的规定执行。

第三节　船舶吨税的计算

一、船舶吨位的计算

船舶吨税是按船舶吨位大小适用不同税率计征的。船舶吨位是船舶大小的计量单位，可分为重量吨位和容积吨位两种。

（一）船舶的重量吨位

船舶的重量吨位（Weight Tonnage）以1000千克为一公吨，或以2240磅为一长吨，或以2000磅为一短吨。目前国际上多采用公制作为计量单位。

船舶的重量吨位，又可分为排水量吨位和载重量吨位两种。

1. 排水量吨位（Displacement Tonnage），是船舶在水中所能排开水的吨数，也是船舶自身重量的吨数。排水量吨位又可分为轻排水量、重排水量和实际排水量3种。

（1）轻排水量（Ligth Displacement），又称空船排水量，是船舶本身加上船员和必要的给养物品三者重量的总和，是船舶最小限度的重量。

（2）重排水量（Full Load Displacement），又称满载排水量，是船舶载客、载货后吃水达到最高载重线时的重量，即船舶最大限度的重量。

（3）实际排水量（Actual Displacement），是船舶每个航次载货后实际的排水量。

排水量的计算公式如下：

排水量（长吨）= 长×宽×吃水×方模系数（立方英尺）/35（海水）或36（淡水）（立方英尺）

排水量（公吨）= 长×宽×吃水×方模系数（立方米）/0.9756（海水）或1（淡水）（立方米）

排水量吨位可以用来计算船舶的载重吨位，在造船时，依据排水量吨位可知该船的重量。

2. 载重量吨位（Dead Weight Tonnage，缩写为D. W. T.），表示船舶在营运中能够使用的载重能力。载重吨位可分为总载重量吨位和净载重量吨位。

（1）总载重量吨位（Gross Dead Weight Tonnage），是指船舶根据载重线标记规定所能装载的最大限度的重量，它包括船舶所载运的货物、船上所需的燃料、淡水和其他储备物料重量的总和。

总载重吨位=满载排水量-空船排水量

（2）净载重量吨位（Dead Weight Cargo Tonnage，缩写D. W. C. T.），是指船舶所能装运货物的最大限度重量，又称载货重量吨位，即从船舶的总载重量中减去船舶航行期间需要储备的燃料、淡水及其他储备物品的重量所得的差数。

船舶载重吨位可用于对货物的统计，作为期租船月租金计算的依据，表示船舶的载运能力，也可用作新船造价及旧船售价的计算单位。

（二）船舶的容积吨位

船舶的容积吨位（Registered Tonnage），是表示船舶容积的单位，又称注册吨位，是各海运国家为船舶注册而规定的一种以吨为计算和丈量的单位，以 100 立方英尺或 2.83 立方米为一注册吨。容积吨又可分为容积总吨和容积净吨两种。

1. 容积总吨位（Gross Registered Tonnage，缩写为 GRT）

又称注册总吨位，是指船舱内及甲板上所有关闭的场所内部空间（或体积）的总和，是以 100 立方英尺或 2.83 立方米为 1 吨折合所得的商数。

容积总吨位的用途很广，它可以用于国家对商船队的统计，表明船舶的大小，用于船舶登记，用于政府确定对航运业的补贴或造船津贴，用于计算保险费用、造船费用及船舶的赔偿等。

2. 容积净吨位（Net Registered Tonnage，缩写为 NRT）

又称注册净吨位，是指从容积总吨位中扣除那些不供营业用的空间（例如驾驶室、机器房、船员房间、厨房等）后所剩余的吨位，也就是船舶可以用来装载货物的容积折合成的吨数。

容积净吨位主要用于船舶的报关、结关，作为船舶向港口缴纳各种税收和费用的依据，作为船舶通过运河时交纳运河费的依据。

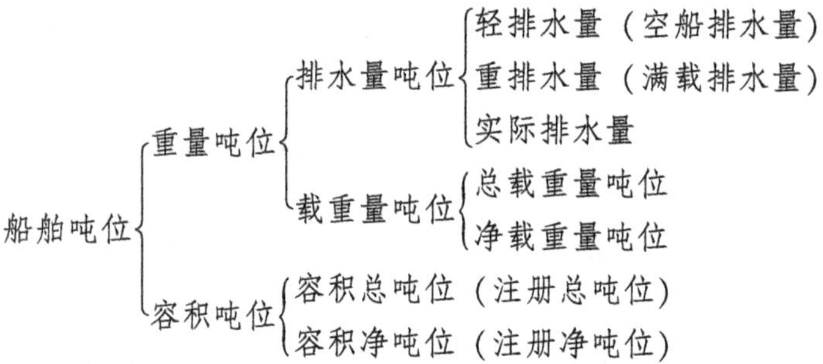

在我国，船舶吨税是按船舶吨位证书中注册净吨位计征的。船舶注册净吨位的尾数，不足 1 吨的四舍五入，即半吨以下的不计尾数，半吨及以上但不足 1 吨的按 1 吨计算。

二、船舶吨税的计算

我国船舶吨税是以船舶的种类、船籍、注册净吨位、规定的期限及相应的每吨税额计算其应纳税额的。其计算公式为：

船舶吨税=注册净吨位×吨税税率（元/净吨）

计算吨税前，必须确定船舶的注册国籍，确定船舶的注册净吨位，并且由船舶负责人选择 1 年、90 天或 30 天的船舶吨税执照期限，然后根据船舶吨税税率表确定其适用的吨税税率，再按上述计算公式计算应纳船舶吨税。

例 1 一艘俄罗斯籍轮船停靠在我国境内某港口。纳税人自行选择 30 天期缴纳吨税。

该轮船船舶吨位证书中注明总吨位为12000吨，注册净吨位为8000吨。经查“船舶吨税税目税率表”，2000~10000吨的机动船舶，30天期限的吨税优惠税率为2.9元/吨，10000~50000吨的机动船舶，30天期限的吨税优惠税率为3.30元/吨。计算该船应纳的船舶吨税。

计算过程如下：

（1）确定注册净吨位数

我国船舶吨税按注册净吨位计算，该船净吨位为8000吨，所以应按8000吨而不是以12000吨计算吨税。

（2）确定适用的吨税税率

该船注册国籍为俄罗斯，按规定可适用吨税优惠税率。该船为机动船舶，纳税人选择的是30天期的吨税执照，因此该船适用的吨税优惠税率为2.9元/吨。

（3）计算应纳船舶吨税

应纳船舶吨税税额＝注册净吨位×吨税税率
＝8000×2.9
＝23200（元）

本章小结

船舶吨税是由海关在设关口岸对自境外港口进入我国境内港口的国际航行船舶征收的一种使用税。我国历史上很早就对国际航行船舶征税，目前我国船舶吨税的征收范围包括自我国境外港口进入境内港口的各种外国籍船舶、中国港澳台籍船舶、中国籍船舶。吨税税率分为优惠税率和普通税率两种，每种税率又分1年、90天和30天3种执照期限，供纳税人自行选择。我国船舶吨税是按照船舶的注册净吨位来计算的，其计算公式为：船舶吨税＝注册净吨位×吨税税率。

练习与思考

1. 什么是吨税？我国吨税有什么特点？
2. 在我国，哪些交通工具需要课征吨税？
3. 在我国行驶的哪些船舶不需要缴纳吨税？
4. 我国吨税税率和执照的规定是怎样的？
5. 一艘美国籍轮船停靠在我国境内某港口。纳税人自行选择90天期缴纳吨税。该轮船船舶吨位证书中注明总吨位为11000吨，注册净吨位为7000吨。已知美国与我国签订了相互给予船舶税费最惠国待遇的协定。计算该船应缴纳的船舶吨税税额。

参考文献

1. 岑维廉，钟昌元，王华．关税理论与中国关税制度，第 2 版．上海：格致出版社，上海人民出版社，2010.

2. 高融昆. 海关税收征管. 北京：中国海关出版社，2010.

3. 何晓兵．中国关税实务，第 4 版．北京：中国商务出版社，2015.

4. 刘广平，王意家，林利忠．海关征税．广州：中山大学出版社，1999.

本章内容主要涉及的法律文件索引

1.《中华人民共和国海关法》（1987 年 1 月 22 日第六届全国人民代表大会常务委员会第十九次会议通过，自 1987 年 7 月 1 日起施行。全国人民代表大会常务委员会先后于 2000 年 7 月 8 日、2013 年 6 月 29 日、2013 年 12 月 28 日、2016 年 11 月 7 日、2017 年 11 月 4 日、2021 年 4 月 29 日修正）

2.《中华人民共和国进出口关税条例》（2003 年 11 月 23 日国务院令第 392 号公布，自 2004 年 1 月 1 日起施行。国务院先后于 2011 年 1 月 8 日、2013 年 12 月 7 日、2016 年 2 月 6 日、2017 年 3 月 1 日修订）

3.《中华人民共和国船舶吨税法》（2017 年 12 月 27 日第十二届全国人民代表大会常务委员会第三十一次会议通过，自 2018 年 7 月 1 日起施行。2018 年 10 月 26 日第十三届全国人民代表大会常务委员会第六次会议修正）

4.《中华人民共和国海关进出口货物征税管理办法》（2005 年 1 月 4 日海关总署令第 124 号发布，自 2005 年 3 月 1 日起施行。根据海关总署令第 198 号、218 号、235 号、240 号修改）

第四篇　海关税收的征管

前几篇阐述的是海关税收的基础理论，以及海关税收制度的主要内容。但是，海关税收制度还包括税收的征收管理规定，如减免税管理、纳税期限、纳税方式、纳税凭证、税款担保、税收保全、强制缴税、多征税款的退还、少征税款的补征、纳税争议、行政复议、违规处罚等内容。

税收征管制度是国家治理体系的重要组成部分，税收征管效能是国家治理能力的重要体现。党的十八届三中全会上习近平强调，科学的财税体制是优化资源配置、维护市场统一、促进社会公平、实现国家长治久安的制度保障。[①]税收征管质量和效率，影响资源配置、市场秩序和社会公平。深化税收征管制度改革，完善海关税收征管流程，优化税收征管模式，提高税收征管质量，是推动海关事业高质量发展的重要内容之一。

本篇从海关税收管理的角度，介绍税收的减免规定和其他征管内容。其中，第十一章介绍关税和其他海关税收的减免税管理以及海关保税制度内容；第十二章则阐述海关税收征管模式、海关税收的缴纳规定、海关税收的退还与补征、税款担保制度、纳税争议与行政复议，以及对偷逃海关税收的处罚规定。

① 习近平2013年11月9日在党的十八届三中全会上的工作报告。

第十一章　海关税收减免及保税制度

本章概要

习近平新时代中国特色社会主义经济思想聚焦统筹民生需求与发展需要，聚焦统筹效率与公平，始终把增进人民福祉、推动共同富裕作为经济发展的出发点和落脚点。随着经济社会发展，税收日益深度融入国家治理，发挥着越来越重要的作用。改革开放以来，我国出台一系列减税降费、延缓纳税等优惠政策，为减轻市场主体负担，促进经济社会发展提供了强有力支持。

海关税收减免是一国税收政策的重要组成部分。对某些进出口货物和进出境船舶给予减免关税和进出口环节代征税、船舶吨税的优惠措施，是国家通过税收政策贯彻宏观调控和政策倾斜的重要手段。保税制度是指经批准的境内企业从事特定海关业务（例如储存、加工、装配等）时，对其进出口货物给予暂缓缴纳进出口税费的一种海关制度。尽管这项制度是对保税货物的进境、储存、加工、装配、结转、复出境全过程实施监督和管理的海关保税监管制度，但是从暂缓缴纳税款角度来看，它减少了企业资金占用，可以降低企业经营成本，可以看作一项特殊的税收优惠制度。因此，本章分别介绍海关税收减免和保税制度的基本内容。其中，第一节主要介绍海关税收减免的管理程序，第二节重点介绍关税法定减免和特定减免的主要内容，第三节介绍进口环节增值税和消费税的减免规定，第四节介绍船舶吨税的减免规定，第五节介绍海关保税制度的主要内容。

学习目标

当完成本章的学习后，要求：

1. 理解海关税收减免的含义、目的及分类。
2. 理解海关税收减免的程序规定。
3. 掌握关税法定减免的范围和关税特定减免的主要内容。
4. 理解我国不征关税的各种情形。
5. 理解我国进口环节增值税和消费税减免规定。
6. 理解船舶吨税的减免范围。
7. 理解我国保税制度的主要规定。

第一节　海关税收减免概述

一、海关税收减免的含义和目的

海关税收减免是指海关依据《海关法》和其他法律、行政法规的规定，以及国家政策，部分或全部免除纳税人缴纳关税、代征税和船舶吨税义务的行政执法行为。部分免除纳税义务称为减税，全部免除纳税义务称为免税。减免税收主要出于以下目的：

（一）支持经济和社会发展

由于国内外经济发展情况经常发生变化，国家在对外贸易中特殊情况时有发生，因此对进出口环节的税收税率应有一定的灵活性，以解决经济发展中遇到的矛盾。例如，为满足国内生产的需要，对某些生产性原材料的进口给予关税等税收减免；国家需要引进外资和先进技术设备，对投资项目进口国内不能生产或性能不能满足需要的设备给予关税等税收减免；国家为支持科技创新，对于符合条件的高校和科研院所进口科学研究、科技开发和教学用品等给予进口税收减免。

（二）履行国际义务或执行国际通行规则

例如，按照国际惯例或根据国际公约、协定，相互给予对方政府官员、外交人员物品的税收减免；对于外国政府、国际组织无偿赠送的物资免征进口税收等。

此外，为了简化税收征收手续，提高征税效率，对税收还会规定起征点或免征额，对于不足起征点或在免征额范围内的，予以免税。

二、海关税收减免的分类

由于海关征收的税包括关税、进口环节增值税、进口环节消费税和船舶吨税，因此税收减免相应的也包括关税减免、增值税减免、消费税减免和船舶吨税减免。

就关税而言，通常又可以区分为法定减免、特定减免和临时减免 3 种。法定减免税是指在《海关法》《关税条例》等法律法规中明确列出的减税或免税。只要符合法律法规规定的法定减免范围的进出口货物，除特殊货物外，无须提前办理减免税货物审核确认，即可享受关税的减免待遇，而且海关对法定减免税货物一般不进行后续管理。特定减免税也称政策性减免税，是指根据国务院的规定，由海关对特定地区、特定用途和特定单位所给予的减税或免税待遇。临时减免税是指根据国务院的决定，对前述法定减免税和特定减免税以外的货物进行的临时性减免税。减免税货物进口前，除另有规定外，需要向海关办理减免税审核确认手续，获得相应的减免税确认通知书，经海关审核符合规定的，予以减税或者免税。减免税货物实际进口以后，在规定的海关监管年限内，未经海关审核同意不得出售、转让、移作他用或进行其他处置。只有超过监管年限或者提前向海关申请解除监管以后，减免税货物才能随意支配和使用。

三、进口货物税收减免的程序

海关减免税管理包括减免税审核确认和减免税货物税款担保审核、进出口报关、减免税货物后续管理 3 个阶段。

减免税审核确认，是指海关对减免税申请人的减免税审核确认申请进行审核，确定享惠主体资格、投资项目和进出口货物相关情况是否符合有关减免税政策要求，出具“中华人民共和国海关进出口货物征免税确认通知书”（以下简称“征免税确认通知书”）的工作。减免税货物税款担保，是指减免税申请人在办结货物通关手续前，为了先行提取货物而办理海关税款担保的活动。

进出口报关，是指减免税货物运抵进出境口岸，按规定提交报关单及随附单证，向海关办理申报、配合查验、缴纳税款（免税除外）、货物放行等手续。

减免税货物后续管理是对减免税货物进口放行后的实际使用状况（包括是否按法律法规和政策规定使用、有无擅自移作他用或转让的情况等）的监管工作，以及减免税货物在监管期内办理异地监管、转让、移作他用、补征税款、退运、贷款抵押申请等相关业务。

（一）减免税审核确认和减免税货物税款担保审核

1. 减免税申请人的主管海关

减免税申请人应当向其主管海关申请办理减免税审核确认、减免税货物税款担保、后续管理等相关业务。在向主管海关申请办理减免税相关业务时，应当按照规定提交齐全、有效、填报规范的申请材料，并对材料的真实性、准确性、完整性和规范性承担相应的法律责任。

减免税申请人，是指根据有关进出口税收优惠政策和相关法律、行政法规的规定，可以享受进出口税收优惠，并依法向海关申请办理减免税相关业务的具有独立法人资格的企事业单位、社会团体、民办非企业单位、基金会、国家机关，符合规定的投资项目单位所属非法人分支机构，以及经海关总署确认的其他组织。

关于减免税申请人的主管海关，按照以下规定确定。减免税申请人为企业法人的，主管海关是指其办理企业法人登记注册地的海关。减免税申请人为事业单位、社会团体、民办非企业单位、基金会、国家机关等非企业法人组织的，主管海关是指其住所地海关。减免税申请人为投资项目单位所属非法人分支机构的，主管海关是指其办理营业登记地的海关。但是，投资项目所在地海关与减免税申请人办理企业法人登记注册地海关或者办理营业登记地海关不是同一海关的，投资项目所在地海关为主管海关。投资项目所在地涉及多个海关的，有关海关的共同上级海关或者共同上级海关指定的海关为主管海关。

2. 减免税审核确认程序

减免税申请人按照有关进出口税收优惠政策的规定申请减免税进出口相关货物，应当在货物申报进出口前，取得相关政策规定的享受进出口税收优惠政策资格的证明材料，并凭以下材料向主管海关申请办理减免税审核确认手续：（1）“进出口货物征免税申请表”；（2）事业单位法人证书或者国家机关设立文件、社会团体法人登记证书、民办非企业单位法人登记证书、基金会法人登记证书等证明材料；（3）进出口合同、发票以及相关货物的产品情况资料。

主管海关应当自受理减免税审核确认申请之日起10个工作日内，对减免税申请人主体资格、投资项目和进出口货物相关情况是否符合有关进出口税收优惠政策规定等情况进行审核，并出具进出口货物征税、减税或者免税的确认意见，制发“征免税确认通知书”。

“征免税确认通知书”有效期限不超过6个月，减免税申请人应当在有效期内向申报地海关办理有关进出口货物申报手续。不能在有效期内办理，需要延期的，应当在有效期内向主管海关申请办理延期手续。“征免税确认通知书”可以延期一次，延长期限不得超过6个月。

“征免税确认通知书”有效期限届满仍未使用的，其效力终止。减免税申请人需要减免税进出口该“征免税确认通知书”所列货物的，应当重新向主管海关申请办理减免税审核确认手续。

除有关进出口税收优惠政策或者其实施措施另有规定外，进出口货物征税放行后，减免税申请人申请补办减免税审核确认手续的，海关不予受理。

需要指出的是，并非所有减免税货物都需要办理减免税审核确认手续。根据规定，法定减免税范围的一些货物，例如下列进出口货物，无须办理减免税审核确认手续：

（1）关税、进口环节增值税或者消费税税额在人民币50元以下的一票货物；

（2）无商业价值的广告品和货样；

（3）在海关放行前遭受损坏或者损失的货物；

（4）进出境运输工具装载的途中必需的燃料、物料和饮食用品；

（5）其他无须办理减免税审核确认手续的减征或者免征税款的货物。

3. 减免税货物的税款担保审核

根据规定，有下列情形之一的，减免税申请人可以向海关申请办理有关货物凭税款担保先予放行手续：（1）有关进出口税收优惠政策或者其实施措施明确规定的；（2）主管海关已经受理减免税审核确认申请，尚未办理完毕的；（3）有关进出口税收优惠政策已经国务院批准，具体实施措施尚未明确，主管海关能够确认减免税申请人属于享受该政策范围的；（4）其他经海关总署核准的情形。

减免税申请人需要办理有关货物凭税款担保先予放行手续的，应当在货物申报进出口前向主管海关提出申请，并随附相关材料。

主管海关应当自受理申请之日起5个工作日内出具是否准予办理担保的意见。符合规定情形的，主管海关应当制发“中华人民共和国海关准予办理减免税货物税款担保通知书”（以下简称“准予办理担保通知书”），并通知申报地海关；不符合有关规定情形的，制发“中华人民共和国海关不准予办理减免税货物税款担保通知书”。

申报地海关凭主管海关制发的“准予办理担保通知书”，以及减免税申请人提供的海关依法认可的财产、权利，按照规定办理减免税货物的税款担保手续。

“准予办理担保通知书”确定的减免税货物税款担保期限不超过6个月，主管海关可以延期1次，延长期限不得超过6个月。特殊情况仍需要延期的，应当经直属海关审核同意。

减免税申请人在减免税货物税款担保期限届满前取得“征免税确认通知书”，并已向海关办理征税、减税或者免税相关手续的，申报地海关应当解除税款担保。

（二）减免税货物进出口报关

减免税申请人应当在“征免税确认通知书”的有效期内向申报地海关办理有关进出口货物申报手续。或者凭主管海关制发的“准予办理担保通知书”向申报地海关办理减免税货物的税款担保手续，海关凭税款担保可以先予放行减免税货物。

减免税申请人或其代理人向海关进行电子数据申报后，应在规定期限内向海关提交包括“征免税确认通知书”在内的单证材料，并按规定配合海关查验。在办理完通关手续，海关予以放行时，减免税申请人或其代理人就可以提取货物或装运货物。

（三）减免税货物后续管理

在减免税货物进口放行后的海关监管年限内，经主管海关审核同意，并办理有关手续，减免税申请人可以将减免税货物抵押、转让、移作他用或者进行其他处置。上述情况应事先向海关提出申请，经海关审核同意后进行，否则将承担相应的法律责任。

1. 减免税货物监管年限

进口减免税货物的监管年限为：船舶、飞机，8 年；机动车辆，6 年；其他货物，3 年；海关总署另有规定除外。监管年限自货物进口放行之日起计算。

除海关总署另有规定外，在海关监管年限内，减免税申请人应当按照海关规定保管、使用进口减免税货物，并依法接受海关监管。

2. 减免税货物使用情况报告

在海关监管年限内，减免税申请人应当于每年 6 月 30 日（含当日）以前，向主管海关提交“减免税货物使用状况报告书”，报告减免税货物使用状况。

减免税申请人未按照前述规定报告其减免税货物使用状况，向海关申请办理减免税审核确认、减免税货物税款担保、减免税货物后续管理等相关业务的，海关不予受理。减免税申请人补报后，海关可以受理。

3. 使用地点的变更

在海关监管年限内，减免税货物应当在主管海关审核同意的地点使用。除有关进口税收优惠政策实施措施另有规定外，减免税货物需要变更使用地点的，减免税申请人应当向主管海关提出申请，并说明理由；经主管海关审核同意的，可以变更使用地点。

减免税货物需要移出主管海关管辖地使用的，减免税申请人应当向主管海关申请办理异地监管手续，并随附相关材料。经主管海关审核同意并通知转入地海关后，减免税申请人可以将减免税货物运至转入地海关管辖地，并接受转入地海关监管。

减免税货物在异地使用结束后，减免税申请人应当及时向转入地海关申请办结异地监管手续，经转入地海关审核同意并通知主管海关后，减免税申请人应当将减免税货物运回主管海关管辖地。

4. 减免税货物主体的变更

在海关监管年限内，减免税申请人发生分立、合并、股东变更、改制等变更情形的，权利义务承受人应当自变更登记之日起 30 日内，向原减免税申请人的主管海关报告主体变更情况以及有关进口减免税货物的情况。

经原减免税申请人主管海关审核，需要补征税款的，权利义务承受人应当向原减免税申请人主管海关办理补税手续；可以继续享受减免税待遇的，权利义务承受人应当按照规定申请办理减免税货物结转等相关手续。

5. 减免税申请人的终止

在海关监管年限内，因破产、撤销、解散、改制或者其他情形导致减免税申请人终止，没有权利义务承受人的，原减免税申请人或者其他依法应当承担关税及进口环节税缴纳义务的当事人，应当自资产清算之日起 30 日内向原减免税申请人主管海关申请办理减免税货物的补缴税款手续。进口时免予提交许可证件的减免税货物，按照国家有关规定需要补办许可证件的，减免税申请人在办理补缴税款手续时还应当补交有关许可证件。有关减免税货物自办结上述手续之日起，解除海关监管。

6. 减免税货物的退运或出口

在海关监管年限内，减免税申请人要求将进口减免税货物退运出境或者出口的，应当经主管海关审核同意，并办理相关手续。

减免税货物自退运出境或者出口之日起，解除海关监管，海关不再对退运出境或者出口的减免税货物补征相关税款。

7. 减免税货物贷款抵押

在海关监管年限内，减免税申请人要求以减免税货物向银行或者非银行金融机构办理贷款抵押的，应当向主管海关提出申请，随附相关材料，并以海关依法认可的财产、权利提供税款担保。

主管海关应当对减免税申请人提交的申请材料是否齐全、有效，填报是否规范等进行审核，必要时可以实地了解减免税申请人经营状况、减免税货物使用状况等相关情况。经审核符合规定的，主管海关应当制发“中华人民共和国海关准予办理减免税货物贷款抵押通知书”；不符合规定的，应当制发“中华人民共和国海关不准予办理减免税货物贷款抵押通知书”。

减免税申请人不得以减免税货物向银行或者非银行金融机构以外的自然人、法人或者非法人组织办理贷款抵押。

主管海关同意以减免税货物办理贷款抵押的，减免税申请人应当自签订抵押合同、贷款合同之日起 30 日内，将抵押合同、贷款合同提交主管海关备案。抵押合同、贷款合同的签订日期不是同一日的，按照后签订的日期计算备案时限。

减免税货物贷款抵押需要延期的，减免税申请人应当在贷款抵押期限届满前，向主管海关申请办理贷款抵押的延期手续。经审核符合规定的，主管海关应当制发“中华人民共和国海关准予办理减免税货物贷款抵押延期通知书”；不符合规定的，应当制发“中华人民共和国海关不准予办理减免税货物贷款抵押延期通知书”。

8. 减免税货物的结转

在海关监管年限内，减免税申请人需要将减免税货物转让给进口同一货物享受同等减免税优惠待遇的其他单位的，应当按照规定办理减免税货物结转手续。其中，减免税货物的转出申请人向转出地主管海关提出申请，并随附相关材料。转出地主管海关审核同意后，通知转入地主管海关。减免税货物的转入申请人向转入地主管海关申请办理减免税审核确认手续。转入地主管海关审核同意后，制发“征免税确认通知书”。结转减免税货物的监管年限应当连续计算，转入地主管海关在剩余监管年限内对结转减免税货物继续实施后续监管。

9. 减免税货物转让的补税

在海关监管年限内，减免税申请人需要将减免税货物转让给不享受进口税收优惠政策或者进口同一货物不享受同等减免税优惠待遇的其他单位的，应当事先向主管海关申请办理减免税货物补缴税款手续。进口时免予提交许可证件的减免税货物，按照国家有关规定需要补办许可证件的，减免税申请人在办理补缴税款手续时还应当补交有关许可证件。减免税货物自办结上述手续之日起，解除海关监管。

减免税货物因转让、提前解除监管以及减免税申请人发生主体变更、依法终止情形或者其他原因需要补征税款的，补税的完税价格以货物原进口时的完税价格为基础，按照减免税货物已进口时间与监管年限的比例进行折旧，其计算公式如下：

$$\text{补税的完税价格}=\text{减免税货物原进口时的完税价格}\times\left[1-\frac{\text{减免税货物已进口时间（月）}}{\text{监管年限}\times 12}\right]$$

减免税货物已进口时间自货物放行之日起按月计算。不足1个月但超过15日的，按1个月计算；不超过15日的，不予计算。

按照上述规定计算减免税货物补税的完税价格的，应当按以下情形确定货物已进口时间的截止日期：

（1）转让减免税货物的，应当以主管海关接受减免税申请人申请办理补税手续之日作为截止之日；

（2）减免税申请人未经海关批准，擅自转让减免税货物的，应当以货物实际转让之日作为截止之日；实际转让之日不能确定的，应当以海关发现之日作为截止之日；

（3）在海关监管年限内，减免税申请人发生主体变更情形的，应当以变更登记之日作为截止之日；

（4）在海关监管年限内，减免税申请人发生破产、撤销、解散或者其他依法终止经营情形的，应当以人民法院宣告减免税申请人破产之日或者减免税申请人被依法认定终止生产经营活动之日作为截止之日；

（5）减免税货物提前解除监管的，应当以主管海关接受减免税申请人申请办理补缴税款手续之日作为截止之日。

10. 减免税货物移作他用的补税

在海关监管年限内，减免税申请人需要将减免税货物移作他用的，应当事先向主管海关提出申请。经主管海关审核同意，减免税申请人可以按照海关批准的使用单位、用途、地区将减免税货物移作他用。这里所称的移作他用包括以下情形：

（1）将减免税货物交给减免税申请人以外的其他单位使用；

（2）未按照原定用途使用减免税货物；

（3）未按照原定地区使用减免税货物。

除海关总署另有规定外，按照上述规定将减免税货物移作他用的，减免税申请人应当事先按照移作他用的时间补缴相应税款；移作他用时间不能确定的，应当提供税款担保，税款担保金额不得超过减免税货物剩余监管年限可能需要补缴的最高税款总额。

减免税申请人将减免税货物移作他用，需要补缴税款的，补税的完税价格以货物原进口时的完税价格为基础，按照需要补缴税款的时间与监管年限的比例进行折旧，其计算公式如下：

$$\text{补税的完税价格}=\text{减免税货物原进口时的完税价格}\times\frac{\text{需要补缴税款的时间（日）}}{\text{监管年限}\times 365}$$

上述计算公式中需要补缴税款的时间为减免税货物移作他用的实际时间，按日计算，每日实际使用不满 8 小时或者超过 8 小时的均按 1 日计算。

11. 减免税货物监管的解除

减免税货物海关监管年限届满的，自动解除监管。

对海关监管年限内的减免税货物，减免税申请人要求提前解除监管的，应当向主管海关提出申请，并办理补缴税款手续。进口时免予提交许可证件的减免税货物，按照国家有关规定需要补办许可证件的，减免税申请人在办理补缴税款手续时还应当补交有关许可证件。有关减免税货物自办结上述手续之日起，解除海关监管。

减免税申请人可以自减免税货物解除监管之日起 1 年内，向主管海关申领“中华人民共和国海关进口减免税货物解除监管证明”。

12. 减免税货物的稽查

在海关监管年限内及其后 3 年内，海关依照《海关法》和《中华人民共和国海关稽查条例》等有关规定，对有关企业、单位进口和使用减免税货物情况实施稽查。

13. 许可证件的规定

在海关监管年限内，进口时免予提交许可证件的减免税货物，减免税申请人向主管海关申请办理抵押、转让、移作他用或者其他处置手续时，按照国家有关规定需要补办许可证件的，应当补办相关手续。

第二节　关税的减免

关税的减免是关税制度中的一项重要制度。国家通过对某些进出口货物给予减免关税的优惠，体现国家的政策导向。同时，对某些进出口货物、进出境物品予以减免税待遇也是我国加入国际公约、缔结协定应当承担的义务，或者是海关管理的国际惯例。

值得注意的是，税则中某些商品的税率为零，尽管税则中零税率的政策效果与免税相同，但为了能明确关税减免与税则税率的区别，零税率不能作为关税减免对待。减免税是指在正常情况下要依照税则规定的税率征税，但由于特殊需要，国家批准按低于这些税率的比例征税，或者完全不征税，因此，减免税应以在正常情况下要征税或要征较高税收为前提条件。而国家在税则中规定了税率为零的进出口商品，它们进出口时海关是不征收关税的，也就是说，有关货物进出口时没有缴纳关税的义务。既然货物本来就不要缴纳关税，亦就不存在减免税的问题。

根据《海关法》的规定，关税减免分为法定减免、特定减免、临时减免 3 种。

一、关税的法定减免

这里所称的法定减免是一种狭义范畴的概念，是指《海关法》《关税条例》等法律、法规中明确规定可以享受的减税或免税待遇。

目前，我国《海关法》和《关税条例》明确规定下列进出口货物、进出境物品，可以减征或者免征关税：

第一，无商业价值的广告品和货样。进出口货样，系指进出口专供订货参考的货物样品，广告品系指进出口用以宣传有关商品内容的广告宣传品。

对于无商业价值的广告品和货样，例如只能用于展示用的单只的鞋、袜、手套等商品，准予免征关税。

第二，外国政府、国际组织无偿赠送的物资。按国际惯例，对外国政府、国际组织无偿赠送的进口物资，给予免征关税待遇。

外国政府是指外国国家的中央政府，国际组织是指联合国各专门机构及长期与我国有合作关系的其他国际组织。

外国政府、国际组织无偿赠送的进口物资的减免税范围包括：根据中国与外国政府、国际组织间的协定或协议，由外国政府、国际组织直接无偿赠送的物资或由其提供无偿赠款，由我国受赠单位按照协定或协议规定用途自行采购进口的物资；外国地方政府或民间组织受外国政府委托无偿赠送进口的物资；国际组织成员受国际组织委托无偿赠送进口的物资。

第三，在海关放行前遭受损坏或者损失的货物。损坏的货物，是指货物没有灭失，仍然存在，但遭受破坏使其价值受损的货物；损失的货物，是指货物丢失，已经不存在的货物。在海关放行前遭受损坏或者损失的货物，其全部或者部分价值减少，对于减少的那部分价值不应征收税款。对于这些遭受损坏或者损失的货物，纳税义务人应当在申报时或者自海关放行货物之日起 15 日内书面向海关说明情况，提供相关证明材料。在海关放行前遭受损坏的货物，可以根据海关认定的受损程度减征关税和代征税。对于损失的货物，可以免征税款。

第四，规定数额以内的物品。为方便进出境人员的合理需要，法律授权海关可以对进境旅客随身携带的行李物品、个人邮递物品和其他物品，实行减免税限额，并且明确海关总署规定数额以内的个人自用进境物品，免征进口税。

第五，进出境运输工具装载的途中必需的燃料、物料和饮食用品。根据国际惯例，进出境运输工具装载的途中必需的燃料、物料和饮食用品，免征关税。

第六，关税税额在人民币 50 元以下的一票货物。

第七，法律规定减征或免征关税的其他货物、物品。

第八，中华人民共和国缔结或者参加的国际条约规定减征、免征关税的货物、物品。

国际条约是指依据《中华人民共和国缔结条约程序法》以“中华人民共和国”“中华人民共和国政府”，以及“中华人民共和国政府部门”名义同外国缔结协定或协议及参加的国际条约。

上述关税法定减免的货物和物品，除另有规定外，在减免关税的同时，也减免进口环节增值税和消费税。

二、关税的特定减免

特定减免税也称政策性减免税。减免税政策经国务院批准，由财政部会同相关部门出台具体政策文件，由海关总署实施。除特殊情况外，减免税货物在进口前，需要按规定向海关办理减免税审核确认手续。减免税货物进口放行后，在海关监管年限内，经主管海关审核同意，并办理有关手续，减免税申请人可以将减免税货物抵押、转让、移作他用或者进行其他处置。上述情况应事先向海关提出申请，经海关审核同意后进行，否则将承担相应的法律责任。

1978 年改革开放至 1993 年，我国共制定了 157 个特定减免税规定，这些减免税政策对促进我国改革开放，吸引外资，加快技术进步，全面发展国民经济起到了积极作用。但是，其中也有不少规定不符合国际惯例和市场经济的要求，因此从 1993 年起，我国开始对这些减免税规定进行逐项清理，除少量符合国际惯例的减免税规定予以调整保留外，其余大部分减免税规定至 1996 年 4 月 1 日予以逐步取消，以便实施统一的税率，体现公平竞争的原则。

我国《海关法》规定，特定地区、特定企业或者有特定用途的进出口货物，可以减征或者免征关税。特定减税或者免税的范围和办法由国务院规定。特定减免税进口的货物，只能用于特定地区、特定企业或者特定用途，未经海关核准并补缴关税，不得移作他用（《海关法》第五十七条）。

所称的特定地区，是指我国关境内由行政法规规定的某一特别限定区域，享受减免税的货物只能在这一专门规定的区域内使用。例如，随着我国开发中西部地区国家出台的一些关税优惠措施等。

所称的特定企业，是指由国务院制定的行政法规中专门规定的企业，享受减免税优惠的货物只能由这些规定的企业使用。例如，对外商投资企业的减免税。

所称的特定用途，是指货物用于行政法规中规定的用途，包括两类：一是货物自身的特性决定了只能用于某种用途，或者专为某种专门用途而设计制造的，例如，残疾人康复用的训练设备，这一类货物只要符合行政法规规定的范围就可以享受关税减免；另一类货物的用途是多方面的，但如果用于某种行政法规特别规定的用途，可以予以减免关税。

任何未经海关审核同意，擅自将享受特定减免税的货物用于政策规定的区域、企业或者用途以外的企业、单位和个人，应当承担相应的法律责任。

至 2022 年，正在实施的减免税政策主要有以下几项。

（一）支持科技创新的进口税收优惠政策

为了促进科学研究和教育事业的发展，我国很早就在科学研究、科技开发和教学领域实施了进口税收优惠政策。1950 年 12 月 18 日，经中央政府批准的《文化教育用品报运进口免税暂行办法》实施，1978 年该办法修订后更名为《科教用品报运进口免税办法》。1997 年 4 月 10 日，海关总署发布了《科学研究和教学用品免征进口税收暂行规定》。2007 年 1 月 31 日财政部、海关总署、国家税务总局出台了《科学研究和教学用品免征进口税收规定》和《科技开发用品免征进口税收暂行规定》，并自 2007 年 2 月 1 日起施行。2016 年 12 月 27 日，财政部、海关总署、国家税务总局联合发布了《关于“十三五”期间支持科技创新进口税收政策的通知》。这些政策的实施，对规范科学研究、科技开发和教学用品免税进口行为，促进科教事业发展，支持科技创新方面起到了积极作用。

为深入实施科教兴国战略、创新驱动发展战略，支持科技创新，财政部、海关总署、国家税务总局联合下发了《关于“十四五”期间支持科技创新进口税收政策的通知》，对 2021 年 1 月 1 日至 2025 年 12 月 31 日期间进口的科学研究、科技开发和教学用品，继续实行进口税收优惠政策。

根据规定，对科学研究机构、技术开发机构、学校、党校（行政学院）、图书馆进口国内不能生产或性能不能满足需求的科学研究、科技开发和教学用品，免征进口关税和进口环节增值税、消费税。

上述所称科学研究机构、技术开发机构、学校、党校（行政学院）、图书馆是指：

1. 从事科学研究工作的中央级、省级、地市级科研院所（含其具有独立法人资格的图书馆、研究生院）。

2. 国家实验室，国家重点实验室，企业国家重点实验室，国家产业创新中心，国家技术创新中心，国家制造业创新中心，国家临床医学研究中心，国家工程研究中心，国家工程技术研究中心，国家企业技术中心，国家中小企业公共服务示范平台（技术类）。

3. 科技体制改革过程中转制为企业和进入企业的主要从事科学研究和技术开发工作的机构。

4. 科技部会同民政部核定或者省级科技主管部门会同省级民政、财政、税务部门和社会研发机构所在地直属海关核定的科技类民办非企业单位性质的社会研发机构；省级科技主管部门会同省级财政、税务部门和社会研发机构所在地直属海关核定的事业单位性质的社会研发机构。

5. 省级商务主管部门会同省级财政、税务部门和外资研发中心所在地直属海关核定的外资研发中心。

6. 国家承认学历的实施专科及以上高等学历教育的高等学校及其具有独立法人资格的分校、异地办学机构。

7. 县级及以上党校（行政学院）。

8. 地市级及以上公共图书馆。

此外，对出版物进口单位为科研院所、学校、党校（行政学院）、图书馆进口用于科研、教学的图书、资料等，免征进口环节增值税。这里所称出版物进口单位是指中央宣传部核定的具有出版物进口许可的出版物进口单位；科研院所是指从事科学研究工作的中央级、省级、地市级科研院所（含其具有独立法人资格的图书馆、研究生院）。

上述免税进口商品实行清单管理。免税进口商品清单由财政部、海关总署、税务总局征求有关部门意见后另行制定印发，并动态调整。

经海关审核同意，科学研究机构、技术开发机构、学校、党校（行政学院）、图书馆可将免税进口的科学研究、科技开发和教学用品用于其他单位的科学研究、科技开发和教学活动。

对纳入国家网络管理平台统一管理、符合相关规定的免税进口科研仪器设备，符合科技部会同海关总署制定的纳入国家网络管理平台免税进口科研仪器设备开放共享管理有关规定的，可以用于其他单位的科学研究、科技开发和教学活动。

经海关审核同意，科学研究机构、技术开发机构、学校以科学研究或教学为目的，可将免税进口的医疗检测、分析仪器及其附件、配套设备用于其附属、所属医院的临床活动，或用于开展临床实验所需依托的其分立前附属、所属医院的临床活动。其中，大中型医疗检测、分析仪器，限每所医院每 3 年每种 1 台。

（二）支持公益事业的税收优惠政策

1. 进口残疾人专用品

为了支持残疾人康复工作，有利于残疾人专用品进口，1997 年经国务院批准，由海关总署发布了《残疾人专用品免征进口税收暂行规定》，对进口残疾人专用品，免征进口关税和进口环节增值税、消费税。

所称的残疾人，是指由于心理、生理、人体结构或某种组织的功能丧失或不正常，以致全部或部分丧失以正常方式从事某种活动能力的人。残疾人包括视力残疾、听力残疾、语言残疾、肢体残疾、智力残疾、精神残疾、多重残疾和其他残疾人。

根据规定，进口下列残疾人专用品，免征进口关税和进口环节增值税、消费税：

（1）肢残者用的支辅具、假肢及其零部件、假眼、假鼻、内脏托带、矫形器、矫形鞋、非机动助行器、代步工具（不包括汽车、摩托车）、生活自助具、特殊卫生用品；

（2）视力残疾者用的盲杖、导盲镜、助视器、盲人阅读器；

（3）语言、听力残疾者用的语言训练器；

（4）智力残疾者用的行为训练器、生活能力训练用品。

进口前述所列残疾人专用品，由纳税人直接在海关办理免税手续。

有关单位进口的国内不能生产的下列残疾人专用品，按隶属关系由民政部或者中国残疾人联合会出具证明，海关凭此办理减免税审核确认手续后，免征进口关税和进口环节增值税、消费税：

（1）残疾人康复及专用设备，包括床旁监护设备、中心监护设备、生化分析仪和超声诊断仪；

（2）残疾人特殊教育设备和职业教育设备；

（3）残疾人职业能力评估测试设备；

（4）残疾人专用劳动设备和劳动保护设备；

（5）残疾人文体活动专用设备；

（6）假肢专用生产、装配、检测设备，包括假肢专用铣磨机、假肢专用真空成型机、假肢专用平板加热器和假肢综合检测仪；

（7）听力残疾者用的助听器。

这里所称的有关单位是指：民政部直属企事业单位和省、自治区、直辖市民政部门所属福利机构、假肢厂和荣誉军人康复医院（包括各类革命伤残军人休养院、荣军医院和荣军康复医院）；中国残疾人联合会（中国残疾人福利基金会）直属事业单位和省、自治区、直辖市残疾人联合会（残疾人福利基金会）所属福利机构和康复机构。

2. 慈善捐赠进口物资

为促进公益事业的健康发展，2001 年，财政部、国家税务总局、海关总署公布了《扶贫、慈善性捐赠物资免征进口税收暂行办法》（财税〔2000〕152 号），规范了扶贫、慈善捐赠进口物资的管理。

为促进慈善事业的健康发展，支持慈善事业发挥扶贫济困积极作用，规范对慈善事业捐赠物资的进口管理，经国务院批准，2015 年 12 月 23 日，财政部、国家税务总局、海关总署联合发布了《慈善捐赠物资免征进口税收暂行办法》，自 2016 年 4 月 1 日起，对境外捐赠人无偿向受赠人捐赠的直接用于慈善事业的物资，免征进口关税和进口环节增值税。同时废止《扶贫、慈善性捐赠物资免征进口税收暂行办法》。

上述所称的慈善事业，是指非营利的慈善救助等社会慈善和福利事业，包括以捐赠财产方式自愿开展的下列慈善活动：扶贫济困，扶助老幼病残等困难群体；促进教育、科学、文化、卫生、体育等事业的发展；防治污染和其他公害，保护和改善环境；符合社会公共利益的其他慈善活动。境外捐赠人，是指中华人民共和国关境外的自然人、法人或者其他组织。

用于慈善事业的物资是指：

（1）衣服、被褥、鞋帽、帐篷、手套、睡袋、毛毯及其他生活必需用品等。

（2）食品类及饮用水（调味品、水产品、水果、饮料、烟酒等除外）。

（3）医疗类包括医疗药品、医疗器械、医疗书籍和资料。其中，对于医疗药品及医疗器械捐赠进口，按照相关部门有关规定执行。

（4）直接用于公共图书馆、公共博物馆、各类职业学校、高中、初中、小学、幼儿园教育的教学仪器、教材、图书、资料和一般学习用品。其中，教学仪器是指专用于教学的检验、观察、计量、演示用的仪器和器具；一般学习用品是指用于各类职业学校、高中、初中、小学、幼儿园教学和学生专用的文具、教具、体育用品、婴幼儿玩具、标本、模型、切片、各类学习软件、实验室用器皿和试剂、学生校服（含鞋帽）和书包等。

（5）直接用于环境保护的专用仪器，包括环保系统专用的空气质量与污染源废气监测仪器及治理设备、环境水质与污水监测仪器及治理设备、环境污染事故应急监测仪器、固体废物监测仪器及处置设备、辐射防护与电磁辐射监测仪器及设备、生态保护监测仪器及设备、噪声及振动监测仪器和实验室通用分析仪器及设备。

（6）经国务院批准的其他直接用于慈善事业的物资。

上述物资不包括国家明令停止减免进口税收的特定商品及汽车、生产性设备、生产性原材料及半成品等。捐赠物资应为未经使用的物品（其中，食品类及饮用水、医疗药品应在保质期内），在捐赠物资内不得夹带危害环境、公共卫生和社会道德及进行政治渗透等违禁物品。

对于符合规定的进口捐赠物资，由受赠人向海关申请办理减免税手续，海关按规定进行审核确认。经审核同意免税进口的捐赠物资，由海关按规定进行监管。

3. 救灾捐赠进口物资

为有利于灾区紧急救援，规范救灾捐赠进口物资的管理，1998 年，财政部、国务院关税税则委员会、国家税务总局、海关总署制定了《关于救灾捐赠物资免征进口税收的暂行办法》，对外国民间团体、企业、友好人士和华侨、香港和澳门居民、台湾同胞无偿向我境内受灾地区捐赠的直接用于救灾的物资，在合理数量范围内，免征进口关税和进口环节增值税、消费税。

享受救灾捐赠物资进口免税的区域限于新华社对外发布和民政部公布的受灾地区。免税进口的救灾捐赠物资限于：

（1）食品类（不包括调味品、水产品、水果、饮料、酒等）；

（2）新的服装、被褥、鞋帽、帐篷、手套、睡袋、毛毯及其他维持基本生活的必需用品等；

（3）药品类（包括治疗、消毒、抗菌等）、疫苗、白蛋白、急救用医疗器械、消杀灭药械等；

（4）抢救工具（包括担架、橡皮艇、救生衣等）；

（5）经国务院批准的其他直接用于灾区救援的物资。

对于符合规定的救灾捐赠进口物资，由民政部、中国红十字会、中华全国妇女联合会等部门向海关申请办理减免税手续，海关按规定进行审核确认。经审核同意免税进口的救灾捐赠物资，不得以任何形式转让、出售、出租或移作他用。

4. 国有公益性收藏单位进口藏品

2002 年 6 月 25 日，财政部、国家税务总局、海关总署发布实施了《国有文物收藏单位接受境外捐赠、归还和从境外追索的中国文物进口免税暂行办法》，对国务院文物行政管理部门和国有文物收藏单位以接受境外机构、个人捐赠、归还和从境外追索等方式进口的中国文物，实施免征关税、进口环节增值税和消费税的政策。

为弘扬和传承中外传统文化艺术，提高民族文化软实力，促进我国对文物和艺术品等进口藏品的收藏和保护事业的健康发展，经国务院批准，2009 年，财政部、海关总署、国家税务总局联合发布了《国有公益性收藏单位进口藏品免税暂行规定》，对国有公益性收藏单位以从事永久收藏、展示和研究等公益性活动为目的，以接受境外捐赠、归还、追索和购买等方式进口的藏品，免征进口关税和进口环节增值税、消费税。

这里所称的国有公益性收藏单位，是指国家有关部门和省、自治区、直辖市、计划单列市相关部门所属的国有公益性图书馆、博物馆、纪念馆及美术馆（即省级以上国有公益性收藏单位），省级以上国有公益性收藏单位的名单，由财政部会同国务院有关部门以公告的形式发布；财政部会同国务院有关部门核定的其他国有公益性收藏单位。

所称的藏品，是指具有收藏价值的各种材质的器皿和器具、钱币、砖瓦、石刻、印章封泥、拓本（片）、碑帖、法帖、艺术品、工艺美术品、典图、文献、古籍善本、照片、邮品、邮驿用品、徽章、家具、服装、服饰、织绣品、皮毛、民族文物、古生物化石标本和其他物品。

国有公益性收藏单位进口与其收藏范围相应的藏品，才能享受规定的税收政策。符合规定的国有公益性收藏单位进口藏品，应持捐赠、归还、追索和购买等有效进口证明及海关规定的其他有关文件办理海关手续。

国有公益性收藏单位免税进口的藏品属于海关监管货物，应永久收藏，并仅用于非营利性展示和科学研究等公益性活动，不得转让、抵押、质押或出租。

5. 进口科普影视作品和科普用品

为支持科普事业发展，2003 年 5 月 8 日，财政部、国家税务总局、海关总署、科技部、新闻出版总署联合发布了《关于鼓励科普事业发展税收政策问题的通知》（财税〔2003〕55 号），对于符合条件的进口科普用品给予进口税收优惠，自 2003 年 6 月 1 日起执行。此后财政部等部门多次发布文件，延续这一税收优惠政策。

2021 年，财政部、海关总署、税务总局联合发布了《关于“十四五”期间支持科普事业发展进口税收政策的通知》，规定自 2021 年 1 月 1 日至 2025 年 12 月 31 日，对公众开放的科技馆、自然博物馆、天文馆（站、台）、气象台（站）、地震台（站），以及高校和科研机构所属对外开放的科普基地，进口自用科普影视作品和科普用品，免征进口关税和进口环节增值税。

所称的科普影视作品、科普用品，是指符合科学技术普及法规定，以普及科学知识、倡导科学方法、传播科学思想、弘扬科学精神为宗旨的影视作品、科普仪器设备、科普展品、科普专用软件等用品。这些商品包括：

（1）为从境外购买自用科普影视作品播映权而进口的拷贝、工作带、硬盘，以及以其他形式进口自用的承载科普影视作品的拷贝、工作带、硬盘。

（2）国内不能生产或性能不能满足需求的自用科普仪器设备、科普展品、科普专用软件等科普用品。

享受免税政策的自用科普影视作品拷贝、工作带、硬盘，应同时符合以下条件：属于规定的税号范围；为进口单位自用，且用于面向公众的科普活动，不得进行商业销售或挪作他用；符合国家关于影视作品和音像制品进口的相关规定。对于免税进口商品擅自转让、移作他用或者进行其他处置的，需要承担相应的法律责任。

6. 进口抗艾滋病病毒药物

我国艾滋病感染主要集中发生于 20 世纪 90 年代，大部分感染者已相继进入发病期，需要抗病毒治疗。国家于 2002 年推出了免费为农村及城市贫困人口中艾滋病患者提供抗艾滋病病毒药物的政策。为满足全国免费艾滋病治疗工作的用药需求，2002 年 10 月 15 日，财政部、国家税务总局发布了《关于免征进口抗艾滋病病毒药物税收问题的通知》

（财税〔2002〕160号），决定从自2022年1月1日起至2006年12月31日止，对一定额度内进口的抗艾滋病病毒药物，免征进口关税和进口环节增值税。

为坚持基本医疗卫生事业公益属性，支持艾滋病防治工作，2021年，财政部、海关总署、税务总局联合发布了《关于2021-2030年抗艾滋病病毒药物进口税收政策的通知》，规定自2021年1月1日至2030年12月31日，对卫生健康委委托进口的抗艾滋病病毒药物，免征进口关税和进口环节增值税。享受免税政策的抗艾滋病病毒药物名录及委托进口单位由卫生健康委确定，并送财政部、海关总署、税务总局。

（三）重大技术装备进口税收优惠政策

为提高我国企业的核心竞争力及自主创新能力，促进装备制造业的发展，贯彻落实国务院关于装备制造业振兴规划和加快振兴装备制造业有关调整进口税收政策的决定，财政部会同工业和信息化部、海关总署、国家税务总局、国家能源局出台了重大技术装备进口税收政策，对符合规定条件的企业及核电项目业主为生产国家支持发展的重大技术装备或产品而确有必要进口的部分关键零部件及原材料，免征进口关税和进口环节增值税。

工业和信息化部会同财政部、海关总署、税务总局、能源局制定《国家支持发展的重大技术装备和产品目录》和《重大技术装备和产品进口关键零部件及原材料商品目录》，对符合规定条件的国内企业为生产《国家支持发展的重大技术装备和产品目录》列名的装备或产品，进口《重大技术装备和产品进口关键零部件及原材料商品目录》列名的关键零部件及原材料，免征进口关税和进口环节增值税。

对国内已能生产的重大技术装备和产品，由工业和信息化部会同相关部门制定《进口不予免税的重大技术装备和产品目录》后公布执行。对按照或比照《国务院关于调整进口设备税收政策的通知》（国发〔1997〕37号）规定享受进口税收优惠政策的下列项目和企业，进口《进口不予免税的重大技术装备和产品目录》中自用设备以及按照合同随上述设备进口的技术及配套件、备件，照章征收进口税收：

（1）国家鼓励发展的国内投资项目和外商投资项目；

（2）外国政府贷款和国际金融组织贷款项目；

（3）由外商提供不作价进口设备的加工贸易企业；

（4）中西部地区外商投资优势产业项目；

（5）《海关总署关于进一步鼓励外商投资有关进口税收政策的通知》（署税〔1999〕791号）规定的外商投资企业和外商投资设立的研究中心利用自有资金进行技术改造项目。

工业和信息化部会同财政部、海关总署、税务总局、能源局核定企业及核电项目业主免税资格，每年对新申请享受进口税收政策的企业及核电项目业主进行认定，每三年对已享受进口税收政策企业及核电项目业主进行复核。取得免税资格的企业及核电项目业主可向主管海关提出申请，选择放弃免征进口环节增值税，只免征进口关税。企业及核电项目业主主动放弃免征进口环节增值税后，36个月内不得再次申请免征进口环节增值税。

取得免税资格的企业及核电项目业主应按照规定办理重大技术装备或产品进口关键零部件及原材料的减免税手续。重大技术装备进口税收政策项下免税进口的零部件、原材料属于海关监管货物，在海关监管年限内，未经海关审核同意，不得擅自转让、移作他用或进行其他处置。

在海关监管期限内，上述有关零部件、原材料全部被装配或制造为《国家支持发展的重大技术装备和产品目录》所列装备和产品之日起，自动解除监管。

（四）内外资鼓励项目进口税收优惠政策

为扩大利用外资，引进国外的先进技术和设备，促进产业结构的调整和技术进步，保持国民经济持续、快速、健康发展，对国家鼓励发展的国内投资项目和外商投资项目进口设备，在规定的范围内，免征进口关税，照章征收进口环节增值税。

根据规定，对符合《产业结构调整指导目录》鼓励类的国内投资项目，在投资总额内进口的自用设备，以及按照合同随设备进口的技术及配套件、备件，除《国内投资项目不予免税的进口商品目录》《进口不予免税的重大技术装备和产品目录》所列商品外，免征进口关税。

对符合《鼓励外商投资产业目录》或《中西部地区外商投资优势产业目录》的外商投资项目，在投资总额内进口的自用设备，以及按照合同随设备进口的技术及配套件、备件，除《外商投资项目不予免税的进口商品目录》《进口不予免税的重大技术装备和产品目录》所列商品外，免征进口关税。

对符合条件的外商投资企业，利用投资总额外自有资金进口的自用设备，以及按照合同随设备进口的技术及配套件、备件，除《国内投资不予免税的进口商品目录》《进口不予免税的重大技术装备和产品目录》所列商品外，免征进口关税。

对外商投资符合《中西部地区外商投资优势产业目录》的项目，在投资总额内进口的自用设备，以及按照合同随设备进口的技术及配套件、备件，除《国内投资项目不予免税的进口商品目录》《外商投资项目不予免税的进口商品目录》《进口不予免税的重大技术装备和产品目录》所列商品外，免征进口关税。该政策适用于重庆、四川、贵州、云南、西藏、陕西、甘肃、宁夏、青海、新疆、内蒙古和广西等西部地区，以及湖南省湘西土家族苗族自治州、湖北省恩施土家族苗族自治州、吉林省延边朝鲜族自治州。

（五）鼓励能源资源勘探开发利用的进口税收优惠政策

改革开放以来，我国对石油（天然气）资源的开发过程几乎一直伴随着进口税收优惠政策的支持，其最早可追溯到 20 世纪 80 年代。当时，为了促进国民经济发展，扩大国际经济技术合作，在维护国家主权和经济利益的前提下，允许外国企业参与石油资源的合作开采，对开采所需的进口物资确定了优惠范围。1982 年 4 月 1 日，《海关总署 财政部关于中外合作开采海洋石油进出口货物征免关税和工商统一税的规定》（署税字〔1982〕192 号）发布实施，确定了开采海洋石油进口物资免税的范围。此后，石油（天然气）资源开发的优惠政策经过多次清理调整。1997 年 4 月 8 日，财政部、国家税务总局和海关总署联合出台了《关于在我国海洋开采石油（天然气）进口物资免征进口税收的暂行规定》和《关于在我国陆上特定地区开采石油（天然气）进口物资免征进口税收的暂行规定》（财税字〔1997〕42 号），明确在我国海洋或者陆上特定地区内进行石油和天然气开采作业项目的进口物资，免征进口关税和进口环节增值税。此后，石油（天然气）资源开发的进口税收优惠政策基本上每五年就会进行一次调整。

为完善能源产供储销体系，加强国内油气勘探开发，支持天然气进口利用，财政部、海关总署和税务总局联合印发了《关于“十四五”期间能源资源勘探开发利用进口税收政策的通知》，通知指出，自2021年1月1日至2025年12月31日，对于以下能源资源勘探开发利用进口的产品，享受相应的税收优惠政策。

1. 对在我国陆上特定地区进行石油（天然气）勘探开发作业的自营项目，进口国内不能生产或性能不能满足需求的，并直接用于勘探开发作业的设备（包括按照合同随设备进口的技术资料）、仪器、零附件、专用工具，免征进口关税；在经国家批准的陆上石油（天然气）中标区块（对外谈判的合作区块视为中标区块）内进行石油（天然气）勘探开发作业的中外合作项目，进口国内不能生产或性能不能满足需求的，并直接用于勘探开发作业的设备（包括按照合同随设备进口的技术资料）、仪器、零附件、专用工具，免征进口关税和进口环节增值税。

2. 对在我国海洋（指我国内海、领海、大陆架以及其他海洋资源管辖海域，包括浅海滩涂，下同）进行石油（天然气）勘探开发作业的项目（包括1994年12月31日之前批准的对外合作“老项目”），以及海上油气管道应急救援项目，进口国内不能生产或性能不能满足需求的，并直接用于勘探开发作业或应急救援的设备（包括按照合同随设备进口的技术资料）、仪器、零附件、专用工具，免征进口关税和进口环节增值税。

3. 对在我国境内进行煤层气勘探开发作业的项目，进口国内不能生产或性能不能满足需求的，并直接用于勘探开发作业的设备（包括按照合同随设备进口的技术资料）、仪器、零附件、专用工具，免征进口关税和进口环节增值税。

4. 对经国家发展改革委核（批）准建设的跨境天然气管道和进口液化天然气接收储运装置项目，以及经省级政府核准的进口液化天然气接收储运装置扩建项目进口的天然气（包括管道天然气和液化天然气，下同），按一定比例返还进口环节增值税。具体返还比例如下：

（1）属于2014年底前签订且经国家发展改革委确定的长贸气合同项下的进口天然气，进口环节增值税按70%的比例予以返还。

（2）对其他天然气，在进口价格高于参考基准值的情况下，进口环节增值税按该项目进口价格和参考基准值的倒挂比例予以返还。倒挂比例的计算公式为：倒挂比例=（进口价格-参考基准值）/进口价格×100%，相关计算以一个季度为一周期。

符合规定并取得免税资格的单位可向主管海关提出申请，选择放弃免征进口环节增值税，只免征进口关税。有关单位主动放弃免征进口环节增值税后，36个月内不得再次申请免征进口环节增值税。

（六）支持特定产业发展的进口税收优惠政策

1. 支持电子信息产业发展的进口税收优惠政策

（1）支持集成电路产业和软件产业发展

进入21世纪，以信息技术为代表的高新技术突飞猛进，以信息产业发展水平为主要特征的综合国力竞争日趋激烈。集成电路产业和软件产业是信息产业的核心，是引领新一轮科技革命和产业变革的关键力量。为推动我国集成电路产业和软件产业的发展，增强信息产业创新能力和国际竞争力，国务院先后发布了《关于印发鼓励软件产业和集成电路产业发展若干政策的通知》（国发〔2000〕18号）和《关于印发进一步鼓励软件产业和集成电路产业发展若干政策的通知》（国发〔2011〕4号），我国集成电路产业和软件产业得到快速发展。为进一步优化集成电路产业和软件产业发展环境，提升产业创新能力和发展质量，贯彻落实《国务院关于印发新时期促进集成电路产业和软件产业高质量发展若干政策的通知》（国发〔2020〕8号），财政部、海关总署和税务总局发布了《关于支持集成电路产业和软件产业发展的进口税收政策的通知》（财关税〔2021〕4号），明确自2020年7月27日至2030年12月31日，对以下产品实施进口税收优惠政策。

对下列情形，免征进口关税：

①集成电路线宽小于65纳米（含，下同）的逻辑电路、存储器生产企业，以及线宽小于0.25微米的特色工艺（即模拟、数模混合、高压、射频、功率、光电集成、图像传感、微机电系统、绝缘体上硅工艺）集成电路生产企业，进口国内不能生产或性能不能满足需求的自用生产性（含研发用，下同）原材料、消耗品，净化室专用建筑材料、配套系统和集成电路生产设备（包括进口设备和国产设备）零配件。

②集成电路线宽小于0.5微米的化合物集成电路生产企业和先进封装测试企业，进口国内不能生产或性能不能满足需求的自用生产性原材料、消耗品。

③集成电路产业的关键原材料、零配件（即靶材、光刻胶、掩模版、封装载板、抛光垫、抛光液、8英寸及以上硅单晶、8英寸及以上硅片）生产企业，进口国内不能生产或性能不能满足需求的自用生产性原材料、消耗品。

④集成电路用光刻胶、掩模版、8英寸及以上硅片生产企业，进口国内不能生产或性能不能满足需求的净化室专用建筑材料、配套系统和生产设备（包括进口设备和国产设备）零配件。

⑤国家鼓励的重点集成电路设计企业和软件企业，以及符合上述第①、②项的企业（集成电路生产企业和先进封装测试企业）进口自用设备，及按照合同随设备进口的技术（含软件）及配套件、备件，但《国内投资项目不予免税的进口商品目录》、《外商投资项目不予免税的进口商品目录》和《进口不予免税的重大技术装备和产品目录》所列商品除外。上述进口商品不占用投资总额，相关项目不需出具项目确认书。

此外，承建集成电路重大项目的企业自2020年7月27日至2030年12月31日期间进口新设备，除《国内投资项目不予免税的进口商品目录》、《外商投资项目不予免税的进口商品目录》和《进口不予免税的重大技术装备和产品目录》所列商品外，对未缴纳的税款提供海关认可的税款担保，准予在首台设备进口之后的6年（连续72个月）期限内分期缴纳进口环节增值税，6年内每年（连续12个月）依次缴纳进口环节增值税总额的0%、20%、20%、20%、20%、20%，自首台设备进口之日起已经缴纳的税款不予退还。在分期纳税期间，海关对准予分期缴纳的税款不予征收滞纳金。

（2）支持新型显示产业发展

新型显示器件是电子信息产业的核心和基础，也是国家重点发展的战略性产业。从

2005 年开始，我国对薄膜晶体管液晶显示器件生产企业进口国内不能生产的净化室专用建筑材料、配套系统以及生产设备零配件，免征进口关税和进口环节增值税；进口国内不能生产的自用生产性原材料和消耗品，免征进口关税。2009 年，国务院发布了《电子信息产业调整和振兴规划》，支持新型显示产业发展的税收优惠政策持续改进和完善。

为加快壮大新一代信息技术，支持新型显示产业发展，财政部、海关总署、税务总局出台了 2021-2030 年支持新型显示产业发展进口税收政策（财关税〔2021〕19 号），对符合条件的新型显示产业企业进口国内不能生产或性能不能满足需求的自用原材料、消耗品、零配件等免征进口关税，对符合条件的企业进口新设备涉及的进口环节增值税实施分期纳税。具体规定如下：

①自 2021 年 1 月 1 日至 2030 年 12 月 31 日，对新型显示器件（即薄膜晶体管液晶显示器件、有源矩阵有机发光二极管显示器件、Micro-LED 显示器件，下同）生产企业进口国内不能生产或性能不能满足需求的自用生产性（含研发用，下同）原材料、消耗品和净化室配套系统、生产设备（包括进口设备和国产设备）零配件，对新型显示产业的关键原材料、零配件（即靶材、光刻胶、掩模版、偏光片、彩色滤光膜）生产企业进口国内不能生产或性能不能满足需求的自用生产性原材料、消耗品，免征进口关税。根据国内产业发展、技术进步等情况，财政部、海关总署、税务总局将会同国家发展改革委、工业和信息化部对上述关键原材料、零配件类型适时调整。

②承建新型显示器件重大项目的企业自 2021 年 1 月 1 日至 2030 年 12 月 31 日期间进口新设备，除《国内投资项目不予免税的进口商品目录》、《外商投资项目不予免税的进口商品目录》和《进口不予免税的重大技术装备和产品目录》所列商品外，对未缴纳的税款提供海关认可的税款担保，准予在首台设备进口之后的 6 年（连续 72 个月）期限内分期缴纳进口环节增值税，6 年内每年（连续 12 个月）依次缴纳进口环节增值税总额的 0%、20%、20%、20%、20%、20%，自首台设备进口之日起已经缴纳的税款不予退还。在分期纳税期间，海关对准予分期缴纳的税款不予征收滞纳金。

2. 支持民用航空业发展的进口税收优惠政策

为加快壮大航空产业，促进我国民用航空运输、维修等产业发展，财政部、海关总署出台了 2021-2030 年支持民用航空维修用航空器材进口税收政策（财关税〔2021〕15 号）。即自 2021 年 1 月 1 日至 2030 年 12 月 31 日，对民用飞机整机设计制造企业、国内航空公司、维修单位、航空器材分销商进口国内不能生产或性能不能满足需求的维修用航空器材，免征进口关税。

上述所称民用飞机整机设计制造企业、国内航空公司、维修单位、航空器材分销商是指：

（1）从事民用飞机整机设计制造的企业及其所属单位，且其生产产品的相关型号已取得中国民航局批准的型号合格证（TC）。

（2）中国民航局批准的国内航空公司。

（3）持有中国民用航空维修许可证的维修单位。

（4）符合中国民航局管理要求的航空器材分销商。

所述维修用航空器材，是指专门用于维修民用飞机、民用飞机部件的器材，包括动力装置（发动机、辅助动力装置）、起落架等部件，以及标准件、原材料等消耗器材。范围仅限定于飞机的机载设备及其零部件、原材料，不包括地勤系统所使用的设备及其零部件。

航空器材一般具备中国民航局（CAAC）、美国联邦航空局（FAA）、欧盟航空安全局（EASA）、加拿大民用航空局（TCCA）、巴西民用航空局等民航局颁发的适航证明文件或俄罗斯、乌克兰等民航制造和维修单位签发的履历本。具有制造单位出具产品合格证明的标准件、原材料也属于航空器材范围。

免税进口单位应按照海关有关规定，向海关申请办理减免税手续。但免税进口维修用航空器材，海关不再按特定减免税货物进行后续监管。

3. 支持远洋渔业发展的进口税收优惠政策

为加强远洋渔业管理，维护国家利益和远洋渔业企业及从业人员的合法权益，更好地贯彻执行国家制定的原产地规定，执行对远洋渔业企业在公海或按照有关协议规定，在国外海域捕获并运回国内销售的自捕水产品及其加工制品，不征收关税和进口环节增值税的政策，海关总署和农业主管部门联合制定了《远洋渔业企业运回自捕水产品不征税的暂行管理办法》（署税〔2000〕260号）。

根据规定，我国远洋渔业企业在公海或按照有关协议规定，在国外海域捕获并运回国内销售的自捕水产品（及其加工制品），视同国内产品不征收进口关税和进口环节增值税。远洋渔业企业不能将从境外购进或串换的水产品作为自捕水产品申报入境。

（七）支持特定区域发展的进口税收优惠政策

1. 海关特殊监管区域的税收优惠政策

根据规定，保税区、出口加工区、保税物流园区、保税港区、综合保税区、跨境工业区等特殊监管区域进口的区内生产性基础设施项目所需的机器、设备和基建物资，免征关税和代征税；区内企业进口企业自用的生产、管理设备和自用合理数量的办公用品及其所需的维修零配件，生产用燃料，建设生产厂房、仓储设备所需的物资、设备，免征关税和代征税；行政管理机构自用合理数量的管理设备和办公用品及其所需的维修零配件，免征关税和代征税。国家另有规定的货物除外。

2. 中西部地区国际性展会税收优惠政策

为促进中西部地区会展经济发展，带动中西部地区进出口贸易及相关产业发展，财政部会同海关总署、税务总局出台了“十四五”期间中西部地区国际性展会展期内销售的进口展品税收优惠政策（财关税〔2021〕21号），明确“十四五”期间，对中国—东盟博览会、中国—东北亚博览会、中国—俄罗斯博览会、中国—阿拉伯国家博览会、中国—南亚博览会暨中国昆明进出口商品交易会、中国（青海）藏毯国际展览会、中国—亚欧博览会、中国—蒙古国博览会、中国—非洲经贸博览会，在展期内销售的免税额度内的进口展品，免征进口关税和进口环节增值税、消费税。享受税收优惠的展品不包括国家禁止进口商品、濒危动植物及其产品、烟、酒、汽车以及列入《进口不予免税的重大技术装备和产品目录》的商品。

对展期内销售的超出享受税收优惠政策的展品清单类别范围或销售额度的展品，以及展期内未销售且在展期结束后又不退运出境的展品，按照国家有关规定照章征税。

对享受政策的展期内销售进口展品，海关不再按特定减免税货物进行后续监管。

3. 海南自由贸易港的零关税政策

海南自由贸易港建设始于2018年。2018年4月13日，在庆祝海南建省办经济特区30周年大会上，习近平宣布党中央决定支持海南全岛建设自由贸易试验区，支持海南逐步探索、稳步推进中国特色自由贸易港建设，分步骤、分阶段建立自由贸易港政策和制度体系。2018年9月24日，国务院批复同意设立中国（海南）自由贸易试验区，并印发《中国（海南）自由贸易试验区总体方案》。2020年6月1日，中共中央、国务院印发了《海南自由贸易港建设总体方案》。2021年6月10日，全国人民代表大会常务委员会通过了《中华人民共和国海南自由贸易港法》。

根据《海南自由贸易港建设总体方案》，在税收制度方面，按照零关税、低税率、简税制、强法治、分阶段的原则，逐步建立与高水平自由贸易港相适应的税收制度。总体方案规定，全岛封关运作前，对部分进口商品，免征进口关税、进口环节增值税和消费税。全岛封关运作、简并税制后，对进口征税商品目录以外、允许海南自由贸易港进口的商品，免征进口关税。

总体方案提出“放宽离岛免税购物额度至每年每人10万元，扩大免税商品种类”。2020年6月29日，财政部、海关总署、税务总局发布《关于海南离岛旅客免税购物政策的公告》，决定自2020年7月1日起，离岛旅客每年每人免税购物额度从3万元提高至10万元，不限次数；扩大免税商品种类，离岛免税商品品种由38种增至45种。

2020年11月11日，财政部、海关总署、税务总局联合印发《关于海南自由贸易港原辅料“零关税”政策的通知》。通知明确，自2020年12月1日起，在全岛封关运作前，对在海南自由贸易港注册登记并具有独立法人资格的企业，进口用于生产自用、以“两头在外”模式进行生产加工活动或以“两头在外”模式进行服务贸易过程中所消耗的原辅料，免征进口关税、进口环节增值税和消费税。

“零关税”原辅料实行正面清单管理，清单内容由财政部会同有关部门根据海南实际需要和监管条件进行动态调整。

正面清单中所列零部件，适用原辅料“零关税”政策，应当用于航空器、船舶的维修（含相关零部件维修），满足下列条件之一的，免征进口关税、进口环节增值税和消费税：（1）用于维修从境外进入境内并复运出境的航空器、船舶（含相关零部件）；（2）用于维修以海南为主营运基地的航空企业所运营的航空器（含相关零部件）；（3）用于维修在海南注册登记具有独立法人资格的船运公司所运营的以海南省内港口为船籍港的船舶（含相关零部件）。

“零关税”原辅料仅限海南自由贸易港内企业生产使用，接受海关监管，不得在岛内转让或出岛。因企业破产等原因，确需转让或出岛的，应经批准及办理补缴税款等手续。以“零关税”原辅料加工制造的货物，在岛内销售或销往内地的，需补缴其对应原辅料的进口关税、进口环节增值税和消费税，照章征收国内环节增值税、消费税。“零关税”原辅料加工制造的货物出口，按现行出口货物有关税收政策执行。企业进口正面清单所列原辅料，自愿缴纳进口环节增值税和消费税的，可在报关时提出申请。

2020 年 12 月 25 日，经国务院同意，财政部、海关总署、税务总局联合出台《关于海南自由贸易港交通工具及游艇“零关税”政策的通知》。通知明确，全岛封关运作前，对海南自由贸易港注册登记并具有独立法人资格，从事交通运输、旅游业的企业（航空企业须以海南自由贸易港为主营运基地），进口用于交通运输、旅游业的船舶、航空器、车辆等营运用交通工具及游艇，免征进口关税、进口环节增值税和消费税。

享受“零关税”政策的交通工具及游艇实行正面清单管理，清单由财政部、海关总署、税务总局会同相关部门，根据海南实际需要和监管条件动态调整。

“零关税”交通工具及游艇仅限海南自由贸易港符合政策条件的企业营运自用，并接受海关监管。因企业破产等原因，确需转让的，转让前应征得海关同意并办理相关手续。其中，转让给不符合享受政策条件主体的，应按规定补缴进口相关税款。转让“零关税”交通工具及游艇，照章征收国内环节增值税、消费税。企业进口清单所列交通工具及游艇，自愿缴纳进口环节增值税和消费税的，可在报关时提出申请。

“零关税”交通工具及游艇应在海南自由贸易港登记、入籍，按照交通运输、民航、海事等主管部门相关规定开展营运，并接受监管。航空器、船舶应经营自海南自由贸易港始发或经停海南自由贸易港的国内外航线。游艇营运范围为海南省。车辆可从事往来内地的客、货运输作业，始发地及目的地至少一端须在海南自由贸易港内，在内地停留时间每年累计不超过 120 天，其中从海南自由贸易港到内地“点对点”“即往即返”的客、货车不受天数限制。违反上述规定的，按有关规定补缴相关进口税款。

2021 年 2 月 26 日，财政部、交通运输部、商务部、海关总署、税务总局联合印发《关于海南自由贸易港内外贸同船运输境内船舶加注保税油和本地生产燃料油政策的通知》。通知规定，全岛封关运作前，对以洋浦港作为中转港从事内外贸同船运输的境内船舶，允许其在洋浦港加注本航次所需的保税油；对其在洋浦港加注本航次所需的本地生产燃料油，实行出口退税政策。海南省本地燃料油生产企业凭燃料油出口货物报关单（备注栏注明“用于内外贸同船运输境内船舶加注”字样）等有关材料，向税务部门申报出口退（免）税。上述保税油和适用出口退税政策的本地生产燃料油统称为“不含税油”。上述规定的境内船舶加注的本航次所需不含税油，免征关税、增值税和消费税。

内外贸同船运输的境内船舶，是指获交通运输主管部门颁发的“国内水路运输经营许可证”和“船舶营业运输证”（经营范围均含“国内水路货物班轮运输”），并向海关备案，同时承载内贸和外贸集装箱货物的船舶。本航次，是指从装载外贸货物的始发港至洋浦以及从洋浦装载外贸货物至目的港的航次。其中，始发港为首个装载至洋浦中转的外贸货物的境内港；目的港为最终卸载自洋浦中转的外贸货物的境内港。

本航次所需不含税油加注量 = 本航次里程×（燃油消耗率×额定功率÷额定航速）。航次里程以“中国沿海航行里程表”为准。燃油消耗率以“船舶推进机器轮机说明书”中数据为准。额定功率以“船舶检验证书”中数据为准。额定航速以“船舶实验综合报告”或“船体及设备说明书”中数据为准。洋浦港交通主管部门按照上述公式，对符合条件的船舶核定本航次不含税油加注量。不含税油经营企业按照交通主管部门核定加注量加注不含税油。船舶可申请累计多航次加注。

2021 年 2 月 24 日，财政部、海关总署、税务总局联合出台《关于海南自由贸易港自用生产设备“零关税”政策的通知》。通知明确，全岛封关运作前，对海南自由贸易港注册登记并具有独立法人资格的企业进口自用的生产设备，除法律法规和相关规定明确不予免税、国家规定禁止进口的商品，以及“海南自由贸易港‘零关税’自用生产设备负面清单”所列设备外，免征关税、进口环节增值税和消费税。

上述所称生产设备，是指基础设施建设、加工制造、研发设计、检测维修、物流仓储、医疗服务、文体旅游等生产经营活动所需的设备，包括《进出口税则》第八十四、八十五和九十章中除家用电器及设备零件、部件、附件、元器件外的其他商品。

“海南自由贸易港‘零关税’自用生产设备负面清单”内容由财政部、海关总署、税务总局会同相关部门，根据海南自由贸易港实际需要和监管条件进行动态调整。

“进口不予免税的重大技术装备和产品目录”、“外商投资项目不予免税的进口商品目录”以及“国内投资项目不予免税的进口商品目录”，暂不适用于海南自由贸易港自用生产设备“零关税”政策。符合本政策规定条件的企业，进口上述三个目录内的设备，可免征关税、进口环节增值税和消费税。

“零关税”生产设备限海南自由贸易港符合政策规定条件的企业在海南自由贸易港内自用，并接受海关监管。因企业破产等原因，确需转让的，转让前应征得海关同意并办理相关手续。其中，转让给不符合政策规定条件主体的，还应按规定补缴进口相关税款。转让“零关税”生产设备，照章征收国内环节增值税、消费税。企业进口“零关税”自用生产设备，自愿缴纳进口环节增值税和消费税的，可在报关时提出申请。

2021 年 7 月 8 日，海关总署印发《海关对洋浦保税港区加工增值货物内销税收征管暂行办法》，明确对在洋浦保税港区鼓励类产业企业生产的含有进口料件且加工增值超过 30%（含）的货物，出区内销的，免征进口关税，照章征收进口环节增值税、消费税。对洋浦保税港区鼓励类产业企业生产的含有进口料件但加工增值小于 30%的货物，出区内销的，享受现行综合保税区内销选择性征收关税政策，可以申请按其对应进口料件或按实际报验状态（成品）征收关税，照章征收进口环节增值税、消费税。

上述所称鼓励类产业企业，是指以海南自由贸易港鼓励类产业目录中规定的产业项目为主营业务，且主营业务收入占企业收入总额 60%以上的企业。鼓励类产业企业应当在洋浦保税港区登记注册，具有独立法人资格，并经洋浦经济开发区管委会备案（以下对经备案的鼓励类产业企业统称为“备案企业”）。所称进口料件，是指自境外入区的未办理进口纳税手续的货物。所称加工增值超过 30%，是指备案企业在洋浦保税港区对含有进口料件的货物进行制造、加工后的增值部分，超过进口料件和境内区外采购料件价值合计的 30%（含 30%）。

2021 年 7 月 8 日，财政部会同海关总署、税务总局、民航局印发《关于海南自由贸易港进出岛航班加注保税航油政策的通知》。通知规定，全岛封关运作前，允许进出海南岛国内航线航班在岛内国家正式对外开放航空口岸加注保税航油，对其加注的保税航油免征关税、增值税和消费税，自愿缴纳进口环节增值税的，可在报关时提出。这里所称进出海南岛国内航线航班，是指经民航主管部门批准的进出海南岛的境内飞行活动。保税油经营企业凭民航主管部门批准的飞行计划办理加注，根据航班飞行动态及加注相关材料，据实办理海关手续，同时将加注信息报送税务部门。

4. 海南离岛旅客免税购物政策

为推动海南经济社会发展，国家制定了建设海南国际旅游岛的重要战略部署，并陆续出台了一系列政策措施。自 2011 年 4 月 20 日起，开展海南离岛旅客免税购物政策试点。该政策先后经过多次调整，目前适用对象范围已覆盖了乘飞机、火车、轮船三种离岛交通方式的所有离岛满 16 周岁的旅客。

海南离岛免税政策，是指对乘飞机、火车、轮船离岛（不包括离境）旅客，实行限值、限量和限品种免进口税购物，在实施离岛免税政策的免税商店内或经批准的网上销售窗口付款，在机场、火车站、港口码头指定区域提货离岛的税收优惠政策。离岛免税政策免税税种为关税、进口环节增值税和消费税。

上述所称旅客，是指年满 16 周岁，已购买离岛机票、火车票、船票，并持有效身份证件（国内旅客持居民身份证、港澳台旅客持旅行证件、国外旅客持护照），离开海南本岛但不离境的国内外旅客，包括海南省居民。

自 2020 年 7 月 1 日起，离岛旅客每年每人免税购物额度由原来的 3 万元提高至 10 万元人民币，不限次数。扩大免税商品种类，离岛免税商品品种由 38 种增至 45 种。仅限定化妆品、手机和酒类商品的单次购买数量。取消单件商品 8000 元免税限额规定。超出免税限额、限量的部分，照章征收进境物品进口税。

所称离岛免税店，是指具有实施离岛免税政策资格并实行特许经营的免税商店。离岛旅客在国家规定的额度和数量范围内，在离岛免税店内或经批准的网上销售窗口购买免税商品，免税店根据旅客离岛时间运送货物，旅客凭购物凭证在机场、火车站、港口码头指定区域提货，并一次性随身携带离岛。

已经购买的离岛免税商品属于消费者个人使用的最终商品，不得进入国内市场再次销售。

5. 边境贸易税收优惠政策

边境贸易包括边民互市贸易和边境小额贸易两种形式。根据《边民互市贸易管理办法》（1996 年 3 月 29 日海关总署令第 56 号发布，海关总署令第 198 号修改）的规定，自 2008 年 11 月 1 日起，边民通过互市贸易进口的生活用品（列入边民互市进口商品不予免税清单的除外），每人每日价值在人民币 8000 元以下的，免征进口关税和进口环节税；超过人民币 8000 元的，对超出部分按照规定征收进口关税和进口环节税。但是以边境小额贸易方式进口的商品，进口关税和进口环节税照章征收。

这里所称的边民互市贸易，是指边境地区边民在我国陆路边境 20 公里以内，经政府批准的开放点或指定的集市上，在不超过规定的金额或数量范围内进行的商品交换活动。边境小额贸易，系指沿陆地边境线经国家批准对外开放的边境县（旗）、边境城市辖区内（以下简称边境地区）经批准有边境小额贸易经营权的企业，通过国家指定的陆地边境口岸，与毗邻国家边境地区的企业或其他贸易机构之间进行的贸易活动。边境地区已开展的除边民互市贸易以外的其他各类边境贸易形式，均属于边境小额贸易。

除上述主要的税收优惠政策之外，国家还会针对一些特殊事宜，比如出现自然灾害或疫情，或者针对一些重大体育、展览等活动，也会实施税收减免优惠政策。例如防控新型冠状病毒感染肺炎疫情的进口物资，针对北京冬季奥运会、中国国际进口博览会等活动实施的优惠政策，等等。

三、关税的临时减免

临时减免税是指法定减免税和特定减免税以外的其他减免税。临时减免是为适应复杂多变的经济情况，对规定税率的一种补充调节手段。

与其他形式的减免相比，临时减免有如下特点。

（一）灵活性

提出临时减免的理由是非正常的特殊情况，国家可根据需要临时出台。

（二）临时性

临时减免一般是一案一批，具有单位、品种、期限、金额、数量等限制，不能自行援引比照。即临时减免不适用于类似情况的减免，它只针对某一特定的纳税行为。同时，有效时间也较短，在所批准的优惠执行完后，政策即终止。

（三）集中性

临时减免权限统一归中央。《海关法》明确规定，法定减免和特定减免以外的临时减征或免征关税，由国务院决定（《海关法》第五十八条）。

自 1994 年国家对减免税进行清理以后，减免关税的情况已经比较规范，除了法定减免税和特定减免税以外，基本上消除了一人、一事的临时性减免税。但是，考虑到实际经济情况的复杂性，我国法律授权国务院根据具体情况决定是否予以减免税，其他任何单位和个人均无权批准临时性减免税。

四、其他不征关税的情形

根据规定，因品质或者规格原因，出口货物自出口之日起 1 年内原状复运进境的，不征收进口关税。因品质或者规格原因，进口货物自进口之日起 1 年内原状复运出境的，不征收出口关税（《关税条例》第四十三条）。

因残损、短少、品质不良或者规格不符原因，由进出口货物的发货人、承运人或者保险公司免费补偿或者更换的相同货物，进出口时不征收关税（《关税条例》第四十四条）。被免费更换的原进口货物退运出境或者原出口货物退运进境的，不征收进出口关税。但是，被免费更换的原进口货物不退运出境或者原出口货物不退运进境的，海关应当对原进出口货物重新按照规定征收关税。

第三节　增值税和消费税的减免

一、法定减免

（一）增值税的法定减免

根据《增值税暂行条例》规定，下列项目免征增值税（《增值税暂行条例》第十五条）：

1. 农业生产者销售的自产农产品。这里所称的农业，是指种植业、养殖业、林业、牧业、水产业。农业生产者，包括从事农业生产的单位和个人。农产品，是指初级农产品，具体范围由财政部、国家税务总局确定。

2. 避孕药品和用具。

3. 古旧图书。这里所称的古旧图书，是指向社会收购的古书和旧书。

4. 直接用于科学研究、科学试验和教学的进口仪器、设备。

5. 外国政府、国际组织无偿援助的进口物资和设备。

6. 由残疾人的组织直接进口供残疾人专用的物品。

7. 销售的自己使用过的物品。这里所称的自己使用过的物品，是指其他个人自己使用过的物品。

纳税人销售货物或者应税劳务适用免税规定的，可以放弃免税，依照有关规定缴纳增值税。放弃免税后，36 个月内不得再申请免税。

除上述货物和物品之外，其他增值税的免税、减税项目由国务院规定。任何地区和部门均不得规定免税、减税项目。

对于纳税人兼营免税、减税项目的，应当分别核算免税、减税项目的销售额；如果未分别核算销售额的，则不得免税、减税。

同时规定，纳税人销售额未达到国务院财政、税务主管部门规定的增值税起征点的，免征增值税；达到起征点的，则依照有关规定全额计算缴纳增值税。

这里所称的增值税起征点的适用范围仅限于个人。目前增值税起征点的幅度规定如下：

1. 按期纳税的，为月销售额 5000~20000 元（含本数）；

2. 按次纳税的，为每次（日）销售额 300~500 元（含本数）。

上述所称的销售额，是指小规模纳税人的销售额。省、自治区、直辖市财政厅（局）和税务局应在规定的幅度内，根据实际情况确定本地区适用的起征点，并报财政部、国家税务总局备案。

此外，我国规定，纳税人出口货物，税率为零，但是国务院另有规定的除外。境内单位和个人跨境销售国务院规定范围内的服务、无形资产，税率为零。这意味着出口货物不仅免征出口环节的增值税，而且可以按规定退还已征收的国内其他环节的增值税。

（二）消费税的法定减免

根据《消费税暂行条例》规定，对纳税人出口应税消费品，免征消费税；国务院另有规定的除外。出口应税消费品的免税办法，由国务院财政、税务主管部门规定（《消费税暂行条例》第十一条）。

二、进口环节增值税和消费税的减免

一般说来，法定减免范围的商品，减免关税的同时，也减免进口环节增值税和消费税。特定减免税范围的部分商品，应根据进口税收优惠政策的具体规定执行，有的只减免关税，有的只减免进口环节增值税，有的同时减免关税和进口环节增值税，有的同时减免关税、进口环节增值税和消费税。

例如，支持科技创新、残疾人专用品、救灾捐赠、国有公益性收藏单位进口的藏品、中西部地区国际性展会展期内销售进口展品等政策，免征进口关税、进口环节增值税和消费税。

又如，慈善捐赠、支持科普事业发展、进口抗艾滋病病毒药物、重大技术装备、能源资源勘探开发利用等政策，免征进口关税和进口环节增值税。这些进口货物未明确是否免征进口环节消费税，主要原因是这些货物基本上不属于消费税的征收范围。如果进口货物属于消费税的征收范围，则应照章征收进口环节消费税。

除此以外，国家对某些进口物资规定了进口环节增值税的分期纳税政策。例如，承建集成电路重大项目企业自 2020 年 7 月 27 日至 2030 年 12 月 31 日期间进口新设备，承建新型显示器件重大项目的企业自 2021 年 1 月 1 日至 2030 年 12 月 31 日期间进口新设备，除另有规定的以外，对未缴纳的税款提供海关认可的税款担保，准予在首台设备进口之后的 6 年（连续 72 个月）期限内分期缴纳进口环节增值税。而在分期纳税期间，对准予分期缴纳的税款不予征收滞纳金。尽管分期纳税政策不属于税收的直接减免政策，但是这项政策部分延缓了纳税人的纳税义务，可以减轻纳税人的经济负担，实际上也是一种税收优惠政策。

另外，某些货物进口环节增值税按规定享受直接减免政策，例如：

1. 经国务院批准，对《进口饲料免征增值税范围》所列进口饲料免征进口环节增值税。

2. 经国务院批准，在“十四五”期间，对进口种子种源、种用野生动植物种源和军警用工作犬，免征进口环节增值税。

3. 自 2003 年 1 月 1 日起，对进口黄金（含标准黄金）和黄金矿砂（含伴生矿）免征进口环节增值税。自 2003 年 5 月 1 日起，对进口铂金免征进口环节增值税。自 2007 年 4 月 1 日起，进口铅矿砂及其精矿中所含的黄金价值部分免征进口环节增值税，非黄金价值部分照章征收进口环节增值税。自 2007 年 12 月 1 日起，进口镍矿砂、钴矿砂、锑矿砂及它们的精矿中所含的黄金价值部分免征进口环节增值税，非黄金价值部分照章征收进口环节增值税。自 2009 年 11 月 1 日起，对进口粗铜中所含黄金价值部分，免征进口环节增值税，非黄金价值部分仍照章征收进口环节增值税。

4. 对出版物进口单位为科研院所、学校、党校（行政学院）、图书馆进口用于科研、教学的图书、资料等，免征进口环节增值税。

5. 自2017年12月20日起，对干玉米酒糟免征进口环节增值税。

第四节　船舶吨税的减免

根据《船舶吨税法》的规定，下列船舶免征吨税：

第一，应纳税额在人民币50元以下的船舶；

第二，自境外以购买、受赠、继承等方式取得船舶所有权的初次进口到港的空载船舶；

第三，吨税执照期满后24小时内不上下客货的船舶；

第四，非机动船舶（不包括非机动驳船）；

第五，捕捞、养殖渔船；

第六，避难、防疫隔离、修理、改造、终止运营或者拆解，并不上下客货的船舶；

第七，军队、武装警察部队专用或者征用的船舶；

第八，警用船舶；

第九，依照法律规定应当予以免税的外国驻华使领馆、国际组织驻华代表机构及其有关人员的船舶；

第十，国务院规定的其他船舶。

上述第十项的免税规定，由国务院报全国人民代表大会常务委员会备案。

对于符合上述第五项至第九项的船舶，应当提供海事部门、渔业船舶管理部门等部门、机构出具的具有法律效力的证明文件或者使用关系证明文件，申明免税的依据和理由。

第五节　海关保税制度

一、保税相关概念

（一）保税制度

保税制度，是指对进口货物暂缓征税，但海关保留征税权的一种制度。它是一种国际通行的海关制度。在我国，保税制度是指，海关对保税货物的进境、储存、加工、装配、结转、复出境以及研发、检测、维修、展示、简单加工及增值服务等供应链全过程实施监管，并暂缓缴纳进口税费的一种海关业务制度。

保税制度具有审核备案、免于管制、暂缓纳税、监管时空延伸、核销结案等特点。

1. 审核备案

保税加工企业或保税物流企业在进口保税货物之前，需要向海关申请设立手册或账册，只有经海关备案后，企业才能开展有关的保税业务，保税货物进口以后必须在海关监管下开展进、出、转、存、销等活动。

2. 免于管制

经允许保税进口的货物，除法律、行政法规另有规定外，无须提交相关进口许可证件。出口制成品属于国家对出口有限制性规定的，海关应验核出口许可证件。除法律、行政法规和规章另有规定外，海关特殊监管区域与境外之间进出的货物，不实行进出口配额、许可证件管理。

3. 暂缓纳税

保税货物无须办理进口纳税手续，进境地海关凭有关手（账）册报关后直接验放。保税货物如果最终不复运出境或改变保税货物性质，则按货物实际流向办理进口申报及纳税等相关手续。

4. 监管时空延伸

从时间上看，保税货物的海关监管时间，自货物申报进口起，到货物的储存、加工、装配复运出境，并已办结海关核销手续止。从空间上看，保税货物的海关监管空间，自货物进境在口岸海关监管场所申报放行、收货人提取，直至货物储存、加工、装配、出口或办结内销征税等手续前的生产加工场所及海关监管场所。因此，从时空上看，海关保税监管是一个动态的过程管理。

5. 核销结案

保税货物只有核销后才能算结案，核销是海关保税监管后续管理的核心，是保税货物监管的最后一道程序。企业按规定的时间和要求，在完成储存、加工、装配后复运出境、办理转内销手续或深加工结转等海关手续后，凭规定单证向海关报核，海关按照规定进行审核或核查后，办理解除监管手续。核销结案是保税货物解除海关监管的程序，也是区别于海关对一般进出口货物通关管理的主要特点。

（二）保税货物

保税货物，是指经海关批准未办理纳税手续进境，在境内储存、加工、装配后复运出境的货物。按企业经营方式和海关监管方式的不同，目前我国保税货物大致分为“在境内加工、装配后复运出境”的保税加工货物和“在境内储存后复运出境”（包含对储存的货物开展简单加工和增值报务）的保税物流货物。

所谓保税加工货物，是指作为原料、半成品进口、准备用于在境内加工生产制造，在海关监管下暂缓缴纳进口税，经加工后复运出口的保税货物。包括专为加工、装配出口产品，而从国外进口且海关准予保税的原材料、零部件、元器件、包装物料、辅助材料（统称为料件），以及用上述料件生产的半成品、成品。保税物流货物，是指在海关特殊监管区域和保税监管场所内，用于仓储、配送、运输、流通加工、装卸搬运、物流信息等相关业务，企业享受保税待遇的保税货物。包括转口贸易货物，供应国际航行船舶和航空器的油料、物料、备料等，供维修外国产品而进口寄售的零配件，外商进境暂存的货物等。

保税货物是进口货物的一种类型，具有以下特点：

1. 保税货物为应税货物

保税货物在企业取得保税监管资格之前，属于进口时应缴纳关税和其他进口环节税的货物。保税货物不同于减免税货物。减免税进口货物作为实际进口货物，根据国家减免税政策，在符合条件的情况下可享受相应的税收优惠措施。通关前，一般要办理减免税审核确认手续，获得相应的减免税证明文件。货物放行后，海关监管期限届满即解除监管。而保税货物一般情况下进境后需复运出境，海关暂缓征收进口关税和进口环节税，保留征收税款的权利。通关前，需要向海关办理备案手续，获得相应的手（账）册，凭此办理通关手续。保税货物进口后，将根据货物的最终去向分别办理相应的手续。

2. 手（账）册管理

保税货物进口前，企业应向海关依法办理手（账）册设立等手续。海关据以办理保税货物的进出报关手续，进行海关保税监管。

3. 暂缓征税

经过海关同意以保税方式进口货物时，无须缴纳进口关税和进口环节税。若经同意转内销，保税货物须补缴进口关税和进口环节税，并按规定加收缓税利息。

4. 是海关监管货物

保税货物是未办理纳税手续进境的货物，从进境的第一天起就必须置于海关的监管之下，它在境内的运输、储存、加工、装配，都必须接受海关监管，直到复运出境或办理正式进口手续。保税货物，未经海关许可不得开拆、提取、交付、发运、调换、改装、抵押、质押、留置、转让、更换标志、移作他用或进行其他处置。

5. 应复运出境

一般情况下，保税货物的最终流向应当是复运出境，不复运出境，就失去保税货物的特性，应当按照留在境内的实际性质办理相应的进口手续。

（三）保税监管

保税监管大致可划分为保税加工监管、保税物流监管和保税服务监管三种形态。

保税加工，又称为加工贸易，是指经营者经海关同意，对未办理纳税手续进境的货物，进行实质性加工或装配以及相关配套业务的生产性经营行为。在贸易形式上体现为来料加工、进料加工等常规形式。

保税物流，是指经营者经海关同意，将未办理纳税手续进境的货物从供应地到需求地实施空间位移的服务性经营行为。其包括进口货物在口岸与海关特殊监管区域、海关保税监管场所之间或者在海关特殊监管区域与海关保税监管场所的内部和这些区域、场所之间，以及境内区外出口货物与海关特殊监管区域、海关保税监管场所之间的流转。在供应链上体现为采购、运输、存储、检测、分销、分拨、中转、转运、包装、刷唛、改装、组拼、集拼、配送、调拨等流通性简单加工业务及增值服务。

保税服务，一般而言，主要指经相关机关同意，适用保税政策的研发、检测、维修、展示等产品前后端配套活动等生产性服务业务。随着对外经济发展和保税政策适用范围的扩大，保税服务还包括保税交易（如期货交割）、融资租赁、离岸结算等其他新兴业态。

海关保税监管涉及海关监管区、海关特殊监管区域、保税监管场所等地点。

海关监管区，是指《海关法》第一百条所规定的海关对进出境运输工具、货物、物品实施监督管理的场所和地点，包括海关特殊监管区域、保税监管场所、海关监管作业场所、免税商店以及其他有海关监管业务的场所和地点。

海关特殊监管区域，是经国务院批准设立，并由海关实行封闭监管的特定区域，设立在中华人民共和国关境内，赋予承接国际产业转移、连接国内国际两个市场的特殊功能和政策，由海关为主实施封闭监管的特定经济功能区域。包括经国务院批准在境内设立的保税区、出口加工区、保税物流园区、跨境工业区、保税港区、综合保税区等海关实行特殊监管的区域。这些海关特殊监管区域都具备保税功能，对区内的货物实施保税政策。

保税监管场所，是经海关批准设立，由海关实施保税监管的特定场所，包括经海关批准在境内设立的保税仓库、出口监管仓库、保税物流中心等海关实行保税监管的场所。

二、我国保税制度的发展演变

保税制度，是随着商品经济和国际贸易的发展而产生和发展的。最早的海关保税制度出现在法国。1664 年 9 月，法国准许开设保税仓库，为储存货物提供便利。1836 年 7 月，法国对在境内加工后复出口的外国产品进口时实行保税，使保税制度扩展到加工制造行业。

我国保税制度始于 19 世纪末。1882 年，当时的清朝海关总税务司、英国人赫德在上海筹建保税制度。1888 年，由江海关批准设立的第一批保税仓库在上海建立，这是我国保税制度的开始。当时主要是对进口货物的加工、包装等进行保税，随后逐步扩展到其他工业生产性保税和商业性保税。

1949 年中华人民共和国建立后，保税制度基本停用。1978 年改革开放以后，为适应我国对外经济贸易的发展和改善投资环境的需要，保税制度逐步恢复，并不断扩大业务，实行了一些新的保税形式，已成为我国发展对外经贸往来、吸引外资的一项重要措施。

1978 年，我国颁布了《开展对外加工装配业务试行办法》，制定了有关对外加工装配业务的政策，拉开了我国加工贸易发展的序幕。伴随着加工贸易的发展，以支持加工贸易为主要目的的保税物流业务也逐步发展起来。1981 年，海关总署发布了《中华人民共和国海关对保税货物和保税仓库监管暂行办法》，这是我国海关制定的第一个涉及海关保税监管制度的文件。这个办法首次勾画出“保税仓储”这一保税制度形式，规定了监管保税仓库和保税仓库货物的具体办法。1982 年 10 月，海关总署发布了《海关对加工装配和中小型补偿贸易进出口货物监管和征免税实施细则》，开始把“保税加工”纳入保税制度的范围。

1987 年的《海关法》以法律的形式赋予海关批准保税的权力，扩大了准予保税的货物的范围，把“保税加工”这一保税制度形式确定下来，并明确规定保税货物是海关监管货物。2001 年，修订的《海关法》增补了加工贸易海关监管的条款，赋予海关核定加工贸易单耗的权力，对加工贸易保税、先征后退以及保税料件内销等作出了法律规定，大大丰富了保税制度的内容。

为配合国家沿海城市对外开放战略，1990 年 6 月，国务院批准设立了上海外高桥保税区，这是我国设立的第一个保税区。同年 9 月，海关总署发布了《中华人民共和国海关对进出上海外高桥保税区货物、运输工具和个人物品的管理办法》，开始构筑“区域保税”这一新的保税监管制度。

根据改革开放不同历史阶段的特定需求，我国先后设立了包括保税区在内的六类海关特殊监管区域。1990 年，国家设立了保税区。2000 年，为规范加工贸易管理，设立了出口加工区。2003 年，为促进保税区的区港联动，设立了保税物流园区。为适应我国周边地区发展战略，设立了跨境工业区。2005 年，为配合建设国际航运中心，设立了保税港区。2006 年，为优化出口加工区功能缺陷，设立了综合保税区。这些不同时期设立的海关特殊监管区域，是我国开放型经济发展的先行区，是加工贸易转型升级的集聚区，为承接国际产业转移、推进区域经济协调发展、促进对外贸易和扩大就业等作出了积极贡献。

2013 年召开的党的十八届三中全会提出了“加快海关特殊监管区域整合优化”工作任务。2015 年，国务院印发了《加快海关特殊监管区域整合优化方案》，明确要求整合类型，即逐步将原有出口加工区、保税物流园区、跨境工业区、保税港区及符合条件的保税区整合为综合保税区，新设立的海关特殊监管区域统一命名为综合保税区。整合功能，即逐步整合海关特殊监管区域保税功能，使其具有服务外向型经济发展和改革开放，连接国际国内两个市场、支持企业创新发展、满足产业多元化需求、发挥集约用地和要素集聚辐射带动作用等基本功能。整合政策，即规范、完善海关特殊监管区域税收政策，促进区内企业参与国际市场竞争，同时为其参与国内市场竞争创造公平的政策环境。整合管理，即逐步统一海关特殊监管区域信息化管理系统，统一监管模式。整合管理资源，加快完善管理部门间的合作机制，实现相关管理部门信息互换、监管互认、执法互助，加强事中事后监管。简化整合、新设海关特殊监管区域的审核和验收程序，提高行政效率。

截至 2022 年 6 月底，全国共有海关特殊监管区域 168 个，其中综合保税区 156 个，保税区 8 个，保税港区 2 个，出口加工区 1 个，跨境工业区 1 个。

三、我国海关保税货物税收政策基本内容

我国保税货物大致包括保税加工货物和保税物流货物两大类。海关对保税货物的监管主要表现为过程监管和手（账）册管理两个方面。从管理地点看，包括海关特殊监管区域、保税监管场所和其他区域的保税货物。

对于符合规定的保税货物，实行保税政策，保税期间暂不纳税。但是保税货物最终不复运出境，或改变货物性质，或保税货物内销，则需依法缴纳进口关税和进口环节增值税、消费税。对于加工贸易保税货物内销，不仅需要缴纳进口关税和进口环节代征税，除另有规定外，还需要缴纳缓税利息。

对于进出海关特殊监管区域和保税物流中心的货物，一般区分为“一线”进出境货物和“二线”进出区货物，适用不同的税收政策。所谓“一线”进出境货物，是指境外与海关特殊监管区域或保税物流中心之间进出的货物，除另有规定外，一般实行保税政策，暂不纳税。所谓“二线”进出区货物，是指境内与海关特殊监管区域或保税物流中心之间

进出的货物，除另有规定外，一般应照章征收进出口关税和进口环节代征税。

由于海关保税监管场所不能开展保税加工业务，进出这些监管场所的货物一般都是保税物流货物，其中存入保税仓库的主要是进口保税货物，存入出口监管仓库的货物主要是出口货物。保税仓库和出口监管仓库的货物转为进口的，除另有规定外，需要照章征收进口关税和进口环节代征税。

中国自由贸易试验区是我国对接高标准自由贸易规则而设立的试验区，它不是传统意义上的“政策洼地”，而是制度创新的高地。它与海关特殊监管区域不能完全等同，但又与这些区域制度紧密相连。截至2022年8月底，我国21个自由贸易试验区都涵盖了海关特殊监管区域，其目的就是充分发挥海关特殊监管区域所具有的自由贸易园区属性功能。

国家在海南岛全岛设立海南自由贸易港，分步骤、分阶段建立自由贸易港政策和制度体系，实现贸易、投资、跨境资金流动、人员进出、运输来往自由便利和数据安全有序流动。海南自由贸易港建设，以贸易投资自由化便利化为重点，以各类生产要素跨境自由有序安全便捷流动和现代产业体系为支撑，以特殊的税收制度安排、高效的社会治理体系和完备的法治体系为保障，持续优化法治化、国际化、便利化的营商环境和公平统一高效的市场环境。税收制度方面，将按照零关税、低税率、简税制、强法治、分阶段的原则，逐步建立与高水平自由贸易港相适应的税收制度。

上述保税货物在税收政策、贸易管理和监管要点情况详见表11-1。

表11-1　我国保税货物海关监管制度一览表

区域	税收政策	贸易管制	监管要点
非海关特殊监管区域的加工贸易	1. 进口加工、装配用的原辅材料、零部件、元器件、包装物料等（简称料件），凭在海关备案的加工贸易手（账）册报关，暂不纳税。但申请办理保税加工业务时，通常需要依法提供保税担保。 2. 保税货物不复运出境，或改变货物性质时，按货物实际流向办理进口申报及纳税等手续。 3. 加工贸易保税料件或制成品内销时，须补缴进口关税和进口环节代征税，除另有规定外，还须补缴缓税利息。	经允许保税进口的货物，除另有规定外，无须提交相关进口许可证件。 出口制成品属于国家对出口有限制性规定的，应提交出口许可证件。	保税加工货物须经海关备案后，才能开展保税加工活动。 核销是保税监管后期管理的核心。企业在完成加工、装配后复运出境，或办理内销等手续后，须向海关报核，海关核查以后办理解除监管手续。

续表11-1

区域	税收政策	贸易管制	监管要点
海关特殊监管区域（以综合保税区为例）	1. 境外进入区域内的进口货物，予以保税，暂不纳税，另有规定除外。 2. 境外进入区域内的以下货物，免征进口关税和进口环节代征税：区内生产性基础设施建设项目所需的机器、设备和建设生产厂房、仓储设备所需的基建物资；区内企业开展业务所需的机器、设备、模具及其维修用零配件；区内企业和行政管理机构自用合理数量的办公用品等。 3. 境外进入区域内，供区内企业和行政管理机构自用的交通运输工具、生活消费用品，依法征收进口关税和进口环节代征税。 4. 除另有规定外，运往境外的货物免征出口关税。 5. 区域内货物进入境内区外市场视同进口，应按货物实际状态照章征收进口关税和进口环节代征税。区内企业加工生产的货物出区内销时，可以选择按照其对应进口料件缴纳关税，并补缴关税缓税利息；进口环节代征税应按照出区时货物实际状态照章缴纳。 6. 境内区外货物以出口报关方式进入区域内的，予以保税，货物的出口退税按照国家有关规定办理。 7. 区域与其他海关特殊监管区域、保税监管场所之间往来的货物，予以保税。区域与其他海关特殊监管区域、保税监管场所之间流转的货物，不征收关税和进口环节代征税。区域内企业之间的货物可以自由流转。	区内与境外进出的货物（“一线”进出境货物），除另有规定外，不实行配额和许可证件管理。 区内与境内区外之间进出的货物（“二线”进出区货物），实行配额和许可证件管理。	区域内企业申请开展保税业务时，应办理电子账册备案等手续。 “一线”进出境保税货物，实行备案制，填报进出境备案清单。“一线”进出境减免税货物或征税货物，填写报关单。 “二线”进出区货物，实行报关制，填报进出口报关单。 区域内货物流转自由。 区域实行封闭式管理，区内企业实行计算机联网管理。

续表11-1

<table>
<tr><th colspan="2">区域</th><th>税收政策</th><th>贸易管制</th><th>监管要点</th></tr>
<tr><td rowspan="3">海关保税监管场所</td><td>保税物流中心</td><td>1. 境外进入中心内的货物，予以保税，暂不纳税。
2. 境外进入中心内的以下货物，应照章缴纳进口关税和进口环节代征税：中心内企业进口自用的办公用品、交通运输工具、生活消费用品等；企业开展综合物流服务所需的进口机器、装卸设备、管理设备等。
3. 中心内保税货物进入境内视同进口，除另有规定外，应照章征收进口关税和进口环节代征税。
4. 中心内某些货物进入境内时，可以免征关税和进口环节代征税（例如用于国际船舶和航空器的油料、物料等）。
5. 境内进入中心的货物视同出口，除另有规定外，可享受出口退税政策。属于需征收出口关税范围的货物，应按规定缴纳出口关税。</td><td>中心与境外之间进出的货物（“一线”进出境货物），除另有规定外，不实行配额和许可证件管理。
中心与境内之间进出的货物（“二线”进出中心货物），属贸易管制的，应按规定提交许可证件。</td><td>中心内只能设立仓库、堆场和海关监管工作区，不得建立商业性消费设施，不能从事实质性加工业务，但可以开展流通性简单加工和增值服务。
海关实施计算机联网监管。</td></tr>
<tr><td>保税仓库</td><td>入库的保税货物及其他未办结海关手续的货物，暂不纳税。
出库进口的货物，按货物实际流向办理进口申报及纳税等手续。
国家规定的某些保税仓储货物出库时，可以免征关税和进口环节代征税（例如用于国际船舶和航空器的油料、物料等）。</td><td>由境外存入保税仓库的货物，除另有规定外，不实行配额及许可证件管理。
从保税仓库出库进口的货物，实行配额及许可证件管理。</td><td>保税仓库注册登记后，须建立保税仓库电子账册。
保税仓储货物可以进行包装、分拆、拼装等简单加工，但不得进行实质性加工。</td></tr>
<tr><td>出口监管仓库</td><td>存入仓库的货物视同正式出口，属于出口关税征收范围的货物，应按规定缴纳出口关税。
存入仓库的货物转为进口的，应按规定缴纳进口关税和进口环节代征税。
经批准享受入仓退税政策的出口货物，货物入仓结关后，可以按规定办理出口退税手续。</td><td>存入仓库的出口货物，属于贸易控制的，应按规定提交出口许可证件。
存入仓库的货物转为进口，属于贸易管制的，应按规定提交进口许可证件。</td><td>出口监管仓库注册登记后，须建立出口监管仓库电子账册。
可以在仓库内进行品质检验、分级分类、分拣分装等流通性增值服务。但不得进行实质性加工。</td></tr>
</table>

续表11-1

区域		税收政策	贸易管制	监管要点
其他特别区域	中国自由贸易试验区	自由贸易试验区包含海关特殊监管区域和非海关特殊监管区域，两类区域发展重点不同。 海关特殊监管区域重点探索以贸易便利化为主要内容的制度创新，开展保税加工、保税物流、保税服务等业务。税收政策与其他海关特殊监管区域相同。 非海关特殊监管区域重点探索投资体制改革，推进制造业转型、金融创新和服务业开放。	海关特殊监管区域贸易管制的规定与其他海关特殊监管区域的规定相同。	确立符合国际高标准贸易便利化规则的贸易监管制度。 确立以规范市场主体行为为重点的事中事后监管制度，形成透明高效的准入后全过程监管体系。
	海南自由贸易港	按照零关税、低税率、简税制、强法治、分阶段原则，逐步建立与高水平自由贸易港相适应的税收制度。 1. 全岛封关运作、简并税制前，实行部分进口商品（例如企业进口自用的生产设备，进口用于自产自用的原辅料等）零关税政策。对实行零关税清单管理的货物及物品，免征进口关税和进口环节代征税。对离岛旅客购买免税物品并提货离岛的，按规定免征进口关税、进口环节增值税和消费税。 2. 全岛封关运作、简并税制后，从境外进入自由贸易港的货物，除进口征税商品目录中的商品外，免征进口关税。 3. 自由贸易港进入内地的进口货物，照章征收进口关税和进口环节代征税。货物由内地进入自由贸易港，按规定退还已征收的增值税、消费税。 4. 鼓励类产业企业生产的不含进口料件，或含进口料件在自由贸易港加工增值超过30%（含）的货物，进入内地，免征进口关税，照章征收进口环节代征税。	除自由贸易港禁止、限制进出口的货物物品清单中的商品外，其他货物和物品自由进出口。	贸易自由便利。实行“一线”放开、“二线”管住的进出口管理制度。 岛内自由，实施零关税的货物，海关免于实施常规监管。

四、海关特殊监管区域内销选择性征收关税政策

（一）含义

内销选择性征收关税政策，是指对海关特殊监管区域内企业生产、加工并经“二线”内销的货物，根据企业申请，按其对应进口料件或按实际报验状态（简称“成品”）征收关税，进口环节增值税、消费税照章征收。企业选择按进口料件征收关税时，应一并补征关税税款缓税利息。

（二）适用范围

目前综合保税区内的企业，以及《财政部 海关总署 国家税务总局关于扩大内销选择性征收关税政策试点的通知》（财关税〔2016〕40号）提及的海关特殊监管区域内的企业，其生产加工内销的货物适用内销选择性征收关税政策。

内销选择性征收关税政策并非中国独创，这项政策在国际上特别是欧盟成员国已有较为成熟的实践。在中国，最初为横琴新区、平潭综合实验区“量身定制”；2016年，该试点推广至天津、上海、福建、广东四个自贸试验区所在省（市）的其他海关特殊监管区域（保税区、保税物流园区除外），以及河南新郑综合保税区、湖北武汉出口加工区、重庆西永综合保税区、四川成都高新综合保税区和陕西西安出口加工区5个海关特殊监管区域。2020年4月15日扩大到全国所有综合保税区。

（三）关税征收原则

货物内销时，如企业选择按实际报验状态（成品）征收关税的，按相关规定办理成品内销征税手续，按成品征收关税、进口环节增值税和消费税。对成品涉及反倾销、反补贴或贸易保障措施的，按成品执行贸易救济措施相关规定。

货物内销时，如企业选择按对应进口料件征收关税的，关税按对应进口料件征收，一并补征关税税款缓税利息，进口环节增值税和消费税按成品征收。对料件涉及反倾销、反补贴或贸易保障措施的，按料件执行贸易救济措施相关规定。

一般来说，料件与成品间的关税税率存在差异，通过“内销选择性征收关税”，企业可以根据自己的经营情况和综合税负的高低选择产品状态进行申报纳税，可以有效降低企业纳税成本，区内企业能够更灵活面对国内国际两个市场，在市场竞争中占据主动地位。同时也有利于营造区内、区外公平的关税环境，吸引更多类型企业入区发展。

五、海关特殊监管区域增值税一般纳税人资格试点

我国自2016年11月1日起，首先在全国7个海关特殊监管区域开展赋予企业增值税一般纳税人资格试点，之后三次扩大试点范围。自2019年8月8日起，在全国综合保税区推广增值税一般纳税人资格试点。这一政策有助于推动综合保税区创新升级，打造对外开放新高地，促进区内企业更好地统筹利用国际国内两个市场、两种资源。

（一）备案管理

综合保税区增值税一般纳税人资格试点实行备案管理。符合规定条件的综合保税区，由所在地省级税务、财政部门和直属海关将一般纳税人资格试点实施方案（包括综合保税区名称、企业申请需求、政策实施准备条件等情况）向国家税务总局、财政部和海关总署备案后，可以开展一般纳税人资格试点。

（二）试点企业增值税一般纳税人资格

综合保税区完成备案后，区内符合增值税一般纳税人登记管理有关规定的企业，可自愿向综合保税区所在地主管税务机关、海关申请成为试点企业，并按规定向主管税务机关办理增值税一般纳税人资格登记。

获得增值税一般纳税人资格的试点企业，内销货物（包括销售给其他试点企业的货物）可以按规定开具增值税专用发票，并按规定申报缴纳增值税、消费税。从海关特殊监管区域外（简称区外）购进货物，可索取增值税专用发票，作为增值税进项税额的抵扣凭证或者出口退税凭证；试点企业以加工贸易方式从区外购进的货物，继续按现行税收政策执行。

（三）试点企业适用的税收政策

1. 试点企业进口自用设备（包括机器设备、基建物资和办公用品）时，暂免征收进口关税和进口环节增值税、消费税（简称进口税收）。上述暂免进口税收按照该进口自用设备海关监管年限平均分摊到各个年度，每年年终对本年暂免的进口税收按照当年内外销比例进行划分，对外销比例部分执行试点企业所在海关特殊监管区域的税收政策，对内销比例部分比照执行海关特殊监管区域外税收政策补征税款。

2. 除进口自用设备外，购买的下列货物适用保税政策：从境外购买并进入试点区域的货物；从海关特殊监管区域（试点区域除外）或海关保税监管场所购买并进入试点区域的保税货物；从试点区域内非试点企业购买的保税货物；从试点区域内其他试点企业购买的未经加工的保税货物。

3. 销售的下列货物，向主管税务机关申报缴纳增值税、消费税：向境内区外销售的货物；向保税区、不具备退税功能的保税监管场所销售的货物（未经加工的保税货物除外）；向试点区域内其他试点企业销售的货物（未经加工的保税货物除外）。试点企业销售上述货物中含有保税货物的，按照保税货物进入海关特殊监管区域时的状态向海关申报缴纳进口税收，并按照规定补缴缓税利息。

4. 向海关特殊监管区域或者海关保税监管场所销售的未经加工的保税货物，继续适用保税政策。

5. 销售的下列货物（未经加工的保税货物除外），适用出口退（免）税政策，主管税务机关凭海关提供的与之对应的出口货物报关单电子数据审核办理试点企业申报的出口退（免）税：离境出口的货物；向海关特殊监管区域（试点区域、保税区除外）或海关保税监管场所（不具备退税功能的保税监管场所除外）销售的货物；向试点区域内非试点企业销售的货物。

6. 未经加工的保税货物离境出口实行增值税、消费税免税政策。

7. 除财政部、海关总署、国家税务总局另有规定外，试点企业适用区外关税、增值税、消费税的法律、法规等现行规定。

此外，区外销售给试点企业的加工贸易货物，继续按现行税收政策执行；销售给试点企业的其他货物（包括水、蒸汽、电力、燃气）不再适用出口退税政策，按照规定缴纳增值税、消费税。

本章小结

出于经济政策灵活性的需要，或者履行国际义务或执行国际通行规则，国家在正常的征税制度下，对某些进出口货物或物品给予减免海关税收的优惠。一般情况下，海关减免税管理包括减免税审核确认和减免税货物税款担保审核、进出口报关及减免税货物后续管理3个阶段。本章对减免税审核确认和减免税货物税款担保审核，以及减免税货物后续管理的具体规定作了详细介绍。关税减免包括法定减免、特定减免和临时减免3种形式，其中特定减免是海关减免税管理中的主要内容。此外，增值税、消费税及船舶吨税都有自己的减免范围，本章对此也作了适当的介绍。海关保税制度是对进口货物暂缓征税的一种特殊制度安排，对减轻纳税人税收负担有重要意义，本章对保税制度的内容也作了介绍。

练习与思考

1. 为什么一国（地区）在税则税率之外，还有海关税收减免的规定？
2. 我国海关税收减免管理包括哪些程序？
3. 我国规定需要办理海关税收减免税审核确认手续的情形有哪些？
4. 我国规定哪些进出口货物无须办理海关税收减免税审核确认手续？
5. 我国规定属于关税法定减免的情形有哪些？
6. 列举6项以上我国关税特定减免的进口货物，并指出其代征税的减免情形。
7. 我国增值税法定减免的范围是什么？
8. 按我国有关规定，哪些情形可以免征船舶吨税？
9. 简述我国海关保税货物税收政策的基本内容。

参考文献

1. 岑维廉，钟昌元，王华．关税理论与中国关税制度，第2版．上海：格致出版社，上海人民出版社，2010.

2. 高融昆．海关税收征管．北京：中国海关出版社，2010.

3. 何晓兵．中国关税实务，第4版．北京：中国商务出版社，2015.

4.《中国海关百科全书》编委会．中国海关百科全书．北京：中国大百科全书出版社，2004.

5. 国务院关税税则委员会办公室，中华人民共和国财政部关税司．中国关税——制度、政策与实践．北京：中国财政经济出版社，2011.

6. Richard M. Bird. Tax Policy & Economics Development. The Johns Hopkins University Press，1992.

7. World Customs Organization Cross Border E-commerce Framework of Standards，2018.

本章内容主要涉及的法律文件索引

1.《中华人民共和国海关法》（1987年1月22日第六届全国人民代表大会常务委员会第十九次会议通过，自1987年7月1日起施行。全国人民代表大会常务委员会先后于2000年7月8日、2013年6月29日、2013年12月28日、2016年11月7日、2017年11月4日、2021年4月29日修正）

2.《中华人民共和国进出口关税条例》（2003年11月23日国务院令第392号公布，自2004年1月1日起施行。国务院先后于2011年1月8日、2013年12月7日、2016年2月6日、2017年3月1日修订）

3.《中华人民共和国增值税暂行条例》（1993年12月13日国务院令第134号发布。国务院先后于2008年11月5日、2016年2月6日、2017年11月19日修订）

4.《中华人民共和国消费税暂行条例》（1993年12月13日国务院令第135号发布。2008年11月5日国务院第34次常务会议修订通过，国务院令539号发布，自2009年1月1日起施行）

5.《中华人民共和国船舶吨税法》（2017年12月27日第十二届全国人民代表大会常务委员会第三十一次会议通过，自2018年7月1日起施行。2018年10月26日第十三届全国人民代表大会常务委员会第六次会议修正）

6.《中华人民共和国海关进出口货物征税管理办法》（2005年1月4日海关总署令第124号公布，自2005年3月1日起施行。根据海关总署令第198号、218号、235号、240号修改）

7.《中华人民共和国增值税暂行条例实施细则》（2008年12月15日财政部、国家税务总局令第50号公布，自2009年1月1日起施行。根据财政部、国家税务总局令第65号修订）

8.《中华人民共和国消费税暂行条例实施细则》（2008年12月15日财政部、国家税务总局令第51号公布，自2009年1月1日起施行）

9.《中华人民共和国海关进出口货物减免税管理办法》（2020年12月21日海关总署令第245号公布，自2021年3月1日起施行）

10.《中华人民共和国海关对外国政府、国际组织无偿赠送及我国履行国际条约规定进口物资减免税的审批和管理办法》（1999 年 8 月 5 日海关总署令第 77 号发布，自 1999 年 9 月 15 日起实施）

11.《财政部 海关总署 税务总局关于“十四五”期间支持科技创新进口税收政策的通知》（2021 年 4 月 15 日财关税〔2021〕23 号发布，有效期为 2021 年 1 月 1 日至 2025 年 12 月 31 日）

12.《财政部等 11 部门关于“十四五”期间支持科技创新进口税收政策管理办法的通知》（2021 年 4 月 16 日财关税〔2021〕24 号发布，有效期为 2021 年 1 月 1 日至 2025 年 12 月 31 日）

13.《残疾人专用品免征进口税收暂行规定》（1997 年 4 月 10 日海关总署令第 61 号发布，自发布之日起施行）

14.《关于残疾人专用品免征进口税收暂行规定的实施办法》（1997 年 4 月 10 日署税〔1997〕544 号发布，自 1997 年 4 月 10 日起实施）

15.《慈善捐赠物资免征进口税收暂行办法》（2015 年 12 月 23 日财政部 海关总署 国家税务总局公告 2015 年第 102 号公布，自 2016 年 4 月 1 日起实施）

16.《关于救灾捐赠物资免征进口税收的暂行办法》（1998 年 6 月 29 日财税字〔1998〕98 号发布，自发布之日起施行）

17.《国有公益性收藏单位进口藏品免税暂行规定》（2009 年 1 月 20 日财政部 海关总署国家税务总局公告 2009 年第 2 号公布，自公布之日起施行）

18.《财政部 海关总署 税务总局关于“十四五”期间支持科普事业发展进口税收政策的通知》（2021 年 4 月 9 日财关税〔2021〕26 号发布，有效期为 2021 年 1 月 1 日至 2025 年 12 月 31 日）

19.《财政部 中央宣传部 科技部 工业和信息化部 海关总署 税务总局 广电总局关于“十四五”期间支持科普事业发展进口税收政策管理办法的通知》（2021 年 4 月 9 日财关税〔2021〕27 号发布，有效期为 2021 年 1 月 1 日至 2025 年 12 月 31 日）

20.《财政部 海关总署 税务总局关于 2021-2030 年抗艾滋病病毒药物进口税收政策的通知》（2021 年 3 月 29 日财关税〔2021〕13 号发布，有效期为 2021 年 1 月 1 日至 2030 年 12 月 31 日）

21.《财政部 工业和信息化部 海关总署 税务总局 能源局关于印发〈重大技术装备进口税收政策管理办法〉的通知》（2020 年 1 月 8 日财关税〔2020〕2 号印发，自印发之日起实施）

22.《工业和信息化部 财政部 海关总署 税务总局 能源局关于印发〈重大技术装备进口税收政策管理办法实施细则〉的通知》（2020 年 7 月 24 日工信部联财〔2020〕118 号发布，自 2020 年 8 月 1 日起实施）

23.《海关总署转发财政部〈关于利用国际金融组织贷款和外国政府贷款项目国际招标国内中标机电设备进口零部件免征关税的暂行办法〉的通知》（2000 年 8 月 16 日署税〔2000〕484 号发布，自 1999 年 10 月 1 日起执行）

24.《财政部 海关总署 税务总局关于“十四五”期间能源资源勘探开发利用进口税

收政策的通知》（2021 年 4 月 12 日财关税〔2021〕17 号发布，有效期为 2021 年 1 月 1 日至 2025 年 12 月 31 日）

25.《财政部 国家发展改革委 工业和信息化部 海关总署 税务总局 国家能源局关于“十四五”期间能源资源勘探开发利用进口税收政策管理办法的通知》（2021 年 4 月 16 日财关税〔2021〕18 号发布，有效期为 2021 年 1 月 1 日至 2025 年 12 月 31 日）

26.《财政部 海关总署 税务总局关于支持集成电路产业和软件产业发展进口税收政策的通知》（2021 年 3 月 16 日财关税〔2021〕4 号发布，自 2020 年 7 月 27 日至 2030 年 12 月 31 日实施）

27.《财政部 国家发展改革委 工业和信息化部 海关总署 税务总局关于支持集成电路产业和软件产业发展进口税收政策管理办法的通知》（2021 年 3 月 22 日财关税〔2021〕5 号发布，有效期为 2020 年 7 月 27 日至 2030 年 12 月 31 日）

28.《财政部 海关总署 税务总局关于 2021-2030 年支持新型显示产业发展进口税收政策的通知》（2021 年 3 月 31 日财关税〔2021〕19 号发布，有效期为 2021 年 1 月 1 日至 2030 年 12 月 31 日）

29.《财政部 国家发展改革委 工业和信息化部 海关总署 税务总局关于 2021–2030 年支持新型显示产业发展进口税收政策管理办法的通知》（2021 年 3 月 31 日财关税〔2021〕20 号发布，有效期为 2021 年 1 月 1 日至 2030 年 12 月 31 日）

30.《财政部 海关总署关于 2021–2030 年支持民用航空维修用航空器材进口税收政策的通知》（2021 年 3 月 31 日财关税〔2021〕15 号发布，有效期为 2021 年 1 月 1 日至 2030 年 12 月 31 日）

31.《财政部 工业和信息化部 海关总署 民航局关于 2021-2030 年支持民用航空维修用航空器材进口税收政策管理办法的通知》（2021 年 3 月 31 日财关税〔2021〕16 号发布，有效期为 2021 年 1 月 1 日至 2030 年 12 月 31 日）

32.《海关总署农业部关于印发〈远洋渔业企业运回自捕水产品不征税的暂行管理办法〉的通知》（2000 年 5 月 29 日署税〔2000〕260 号发布，自 2000 年 7 月 1 日起实施）

33.《中华人民共和国海关珠澳跨境工业区珠海园区管理办法》（2007 年 3 月 8 日海关总署令第 160 号发布，自 2007 年 4 月 8 日起施行。根据海关总署令第 189 号、235 号、240 号、243 号修改）

34.《中华人民共和国海关综合保税区管理办法》（2022 年 1 月 1 日海关总署令第 256 号公布，自 2022 年 4 月 1 日起施行）。

35.《保税区海关监管办法》（1997 年 8 月 1 日海关总署令第 65 号发布，自发布之日起施行。根据 2011 年 1 月 8 日国务院令第 588 号修改）

36.《中华人民共和国海关对出口加工区监管的暂行办法》（2000 年 4 月 27 日国务院批准，2000 年 5 月 24 日海关总署令第 81 号发布，自 2000 年 5 月 24 日起施行。国务院先后于 2002 年 6 月 21 日、2003 年 9 月 2 日、2011 年 1 月 8 日修订）

37.《财政部 海关总署 税务总局关于“十四五”期间中西部地区国际性展会展期内销售的进口展品税收优惠政策的通知》（2021 年 3 月 31 日财关税〔2021〕21 号发布，有效期为“十四五”期间）

38.《财政部 海关总署 税务总局关于海南自由贸易港原辅料“零关税”政策的通知》（2020 年 11 月 11 日财关税〔2020〕42 号发布，自 2020 年 12 月 1 日起执行）

39.《财政部 海关总署 税务总局关于海南自由贸易港交通工具及游艇“零关税”政策的通知》（2020 年 12 月 25 日财关税〔2020〕54 号公布，自公布之日起实施）

40.《海南自由贸易港交通工具及游艇“零关税”政策海关实施办法（试行）》（2021 年 1 月 5 日海关总署公告 2021 年第 1 号公布，自公布之日起施行）

41.《财政部 交通运输部 商务部 海关总署 税务总局关于海南自由贸易港内外贸同船运输境内船舶加注保税油和本地生产燃料油政策的通知》（2021 年 2 月 26 日财税〔2021〕2 号公布，自公布之日起实施）

42.《财政部 海关总署 税务总局关于海南自由贸易港自用生产设备“零关税”政策的通知》（2021 年 3 月 4 日财关税〔2021〕7 号公布，自公布之日起实施）

43.《财政部 海关总署 税务总局关于明确海南自由贸易港“零关税”自用生产设备相关产品范围的通知》（2021 年 3 月 10 日财关税〔2021〕8 号公布，自公布之日起实施）

44.《海关总署关于印发〈海关对洋浦保税港区加工增值货物内销税收征管暂行办法〉的通知》（2021 年 7 月 8 日署税函〔2021〕131 号印发，与洋浦公共信息服务平台及海口海关信息化系统上线同步实施，至 2024 年 12 月 31 日废止）

45.《财政部 海关总署 税务总局 民航局关于海南自由贸易港进出岛航班加注保税航油政策的通知》（2021 年 7 月 8 日财关税〔2021〕34 号公布，自公布之日起实施）

46.《财政部 海关总署 税务总局关于海南离岛旅客免税购物政策的公告》（2020 年 6 月 29 日财政部 海关总署 税务总局公告 2020 年第 33 号发布，自 2020 年 7 月 1 日起执行）

47.《边民互市贸易管理办法》（1996 年 3 月 29 日海关总署令第 56 号发布，自 1996 年 4 月 1 日起施行。2010 年 11 月 26 日署令第 198 号修改）

48.《财政部 海关总署 国家税务总局关于促进边境贸易发展有关财税政策的通知》（2008 年 10 月 30 日财关税〔2008〕90 号发布，自 2008 年 11 月 1 日起执行）

49.《财政部 海关总署 税务总局关于“十四五”期间种用野生动植物种源和军警用工作犬进口税收政策的通知》（2021 年 4 月 12 日财关税〔2021〕28 号发布，有效期为 2021 年 1 月 1 日至 2025 年 12 月 31 日）

50.《财政部 海关总署 税务总局关于“十四五”期间种子种源进口税收政策的通知》（2021 年 4 月 21 日财关税〔2021〕29 号发布，有效期为 2021 年 1 月 1 日至 2025 年 12 月 31 日）

51.《财政部 国家税务总局关于免征饲料进口环节增值税的通知》（2000 年 12 月 6 日财税〔2001〕82 号发布，部分商品自 2001 年 1 月 1 日起执行，其他商品自 2001 年 8 月 1 日起执行）

52.《财政部关于黄金税收政策的通知》（2002 年 12 月 27 日财税〔2002〕207 号发布，自 2003 年 1 月 1 日起执行）

53.《财政部 国家税务总局关于铂金及其制品税收政策的通知》（2003 年 4 月 28 日财税〔2003〕86 号发布，自 2003 年 5 月 1 日起执行）

54.《海关总署关于进口铅矿砂及其精矿享受黄金伴生矿税收优惠政策事宜的公告》

（2007 年 3 月 30 日海关总署公告 2007 年第 14 号发布，自 2007 年 4 月 1 日起执行）

55.《海关总署关于进口镍矿砂、钴矿砂、锑矿砂及其精矿享受黄金伴生矿税收优惠政策事宜的公告》（2007 年 11 月 16 日海关总署公告 2007 年第 60 号发布，自 2007 年 12 月 1 日起执行）

56.《财政部 国家税务总局关于免征进口粗铜含金部分进口环节增值税的通知》（2009 年 9 月 28 日财关税〔2009〕60 号发布，自 2009 年 11 月 1 日起执行）

57.《财政部关于干玉米酒糟进口环节增值税政策有关问题的通知》（2017 年 11 月 14 日财关税〔2017〕32 号发布，自 2017 年 12 月 20 日起执行）

58.《关于进口货物进口环节海关代征税税收政策问题的规定》（2004 年 3 月 16 日财关税〔2004〕7 号发布，自 2004 年 1 月 1 日起施行）

59.《财政部 海关总署 国家税务总局关于扩大内销选择性征收关税政策试点的通知》（2016 年 8 月 1 日财关税〔2016〕40 号发布，自 2016 年 9 月 1 日起执行）

60.《财政部 海关总署 税务总局关于扩大内销选择性征收关税政策试点的公告》（2020 年 4 月 14 日财政部 海关总署 税务总局公告 2020 年第 20 号发布，自 2020 年 4 月 15 日起执行）

61.《国务院关于促进综合保税区高水平开放高质量发展的若干意见》（2019 年 1 月 12 日国发〔2019〕3 号发布）

62.《国家税务总局 财政部 海关总署关于在综合保税区推广增值税一般纳税人资格试点的公告》（2019 年 8 月 8 日国家税务总局 财政部 海关总署公告 2019 年第 29 号发布，自发布之日起施行）

63.《中华人民共和国海南自由贸易港法》（2021 年 6 月 10 日第十三届全国人民代表大会常务委员会第二十九次会议通过，2021 年 6 月 10 日国家主席令第 85 号公布，自公布之日起施行）

第十二章　海关税收管理

本章概要

习近平指出要“落实以人民为中心的发展思想”“继续深化改革开放”①，强调要“贯彻总体国家安全观”“坚持统筹发展和安全，坚持发展和安全并重，实现高质量发展和高水平安全的良性互动”②。海关承担着为国家和人民把守国门、做好服务的重要职责。海关履行监管、征税等各项职能，必须坚持以人民为中心的发展思想，把维护国家主权和安全放在第一位。海关税收征管必须坚持依法征税，应收尽收，维护国门经济安全，营造既“管得住”又“通得快”的通关环境。

海关税收征纳过程中，为了确保国家税款不致流失与及时入库，还有许多具体的管理规定。本章第一节介绍海关税收征管运行模式；第二节介绍海关税收的纳税期限、滞纳金的规定与计算方法、延期纳税、强制缴税、税收保全等征纳管理规定；第三节对海关退还多征税款、补征短征税款的具体内容和程序规定作了介绍；第四节介绍海关事务担保，特别是税款担保的主要内容；第五节介绍纳税争议的范围及行政复议的程序规定；最后一节对偷逃海关税款的违法行为如何进行处罚作了解释。

学习目标

当完成本章的学习后，要求：

1. 熟悉我国海关税收征管模式内容。
2. 掌握海关税收纳税期限的规定，理解海关征收滞纳金的各种情形，以及滞纳金的具体计算方法。
3. 掌握延期纳税、强制缴税、税收保全适用条件及具体内容。
4. 理解缓税利息，纳税地点、方式、凭证，以及税款起征点、起退点的内容。
5. 掌握海关税收退还、补征的有关规定。
6. 理解海关事务担保的概念、适用范围、担保人资格、担保责任的规定，以及海关担保的方式。
7. 掌握纳税争议的范围及行政复议的程序规定。
8. 理解走私行为和违反海关监管规定行为的范围，掌握以偷逃税款为目的的走私行为的处罚规定。

---

① 习近平2021年1月28日在十九届中央政治局第二十七次集体学习时的讲话《全党必须完整、准确、全面贯彻新发展理念》。

② 习近平2020年12月11日在中共中央政治局就切实做好国家安全工作举行第二十六次集体学习上的讲话。

第一节　海关税收征管模式

一、海关税收征管模式的改革

海关恢复征税40余年来，海关税收征管方式不断改革，征管作业的集约化、信息化、专业化、规范化水平不断提高，海关税收征管能力不断增强。

1978年改革开放至1997年，我国海关采取集中纳税为主、口岸征管为辅的征管模式。海关征收的税种主要是进出口关税，同时也承担需要在口岸通关环节征收国家其他税费的任务。1998年实施通关作业制度改革，启动了现代海关制度第一步发展战略。2000年9月，为进一步提高通关效率，全国海关全面推行“大通关作业制度”，在全国各口岸海关建立了专业审单部门（审单处），引入税收征管专家审核机制，形成了口岸业务现场常规审单与专业部门集中审单二位一体的“集中审单作业为主、后续管理为辅”的税收征管模式，此举对提高口岸通关效率、提高海关税收征管执法工作的规范性和一致性水平起到了积极的作用。

2013年，海关总署决定全面深化区域通关业务改革，税收征管实现区域一体化。各区域海关统一审价、验估、化验等税收征管作业程序与作业标准，实现专业化验估、公式定价货物备案、审价处置等税收征管作业在区域海关内统一。区域海关税收征管一体化改革优化整合了口岸和属地海关的管理资源，建立了分工明晰、协调配合、整体联动的区域征管新模式，提升了区域海关监管服务能力，促进了区域经济一体化发展。

2014年11月，海关总署正式提出以“构建一体化通关管理格局”为主要抓手和主攻方向的海关全面深化改革方案，正式提出要在全国范围内设置若干个总署直管的按商品和行业分类的税收征管中心，推动全国海关专业审单、现场接单审核等资源的有效配置，以及向风险防控、稽查、现场验估等方向转型。

截至2017年年底，《全国通关一体化改革框架方案》确立的“1+3”模式下的税收征管中心布局已基本完成，其中“1”是指在总署建立“海关总署税管中心管理办公室”；“3”是指依托直属海关建立海关总署税收征管中心（上海）、海关总署税收征管中心（广州）和海关总署税收征管中心（京津）。3个税管中心主要负责对税收风险进行防控，代表总署直接指挥全国各现场海关的税收征管作业，决策指令直达一线。设立税收征管中心不仅是机构重组，更重要的是体现了税收征管作业模式的变化。

2018年12月，为更好地发挥税收征管中心在税收征管要素风险防控中的主体作用，更好地适应关检融合后的新海关建设，海关总署决定将税收征管中心改称为税收征管局。[①] 自此，税收征管改革进入2.0时代。税收征管方式改革改变了以往各海关在货物放行前逐票审定报关单的方式，转变为由3个税收征管局以“参（数）指（令）模（型）”方式主要在放行后实施集中研判处置，打破了关区藩篱，提高了执法统一性，拓展了海关对税收征管要素的审核时空，实现了海关对税收风险实施前置风险分析、放行前验估、放行后批量审核、验估、稽（核）查等全过程管理。

此外，为配合税收征管方式改革，在防控税收风险的基础上充分释放改革红利，海关总署在2017年提出实施“属地纳税人管理”。属地纳税人管理是海关企业信用管理制度的组成部分，是海关税收征管方式改革内容之一。在企业信用管理框架下，与一体化税收征管运行机制配套，以属地关区主要纳税人为单元，以信用等级为前提，以属地海关为实施主体，通过建立属地纳税人纳税信用信息数据库，推动税收预算目标实现、纳税人风险画像、税收监控等工作，实施差别化税收征管措施，建立关区税收安全保障机制和协同运行机制，与税收征管局形成错位互补。

为贯彻落实国务院“放管服”改革、优化营商环境、促进贸易便利化，自2019年8月24日起，海关总署在黄埔、深圳、青岛三地先行试点“两步申报”通关模式，并从2020年1月1日起，在全国范围全面推广进口货物“两步申报”改革试点。

“两步申报”模式，是指进口企业在提交有效税款担保前提下，可以先向海关进行简化的“概要申报”，即可提货放行，然后在后续的规定期限内办理“完整申报”及税款征收手续，最终完成全部通关流程的进口通关制度。

“两步申报”进口货物的通关过程分为“概要申报”和“完整申报”两步进行。第一步概要申报，对于货物在不涉检、不涉税、不涉证的前提下，只需要申报少数几个项目，货物即可放行提离。第二步完整申报，企业在规定时间内补充申报剩余的其他项目，办理缴纳税款等通关手续。“概要申报”与“完整申报”均需在运输工具申报进境之日起14日内完成。概要申报可以实施“提前申报”。“两步申报”可以进一步降低企业通关成本，提高货物通关效率。

二、海关税收征管模式的运行

根据全国通关一体化改革方案，税收征管作业目前主要在货物放行后实施。税收征管局（以下简称“税管局”）通过前置税收风险分析，加工（研发）、设置参数和模型，对少量存在重大税收风险且放行后难以有效稽（核）查或追补税的，实施必要的放行前审核处置；对存在一定税收风险，但通过放行后批量审核、验估或稽（核）查等手段，能够进行风险排查处置及追补税的，实施放行后风险排查处置。货物放行后，税管局针对归类、

① 3个税收征管中心分别改称为海关总署税收征管局（上海）、海关总署税收征管局（广州）和海关总署税收征管局（京津）。其中，海关总署税收征管局（上海）承担全国海关机电大类（机电、仪器仪表、交通工具类等）商品，包括税则第84~87章、第89~92章共8章商品的税收征管职责。海关总署税收征管局（广州）负责全国化工大类（能源、矿产、化工原料、高分子、金属类等）商品，包括税则第25~29章、第31~40章、第68~83章共31章（其中第77章为空章）商品的税收征管工作。海关总署税收征管局（京津）负责全国农林、食品、药品、轻工、纺织类、航空器、杂项类等商品，包括税则第1~24章、第30章、第41~67章、第88章、第93~97章共58章商品的税收征管工作。

价格、原产地等税收征管要素实施批量审核，根据审核结果下达放行后验估、核查、稽查等作业指令，由验估部门、稽查部门进行相关处置；发现涉嫌违法违规风险线索的，移交缉私部门处置。

（一）通关前作业

1. 收集、处理数据、信息

税管局收集海关内外部情报信息和数据资源，跟踪分析权威机构、行业协会（商会）、企业发布的统计数据、技术资料和财务报表等信息，维护更新税收征管大数据资源库。

2. 开展税收风险分析

税管局开展税收风险参数、实货验估指令和税收风险分析模型的加工（研发）、测试、提交评估及改进优化等工作，涵盖归类、价格、原产地、税款计征、规范申报等涉税要素。其中：

（1）对少量存在重大税收风险且放行后难以有效稽（核）查或追补税的，设为重大税收风险参数（H1）；

（2）对需要在货物放行前验核有关单证，留存有关单证、图像等资料的，设为单证验核风险参数（H2）；

（3）对需要在货物放行前结合实货勘验、取样及送检化验、留像等方式确定有关税收征管要素的，设为实货验估指令；

（4）对存在一定税收风险，通过放行后批量审核、验估或稽（核）查等手段，能够进行风险排查处置及追补税的，设为一般税收风险参数（H3）。

（二）通关中作业

1. 报关单数据分流

在货物安全准入风险排查后，系统根据预设参数、指令，对报关单数据进行风险甄别和分流。其中，对被实货验估指令、单证验核风险参数捕中的，放行前分别分流至现场查验岗、现场验估岗；对被重大税收风险参数捕中的，放行前分流至税管局；对被一般税收风险参数捕中的，放行后分流至税管局。

2. 税收风险排查与处置

下列涉税情形，实施放行前税收风险排查与处置：

（1）对被重大税收风险参数捕中的，由税管局进行风险排查，并根据审核结果或审核需要下达报关单修改或撤单、退补税或放行前验估等指令，现场综合业务岗、验估岗、查验岗根据指令要求进行相关处置，按规定向税管局反馈处置结果。

（2）对被单证验核风险参数捕中的，由现场验估岗验核相关单证的完整性和规范性，留存有关单证、图像等资料后放行报关单数据。

（3）对被实货验估指令捕中的，由现场查验岗通过验核货物状态、取样、留像等方式实施实货验估，并将验估结果反馈税管局。

（三）通关后作业

1. 税收风险排查

（1）批量审核。系统将一般税收风险参数捕中、经放行前实货验估、单证验核和税收风险分析模型筛选出的报关单数据，以及随机抽取的一定比例已放行报关单数据，按商品分类流转至税管局批量审核环节，形成待审核列表。

税管局对进入待审核列表的报关单数据，综合运用计算机筛选、分类汇总等方法，通过设定品名、税号、收发货单位、进出口口岸、进出口日期等不同组合条件，筛选具有可参考比对价值的同类多条数据，批量开展综合比对分析，从中挖掘税收风险，筛选风险目标，进行税收征管要素风险排查。

（2）专项审核。税管局根据相关信息情报或阶段性税收风险防控工作重点的需要，以未进入待审核列表报关单数据为重点，批量抽取相关报关单数据，进行税收征管要素风险专项排查或延伸排查。

2. 税收风险处置

税管局经批量审核、专项审核后，对未发现税收风险的报关单数据予以办结；对存在税收风险的，根据审核结果或审核需要下达相关指令，由业务现场、稽查部门进行相关处置。

（1）对确定存在涉税要素申报差错的，下达报关单修改或撤单、退补税指令，现场综合业务岗办理有关手续。

（2）对需要通过收集并验核有关单证资料、样品，开展质疑、磋商等方式确定税收征管要素的，下达验估指令，现场验估岗按照指令要求进行处置，并反馈结果。

（3）对需要核查与进出口货物直接有关的企业（单位）的有关账簿、单证等有关资料和有关进出口货物的，下达稽（核）查指令，稽查部门按照指令要求开展稽（核）查作业，并反馈处置结果。

（4）对发现涉嫌违法违规风险线索的，移交缉私部门处置；对发现可能存在安全准入风险的，将有关情况告知风险防控部门。

3. 监控评估

税管局依托信息化系统，对参数、指令和模型运行情况、执行结果等进行实时监控；定期汇总相关部门反馈的处置结果和有关建议，对参数、指令和模型的绩效进行评估并改进优化；通过随机抽核、定制抽核等方式，对涉税要素申报质量进行评估，定期发布商品和行业税收状况分析报告。

上述通关中作业和通关后作业中，现场海关应根据税管局下达的验估指令进行验估作业。所称的验估作业，是指在税收征管作业中，验估部门根据海关总署税管局的验估类风险参数及指令，为确定商品归类、完税价格、原产地等税收征管要素而实施的验核进出口货物单证资料或报验状态，对税收征管要素风险进行评估、处置的行为。包括单证验估和实货验估等方式。

第二节 海关税收的缴纳

一、纳税期限

我国法律规定，进出口货物的纳税义务人，应当自海关填发税款缴款书之日起 15 日内缴纳税款；逾期缴纳的，由海关征收滞纳金（《海关法》第六十条）。

《关税条例》更为明确规定，纳税义务人应当自海关填发税款缴款书之日起 15 日内向指定银行缴纳税款。纳税义务人未按期缴纳税款的，从滞纳税款之日起，按日加收滞纳税款万分之五，即 0.5‰的滞纳金（《关税条例》第三十七条）。

我国《船舶吨税法》也规定，应税船舶负责人应当自海关填发吨税缴款凭证之日起 15 日内缴清税款。未按期缴清税款的，自滞纳税款之日起至缴清税款之日止，按日加收滞纳税款万分之五的税款滞纳金（《船舶吨税法》第十二条）。

此外，关于“期间计算”，《民法典》第二百条至第二百零三条规定，所称的期间按照公历年、月、日、小时计算。按照年、月、日计算期间的，开始的当日不计入，自下一日开始计算。按照小时计算期间的，自法律规定或者当事人约定的时间开始计算。期间的最后一日是法定休假日的，以法定休假日结束的次日为期间的最后一日。期间的最后一日的截止时间为二十四时；有业务时间的，停止业务活动的时间为截止时间。

我国《海关征税管理办法》第二十条也明确规定，缴款期限届满日遇星期六、星期日等休息日或者法定节假日的，应当顺延至休息日或者法定节假日之后的第一个工作日。国务院临时调整休息日与工作日的，海关应当按照调整后的情况计算缴款期限。

由此可见，通常情况下，纳税义务人采取逐票缴税模式时，海关税收的缴纳期限为 15 日。但在实际计算缴款期限时，海关填发税款缴款书当日不计入缴款期限，应从第二天开始连续计算，期间的星期六、星期日等休息日或者法定节假日不予扣除。但是，如果缴款期限届满日遇星期六、星期日等休息日或者法定节假日的，应当顺延至休息日或者法定节假日之后的第一个工作日。

例如，海关于某年 9 月 1 日（周三）填发税款缴款书，纳税人应当最迟于该年 9 月 16 日（周四）缴纳税款。如果海关于 9 月 16 日（周四）填发税款缴款书，则纳税期限的最后一天是 10 月 8 日（周五）。因为从 9 月 17 日开始计算，第 15 日是 10 月 1 日（国庆节），而国务院决定调休后从 10 月 1 日至 7 日连续休息 7 天，因此缴款期限应顺延至休息日之后的第一个工作日，即 10 月 8 日（周五）为纳税期限的最后一天。

全国通关一体化改革以后，海关税收征管模式发生了很大变化，除传统的缴税方式外，纳税义务人可以选择“自报自缴”“汇总征税”等模式缴纳税款，进出口货物税款缴纳不再需要海关填发税款缴款书。为此，海关进一步明确了进出口货物税款缴纳期限的具体规定。即纳税义务人应当自海关税款缴纳通知制发之日起 15 日内依法缴纳税款；采用汇总征税模式的，纳税义务人应当自海关税款缴纳通知制发之日起 15 日内或次月第 5 个工作日结束前依法缴纳税款。未在上述期限内缴纳税款的，海关自缴款期限届满之日起至缴清税款之日止，按日加收滞纳税款万分之五的滞纳金。

目前，海关制发税款缴纳通知并通过“单一窗口”和“互联网+海关”平台推送至纳税义务人。纳税义务人自行打印的版式化“海关专用缴款书”，其“填发日期”为海关税款缴纳通知制发之日。

企业“自报自缴”是指进出口企业、单位向海关申报报关单及随附单证、税费电子数据，并自行缴纳税费的行为。汇总征税是海关开展集约化征税的一种模式。在该业务模式下，海关对符合条件的进出口纳税义务人在一定时期内多次进出口货物的应纳税款实施汇总征税。汇总征税实现“先放后税、汇总缴税”，改革了传统的“逐票审核、先税后放”征管作业模式，提高了通关和企业资金使用效率，有效节约了通关时间和人力成本。

二、滞纳金

滞纳金是海关对未在缴纳期限内履行税收给付义务的纳税人采取的，在征收税款以外另行课以应纳税额一定比例的货币给付义务，以增加纳税人经济负担的一种款项。其目的是促使纳税义务人尽快履行纳税义务。

（一）征收滞纳金的各种情形

《海关征税管理办法》规定了征收滞纳金的各种情形，现汇总如下：

1. 基本原则

纳税义务人应当自海关填发税款缴款书之日起 15 日内向指定银行缴纳税款。逾期缴纳税款的，由海关自缴款期限届满之日起至缴清税款之日止，按日加收滞纳税款 0.5‰的滞纳金。纳税义务人应当自海关填发滞纳金缴款书之日起 15 日内向指定银行缴纳滞纳金。

2. 其他征收滞纳金的规定

（1）分期支付租金的租赁进口货物，纳税义务人应当在申报租赁货物进口时，按照第一期应当支付的租金办理纳税手续，缴纳相应税款；在其后分期支付租金时，纳税义务人向海关申报办理纳税手续应当不迟于每次支付租金后的第 15 日。纳税义务人未在规定期限内申报纳税的，海关按照纳税义务人每次支付租金后第 15 日该货物适用的税率、计征汇率征收相应税款，并自规定的申报办理纳税手续期限届满之日起至纳税义务人申报纳税之日止，按日加收应缴纳税款 0.5‰的滞纳金。

（2）纳税义务人应当自租赁进口货物租期届满之日起 30 日内，向海关申请办结监管手续，将租赁进口货物复运出境。需留购、续租租赁进口货物的，纳税义务人向海关申报办理相关手续应当不迟于租赁进口货物租期届满后的第 30 日。

纳税义务人未在规定的期限内向海关申报办理留购租赁进口货物的相关手续的，海关除按照审定进口货物完税价格的有关规定和租期届满后第 30 日该货物适用的计征汇率、税率，审核确定其完税价格、计征应缴纳的税款外，还应当自租赁期限届满后 30 日起至纳税义务人申报纳税之日止，按日加收应缴纳税款 0.5‰的滞纳金。

纳税义务人未在规定的期限内向海关申报办理续租租赁进口货物的相关手续的，海关除按照规定征收续租租赁进口货物应缴纳的税款外，还应当自租赁期限届满后 30 日起至纳税义务人申报纳税之日止，按日加收应缴纳税款 0.5‰的滞纳金。

（3）暂时进出境货物未在规定期限内（包括经海关批准的暂时进出境货物延长复运出境或者复运进境的期限）复运出境或者复运进境，且纳税义务人未在规定期限届满前向海关申报办理进出口及纳税手续的，海关除按照规定征收应缴纳的税款外，还应当自规定期限届满之日起至纳税义务人申报纳税之日止，按日加收应缴纳税款 0.5‰的滞纳金。

（4）因纳税义务人违反规定造成少征税款的，海关除依法追征税款外，还应当自缴纳税款或者货物放行之日起至海关发现违规行为之日止，按日加收少征或者漏征税款 0.5‰的滞纳金。

因纳税义务人违反规定造成海关监管货物少征或者漏征税款的，海关除依法追征税款外，自应缴纳税款之日起至海关发现违规行为之日止，还应按日加收少征或者漏征税款 0.5‰的滞纳金。这里所称的“应缴纳税款之日”是指纳税义务人违反规定的行为发生之日；该行为发生之日不能确定的，应当以海关发现该行为之日作为应缴纳税款之日。

（5）因纳税义务人违反规定，属于上述（1）、（2）、（3）、（4）项情形，需在征收税款的同时加收滞纳金的，如果纳税义务人未在规定的海关填发税款缴款书之日起 15 天缴款期限内缴纳税款，海关除按规定征收原税款和滞纳金之外，还应另行加收自缴款期限届满之日起至缴清税款之日止滞纳税款的滞纳金。

计算滞纳金时，应当按人民币计征，采用四舍五入法计算至分。滞纳金的起征点为 50 元，不足 50 元的予以免征。

（二）滞纳金的计算

按照规定，海关税收（包括关税、进口环节增值税和消费税、船舶吨税）的纳税人或其代理人，未在规定时间内缴纳税款构成滞纳的，应照章缴纳滞纳金。其计算公式为：

关税滞纳金金额=滞纳的关税税额×0.5‰×滞纳天数

增值税滞纳金金额=滞纳的增值税税额×0.5‰×滞纳天数

消费税滞纳金金额=滞纳的消费税税额×0.5‰×滞纳天数

船舶吨税滞纳金金额=滞纳的船舶吨税税额×0.5‰×滞纳天数

滞纳天数从缴款期限届满日的次日起连续计算，一直到实际纳税之日止。滞纳期间的周六、周日或其他法定节假日不得扣除。

例如，海关于某年 9 月 17 日（周五）填发税款缴款书，而纳税人实际纳税是 10 月 15 日（周五），则滞纳天数应为 7 天。因为缴款期限的最后一天是 10 月 8 日（假设国务院决定经调整 10 月 1 日至 7 日为休息日），从次日（即 9 日）直至 15 日均为滞纳期间，应连续计算天数。

例 1 某进出口公司从美国进口加拿大生产的货物一批，以 CIF 上海 50 万美元的价格成交。装载该货物的海轮于某年 9 月 2 日（周四）向海关申报进境。该进出口公司于 9 月 16 日（周四）向海关进行电子数据申报，当日被海关接受申报，海关填发税款缴款书并通知该公司报关人员。该公司于 10 月 18 日（周一）通过银行缴纳了税款（当年国务院决定调整后，10 月 1 日至 7 日为休息日）。

已知该货物适用的关税最惠国税率为14%，增值税税率为13%，消费税税率为10%，其适用计征汇率为1美元=6.8281元人民币。计算该批货物应纳税款和滞纳金金额。

计算过程如下：

（1）确定进口货物的完税价格

根据规定，货价50万美元应计入完税价格。由于货物适用的计征汇率为1美元=6.8281元人民币，因此：

该批货物的完税价格=500000×6.8281
=3414050.00（元）

（2）计算应纳进口关税税额

应纳进口关税税额=进口货物完税价格×进口关税税率
=3414050.00×14%
=477967.00（元）

（3）计算消费税组成计税价格

$$消费税组成计税价格=\frac{进口关税完税价格+进口关税税额}{1-消费税税率}$$

$$=\frac{3414050.00+477967.00}{1-10\%}$$

=4324463.33（元）（计税价格采用四舍五入法计算至分）

（4）计算应纳进口环节消费税税额

应纳消费税税额=消费税组成计税价格×消费税税率
=4324463.33×10%
=432446.33（元）（税额采用四舍五入法计算至分）

（5）计算增值税组成计税价格

增值税组成计税价格=进口关税完税价格+关税税额+消费税税额
=3414050.00+477967.00+432446.33
=4324463.33（元）

（6）计算应纳进口环节增值税税额

应纳增值税税额=增值税组成计税价格×增值税税率
=4324463.33×13%
=562180.23（元）（税额采用四舍五入法计算至分）

（7）计算滞纳天数

海关填发税款缴款书之日为9月16日（周四），缴款期限的最后一天应为10月8日（周五）。从10月9日起至实际缴款之日18日止，均为滞纳期间，共计滞纳10天。

（8）分别计算税款的滞纳金金额

关税滞纳金金额=滞纳的关税税额×0.5‰×滞纳天数
=477967.00×0.5‰×10
=2389.84（元）（金额采用四舍五入法计算至分）

增值税滞纳金金额=滞纳的增值税税额×0.5‰×滞纳天数
=562180.23×0.5‰×10
=2810.90（元）（金额采用四舍五入法计算至分）

消费税滞纳金金额=滞纳的消费税税额×0.5‰×滞纳天数
=432446.33×0.5‰×10
=2162.23（元）（金额采用四舍五入法计算至分）

（三）税款滞纳金的减免

根据规定，海关对未履行税款给付义务的纳税义务人征收税款滞纳金，符合下列情形之一的，海关可以依法减免税款滞纳金。

1. 纳税义务人确因经营困难，自海关填发税款缴款书之日起在规定期限内难以缴纳税款，但在规定期限届满后3个月内补缴税款的。

2. 因不可抗力或者国家政策调整原因导致纳税义务人自海关填发税款缴款书之日起在规定期限内无法缴纳税款，但在相关情形解除后3个月内补缴税款的。

3. 货物放行后，纳税义务人通过自查发现少缴或漏缴税款并主动补缴的。这里所称的“自查发现”，仅指符合《〈中华人民共和国海关稽查条例〉实施办法》（海关总署令第230号）第四章有关主动披露的规定，并按照海关规定程序办理的情形。

4. 经海关总署认可的其他特殊情形。

在办理税款滞纳金减免手续时，纳税义务人应按照海关要求提交以下材料：报关单及随附资料复印件；滞纳金缴款书复印件；已补缴税款的税单复印件；属于通过自查发现少缴或漏缴税款并主动补缴情形的，需提供自查情况报告；海关认为需要提供的其他材料。纳税义务人应声明对上述材料的真实性、合法性、有效性承担法律责任。

减免税款滞纳金手续由征税地直属海关关税职能部门办理，对于符合规定可减免税款滞纳金的，征税地直属海关与纳税义务人签订“××海关税款滞纳金减免执行协议”并负责监督协议的执行。

三、延期纳税

根据规定，纳税义务人因不可抗力或者在国家税收政策调整的情形下，不能按期缴纳税款的，经依法提供税款担保后，可以延期缴纳税款，但是最长不得超过6个月（《关税条例》第三十九条）。

也就是说，并非任何情况下都可以延期缴纳税款的。对于海关税收，只有因不可抗力或者在国家税收政策调整的情形下无法按期缴纳税款时，才可以延期缴纳税款。

所谓不可抗力，是指“不能预见、不能避免且不能克服的客观情况”（参见《民法典》第一百八十条)。不可抗力可以是自然原因酿成的，也可以是人为的、社会因素引起的。前者如地震、水灾、旱灾等，后者如战争、政府禁令、罢工等。

四、税收保全

实际工作中，从海关填发税款缴款书之日起至实际缴纳税款之日，存在一定的时间。在延期纳税情况下，这段时间更长。在这些时间内，可能会出现纳税人为逃避纳税而将货物转移、藏匿等现象，为保证海关税收能够足额、及时收缴入库，法律规定在符合条件的前提下，海关可以采取税收保全措施。

《海关法》规定，进出口货物的纳税义务人在规定的纳税期限内有明显的转移、藏匿其应税货物以及其他财产迹象的，海关可以责令纳税义务人提供担保；纳税义务人不能提供纳税担保的，经直属海关关长或者其授权的隶属海关关长批准，海关可以采取下列税收保全措施（《海关法》第六十一条)：

一是书面通知纳税义务人开户银行或者其他金融机构暂停支付纳税义务人相当于应纳税款的存款；

二是扣留纳税义务人价值相当于应纳税款的货物或者其他财产。

上述规定表明，纳税人在纳税期限内有转移、藏匿应税货物迹象时，海关还不能立即采用税收保全措施。但是海关可以根据规定要求纳税人提供担保。只有要求纳税人提供担保而纳税人又不能提供担保时，经过直属海关关长或其授权的隶属海关关长的批准，才可以采取税收保全措施。在这里所称的纳税期限，应理解为应税货物在实际缴纳税款之前的期限，包括 15 日的缴款期限，也应包括超过缴款期限构成滞纳但还未采取强制缴税措施的时间、延期纳税的期限、减免税货物的海关监管期限、保税货物的监管期限等。

对于在规定的纳税期限内有明显的转移、藏匿应税货物迹象，且纳税人不能提供纳税担保的情形下，经直属海关关长或其授权的隶属海关关长批准，可以采取冻结纳税人相当于应纳税额的存款，或者扣留纳税人价值相当于应纳税款的货物或其他财产的措施，以确保国家税款不至于落空。

具体而言，税收保全措施的采取应遵循以下程序：

进出口货物的纳税义务人在规定的纳税期限内有明显的转移、藏匿其应税货物，以及其他财产迹象的，海关应当制发“责令提供担保通知书”，要求纳税义务人在海关规定的期限内提供海关认可的担保。纳税义务人不能在海关规定的期限内按照海关要求提供担保的，经直属海关关长或者其授权的隶属海关关长批准，海关应当采取税收保全措施。

采取税收保全措施的，海关应当书面通知纳税义务人开户银行或者其他金融机构暂停支付纳税义务人相当于应纳税款的存款。因无法查明纳税义务人账户、存款数额等情形不能实施暂停支付措施的，应当扣留纳税义务人价值相当于应纳税款的货物或者其他财产。纳税义务人的货物或者其他财产本身不可分割，又没有其他财产可以扣留的，被扣留货物或者其他财产的价值可以高于应纳税款。

海关通知金融机构暂停支付纳税义务人存款的，应当向金融机构制发“暂停支付通知书”，列明暂停支付的款项和期限。海关确认金融机构已暂停支付相应款项的，还应当向纳税义务人制发“暂停支付告知书”。

纳税义务人在规定的纳税期限内缴纳税款的，海关应当向金融机构制发“暂停支付解除通知书”，解除对纳税义务人相应存款实施的暂停支付措施。同时海关还应当向纳税义务人制发“暂停支付解除告知书”。

但是纳税义务人自海关填发税款缴款书之日起 15 内未缴纳税款的，经直属海关关长或者其授权的隶属海关关长批准，海关应当向金融机构制发“扣缴税款通知书”，通知其从暂停支付的款项中扣缴相应税款。海关确认金融机构已扣缴税款的，还应当向纳税义务人制发“扣缴税款告知书”。

海关根据规定扣留纳税义务人价值相当于应纳税款的货物或者其他财产的，应当向纳税义务人制发“扣留通知书”，并随附扣留清单。扣留清单应当列明被扣留货物或者其他财产的品名、规格、数量、重量等，品名、规格、数量、重量等当场无法确定的，应当尽可能完整地描述其外在特征。扣留清单应当由纳税义务人或者其代理人、保管人确认，并签字或者盖章。

纳税义务人自海关填发税款缴款书之日起 15 日内缴纳税款的，海关应当解除扣留措施，并向纳税义务人制发“解除扣留通知书”，随附发还清单，将有关货物、财产发还纳税义务人。发还清单应当由纳税义务人或者其代理人确认，并签字或者盖章。

但是纳税义务人自海关填发税款缴款书之日起 15 内未缴纳税款的，海关应当向纳税义务人制发“抵缴税款通知书”，依法变卖被扣留的货物或者其他财产，并以变卖所得抵缴税款。如果变卖所得不足以抵缴税款的，海关应当继续采取强制措施抵缴税款的差额部分；变卖所得抵缴税款及扣除相关费用后仍有余款的，应当发还纳税义务人。

税收保全措施是一种比较激烈的保障国家税款不落空的行为，对纳税人造成的后果往往是比较严重的，因此海关应谨慎使用税收保全措施。采取税收保全措施不当，或者纳税义务人在规定期限内已缴纳税款，海关未立即解除税收保全措施，致使纳税义务人的合法权益受到损失的，海关应当依法承担赔偿责任。

五、强制缴税

我国《海关法》规定，进出口货物的纳税义务人，应当自海关填发税款缴款书之日起 15 日内缴纳税款；逾期缴纳的，由海关征收滞纳金。纳税义务人、担保人超过 3 个月仍未缴纳的，经直属海关关长或者其授权的隶属海关关长批准，海关可以采取下列强制措施：

一是书面通知其开户银行或者其他金融机构从其存款中扣缴税款；

二是将应税货物依法变卖，以变卖所得抵缴税款；

三是扣留并依法变卖其价值相当于应纳税款的货物或者其他财产，以变卖所得抵缴税款。

海关采取强制措施时，对前述所列纳税义务人、担保人未缴纳的滞纳金同时强制执行（《海关法》第六十条）。

这表明，在同时符合以下条件的情况下，海关可以采取强制措施以保证国家税款及时足额入库：

第一，纳税期满后超过 3 个月仍未缴纳税款；

第二，经直属海关关长或其授权的隶属海关关长批准。

只要纳税人在规定的期限内没有缴纳税款，不论其是否主观故意不缴纳税款，经批准，海关就可以对其采取相应的强制执行措施。

强制缴纳海关税收的具体措施包括强制扣缴和变价抵扣两种，而变价抵扣又可分为货物未放行的变价抵扣和货物已放行的变价抵扣两种情形。

采取强制缴税措施时，一般应当依照尽可能给纳税人造成最小损失的原则，首先采取从纳税人存款中扣缴税款的措施，即书面形式通知纳税人的开户银行或其他金融机构，从其存款中扣缴税款。如果纳税人的银行账户中没有存款或者没有足够的存款可以强制扣缴，或者强制扣缴无法执行，那么海关可以将尚未放行的应税货物依法变卖，以变卖所得抵缴税款。当然采取这种变价抵扣措施的前提是应税货物还在海关的掌控之下。如果应税货物已经放行，不在海关的掌控之下，那么海关就可以将该纳税人的其他相当于应纳税款的货物或财产予以扣留，并依法变卖，以变卖所得抵缴税款。

具体而言，采取强制缴税措施时应遵循以下规定：

海关通知金融机构扣缴税款的，应当向金融机构制发“扣缴税款通知书”，通知其从纳税义务人、担保人的存款中扣缴相应税款。金融机构扣缴税款的，海关还应当向纳税义务人、担保人制发“扣缴税款告知书”。

海关决定以应税货物、被扣留的价值相当于应纳税款的货物或者其他财产变卖并抵缴税款的，应当向纳税义务人、担保人制发“抵缴税款告知书”。对于变卖所得不足以抵缴税款的，海关应当继续采取强制措施抵缴税款的差额部分；变卖所得抵缴税款及扣除相关费用后仍有余款的，应当发还纳税义务人、担保人。

无法采取强制措施，或者按规定采取强制措施仍无法足额征收税款的，海关应当依法向人民法院申请强制执行，并按照法院要求提交相关材料。

对于海关采取强制缴税措施的，纳税人的滞纳金也不能免除。我国明确规定，对于没有缴纳的滞纳金也应当同时强制执行。滞纳金金额应当从税款缴纳期限届满之日起至海关采取强制缴纳措施之日止，按日计算。

对于强制缴税措施中的变价抵扣方式，为了保护纳税人的合法利益，变卖应税货物或其他货物、财产时，应当公平、公正地进行。一般而言，具备拍卖条件的货物，应采取公开拍卖的方式出售，不具备拍卖条件的货物，可以采取其他合理的方式出售。

如果变卖货物所得的货款，扣除变卖的相关费用和税款、滞纳金之外还有余款的，一般来说，在货物变卖之日起 1 年内，经纳税人申请，海关可以发还。但是对于属于国家对进口有限制性规定的应税货物，应当提交许可证件而不能提供的，余款不予发还。上述逾期无人申请或者不予发还的余款，由海关上缴国库。

六、加工贸易保税货物的缓税利息

在我国，加工贸易是十分重要的一种贸易方式。加工贸易保税货物是指经海关审核备案准予保税进口的加工贸易货物，其重要特征之一是料件进口时暂缓缴纳进口关税和海关代征税，成品出口时除另有规定的以外不需缴纳出口关税。但是如果加工贸易保税货物内销，海关需要对其征收税款，并且还应按规定征收缓税利息。

（一）征收缓税利息的范围

加工贸易保税货物具体包括进口的料件、加工生产的成品和半成品、生产过程中产生的残次品、副产品、边角料和剩余料件，此外还包括加工贸易受灾保税货物。

这里所称的残次品，是指加工贸易企业从事加工复出口业务，在生产过程中产生的有严重缺陷或者达不到出口合同标准，无法复出口的制品（包括完成品和未完成品）。副产品，是指加工贸易企业在加工生产出口合同规定的制成品（即主产品）过程中同时产生的，且出口合同未规定应当复出口的一个或者一个以上的其他产品。边角料，是指加工贸易企业在海关核定的单位耗料量内（即单耗），加工过程中产生的无法再用于加工该合同项下出口制成品的数量合理的废、碎料及下脚料。剩余料件，是指加工贸易企业在从事加工复出口业务过程中剩余的、可以继续用于加工制成品的加工贸易进口料件。受灾保税货物，是指加工贸易企业因不可抗力原因或者其他经海关审核认可的正当理由造成灭失或短少或损毁等导致无法复出口的保税进口料件和制品。

按规定，除内销的边角料及海关特殊监管区域内的保税货物（特殊情况例外）只需征收税款以外，其他加工贸易保税货物，如料件（包括剩余料件）、制成品、半成品、残次品、副产品内销，不仅需要按规定征收税款，而且还要按规定征收缓税利息。

此外，加工贸易受灾保税货物（包括边角料、剩余料件、残次品、副产品）在运输、仓储、加工期间发生灭失或短少或损毁等情事的，加工贸易企业应当及时向海关报告，海关可以视情派员核查取证。如果是因不可抗力因素造成的加工贸易受灾保税货物，经海关核实，对受灾保税货物灭失或者虽未灭失，但完全失去使用价值且无法再利用的，海关予以免税核销；对受灾保税货物虽失去原使用价值，但可以再利用的，海关应按规定计征税款和税款缓税利息。

除不可抗力因素外，加工贸易企业因其他经海关审核认可的正当理由导致加工贸易保税货物在运输、仓储、加工期间发生灭失、短少或损毁等情事的，海关凭有关证明文件，按照规定予以计征税款和缓税利息。

（二）缓税利息率与计息期限

加工贸易保税货物需要征收缓税利息的，应根据填发海关税款缴款书之日，海关总署调整的最新缓税利息率按日征收。缓税利息的计算公式为：

$$应征缓税利息=应征税款\times计息期限\times\frac{缓税利息率}{360}$$

缓税利息率由海关根据中国人民银行最新公布的活期存款利率调整并公布执行。

计息期限按日计算。计息期限具体规定如下：

1. 加工贸易保税料件或制成品内销的，缓税利息计息期限的起始日期为内销料件或制成品所对应的加工贸易合同项下首批料件进口之日；加工贸易 E 类电子账册项下的料件或制成品内销时，起始日期为内销料件或制成品所对应电子账册的最近一次核销之日（若没有核销日期的，则为电子账册的首批料件进口之日）。这类货物征收缓税利息的终止日期为海关填发税款缴款书之日。

2. 加工贸易保税料件或制成品，违反海关监管规定内销的，缓税利息计息期限的起始日期为内销料件或制成品所对应的加工贸易合同项下首批料件进口之日；若内销涉及多本合同，且内销料件或制成品与合同无法一一对应的，则计息的起始日期为最近一本合同项下首批料件进口之日；若加工贸易E类电子账册项下的料件或制成品擅自内销的，则计息的起始日期为内销料件或制成品所对应电子账册的最近一次核销之日（若没有核销日期的，则为电子账册的首批料件进口之日）；按照前述方法仍无法确定计息的起始日期的，则不再征收缓税利息。违规内销计息的终止日期为保税料件或制成品内销之日。内销之日无法确定的，终止日期为海关发现之日。

加工贸易保税料件或制成品等违规内销的，还应根据规定征收滞纳金。

3. 加工贸易保税货物需要后续补税，但海关未按违规处理的，缓税利息计息的起止日期比照上述第2项规定办理。

4. 加工贸易剩余料件、残次品、副产品和受灾保税货物等内销需征收缓税利息的，亦应比照上述规定办理。

七、缴纳地点、方式与凭证

（一）缴纳地点

我国《海关法》规定，进口货物应当由收货人在货物的进境地海关办理海关手续，出口货物应当由发货人在货物的出境地海关办理海关手续。经收发货人申请，海关同意，进口货物的收货人可以在设有海关的指运地、出口货物的发货人可以在设有海关的起运地办理海关手续（《海关法》第三十五条）。

全国通关一体化改革以后，除另有规定以外，企业可以任意选择申报地点及进出境口岸，在全国任何一个海关办理通关相关手续，从而消除了申报的关区限制。

（二）缴纳方式

纳税人缴纳税款的方式主要有两种：一种是“柜台支付”方式，即纳税人持缴款书到指定银行柜台办理税费交付手续，目前主要在跨境电商零售进口环节和进境物品进口税缴纳时使用；另一种是“电子支付”方式，即纳税人通过电子支付系统办理税费交付手续。

海关税费电子支付系统是由海关业务系统、中国电子口岸系统、商业银行业务系统和第三方支付系统等四部分组成的进出口环节税费缴纳的信息化系统。该系统通过财关库银横向联网实现海关税费信息在海关、国库、商业银行等部门之间电子流转、税款电子入库。进出口企业通过电子支付系统可以缴纳进出口关税、反倾销税、反补贴税、进口环节代征税、缓税利息、滞纳金、保证金和滞报金。

（三）缴纳凭证

目前，我国进出口关税、进口环节增值税和消费税、船舶吨税、税款滞纳金及加工贸易保税货物缓税利息的征收，以及少征或漏征税款的补征，海关填发的凭证都是“海关专用缴款书”，纳税人应持凭“海关专用缴款书”向银行缴纳税款、滞纳金或缓税利息。当纳税人缴纳税款后，应将“海关专用缴款书”第一联送签发海关验核，海关凭以办理有关手续。

此外，对于海关多征的纳税人的税款，在退还时，海关填发的凭证是“收入退还书”（海关专用）。由海关将该“收入退还书”（海关专用）送交国库办理退库。对于进口货物滞报金的征收，海关填发的凭证是“海关进口货物滞报金专用票据”。

八、税款起征点

我国规定，海关税收、缓税利息、滞纳金、滞报金等税款和费用的起征点均为每票货物 50 元人民币。具体而言，进出口关税、进口环节增值税、进口环节消费税、船舶吨税、关税滞纳金、增值税滞纳金、消费税滞纳金、船舶吨税滞纳金、加工贸易保税货物缓税利息、进口货物滞报金，以及补征的海关税收，每票不足 50 元的，免予征收或免予补征。只有每票在 50 元及以上的，才予以征收，另有规定的除外。

但是对于海关多征税款的退还，其起退点为 0 元。也就是说，无论多征了纳税人多少税款，都应按规定退还给纳税人。

自 2016 年 4 月 8 日起，对跨境电商零售（B2C）进口商品按货物征收关税和进口环节增值税、消费税。对符合条件的在限值以内进口的跨境电商零售进口商品，关税税率暂设为 0%，进口环节增值税、消费税取消免征税额（即取消每票 50 元的起征点规定），暂按法定应纳税额的 70%征收。

第三节　海关税收的退还与补征

一、海关税收的退还

海关税收的退还，是指纳税人在进出口环节缴纳税款后，由海关按规定退还多征和其他应退还税款的行为。

在实际工作中，有时海关决定征收的税款会比应当征收的多，例如，原征税依据发生了变化，海关工作人员工作失误等。海关决定征收的税款多于应当征收的税款，被称为溢征。如果发现溢征税款时，纳税人尚未将税款缴纳入库，则海关应撤销原征税决定，重新填发税款缴款书。但是如果发现溢征税款时，纳税人已经将税款缴纳入库，则海关应当将溢征的那部分税款按规定的程序退还给原纳税人。

对于多征的税款，有可能纳税人未发现而由海关发现，也有可能海关尚未发现而被纳税人自己发现。我国对这两种情况都明确规定了退还的程序。

（一）退还税款的范围

1. 海关发现多征税款

海关发现多征税款的，应当立即通知纳税义务人办理退税手续。纳税义务人应当自收到海关通知之日起3个月内办理有关退税手续。

2. 纳税人发现多缴税款

纳税义务人发现多缴纳税款的，自缴纳税款之日起1年内，可以向海关申请退还多缴的税款并加算银行同期活期存款利息。纳税义务人向海关申请退还税款及利息时，应当提交退税申请书、原税款缴款书和可以证明应予退税的材料。

3. 已缴进口税收的货物，因品质或规格原因原状退货复运出境

已缴纳税款的进口货物，因品质或者规格原因原状退货复运出境的，纳税义务人自缴纳税款之日起1年内，可以向海关申请退税。纳税义务人向海关申请退税时，应当提交退税申请书、原进口报关单、税款缴款书、发票、货物复运出境的出口报关单以及收发货人双方关于退货的协议。

4. 已缴出口关税的货物，因品质或规格原因原状退货复运进境

已缴纳出口关税的出口货物，因品质或者规格原因原状退货复运进境，并已重新缴纳因出口而退还的国内环节有关税收的，纳税义务人自缴纳税款之日起1年内，可以向海关申请退税。纳税义务人向海关申请退税时，应当提交退税申请书、原出口报关单、税款缴款书、发票、货物复运进境的进口报关单、收发货人双方关于退货的协议和税务机关重新征收国内环节税的证明。

5. 已缴出口关税的货物，因故未装运出口申报退关

已缴纳出口关税的货物，因故未装运出口申报退关的，纳税义务人自缴纳税款之日起1年内，可以向海关申请退税。纳税义务人向海关申请退税时，应当提交退税申请书、原出口报关单和税款缴款书。

6. 已征税放行的散装货物发生短装，有关部门对短装部分退还或赔偿相应货款的

散装进出口货物发生短装并已征税放行的，如果该货物的发货人、承运人或者保险公司已对短装部分退还或者赔偿相应货款，纳税义务人自缴纳税款之日起1年内，可以向海关申请退还进口或者出口短装部分的相应税款。纳税义务人向海关申请退税时，应当提交退税申请书、原进口或者出口报关单、税款缴款书、发票、具有资质的商品检验机构出具的相关检验证明书、已经退款或者赔款的证明文件。

7. 货物因残损、品质不良、规格不符等原因，有关部门赔偿相应货款的

进出口货物因残损、品质不良、规格不符原因，或者发生前述规定以外的货物短少的情形，由进出口货物的发货人、承运人或者保险公司赔偿相应货款的，纳税义务人自缴纳税款之日起1年内，可以向海关申请退还赔偿货款部分的相应税款。纳税义务人向海关申请退税时，应当提交退税申请书、原进口或者出口报关单、税款缴款书、发票以及已经赔偿货款的证明文件。

（二）退还税款的程序

属于上述可以退还税款的情形，除第1种情形外，纳税义务人应按规定向海关书面申请退还，并提交相关的材料。

海关收到纳税义务人的退税申请后应当进行审核。纳税义务人提交的申请材料齐全且符合规定形式的，海关应当予以受理，并以海关收到申请材料之日作为受理之日；纳税义务人提交的申请材料不全或者不符合规定形式的，海关应当在收到申请材料之日起5个工作日内一次告知纳税义务人需要补正的全部内容，并以海关收到全部补正申请材料之日为海关受理退税申请之日。

属于上述第3、4、6、7种申请退税的情形的，海关认为需要时，可以要求纳税义务人提供具有资质的商品检验机构出具的原进口或者出口货物品质不良、规格不符或者残损、短少的检验证明书或者其他有关证明文件。

海关应当自受理退税申请之日起30日内查实并通知纳税义务人办理退税手续或者不予退税的决定。纳税义务人应当自收到海关准予退税的通知之日起3个月内办理有关退税手续。

海关办理退税手续时，应当填发收入退还书。对于按规定应当同时退还多征税款部分所产生的利息的，应退利息按照海关填发收入退还书之日中国人民银行规定的活期储蓄存款利息率计算。计算应退利息的期限自纳税义务人缴纳税款之日起至海关填发收入退还书之日止。

对于进口环节增值税已予抵扣的，该项增值税不予退还，但国家另有规定的除外。已征收的滞纳金不予退还。

需要指出的是，多征船舶吨税的退还规定与上述多征关税和代征税的规定存在差异。根据《船舶吨税法》的规定，海关发现多征吨税税款的，应当在24小时内通知应税船舶办理退还手续，并加算银行同期活期存款利息。应税船舶发现多缴税款的，可以自缴纳税款之日起3年内以书面形式要求海关退还多缴的税款并加算银行同期活期存款利息；海关应当自受理退税申请之日起30日内查实并通知应税船舶办理退还手续。应税船舶应当自收到通知之日起3个月内办理有关退还手续。

二、海关税收的补征和追征

海关在进出口货物、物品完成通关手续，放行有关货物、物品后，有时会发现实际征收的税款少于应当征收的税款，这种现象被称为税款的短征。短征税款具体表现为两种情况：一种是海关已经做出征税决定，但征税决定中决定征收的税款比应当征收的税款少，称为少征；另一种情况是海关没有做出征税决定就将应征税的有关货物、物品放行，称为漏征。

如果海关发现短征时纳税人尚未缴纳税款，海关应当通知纳税人撤销原征税决定，重新填发税款缴款书。如果纳税人已经缴纳税款，则应当将短征的税款补征或追征入库。

（一）补征和追征税款的范围

短征税款的原因包括非因纳税人违反规定造成的，例如，海关工作人员过失导致的短征；也包括由于纳税人违反海关规定造成的，例如，纳税人没有如实申报导致的短征。前者短征税款的征收，被称为补征；后者短征税款的征收，被称为追征。

1. 非因纳税人违反规定导致的短征

我国规定，进出口货物、进出境物品放行后，海关发现少征或者漏征税款，只要不是因为纳税人违反规定造成的，应当自缴纳税款或者货物、物品放行之日起 1 年内，向纳税义务人补征。

2. 因纳税人违反规定导致的短征

进出口货物放行后，因纳税义务人违反规定造成少征或者漏征税款的，海关可以自缴纳税款或者货物放行之日起 3 年内追征税款，并从缴纳税款或者货物放行之日起按日加收少征或者漏征税款万分之五的滞纳金。

3. 海关监管期限内的货物因纳税人违反规定导致的短征

一些货物，如特定减免税货物、保税货物、暂时进境货物，在口岸放行后仍然属于海关监管货物，在一定的海关监管期限内不能随意转让、移作他用，如果纳税人在海关监管货物的监管期限内违反规定造成海关短征税款的，海关也应按规定追征。

我国规定，海关发现海关监管货物因纳税义务人违反规定造成少征或者漏征税款的，应当自纳税义务人应缴纳税款之日起 3 年内追征税款，并从应缴纳税款之日起按日加收少征或者漏征税款万分之五的滞纳金。

（二）补征和追征税款的程序

进出口货物放行后，海关发现少征税款的，应当自缴纳税款之日起 1 年内，向纳税义务人补征税款；海关发现漏征税款的，应当自货物放行之日起 1 年内，向纳税义务人补征税款。

因纳税义务人违反规定造成少征税款的，海关应当自缴纳税款之日起 3 年内追征税款；因纳税义务人违反规定造成漏征税款的，海关应当自货物放行之日起 3 年内追征税款。海关除依法追征税款外，还应当自缴纳税款或者货物放行之日起至海关发现违规行为之日止，按日加收少征或者漏征税款万分之五的滞纳金。

因纳税义务人违反规定造成海关监管货物少征或者漏征税款的，海关应当自纳税义务人应缴纳税款之日起 3 年内追征税款，并自应缴纳税款之日起至海关发现违规行为之日止，按日加收少征或者漏征税款万分之五的滞纳金。这里所称的“应缴纳税款之日”，是指纳税义务人违反规定的行为发生之日，该行为发生之日不能确定的，应当以海关发现该行为之日作为应缴纳税款之日。

海关补征或者追征税款，应当制发“海关补征税款告知书”。纳税义务人应当自收到“海关补征税款告知书”之日起 15 日内到海关办理补缴税款的手续。

纳税义务人未在前述规定期限内办理补税手续的，海关应当在规定期限届满之日填发税款缴款书。

第四节　海关税收的担保制度

一、海关事务担保概况

海关事务担保，是指与进出境活动有关的自然人、法人或者其他组织在向海关申请从事特定的进出境经营业务或者办理特定的海关事务时，以向海关提交现金、保函等方式，保证在规定期限内履行其承诺的义务或者承担责任的法律行为。

《海关法》在总结海关执法实践的基础上，对海关事务担保专章作出了规定，从法律上确立了法律事务担保制度。为了规范海关事务担保，提高通关效率，保障海关监督管理，根据《海关法》及其他有关法律的规定，国务院还制定了《中华人民共和国海关事务担保条例》（以下简称《海关事务担保条例》），并自 2011 年 1 月 1 日起施行。

海关作为国家的进出境监督管理机关，始终面临严格监管执法和高效运作两方面的挑战。海关事务担保制度是保证海关有效监管和高效运作的有效措施。由当事人提供财产、权利担保确保履行海关义务，对担保的主体产生较强的制约，保证海关监管的同时，由海关给予提前放行货物等便利，满足了当事人快速通关、办理有关业务等要求，提高了通关效率。此外，海关事务担保制度也是一种在国际上广泛使用的制度。

海关事务担保涉及征税、通关监管、保税监管、海关稽查、行政处罚等诸多海关业务环节，是海关管理中一种非常重要的措施。

海关税收担保是海关事务担保的一种，也是海关事务担保事项中的主要内容。所谓的海关税收担保，是指为保障关税和代征税的征收，海关要求或准予以设定财产确保在一定期限内履行其纳税义务的法律行为。

二、海关担保的适用范围

根据现有法律、法规的规定，海关事务担保应当遵循合法、诚实信用、权责统一的原则，担保的范围可以分为提前放行担保、特定业务担保、涉案担保及总担保等几种情形。

（一）提前放行货物的担保

尚未缴纳税款、办结海关手续而申请提前放行的货物，应该提供担保，这些主要是通关过程中适用的担保，担保的主要风险是货物的税款，提供担保的目的主要是获得通关便利，提前放行货物。因此，此类担保可以称之为税款担保。

根据规定，有下列情形之一的，当事人可以在办结海关手续前向海关申请提供担保，要求提前放行货物（《海关事务担保条例》第四条）：

1. 进出口货物的商品归类、完税价格、原产地尚未确定的；
2. 有效报关单证尚未提供的；
3. 在纳税期限内税款尚未缴纳的；
4. 滞报金尚未缴纳的；

5. 其他海关手续尚未办结的。

国家对进出境货物、物品有限制性规定，应当提供许可证件而不能提供的，以及法律、行政法规规定不得担保的其他情形，海关不予办理担保放行。

（二）特定业务担保

根据规定，当事人申请办理下列特定海关业务的，按照海关规定提供担保（《海关事务担保条例》第五条）：

1. 运输企业承担来往内地与港澳公路货物运输、承担海关监管货物境内公路运输的；
2. 货物、物品暂时进出境的；
3. 货物进境修理和出境加工的；
4. 租赁货物进口的；
5. 货物和运输工具过境的；
6. 将海关监管货物暂时存放在海关监管区外的；
7. 将海关监管货物向金融机构抵押的；
8. 为保税货物办理有关海关业务的。

但是，当事人不提供或者提供的担保不符合规定的，海关不予办理前述所列特定海关业务。

（三）涉案收取（提供）的担保

对于某些涉案情形，法律法规明确规定应由海关主动收取或当事人主动提供担保，这些担保又称为涉案担保。海关主动收取或当事人主动提供担保的情形，主要针对税款征收有风险、涉嫌走私违法的货物，是为了避免有关案件办理过程中国家税款难以收回或因违法货物无法扣留或追缴而给国家造成损失，由海关主动向当事人收取的担保或当事人按规定应当向海关提供的担保。具体情形包括：

1. 进出口货物的纳税义务人在规定的纳税期限内有明显的转移、藏匿其应税货物及其他财产迹象的，海关可以责令纳税义务人提供担保；纳税义务人不能提供担保的，海关依法采取税收保全措施（《海关法》第六十一条）。

2. 有违法嫌疑的货物、物品、运输工具应当或者已经被海关依法扣留、封存的，当事人可以向海关提供担保，申请免予或者解除扣留、封存。

有违法嫌疑的货物、物品、运输工具无法或者不便扣留的，当事人或者运输工具负责人应当向海关提供等值的担保；未提供等值担保的，海关可以扣留当事人等值的其他财产。

有违法嫌疑的货物、物品、运输工具属于禁止进出境，或者必须以原物作为证据，或者依法应当予以没收的，海关不予办理担保（《海关事务担保条例》第七条）。

3. 法人、其他组织受到海关处罚，在罚款、违法所得或者依法应当追缴的货物、物品、走私运输工具的等值价款未缴清前，其法定代表人、主要负责人出境的，应当向海关提供担保；未提供担保的，海关可以通知出境管理机关阻止其法定代表人、主要负责人出境。受海关处罚的自然人出境的，适用前述规定（《海关事务担保条例》第八条）。

4. 进口已采取临时反倾销措施、临时反补贴措施的货物应当提供担保的，或者进出口货物收发货人、知识产权权利人申请办理知识产权海关保护相关事务等，应依照规定办理海关事务担保。法律、行政法规有特别规定的，从其规定（《海关事务担保条例》第九条）。

例如，《中华人民共和国知识产权海关保护条例》（以下简称《知识产权海关保护条例》）中明确规定，知识产权权利人请求海关扣留侵权嫌疑货物的，应当向海关提供不超过货物等值的担保，用于赔偿可能因申请不当给收货人、发货人造成的损失，以及支付货物由海关扣留后的仓储、保管和处置等费用；知识产权权利人直接向仓储商支付仓储、保管费用的，从担保中扣除（《知识产权海关保护条例》第十四条）。

同时规定，涉嫌侵犯专利权货物的收货人或者发货人认为其进出口货物未侵犯专利权的，可以在向海关提供货物等值的担保金后，请求海关放行其货物。知识产权权利人未能在合理期限内向人民法院起诉的，海关应当退还担保金（《知识产权海关保护条例》第十九条）。

（四）总担保

总担保是海关事务担保的一种特殊形式。它是指经海关同意，当事人就其一定期限内多次发生的同一性质海关事务，申请向海关提供的一次性担保。总担保提供以后，当事人办理同一性质的海关事务，不必每次再单独提供担保。

目前，在实践中最需要实行总担保制度的主要有两类业务。一类是通关中对税款的总担保，部分大企业进出口业务频繁，其中有的企业资信情况较好，进口货物品种、数量相对稳定，反复办理担保手续意义不大，需要通过总担保来提高通关速度。另一类是部分知识产权权利人申请海关保护提交的担保，也存在次数多、性质相同、手续复杂、占用资金多等类似问题，需要通过总担保制度来简化程序。

《海关法》虽然未规定总担保，但从世界范围来看，许多国家（地区）在海关制度中都允许提供总担保，《京都公约》总附约中对总担保也有专门的规定，因此，从健全海关法律制度方面来说，建立总担保制度也是十分必要的。我国《海关事务担保条例》明确规定，当事人在一定期限内多次办理同一类海关事务的，可以向海关申请提供总担保。海关接受总担保的，当事人办理该类海关事务，不再单独提供担保（《海关事务担保条例》第十一条）。

目前，可申请总担保的常见情形有：

1. 申请经营海关监管货物运输、仓储及报关等特定业务的；

2. 同一被担保人申请对一定期限内发生的多次海关监管行为提供担保的；

3. ATA 单证册项下暂准出口货物属于国家限制性出口或需缴纳出口税的货物，由中国国际商会统一向海关总署提供总担保；

4. 经海关同意，知识产权权利人可以向海关提供总担保，总担保金额不得低于人民币 20 万元；

5. 由银行对纳税义务人在一定时期内通过网上支付方式申请缴纳的进出口税费提供总担保。

总担保所担保海关事务的期限由当事人在申请时提出，海关依法予以核定。在该期限内，未发生总担保终止情形的，当事人从事所担保的海关事务可以不再向海关另外提交担保。

除法律、行政法规另有规定外，当事人申请适用总担保的，由海关总署或者其授权的直属海关、隶属海关在管辖范围内决定。

（五）其他担保

除上述各种海关事务担保的情形之外，根据有关规定，以下一些情形也应提供相应的担保：

1. 申请延期缴纳税款的；
2. 因残损、品质不良或者规格不符，纳税义务人申报进口或者出口无代价抵偿货物时，原进口货物尚未退运出境或者尚未放弃交由海关处理的，或者原出口货物尚未退运进境的；
3. 办理集中申报手续；
4. 其他需要提供担保的情形。

（六）免除担保的情形

我国在规定需要提供担保的同时，对于某些符合条件的情况，也规定了可予免除担保的情形。《海关事务担保条例》第十条规定，按照海关总署的规定经海关认定的高级认证企业可以申请免除担保，并按照海关规定办理有关手续。

三、担保人的资格

我国法律规定，具有履行海关事务担保能力的法人、其他组织或者公民，可以成为担保人。法律规定不得为担保人的除外（《海关法》第六十七条）。

自然人、法人或者其他组织为自己或者他人提供担保，当被担保人不履行义务或者不能履行义务时，担保人就要按照约定承担责任。所以，担保人应当具有履行海关担保义务的能力，否则在被担保人不履行义务时，无法承担担保责任。对于担保人而言，其履行义务的能力主要表现为其应当拥有足以承担担保责任的财产。自然人作为担保人的还应当具有民事行为能力，无民事行为能力或者限制行为能力的，即使拥有足以承担担保责任的财产，也不能作为担保人。

四、担保的财产、权利

我国《海关法》规定，担保人可以以下列财产、权利提供担保（《海关法》第六十八条）：

（一）人民币、可自由兑换货币

人民币是我国的法定货币，人民币支付我国境内的一切公共的和私人的债务，任何单位和个人不得拒收，人民币由中国人民银行印制、发行。可自由兑换的货币，是指国家外汇管理局公布挂牌的作为国际支付手段的外币现钞。

（二）汇票、本票、支票、债券、存单

汇票是指由出票人签发的委托付款人在见票时或者在指定日期无条件支付确定的金额给收款人或者持票人的票据，汇票分为银行承兑汇票和商业承兑汇票。本票是由出票人签发的，承诺自己在见票时或者在指定日期无条件支付确定的金额给收款人或者持票人的票据。支票是指出票人签发的，委托办理支票存款业务的银行或者其他金融机构在见票时无条件支付确定的金额给收款人或者持票人的票据。债券是指依照法定程序发行的，约定在一定期限还本付息的有价证券，包括国库债券、企业债券、金融债券等。存单是指储蓄机构发给存款人的证明其债权的单据。根据《储蓄管理条例》的规定，储蓄机构是指经中国人民银行或者其分支机构批准，各银行、信用合作社、邮政企业依法办理个人储蓄存款业务的机构。

本项可担保权利包括外币支付凭证、外币有价证券。

（三）银行或者非银行金融机构的保函

保函，即法律上的保证，属于人的担保范畴。保函不是用具体的财产提供担保，而是以保证人的信誉和不特定的财产为他人的债务提供担保；保证人必须是第三人；保证人应当具有清偿债务的能力。《海关法》规定了保函限于银行或者非银行金融机构出具的保函。但是近年来，根据市场需求，各种专门从事担保业务的担保公司开始出现并且发展迅猛，这类机构实行公司化运作，在经济生活中发挥了重要作用。在实际工作中，专业担保机构的保函也可以作为担保的财产、权利。同时，这里所指的银行，不包括中国人民银行。根据《中国人民银行法》的规定，中国人民银行作为中央银行，在国务院的领导下，制定和实施货币政策，对金融业实施监督管理，不得向任何单位和个人提供担保。

根据《海关事务担保条例》第十三条规定，当事人以保函向海关提供担保的，保函应当以海关为受益人，并且载明下列事项：一是担保人、被担保人的基本情况，二是被担保的法律义务，三是担保金额，四是担保期限，五是担保责任，六是需要说明的其他事项。同时担保人应当在保函上加盖印章，并注明日期。

（四）海关依法认可的其他财产、权利

2017 年，海关积极推进多元化税收担保改革创新工作，企业增信担保、企业集团财务公司担保、关税保证保险等逐步用于通关税款担保。

企业增信担保，是指企业通过第三方机构为其向银行提供担保等增信方式，取得银行的税收保函，向海关申请办理担保通关手续。第三方机构范围较为广泛，可以是专业担保公司、保险公司、同业企业等，能够帮助一部分没有授信或授信额度不足的中小企业取得银行授信。

企业集团财务公司担保，是指企业集团内进出口公司由集团财务公司提供税收保函，向海关申请办理担保通关手续。

关税保证保险，是国内第一个以政府机构（海关）作为被保险人的保证保险产品。投

保人是进口纳税企业，被保险人是海关，保险公司承保的是进口企业申报进口货物应纳的税款，如进口企业未在规定期限缴纳税款，保险公司按照保险合同约定向国库代为缴纳。

此外，《海关征税管理办法》第七十六条规定，除另有规定外，税款担保期限一般不超过6个月，特殊情况需要延期的，应当经主管海关核准。税款担保一般应为保证金、银行或者非银行金融机构的保函，但另有规定的除外。银行或者非银行金融机构的税款保函，其保证方式应当是连带责任保证。税款保函明确规定保证期间的，保证期间应当不短于海关批准的担保期限。

海关总署不断深化海关税款担保改革，实施以企业为单元的税款担保模式，实现一份担保可以同时在全国海关用于多项税款担保业务。除失信企业外，进出口货物收发货人在办理货物通关手续前，可以向银行或非银行金融机构申请开具海关税款担保保函、关税保证保险单，然后凭保函、保单办理进出口货物海关税款担保业务。企业缴纳税款或担保核销后，保函、保单的担保额度自动恢复。企业在保函、保单列明的申报地海关办理不同税款担保业务均可共用一份保函或保单，担保额度在有效期内可循环使用。

五、担保的金额

对于海关事务担保的金额，我国也作出了相应的规定。当事人提供的担保应当与其需要履行的法律义务相当，除特别规定的情形外，担保金额按照下列标准确定（《海关事务担保条例》第十四条）：

第一，为提前放行货物提供的担保，担保金额不得超过可能承担的最高税款总额；

第二，为办理特定海关业务提供的担保，担保金额不得超过可能承担的最高税款总额或者海关总署规定的金额；

第三，因有明显的转移、藏匿应税货物以及其他财产迹象被责令提供的担保，担保金额不得超过可能承担的最高税款总额；

第四，为有关货物、物品、运输工具免予或者解除扣留、封存提供的担保，担保金额不得超过该货物、物品、运输工具的等值价款；

第五，为罚款、违法所得或者依法应当追缴的货物、物品、走私运输工具的等值价款未缴清前出境提供的担保，担保金额应当相当于罚款、违法所得数额或者依法应当追缴的货物、物品、走私运输工具的等值价款。

但是，对于有违法嫌疑的货物、物品、运输工具无法或者不便扣留的，当事人或者运输工具负责人应当向海关提供等值的担保；未提供等值担保的，海关可以扣留当事人等值的其他财产。

六、担保的责任

我国法律规定，担保人应当在担保期限内承担担保责任。担保人履行担保责任的，不免除被担保人应当办理有关海关手续的义务（《海关法》第六十九条）。

被担保人在规定的期限内未履行有关法律义务的，海关可以依法从担保财产、权利中抵缴。当事人以保函提供担保的，海关可以直接要求承担连带责任的担保人履行担保责任。

担保财产、权利不足以抵偿被担保人有关法律义务的，海关应当书面通知被担保人另行提供担保或者履行法律义务。

担保人所应承担的担保责任，根据担保个案情形的不同，其责任范围也有区别。例如，依照担保人与海关的约定可以包括税款、利息乃至于罚款等。担保期间，是指担保人承担担保责任的起止时间，担保人在规定的担保期间内承担担保责任，逾期，即使被担保人未履行海关义务的，担保人也不再承担担保责任，海关不得要求担保人承担担保责任。

七、海关事务担保的程序

办理担保，当事人应当提交书面申请以及真实、合法、有效的财产、权利凭证和身份或者资格证明等材料。

海关应当自收到当事人提交的材料之日起 5 个工作日内对相关财产、权利等进行审核，并决定是否接受担保。当事人申请办理总担保的，海关应当在 10 个工作日内审核并决定是否接受担保。

符合规定的担保，自海关决定接受之日起生效。对不符合规定的担保，海关应当书面通知当事人不予接受，并说明理由。

被担保人履行法律义务期限届满前，担保人和被担保人因特殊原因要求变更担保内容的，应当向接受担保的海关提交书面申请以及有关证明材料。海关应当自收到当事人提交的材料之日起 5 个工作日内作出是否同意变更的决定，并书面通知当事人，不同意变更的，应当说明理由。

根据规定，有下列情形之一的，海关应当书面通知当事人办理担保财产、权利退还手续（《海关事务担保条例》第二十条）：当事人已经履行有关法律义务的；当事人不再从事特定海关业务的；担保财产、权利被海关采取抵缴措施后仍有剩余的；其他需要退还的情形。

自海关要求办理担保财产、权利退还手续的书面通知送达之日起 3 个月内，当事人无正当理由未办理退还手续的，海关应当发布公告。

自海关公告发布之日起 1 年内，当事人仍未办理退还手续的，海关应当将担保财产、权利依法变卖或者兑付后，上缴国库。

海关履行职责，金融机构等有关单位应当依法予以协助。

此外，我国还规定，担保人、被担保人对海关有关海关事务担保的具体行政行为不服的，可以依法向上一级海关申请行政复议或者向人民法院提起行政诉讼（《海关事务担保条例》第二十五条）。

第五节　纳税争议与行政复议

一、纳税争议

行政争议，是行政机关在实施行政管理活动中行政管理相对人的争议。构成行政争议必须同时具备以下几个条件：争议的双方，其中有一方是行政机关；争议是由行政机关实施行政管理行为引起的；行政争议是以行政机关依其职权，因其作为或不作为与公民、法人或其他组织形成行政法律上权利义务的法律行为为前提；当事人不服行政机关的行政行为，提出复议或诉讼。解决行政争议，必须依照法定程序进行。

海关是国家的行政机关之一，因此，海关与纳税人之间的争议属于行政争议范畴。与海关相关的行政争议可以区分为纳税争议与非纳税争议两类。这两类争议的解决途径并不相同。

所谓纳税争议，是指纳税人或相关当事人认为海关征收税款的行为违法或不适当，侵害了其合法权益，而对海关征税的行为表示的异议。在我国，纳税义务人、担保人对海关确定纳税义务人、确定完税价格、商品归类、确定原产地、适用税率或者汇率、减征或者免征税款、补税、退税、征收滞纳金、确定计征方式，以及确定纳税地点等涉及税款征收的具体行政行为方面存在的异议，都属于纳税争议的范畴。

我国解决行政争议的途径主要有两种方法：一种是由行政机关按行政程序解决行政争议的行政复议方法，另一种是由人民法院按司法程序解决行政争议的行政诉讼方法。根据《中华人民共和国行政诉讼法》规定，对属于人民法院受案范围的行政案件，公民、法人或者其他组织可以先向行政机关申请复议，对复议决定不服的，再向人民法院提起诉讼；也可以直接向人民法院提起诉讼。但是法律、法规规定应当先向行政机关申请复议，对复议决定不服再向人民法院提起诉讼的，依照法律、法规的规定（《中华人民共和国行政诉讼法》第四十四条）。

我国法律规定，纳税义务人同海关发生纳税争议时，应当缴纳税款，并可以依法申请行政复议；对复议决定仍不服的，可以依法向人民法院提起诉讼（《海关法》第六十四条）。因此对于纳税争议，必须先进行行政复议，才可以向法院起诉。这一规定的目的是考虑到纳税争议涉及商品归类、海关估价等复杂的海关技术和专门知识，有其特殊性，应当适用行政复议前置程序。

二、行政复议

（一）海关行政复议范围

目前，我国规定，除了对海关确定纳税义务人、确定完税价格、商品归类、确定原产地、适用税率或者汇率、减征或者免征税款、补税、退税、征收滞纳金、确定计征方式，以及确定纳税地点等其他涉及税款征收的具体行政行为有异议的即纳税争议之外，海关行政复议范围还包括以下一些情形：

1. 对海关作出的警告，罚款，没收货物、物品、运输工具和特制设备，追缴无法没收的货物、物品、运输工具的等值价款，没收违法所得，暂停从事有关业务，撤销注册登记及其他行政处罚决定不服的；

2. 对海关作出的收缴有关货物、物品、违法所得、运输工具、特制设备决定不服的；

3. 对海关作出的限制人身自由的行政强制措施不服的；

4. 对海关作出的扣留有关货物、物品、运输工具、账册、单证或者其他财产，封存有关进出口货物、账簿、单证等行政强制措施不服的；

5. 对海关收取担保的具体行政行为不服的；

6. 对海关采取的强制执行措施不服的；

7. 认为符合法定条件，申请海关办理行政许可事项或者行政审批事项，海关未依法办理的；

8. 对海关检查运输工具和场所，查验货物、物品或者采取其他监管措施不服的；

9. 对海关作出的责令退运、不予放行、责令改正、责令拆毁和变卖等行政决定不服的；

10. 对海关稽查决定或者其他稽查具体行政行为不服的；

11. 对海关作出的企业分类决定及按照该分类决定进行管理的措施不服的；

12. 认为海关未依法采取知识产权保护措施，或者对海关采取的知识产权保护措施不服的；

13. 认为海关未依法办理接受报关、放行等海关手续的；

14. 认为海关违法收取滞报金或者其他费用，违法要求履行其他义务的；

15. 认为海关没有依法履行保护人身权利、财产权利的法定职责的；

16. 认为海关在政府信息公开工作中的具体行政行为侵犯其合法权益的；

17. 认为海关的其他具体行政行为侵犯其合法权益的。

我国规定，出现纳税争议的，纳税义务人、担保人应当按照海关作出的相关行政决定依法缴纳税款，并可以依照规定，自知道该具体行政行为之日起 60 日内向上一级海关申请复议。对复议决定不服的，可以依法向人民法院提起诉讼。

但是除了纳税争议以外的其他行政争议，当事人可以在规定的时间内向上一级海关申请行政复议，对复议决定不服的，再向人民法院提起行政诉讼，也可以在规定的时间内直接向人民法院提起行政诉讼。

（二）海关行政复议的程序

1. 申请

公民、法人或者其他组织认为海关具体行政行为侵犯其合法权益的，可以自知道该具体行政行为之日起 60 日内提出行政复议申请。申请人因不可抗力或者其他正当理由耽误法定申请期限的，申请期限自障碍消除之日起继续计算。

对于纳税争议事项，申请人未经行政复议直接向人民法院提起行政诉讼的，人民法院依法驳回后申请人再向海关申请行政复议的，从申请人起诉之日起至人民法院驳回的法律文书生效之日止的期间不计算在申请行政复议的期限内，但是海关作出有关具体行政行为时已经告知申请人应当先经海关行政复议的除外。

申请人书面申请行政复议的，可以采取当面递交、邮寄、传真、电子邮件等方式递交行政复议申请书。

2. 受理

海关行政复议机关收到行政复议申请后，应当在5日内进行审查。行政复议申请符合规定的，应当予以受理，并且应当制作“行政复议申请受理通知书”和“行政复议答复通知书”分别送达申请人和被申请人（即作出具体行政行为的海关）。对不符合规定决定不予受理的，应当制作“行政复议申请不予受理决定书”，并且送达申请人。

行政复议申请材料不齐全或者表述不清楚的，海关行政复议机构可以自收到该行政复议申请之日起5日内书面通知申请人补正。申请人应当在收到补正通知之日起10日内向海关行政复议机构提交需要补正的材料。补正申请材料所用时间不计入行政复议审理期限。

海关行政复议机构受理申请人以传真、电子邮件方式提出的行政复议申请后，应当告知申请人自收到“行政复议申请受理通知书”之日起10日内提交有关材料的原件。

对符合规定，且属于本海关受理的行政复议申请，自海关行政复议机构收到之日起即为受理。海关行政复议机构收到行政复议申请的日期，属于申请人当面递交的，由海关行政复议机构经办人在申请书上注明收到日期，并且由递交人签字确认；属于直接从邮递渠道收取或者其他单位、部门转来的，由海关行政复议机构签收确认；属于申请人以传真或者电子邮件方式提交的，以海关行政复议机构接收传真之日或者海关互联网电子邮件系统记载的收件日期为准。

3. 审理

（1）答复

海关行政复议机构应当自受理行政复议申请之日起7个工作日内，将行政复议申请书副本或者行政复议申请笔录复印件以及申请人提交的证据、有关材料的副本发送被申请人。

被申请人应当自收到申请书副本或者行政复议申请笔录复印件之日起10日内，向海关行政复议机构提交“行政复议答复书”，并且提交当初作出具体行政行为的证据、依据和其他有关材料。

海关行政复议机构应当在收到被申请人提交的“行政复议答复书”之日起7个工作日内，将“行政复议答复书”副本发送申请人。

（2）审理

海关行政复议的审理是指海关行政复议机构受理复议案件后，对复议案件的事实是否清楚，适用依据是否准确，程序是否合法等方面进行全面审查。

海关行政复议案件实行合议制审理。合议人员为不得少于3人的单数。合议人员由海关行政复议机构负责人指定的行政复议人员或者海关行政复议机构聘任或特邀的其他具有专业知识的人员担任。

（3）听证

有下列情形之一的，海关行政复议机构可以采取听证的方式审理：

①申请人提出听证要求的；

②申请人、被申请人对事实争议较大的；

③申请人对具体行政行为适用依据有异议的；

④案件重大、复杂或者争议的标的价值较大的；

⑤海关行政复议机构认为有必要听证的其他情形。

海关行政复议机构决定举行听证的，应当制发“行政复议听证通知书”，将举行听证的时间、地点、具体要求等事项事先通知申请人、被申请人和第三人。第三人不参加听证的，不影响听证的举行。行政复议听证人员为不得少于 3 人的单数，由海关行政复议机构负责人确定，并且指定其中一人为听证主持人。听证可以另指定专人为记录员。

4. 决定

海关行政复议机构提出案件处理意见，经海关行政复议机关负责人审查批准后，作出行政复议决定。海关行政复议机关应当自受理申请之日起 60 日内作出行政复议决定。但是特殊情况，经海关行政复议机关负责人批准，可以延长 30 日。

具体行政行为认定事实清楚、证据确凿、适用依据正确、程序合法、内容适当的，海关行政复议机关应当决定维持。

被申请人不履行法定职责的，海关行政复议机关应当决定其在一定期限内履行法定职责。

具体行政行为有下列情形之一的，海关行政复议机关应当决定撤销、变更或者确认该具体行政行为违法：

（1）主要事实不清、证据不足的；

（2）适用依据错误的；

（3）违反法定程序的；

（4）超越或者滥用职权的；

（5）具体行政行为明显不当的。

海关行政复议机关决定撤销或者确认具体行政行为违法的，可以责令被申请人在一定期限内重新作出具体行政行为。

被申请人应当在法律、行政法规、海关规章规定的期限内重新作出具体行政行为；法律、行政法规、海关规章未规定期限的，重新作出具体行政行为的期限为 60 日。

公民、法人或者其他组织对被申请人重新作出的具体行政行为不服，可以依法申请行政复议或者提起行政诉讼。

海关行政复议机关作出行政复议决定，应当制作“行政复议决定书”，送达申请人、被申请人和第三人。

第六节　对偷逃海关税收的处罚

一、走私行为及其处罚

就关税而言，对于以瞒报、伪报等方式偷逃应纳税费的违法犯罪行为，根据《中华人民共和国刑法》（以下简称《刑法》）、《海关法》和《海关行政处罚实施条例》的有关规定，分别按走私罪、危害税收征管罪、走私行为或违反海关监管规定的行为处理。

（一）走私行为

我国规定，违反海关法及其他有关法律、行政法规，逃避海关监管，偷逃应纳税款、逃避国家有关进出境的禁止性或者限制性管理，有下列情形之一的，是走私行为（《海关行政处罚实施条例》第七条）：

1. 未经国务院或者国务院授权的机关批准，从未设立海关的地点运输、携带国家禁止或者限制进出境的货物、物品或者依法应当缴纳税款的货物、物品进出境的；

2. 经过设立海关的地点，以藏匿、伪装、瞒报、伪报或者其他方式逃避海关监管，运输、携带、邮寄国家禁止或者限制进出境的货物、物品或者依法应当缴纳税款的货物、物品进出境的；

3. 使用伪造或变造的手册、单证、印章、账册、电子数据或者以其他方式逃避海关监管，擅自将海关监管货物、物品、进境的境外运输工具，在境内销售的；

4. 使用伪造、变造的手册、单证、印章、账册、电子数据或者以伪报加工贸易制成品单位耗料量等方式，致使海关监管货物、物品脱离监管的；

5. 以藏匿、伪装、瞒报、伪报或者其他方式逃避海关监管，擅自将保税区、出口加工区等海关特殊监管区域内的海关监管货物、物品，运出区外的；

6. 有逃避海关监管，构成走私的其他行为的。

（二）按走私行为论处的行为

某些行为不属于走私行为，但是为走私人提供便利，协助走私人运输、收购、贩卖走私货物、物品，应按走私行为处理。

有下列行为之一的，按走私行为论处（《海关行政处罚实施条例》第八条）：

1. 明知是走私进口的货物、物品，直接向走私人非法收购的；

2. 在内海、领海、界河、界湖，船舶及所载人员运输、收购、贩卖国家禁止或者限制进出境的货物、物品，或者运输、收购、贩卖依法应当缴纳税款的货物，没有合法证明的。

（三）对走私行为的处罚

我国《海关法》规定，走私行为尚不构成犯罪的，由海关没收走私货物、物品及违法所得，可以并处罚款；专门或者多次用于掩护走私的货物、物品，专门或者多次用于走私的运输工具，予以没收，藏匿走私货物、物品的特制设备，责令拆毁或者没收。对于构成犯罪的走私行为，则依法追究刑事责任（《海关法》第八十二条）。

1. 走私犯罪的量刑

走私罪，是指违反海关法规，非法运输、携带、邮寄国家禁止、限制、应税的货物、物品进出境，或者未经海关许可并缴纳税款，擅自将保税货物、特定减免税货物及其他海关监管货物、物品、进境的境外运输工具在境内销售，逃避海关监管或偷逃税款，情节严重的行为。

走私罪的犯罪构成由 4 个要件组成：

（1）走私罪的犯罪客体是我国对外经济贸易管理秩序和社会管理秩序；

（2）走私罪的犯罪客观方面要件，表现为违反海关法规，非法运输、携带、邮寄国家禁止、限制、应税的货物、物品进出境，或者未经海关许可并补缴税款，擅自将保税货物或特定减免税进口的货物、物品在境内销售，逃避海关监管或偷逃税款，情节严重的行为；

（3）走私罪的犯罪主体是自然人和单位；

（4）走私罪的犯罪主观方面要件必须是直接故意，过失行为不构成走私罪。

《刑法》规定，走私犯罪具体包括走私货物、物品罪，走私武器、弹药、核材料罪，走私假币罪，走私文物罪，走私贵重金属罪，走私珍贵动物及其制品罪，走私珍稀植物及其制品罪，走私淫秽物品罪，武装掩护走私罪，走私毒品罪等罪名。

这里介绍以偷逃税款为主要目的的走私货物、物品犯罪及其量刑规定。

走私货物、物品罪是指违反海关法规，非法运输、携带、邮寄国家限制进出口或者应纳税的货物、物品进出境，以及未经海关许可并缴纳税款，擅自出售和转让保税货物、减免税货物、进境的境外运输工具，逃避海关监管或偷逃税款，情节严重的行为。

《刑法》规定，走私货物、物品的，根据情节轻重，分别依照下列规定处罚（《刑法》第一百五十三条）：

（1）走私货物、物品偷逃应缴税额较大或者 1 年内曾因走私被给予 2 次行政处罚后又走私的，处 3 年以下有期徒刑或者拘役，并处偷逃应缴税额 1 倍以上 5 倍以下罚金。

（2）走私货物、物品偷逃应缴税额巨大或者有其他严重情节的，处 3 年以上 10 年以下有期徒刑，并处偷逃应缴税额 1 倍以上 5 倍以下罚金。

（3）走私货物、物品偷逃应缴税额特别巨大或者有其他特别严重情节的，处 10 年以上有期徒刑或者无期徒刑，并处偷逃应缴税额 1 倍以上 5 倍以下罚金或者没收财产。

单位犯罪的，对单位判处罚金，并对其直接负责的主管人员和其他责任人员，处 3 年以下有期徒刑或者拘役；情节严重的，处 3 年以上 10 年以下有期徒刑；情节特别严重的，处 10 年以上有期徒刑。

对多次走私未经处理的，按照累计走私货物、物品的偷逃应缴税额处罚。

同时还规定，未经海关许可并且未补缴应缴税额，擅自将批准进口的来料加工、来件装配、补偿贸易的原材料、零件、制成品、设备等保税货物，在境内销售牟利的；未经海关许可并且未补缴应缴税额，擅自将特定减税、免税进口的货物、物品，在境内销售牟利的，依照上述规定定罪处罚。

《刑法》还规定，与走私罪犯通谋，为其提供贷款、资金、账号、发票、证明，或者为其提供运输、保管、邮寄或者其他方便的，以共同走私犯罪论处。

2. 未构成犯罪走私行为的处罚

《海关行政处罚实施条例》对于未构成走私犯罪的走私行为如何处罚作出了如下规定：

（1）走私国家禁止进出口的货物的，没收走私货物及违法所得，可以并处100万元以下罚款；走私国家禁止进出境的物品的，没收走私物品及违法所得，可以并处10万元以下罚款；

（2）应当提交许可证件而未提交但未偷逃税款，走私国家限制进出境的货物、物品的，没收走私货物、物品及违法所得，可以并处走私货物、物品等值以下罚款；

（3）偷逃应纳税款但未逃避许可证件管理，走私依法应当缴纳税款的货物、物品的，没收走私货物、物品及违法所得，可以并处偷逃应纳税款3倍以下罚款。

专门用于走私的运输工具或者用于掩护走私的货物、物品，2年内3次以上用于走私的运输工具或者用于掩护走私的货物、物品，应当予以没收。藏匿走私货物、物品的特制设备、夹层、暗格，应当予以没收或者责令拆毁。使用特制设备、夹层、暗格实施走私的，应当从重处罚。

与走私人通谋为走私人提供贷款、资金、账号、发票、证明、海关单证的，与走私人通谋为走私人提供走私货物、物品的提取、发运、运输、保管、邮寄或者其他方便的，以走私的共同当事人论处，没收违法所得，并依照上述规定予以处罚。

报关企业、报关人员，以及海关准予从事海关监管货物的运输、储存、加工、装配、寄售、展示等业务的企业，构成走私犯罪或者1年内有2次以上走私行为的，海关可以撤销其注册登记。

二、违反海关监管规定的行为及其处罚

违反海关法及其他有关法律、行政法规和规章但不构成走私行为的，是违反海关监管规定的行为。

《海关法》《海关行政处罚实施条例》等法律法规中有关条款对违反海关监管规定的行为作了明确规定。这些规定不一定直接涉及税款，但有可能会导致国家税款损失，由于其情节较轻，所以对其给予罚款、没收违法所得、责令改正、警告、暂停业务、撤销注册登记等处罚。

例如，进出口货物、物品或者过境、转运、通运货物向海关申报不实的；不按照规定接受海关对进出境货物、物品进行检查、查验的；未经海关许可，擅自将海关监管货物开拆、提取、交付、发运、调换、改装、抵押、质押、留置、转让、更换标记、移作他用或者进行其他处置的；经营海关监管货物的运输、储存、加工等业务，有关货物灭失或者有关记录不真实，不能提供正当理由的等情形，海关可以处以罚款，有违法所得的，没收违法所得。

对于进出口货物的品名、税则号列、数量、规格、价格、贸易方式、原产地、起运地、运抵地、最终目的地或者其他应当申报的项目未申报或者申报不实的，分别依照下列规定予以处罚，有违法所得的，没收违法所得：影响海关统计准确性的，予以警告或者处1000元以上1万元以下罚款；影响海关监管秩序的，予以警告或者处1000元以上3万元以下罚款；影响国家许可证件管理的，处货物价值5%以上30%以下罚款；影响国家税款征收的，处漏缴税款30%以上2倍以下罚款；影响国家外汇、出口退税管理的，处申报价格10%以上50%以下罚款。

又如，伪造、变造、买卖海关单证，与走私人通谋为走私人提供贷款、资金、账号、发票、证明、海关单证，与走私人通谋为走私人提供运输、保管、邮寄或者其他方便，尚不构成犯罪的，由海关没收违法所得，并处罚款。

个人携带、邮寄超过合理数量的自用物品进出境，未依法向海关申报的，责令补缴关税，可以处以罚款。

违反海关法规定进出口侵犯我国法律、行政法规保护的知识产权的货物，尚不构成犯罪的，由海关依法没收侵权货物，并处以罚款。

报关企业、报关人员，以及海关准予从事海关监管货物的运输、储存、加工、装配、寄售、展示等业务的企业，有下列情形之一的，责令改正，给予警告，可以暂停其6个月以内从事有关业务：拖欠税款或者不履行纳税义务的；报关企业出让其名义供他人办理进出口货物报关纳税事宜的；损坏或者丢失海关监管货物，不能提供正当理由的；有需要暂停其从事有关业务的其他违法行为的。

此外，《海关法》规定，人民法院判决没收或者海关决定没收的走私货物、物品、违法所得、走私运输工具、特制设备，由海关依法统一处理，所得价款和海关决定处以的罚款，全部上缴中央国库。

对于当事人逾期不履行海关的处罚决定又不申请复议或者向人民法院提起诉讼的，作出处罚决定的海关可以将其保证金抵缴，或者将其被扣留的货物、物品、运输工具依法变价抵缴，也可以申请人民法院强制执行。

本章小结

海关税收征管方式经过多年改革，在全国通关一体化改革方案指引下，目前已基本形成了“1+3”模式的税收征管作业模式，实施了“属地纳税人管理”制度，逐步推广“概要申报”和“完整申报”两步申报通关模式，税收征管作业主要在货物放行后实施。

为了确保海关税收及时入库，我国规定海关税收的纳税期限为自填发税款缴款书之日起15天。逾期纳税的，还要对其征收滞纳金。特殊情况下，海关税收无法按期缴纳时，可以按规定办理延期纳税手续。纳税期限届满又超过3个月，还未纳税的，经批准海关可以采取强制缴税措施。在纳税期限内，如果出现纳税人明显转移、藏匿应税货物的迹象却不能提供担保，经批准海关可以采取税收保全措施。此外，加工贸易保税货物因故内销时，不仅需要征收税款，还要按规定计征缓税利息。计算税款、缓税利息、滞纳金等税费时，每票货物税额（金额）不足50元时，免予征收。即海关税收的起征点为50元人民币，特殊情况除外。

海关事务担保是海关管理中的一项重要制度。担保的主要目的是在降低国家税款流失风险、确保货物合法进出的前提下，提高货物通关效率，降低物流成本。我国规定了海关事务担保的适用范围、担保人资格，以及担保的方式等内容。本章对此作了详细的介绍。

出于各种原因，海关可能多征了纳税人的税款，也可能少征或漏征税款，在符合条件的情况下，海关应退还多征的税款及其利息，或者按规定补征、追征短征的税款，必要时还要加征滞纳金。纳税人在办理报关手续过程中，可能与海关发生行政争议。由于纳税争议专业性强，使得纳税争议与其他方面行政争议的申诉程序并不相同，行政复议是纳税争议申诉的必经程序。

走私行为和违反海关监管规定行为的违法程度不同，即使是走私行为，还存在构成犯罪与未构成犯罪之分，其处罚规定并不一样。本章对以偷逃税款为目的的违法行为如何处罚作了详细的解释。

练习与思考

1. 为什么需要对滞纳税款的行为征收滞纳金？滞纳金的滞纳是否有必要对其征收滞纳金？

2. 我国规定，哪些情形下需要征收海关税收滞纳金？

3. 我国海关税收强制缴纳措施与海关税收保全措施有何不同？

4. 当事人在什么情形下可以在办结海关手续前向海关申请提供税款担保，要求提前放行货物？

5. 什么是海关事务总担保？申请总担保的常见情形有哪些？

6. 我国规定，担保人可以以哪些财产、权利提供担保？

7. 我国海关事务担保制度中，海关担保金额标准的具体规定是什么？

8. 海关退税与出口退税有何不同？

9. 我国规定，海关税收补征或追征的具体内容是什么？

10. 什么是海关纳税争议？属于海关纳税争议的情形有哪些？

11. 我国规定，哪些行为属于走私行为？哪些行为属于按走私行为论处的行为？

12. 我国对走私行为是如何处罚的？以偷逃税款为目的的走私货物、物品犯罪及其量刑的具体规定是什么？

13. 某公司从德国进口一批货物，以CIF上海150万美元的价格成交。装载该货物的海轮于某年4月12日（周一）向海关申报进境。该公司于该年4月15日向海关申报货物的进口，海关接受申报并于当日制发海关专用税款书并交给该公司报关人员。该公司于当年5月10日（周一）通过银行缴纳了税款。当年国务院临时调整休息日，调整后5月1日至3日为法定假日和休息日。已知该货物适用的计征汇率为1美元=6.8281元人民币。计算该货物税款的滞纳天数。

14. 我国境内某公司从日本进口一批除尘器。设该批货物应征关税税额为人民币10000元，进口环节增值税税额为人民币40000元。海关于××年5月23日（星期五）制发海关专用缴款书，该公司于当年6月12日缴纳税款（说明：该年6月8日为端午节，公休日顺延至6月9日）。计算该公司应缴纳的税款滞纳金金额。

参考文献

1. 岑维廉，钟昌元，王华．关税理论与中国关税制度，第2版．上海：格致出版社，上海人民出版社，2010.

2. 高融昆．海关税收征管．北京：中国海关出版社，2010.

3. 何晓兵．中国关税实务，第4版．北京：中国商务出版社，2015.

4. Marrakesh Agreement Establishing the World Trade Organization，1994.

5. Protocol Amending the Marrakesh Agreement Establishing the World Trade Organization 2014.

6. WTO Agreement on Trade Facilitation，2013.

本章内容主要涉及的法律文件索引

1.《中华人民共和国海关法》（1987年1月22日第六届全国人民代表大会常务委员会第十九次会议通过，自1987年7月1日起施行。全国人民代表大会常务委员会先后于2000年7月8日、2013年6月29日、2013年12月28日、2016年11月7日、2017年11月4日、2021年4月29日修正）

2.《中华人民共和国行政诉讼法》（1989年4月4日第七届全国人民代表大会第二次会议通过，自1990年10月1日起施行。全国人民代表大会常务委员会先后于2014年11月1日、2017年6月27日修正）

3.《中华人民共和国税收征收管理法》（1992年9月4日第七届全国人民代表大会常务委员会第二十七次会议通过，自1993年1月1日起施行。全国人民代表大会常务委员会先后于1995年2月28日、2001年4月28日、2013年6月29日、2015年4月24日修正）

4.《中华人民共和国行政复议法》（1999年4月29日第九届全国人民代表大会常务委员会第九次会议通过，自1999年10月1日起施行。全国人民代表大会常务委员会先后于2009年8月27日、2017年9月1日修正）

5.《中华人民共和国刑法》（1979年7月1日第五届全国人民代表大会第二次会议通过，自1980年1月1日起施行。此后经过十四次修订或修正，最近一次修正为2020年12月26日第十三届全国人民代表大会常务委员会第二十四次会议）

6.《中华人民共和国进出口关税条例》（2003年11月23日国务院令第392号公布，

自2004年1月1日起施行。国务院先后于2011年1月8日、2013年12月7日、2016年2月6日、2017年3月1日修订）

7.《中华人民共和国知识产权海关保护条例》（2003年12月2日国务院令第395号公布，自2004年3月1日起施行。国务院先后于2010年3月24日、2018年3月19日修改）

8.《中华人民共和国海关行政处罚实施条例》（2004年9月19日国务院令第420号公布，自2004年11月1日起施行。根据2022年3月29日国务院令第752号修改）

9.《中华人民共和国行政复议法实施条例》（2007年5月29日国务院令第499号公布，自2007年8月1日起施行）

10.《中华人民共和国海关事务担保条例》（2010年9月14日国务院令第581号公布，自2011年1月1日起施行。根据2018年3月19日国务院令第698号修改）

11.《中华人民共和国海关进出口货物征税管理办法》（2005年1月4日海关总署令第124号公布，自2005年3月1日起施行。根据海关总署令第198号、218号、235号、240号修改）

12.《中华人民共和国海关行政复议办法》（2007年9月25日海关总署令第166号公布，自2007年11月1日起施行。根据2014年3月13日海关总署令第218号修改）

13.《中华人民共和国海关税收保全和强制措施暂行办法》（2009年8月19日海关总署令第184号公布，自2009年9月1日起施行）

14.《中华人民共和国海关关于加工贸易边角料、剩余料件、残次品、副产品和受灾保税货物的管理办法》（2004年5月25日海关总署令第111号公布，自2004年7月1日起施行。根据海关总署令第198号、第218号、第235号、第238号、第243号修改）

15.《海关总署关于明确税款滞纳金减免相关事宜的公告》（2015年6月5日海关总署公告2015年第27号发布，自发布之日起实施）

16.《海关总署关于进一步明确税款滞纳金减免事宜的公告》（2017年7月20日海关总署公告2017年第32号发布，自2017年8月1日起实施）

17.《海关总署关于深化海关税款担保改革的公告》（2021年11月24日海关总署公告2021年第100号发布，自2021年12月1日起施行）

18.《海关总署关于明确进出口货物税款缴纳期限的公告》（2022年7月15日海关总署公告2022年第61号发布，自印发之日起施行）

附录　各章部分习题参考答案

第三章

13. 6630000 元。

14. 11487272.73 元。

15. 650000 元。

16. 552500 元。

17. 260000 元。

18. 3737500 元。

第六章

7. 1.4%。

8. 5%。

9. 完税价格 403843.3 元；应纳关税税额 51975 元。

10. 完税价格 304545.45 元；应纳关税税额 30454.55 元。

11. 7612 元。

12. 应纳关税税额 26000 元；反倾销税税额 84252.5 元；反补贴税税额 20937.5 元；进口环节增值税税额 38829.7 元。

第七章

7. 2000 元。

8. 130 元。

第八章

12. 96993.13 元。

13. 13461.22 元。

14. 233294.75 元。

第九章

10. 13101.32 元。

第十章

5. 40600 元。

第十二章

13. 10天。

14. 关税滞纳金0元；增值税滞纳金0元。

第四版后记

本书自2011年初版、2015年第二版、2018年第三版出版以来，在中国海关出版社的大力支持下，得到高校教师、海关关员、企业界人士，以及其他读者的关注和肯定，他们给作者提出了许多很好的建议，同时也指出了书中存在的一些差错。作者对他们的支持和帮助表示衷心的感谢。

自本书第三版2018年出版以来，我国海关税收制度方面的内容发生了较大变化，包括海关税收征管制度的改革、优惠原产地规则的增加、进出口税则的调整、关税计征方法的变化、关税税率种类的改变、进境物品进口税的变化、增值税制度的重大改革、消费税和船舶吨税制度的完善、减免税政策的变化等许多方面。为了及时反映我国海关税收制度的上述变化，适应教学的需要，作者对该书进行了全面修订。

根据《国家教材委员会关于印发〈习近平新时代中国特色社会主义思想进课程教材指南〉的通知》（国教材〔2021〕2号）的精神和海关总署教材编审委员会的要求，此次修订将习近平新时代中国特色社会主义经济思想融入各章节内容中。

此外，内容修改较多的章有：

1. 第三章，对国际贸易术语和完税价格的内容作了适当修改；

2. 第四章，对优惠原产地规则的内容作了大规模修改和补充，重新编写了第四节和第五节内容；

3. 第五章，根据《协调制度》和我国进出口税则的变化情况，对商品归类内容作了适当修改；

4. 第六章，对进出口关税税率的确定及进出口关税的计算等内容作了较大的修改；

5. 第七章，补充了海南离岛旅客免税购物政策的基本内容，修改了进境物品进口税的变化内容，增加了“第四节　跨境电商零售进口税收”的基本内容；

6. 第八章，结合增值税制度改革，对增值税内容作了较大的修改；

7. 第九章，对消费税的征税范围和税率作了修改；

8. 第十一章，对海关税收减免程序、关税特定减免税的内容作了全面修改，增加了“第五节　海关保税制度”的基本内容；

9. 第十二章，增加了海关税收征管模式内容，并单列为第一节，对纳税期限、税款滞纳金、海关税款担保等内容作了适当修改。

此次修订，对各章节中一些明显的差错、表述不清或不严谨之处，以及因有关规定变化原有内容不再适用的地方作了较大修改；对部分章的练习题及法律文件索引的内容也作了修改和完善。各章内容的修改，均以截至 2022 年 10 月正在适用的关税或其他税收的法律、法规和规章的规定为依据。

尽管此次修订的内容涉及较多章节，但全书的结构、体系、章节编排没有较大改变，与前三版基本一致。

此次修订仍由原作者完成，具体分工为：李九领教授负责第一、二章内容的修订；毛道根副教授负责第八、九章内容的修订；钟昌元副教授承担协调组织及统稿工作，并负责第三、四、五、六、七、十、十一、十二章内容的修订。

在本书第一版、第二版、第三版和此次第四版出版前后，作者始终得到中国海关出版社责任编辑的大力支持。在第四版修订过程中，海关总署教育培训中心、海关总署教材编审委员会组织业务专家先后进行了三次严格评审，提出了宝贵的修改意见，给予了热情指导和帮助。对于他们的支持和帮助，作者表示深深的谢意。

编者

2022 年 11 月于上海海关学院